Günther S. Wegener · 6000 Jahre und ein Buch

6000 JAHRE UND EIN BUCH

Günther S. Wegener

ONCKEN VERLAG WUPPERTAL UND KASSEL

Übersetzungen in Schweden, Norwegen, Dänemark, Holland, Spanien, Frankreich, Südafrika, Portugal, Italien, Finnland, England, USA.

11. (2. neubearbeitete) Auflage 1992
120.–149. Tausend

Bildauswahl und Layout:
Günther S. Wegener, Günter Balders, Alfred Schwarz
Umschlaggestaltung: Carsten Buschke, Solingen
Umschlagfoto: Gutenberg 42-Zeilen-Bibel
Berlin Staatsbibliothek Preußischer Kulturbesitz
Satz: vom Schemm & Müller GmbH, Solingen
Lithographie: Friedrich Brockhaus GmbH & Co. KG, Wuppertal
Druck und buchbinderische Verarbeitung: EGEDSA, Spanien

ISBN 3-7893-7196-3

Inhalt

Vorwort

Das erstaunlichste Buch, das die Welt kennt, ist die Bibel. Es gibt umfangreichere Werke – nicht sehr viele freilich – und es gibt ältere – auch nicht sehr viele. Aber es gibt kein Buch, das die Menschheit stärker und nachhaltiger beeinflußt hätte als die Bibel. Es gibt auch kein Buch, das zu seiner Entstehung mehr als ein Jahrtausend gebraucht hätte, kein Buch, an dem mehr Autoren beteiligt gewesen wären, kein Buch, das sorgfältiger redigiert, häufiger kommentiert und eifriger studiert worden wäre. Und schließlich wurde kein anderes Buch in mehr Sprachen übersetzt. Es bleibt dabei: Kein Buch hat die Menschheit in vergleichbarer Weise und über ähnliche Zeiträume hinweg so geprägt wie die Bibel.

Für den gläubigen Christen ist diese Bibel das Wort Gottes, die Heilige Schrift, die sein Leben bestimmt. Aber auch der Andersgläubige, der Gleichgültige, der Gottesleugner kommt an diesem einzigartigen Buch nicht vorbei; der Kritiker des Christentums am allerwenigsten. Als Bert Brecht, den man schwerlich als christlichen Glaubenszeugen ins Feld führen wird, nach seiner liebsten Lektüre gefragt wurde, entgegnete er: »Sie werden lachen, die Bibel!«

Ich kann darüber durchaus nicht lachen. Ich kann mich nicht einmal wundern. Ich sehe darin auch kein Argument für die Bibel, allenfalls ein Argument für Bert Brecht. Er hatte ganz klar erkannt: wer sich ernsthaft mit der Kultur- und Geistesgeschichte des Abendlandes, nein, der Menschheit, auseinandersetzen will, der kann dies nicht an der Bibel vorbei tun. Ohne sie hätte es dieses Abendland und diese Menschheit, wie wir sie heute vorfinden, nicht gegeben. Ohne sie gäbe es nicht unsere Ethik, nicht unsere Philosophie, nicht unsere Kunst und Dichtung. Nicht einmal unsere deutsche Sprache, wie wir sie heute sprechen, gäbe es.

Ich war von diesem Buch fasziniert, so lange ich denken kann. Vor dreißig Jahren etwa begann ich, mich eingehend mit der Geschichte seiner Entstehung und Überlieferung zu beschäftigen. Ich war von dem, was ich da erfuhr, so überwältigt, daß ich dachte: das mußt du auch anderen mitteilen. Und du mußt es so niederschreiben, daß jedermann es versteht. Die Wahrheit muß sich einfach sagen lassen.

So entstand vor nahezu dreißig Jahren mein Bericht unter dem Titel »6000 Jahre und ein Buch«. Er erlebte immer wieder neue Auflagen und wurde in zwölf Sprachen übersetzt. Für mich ein Beweis für die Strahlkraft des Themas. Ich war deshalb kaum überrascht, als der Verlag erneut an mich herantrat und nun eine gründliche Neubearbeitung verlangte. Die Bibel, das ist nun einmal ein Gegenstand, der immer aktuell bleiben wird.

Die Verwirklichung freilich war nicht ganz leicht. Es galt nicht nur, neue Erkenntnisse zu verarbeiten, Zahlen und Daten auf den neuesten Stand zu bringen und für moderne Illustrationen zu sorgen. Es ging auch um sprachliche Überarbeitung. Das war vielleicht das Schwierigste. Es kommt einem Akt der Selbstverleugnung gleich, als Sechzigjähriger noch einmal kritisch das zu überarbeiten, was man als Dreißigjähriger geschrieben hat. Wenn ich mich dennoch dieser Aufgabe willig unterzogen habe, so deshalb, weil ich mir bei jedem Satz gesagt habe: es geht hier nicht um den Verfasser, sondern um den Gegenstand. Und das ist das wunderbarste Buch der Welt. Eben die Bibel. Die allein ist wichtig. Das wollte ich weitersagen.

Bei der Neufassung bin ich vom Oncken Verlag in generöser Weise unterstützt worden. Dafür habe ich zu danken. Mein besonderer Dank gilt dabei dem Lektor, Herrn Günter Balders.

Im Sommer 1985 Günther S. Wegener

Die elfte Auflage, die nunmehr notwendig wurde, stellt im wesentlichen den Nachdruck der Neubearbeitung von 1985 dar. Sie wurde jedoch von mir noch einmal durchgesehen und – wo nötig – aktualisiert. Das gilt vor allem für die Verbreitungszahlen der Bibel, für die Zahl der Übersetzungen und die veränderte Situation in den ehemaligen Ostblockstaaten. Die erforderlichen Informationen stellte freundlicherweise die Deutsche Bibelgesellschaft in Stuttgart zur Verfügung.

Im Herbst 1991 Günther S. Wegener

Die Geschichte beginnt . . .

. . . mit einer Katastrophe

Vor 6000 Jahren, um das Jahr 4000 vor Christus, bricht über die Welt eine Naturkatastrophe herein. Die Welt, die damals bekannte Welt, das ist das Zweistromland, das Land an Euphrat und Tigris, das Geburtsland unserer Kultur, jenes Land, das man die »Wiege der Völker« genannt hat. Und die Katastrophe ist die Sintflut.

Wer um die Jahrhundertwende einem Naturwissenschaftler gegenüber von der Sintflut als einem historischen Ereignis gesprochen hätte, der hätte bestenfalls ein mitleidiges Lächeln geerntet. Man ist aufgeklärt. Man hat Haeckel, Feuerbach und Karl Marx gelesen, und die Welt steht unter dem Einfluß Schopenhauers und Nietzsches. Die Sintflut? Eine Sage, eine Legende des jüdischen Volkes, die sich durch Zufall bis in die Gegenwart erhalten hat. Eine fromme Mär, aber eben doch ein Märchen, wie etwa das Gilgamesch-Epos, das man vor kurzem aufgefunden hat und das ebenfalls von der großen Flut zu berichten weiß.

Zwar hat man von phantastischen Ausgrabungen gehört, von Schliemann etwa, der mit seinem Homer in der Hand das sagenhafte Troja gesucht und tatsächlich gefunden hat, von Botta, der die babylonische Stadt Ninive mit dem Palast Assurbanipals ausgegraben hat, oder von dem Franzosen Layard, der Nimrud fand. Aber noch werden diese Dinge nicht in den Schulen gelehrt, noch sind sie Teil einer komplizierten Spezialwissenschaft. Immer noch beginnt die Geschichte in Griechenland mit dem »klassischen Altertum«.

Lehmziegelmauern in Ur. Im Hintergrund der teilweise rekonstruierte Tempelturm (Zikkurat).

Da geht im Jahre 1929 eine alarmierende Botschaft um die Welt, füllt die Schlagzeilen der großen Zeitungen, läßt die Menschen aufhorchen und versetzt die Gemüter in Erregung: Der Archäologe Woolley hat unter den Hügeln von Ur Spuren der Sintflut gefunden!

Der englische Archäologe Leonhard Woolley hatte in den zwanziger Jahren in sechs großen Abschnitten das Erdreich über der Stätte angeschnitten, an der die alte sumerische Stadt Ur, die Heimat Abrahams, vermutet wurde. Was er fand, übertraf alle seine Erwartungen: Überreste mächtiger Lehmziegelmauern, Ruinen ehemals stolzer Patrizierhäuser, Reste kostbarer Einrichtungsgegenstände, Schmuck, Tonvasen, Krüge, Töpfe und Schalen. Er grub weiter und stieß auf steinerne Gewölbe, die »Königsgräber« mit ihrem kostbaren Inhalt: Goldgefäße, goldene Ringe und goldene Blumen, Perlenschnüre von Karneol und Lapislazuli, Figuren aus Muscheln und Perlmutter, und immer wieder Silber und Gold. Aber Woolley gab sich nicht zufrieden damit. Er grub tiefer und tiefer, legte eine Schicht nach der anderen frei. Schon deuteten seine Funde auf eine Zeit, die um das Jahr 3000 vor Christus anzusetzen war, und immer tiefer fraßen sich die Spaten seiner Arbeiter ins Erdreich, durch Schutt- und Trümmermassen hindurch. Doch mit einem Schlage hörten Schutt und Scherben auf, und sie stießen auf eine Lehmschicht, reinen, sauberen Lehm, fast drei Meter dick; die Ablagerungen einer ungeheuren Flut. Und unter dem Lehm fand er wieder, wie zuvor, Tonscherben, Trümmer, Schutt. Es kann keinen Zweifel mehr geben: Hier war er auf die stummen Zeugen einer gewaltigen Katastrophe gestoßen, hier waren riesige Wassermassen hervorgebrochen, hatten das Erdreich mit allem, was darauf lebte, überspült. Hier war eine Sintflut über die Erde gegangen.

Zweifellos waren jene ersten Zeitungsmeldungen von 1929 nicht frei von Übertreibungen und sensationsfreudigen Aufbau-

Tafeln mit dem Gilgamesch-Epos aus der Tontafelbibliothek des assyrischen Königs Assurbanipal (668–631 v. Chr.).

schungen. Eine exakte Forschung hat hernach Grenzen ziehen und irrige Vorstellungen, vor allem über das Ausmaß jener Flutkatastrophe, zurechtrücken müssen. Dennoch war mit der Entdeckung Woolleys etwas Außerordentliches geschehen: Die Wissenschaft hatte bewiesen, daß ein uralter biblischer Bericht, den man bislang für eine fromme Legende ansah, historische Tatsache ist. Sie hatte gezeigt, daß sie selbst im Irrtum war, wo der schlichteste Bibelgläubige recht behielt. Aber zugleich damit begeht man den Fehler, in den Ergebnissen der Archäologie Beweise für die Wahrheit biblischer Aussagen zu suchen. Man übersieht dabei, daß sich die Bibel weder beweisen noch widerlegen läßt. Die Bibel ist weder geschichtliches noch naturwissenschaftliches Lehrbuch, sondern das Dokument vom Handeln Gottes an den Menschen.

Die Ausgrabungen der Archäologen bringen Klarheit und Wahrheit in unser Wissen um die Uranfänge der Menschheit und ihre Lebensform. Was sie zur Bibel beitragen, ist nicht Beweis oder Stütze, sondern Illustration. Die Archäologie zeigt ein Bild nach dem andern, Bilder aus Stein, Lehm und Ton, Bilder aus Erz, Gold und Silber, moderne Illustration zu dem jahrtausendealten Wort. Alle Bilder zusammen ergeben den farbigen Hintergrund, vor dem sich das Geschehen der Bibel abspielt.

Das Bild von der Sintflut ist gleichsam das Titelbild; denn die Sintflut ist der historische Zeitpunkt, mit dem die eigentliche Geschichte der Menschheit beginnt, jene Geschichte, die sich fast lückenlos bis auf den heutigen Tag verfolgen läßt.

Das vierte Jahrtausend vor Christus ist das Jahrtausend, in dem unsere Kultur geboren wird. In Europa ist die Eiszeit vorüber. Die gewaltigen Gletscher, die einst das ganze Festland unter sich begruben, sind zurückgewichen. Zaghaft breitet sich der erste grüne Flor über die Geröllhalden. Die europäische Tundra entsteht. Der riesige Eissee, der sich im Norden des Kontinents bis weit nach Rußland hinein erstreckt, wird kleiner und kleiner und nimmt die Gestalt unserer Ostsee an. Allmählich recken sich die ersten Bäume empor: die Birke zuerst, dann die Eiche, die Buche, die Linde, die Haselnuß. Immer größer werden die Wälder, immer dichter.

Die Menschen, die hier hausen, sind Jäger und Sammler. Sie ziehen von Ort zu Ort, jagen den Auerochs, den Elch, den Bären und den Wolf. Sie durchstreifen die Wälder und heben ihre Nahrung vom Boden auf: Nüsse, Beeren, Wurzeln, Kräuter. Ihr Werkzeug und ihre Waffen sind roh und plump, von Knochen und Stein; sie geben der Periode ihren Namen: Steinzeit.

Und während die Jäger der Steinzeit in losen Horden die Steppen und Wälder unseres heutigen Europa durchziehen, wachsen tief drunten im Süden die ersten großen Kulturen heran.

Drunten im Süden, das ist das Land am Nil, an Euphrat und Tigris, am Jordan und am Toten Meer. Drei gewaltige Siedlungsbereiche prägen dieses Land: im Westen die fruchtbare Ebene des Nils, im Osten die ebenso reichen Gefilde der beiden Ströme Euphrat und Tigris und dazwischen die zerklüftete Hochebene Kanaans.

Wenn wir heute Wandmalereien oder Mosaikbilder aus dem alten Ägypten betrachten, dann erscheinen uns die Menschen darauf seltsam steif und würdevoll. Die hochgewachsenen, schlanken Gestalten mit dem ebenmäßigen, bartlosen Gesicht haben etwas Gemessenes, Ernsthaftes, und genauso erscheint uns die ganze Geschichte der Ägypter am Nil: gemessen, würdevoll und etwas steif.

Über die Anfänge jenes Volkes und Staates wissen wir nichts Sicheres. Seine eigentliche Geschichte beginnt für uns mit dem König Menes, der ganz Ägypten einigt und unter seine Macht stellt. Das geschieht immerhin um das Jahr 3000 vor Christus, also vor nahezu 5000 Jahren. Nach König Menes, der den Titel »Pharao« führt, folgt eine Königsherrschaft auf die andere. Dreißig solcher einzelnen Königsherrschaften oder »Dynastien« lassen sich verfolgen in fast ununterbrochener Reihe vom Jahr 3000 bis zum Jahre 525 vor Christi Geburt. In der Mitte des 3. Jahrtausends, zur Zeit der 4. und 5. Dynastie, ist der erste Höhepunkt in der Ge-

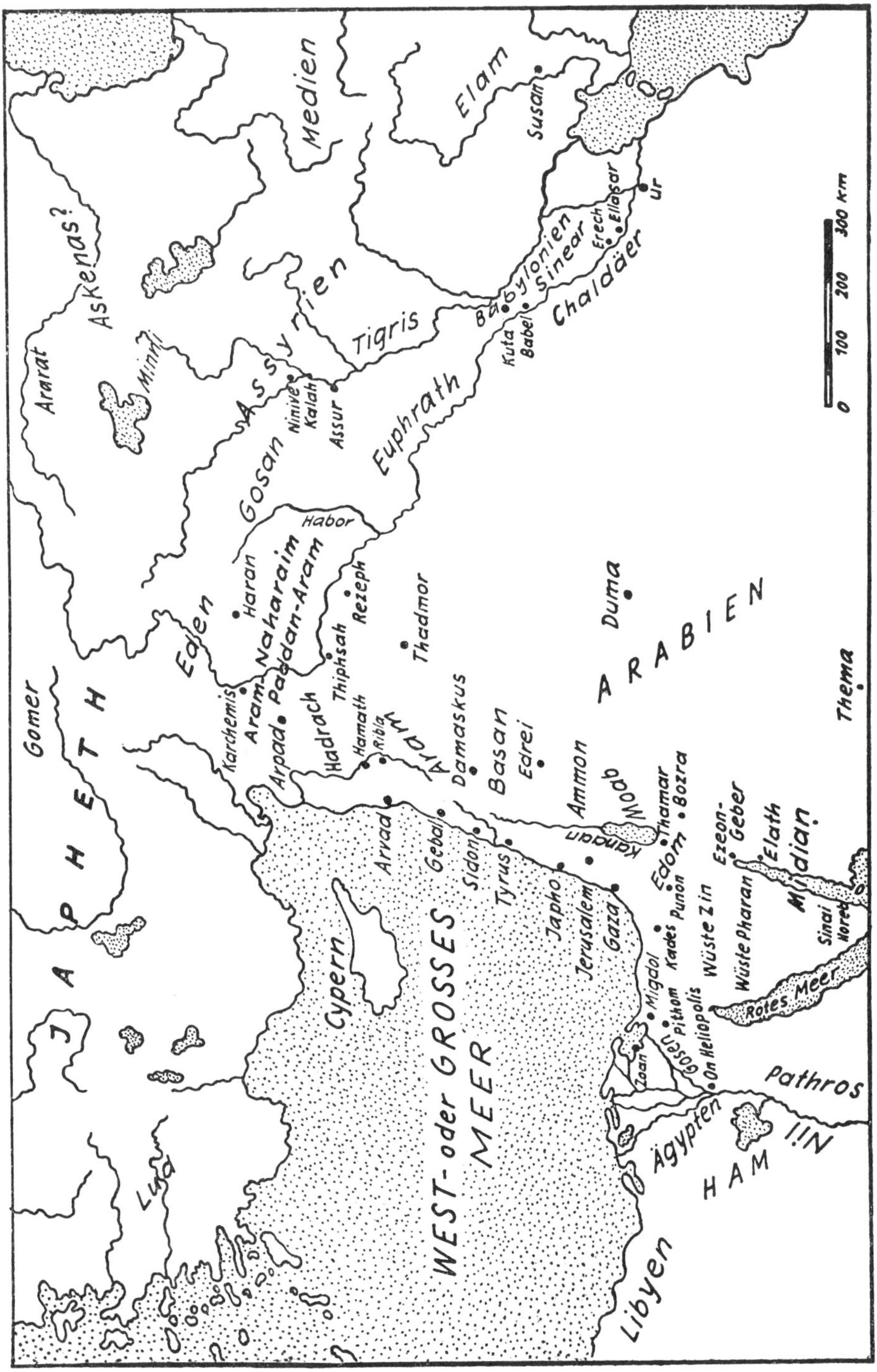

Siedlungsraum der alten Kulturvölker

schichte Ägyptens. Die Könige Cheops und Chefren regieren, und sie errichten an den Ufern des Nils die Wunderbauten der Pyramiden, riesige Grabmäler, in die man ihnen die kostbarsten Schätze mit auf die Reise gibt; denn nach ägyptischem Glauben wird der Tote so weiterleben, wie man ihn bei seiner Bestattung ausrüstet. So wird ein weitläufiger Totenkult entwickelt, und die prächtigsten Bauten nach den Königspalästen und den Tempeln sind die Grabstätten. Man betet zum Gott Ptah, der in Gestalt eines Stieres erscheint, und zum Sonnengott Re, und man hat noch einen Gott, den Pharao. »Guter Gott«, so wird der König angeredet, und seine Macht ist praktisch unbegrenzt, wie die eines »Gottes auf Erden«.

Der Beamte wird erfunden

Diese Pharaonen, die in langer Reihe über das Volk am Nil herrschen, machen eine bedeutsame Erfindung. Sie »erfinden« den Beamten. Das hat ursprünglich seinen guten Grund: Das Land zieht sich weit hin, bis nach Nubien, ja fast bis zu den Quellen des Nils tief im Inneren Afrikas. Der König braucht einen Stand gewissenhafter Leute, auf die er sich verlassen kann, die seine Macht in den entlegensten Teilen des Reiches repräsentieren, und so entsteht der Beamtenstand. Doch was ursprünglich der Krone dient, wird nach und nach ihr Verderben. Die Beamten, die anfangs im Auftrage des Königs das Land verwalten, beginnen immer mehr, im eigenen Auftrage zu handeln. Sie verwalten schließlich nur noch sich selbst, sie gleichen einer Landplage, einem Polypen, der vielarmig über dem ganzen Reiche liegt und es bis aufs Blut aussaugt. Sie sind Selbstzweck geworden. Ja, sie erheben selbständig Steuern und betrachten ihr Amt als erblich. Der Beamtenstaat, diese ursprünglich so ernste und würdevolle Einrichtung, diese typisch ägyptische Tat, wird zu einem Ausbeutersystem übelsten Ausmaßes. Endlich strecken die Beamten, die sich längst als »Fürsten« betrachten, die Hand nach der Krone aus. Die Pharaonen der 11. und teilweise auch der 12. Dynastie sind solche ehemaligen »Gaufürsten«. Das ist die Situation in Ägypten um das Jahr 1800 vor Christus.

Ägyptischer Beamter

Da geschieht etwas Unerwartetes: Wie ein Sturmwind brechen von Osten her fremde Völker ins Land, einem Hunnenzuge gleich. Sie kommen irgendwoher aus den Gefilden Asiens, Krieger mit Pfeil und Bogen, mit Pferd und Wagen, überrumpeln die ägyptischen Grenzfestungen, jagen durch das Land, kühne, pfeilschnelle Gesellen. Sie erschlagen die Männer, morden die Frauen, brennen die Tempel und Paläste nieder, räubern und plündern. Und im Gefolge der Krieger ziehen ihre Weiber und Kinder. Sie überfluten ganz Ägypten und machen sich zu Herrschern im tausendjährigen Nilreich. Es sind die Hyksos, die »Herren fremder Länder«.

Obwohl ihre Herrschaft mit einem furchtbaren Blutbad beginnt, bringen sie dem Lande dennoch ein kostbares Geschenk: das Pferd. Das Pferd ist bisher unbekannt. Arbeitstier, Reittier und Lastträger sind Esel und Kamel. Das Pferd gewinnt die Herzen der Männer im Alten Orient gleichsam im Sturm. Der edle Hengst ist der Stolz des Arabers bis auf den heutigen Tag, und niemals ist in Arabien das Pferd als Arbeitstier benutzt worden.

Die Hyksos spannen das Pferd vor ihre erzbeschlagenen Kampfwagen, und diese »eisernen Wagen«, die dem Volk Israel später bei seiner Besiedlung Kanaans soviel Verdruß bereiten sollen, bestimmen seither das Gesicht der Kriege. Sie sind Gefährt des Königs, der Edlen, und sie entscheiden in tausend Fällen den Ausgang der Schlacht.

Die Hyksos setzen sich auf den Thron der Pharaonen und beherrschen von hier aus nicht nur Ägypten, sondern auch Teile Kanaans bis nach Mesopotamien hinüber, und damit erweisen sie Ägypten einen neuen Dienst. Fast eineinhalb Jahrtausende lang lebten die Ägypter in stolzer Abgesondertheit, in einer »splendid isolation«. Jetzt beginnt ein reger kultureller Austausch mit anderen Kulturländern an Euphrat und Tigris.

Nach gut 100 Jahren ist der Spuk der Hyksos vorüber. Ein oberägyptischer Gaufürst treibt sie aus dem Lande und gibt Ägypten den Ägyptern zurück. Mit ihm beginnt eine neue Blütezeit, die unter Ramses II. ihren Höhepunkt erreicht. War Ägypten früher ein Beamtenstaat, so wird es nun allmählich ein Militärstaat, der Kriege führt, Eroberungen macht und seine Herrschaft weit nach Osten ausdehnt. Und mit der Macht der Krieger wächst sonderbarerweise auch die der Priester. Aus dem Militärstaat wird ein Priesterstaat, und der Pharao Smendes, mit dem die 21. Dynastie beginnt, ist ein ehemaliger Priester des Sonnengottes Re.

Dann beginnt der Niedergang Ägyptens. Auf dem Thron sitzen Nubier, Söldnerführer, Fremdlinge. Und im Jahre 525 vor Christus fegt der Perserkönig Kambyses den Glanz und die Herrlichkeit des ägyptischen Reiches weg. Die Geschichte eines Volkes, das in einmaliger Einheitlichkeit und Geschlossenheit über zweieinhalbtausend Jahre seine militärische Macht, seine politische Bedeutung und seine überragende Kultur bewahrt hat, ist zu Ende.

Ganz anders verläuft die Geschichte im zweiten großen Siedlungsraum des Altertums, im Kulturland Mesopotamien. Nur eines hat dieses Land mit Ägypten gemeinsam: Beide leben von den Wassern der großen Ströme. In Ägypten ist es der Nil, hier sind es Euphrat und Tigris, die einmal im Jahre über die Ufer treten und das Land bewässern. So bestimmt der Strom das Gesicht des Landes, den Rhythmus des Lebens. Mesopotamien gleicht, dank der lebenspendenden Wasser seiner Ströme, einer einzigen großen Fruchtschale. Ist es ein Wunder, daß immer wieder neue Völker, Eindringlinge, Eroberer ihre Hände nach dieser fruchtschweren Schale ausstrecken? Die natürlichen Grenzen, die Ägypten seine vornehme Abgeschiedenheit ermöglichten, fehlen, und so entwickelt sich die Geschichte des Zweistromlandes in bunter Vielfalt.

Am Anfang steht hier ein Volk, dem der Ruhm gebührt, die älteste historisch faßbare Kultur der Erde geboren zu haben: die Sumerer. Ihre Heimat liegt im Süden des Landes, am Unterlauf des Euphrat, bis hinab zum Persischen Golf. Zu der Zeit, als in Europa die Steinzeitjäger den Auerochsen mit der Keule totschlagen, bauen sie ihre ersten

Städte: Ur und Erech. Sie kneten Ziegel aus Lehm und lassen sie an der Sonne trocknen, sie türmen Mauern aufeinander und errichten Tempel, Paläste und Wohnhäuser. Sie schmücken die Wände mit Malereien und kunstvollen Mosaiken, die sie aus bunten Tonstiften zusammensetzen. Sie fertigen Waffen aus Bronze und Schmuck aus Silber und Gold. Sie lasieren ihre Tongefäße mit bunten Farben, sie erfinden den Wagen, das Spinnrad und – – – die Kunst der Schrift. Ihre Städte sind zugleich Trutzburgen und Mittelpunkt politischer und kultureller Macht, und der »Bürgermeister« ist Herrscher über das ganze Land im Umkreis. Es ist die Zeit der Stadtstaaten, und die Bürgermeister nennen sich voller Selbstbewußtsein »Könige«.

»Ordnung regiert die Welt«

Kaum haben sich die Sumerer in ihren Städten eingerichtet, so gehen sie auch schon daran, Ordnung in ihre Umwelt und in den ganzen Kosmos zu bringen. Sie teilen das Jahr in zwölf Monate, den Tag in zwölf Stunden und die Stunde in sechzig Minuten. Der Kreis wird in 360 Grad aufgeteilt, Maße und Gewichte werden festgelegt und der Lauf der Gestirne berechnet. Und man wird sagen müssen, daß diese Ordnung gut war; denn sie gilt noch heute – genauso wie vor 5000 Jahren!

Doch nicht genug damit. Gründlich, wie sie sind, bringen sie auch System in ihre Götterwelt, und sie kennen eine lange Reihe von Göttern. Da sind Anu und Enlil, Ea und die große Mutter Innin. Jeder Gott hat seinen eigenen Wirkungsbereich: Anu regiert den Himmel, Enlil die Erde, Ea das Wasser und so fort. Diese Götter herrschen nicht nur innerhalb des ihnen zugemessenen Bereiches, sie sind zugleich auch »Grundbesitzer«. Ihnen gehört alles Land, der König oder Priester teilt es nur leihweise an die Bauern aus.

Auch die Sumerer pflegen den Totenkult, wenngleich sie ihn nicht in dem Maße aus-

Das Gesetzbuch des Hammurapi

üben wie etwa die ägyptischen Pharaonen; aber die »Königsgräber« von Ur, die der Archäologe Woolley in den Jahren 1927 bis 1929 ausgräbt, weisen unermeßliche Schätze auf. Freilich, in diesen Gräbern wurden die Mächtigen dieser Erde beigesetzt, aber selbst dem Ärmsten gibt man noch eine kleine Gabe mit auf den langen Weg ins Totenreich: Dem Manne eine Axt und der Frau einen Spiegel. Nur einen Fehler haben die Sumerer: Sie sind abergläubisch. Allenthalben sehen sie Geister und Dämonen; wenn sie ihnen begegnen, spucken sie aus, und wenn ihnen eine schwarze Katze über den Weg läuft, dann machen sie kehrt. Aber auch dies dürfte sich in 5000 Jahren nur unwesentlich geändert haben.

Im übrigen sind die Sumerer wenig kriegerisch. Vielleicht kommt es daher, daß ihre Könige mehr Priester als Heerführer sind, vielleicht auch daher, daß ein Krieg zwangsläufig die ihnen so verhaßte Unordnung ins Land bringt. Jedenfalls ist es der Grund dafür, daß um das Jahr 2300 vor Christus das Land der Sumerer von ihren nördlichen Nachbarn, den Akkadern, unter ihrem König Sargon I. erobert und unterworfen wird. Die Akkader sind im Unterschied zu den Sumerern Semiten und waren ursprünglich Nomaden, die nach und nach seßhaft wurden und sich die sumerische Kultur aneigneten. Ihre Herrschaft ist streng, der König ist zugleich der Gott des Volkes, und Sargon I., der sich »König von Sumer und Akkad« oder »Herr der vier Himmelsgegenden« nennt, will etwas wie ein »Welt«-Reich aufrichten. Länger als 300 Jahre dauert ihre Herrschaft nicht, das Volk der Guti, das aus dem Iran einbricht, macht ihr ein Ende. Doch auch die Guti herrschen nur hundert Jahre. Noch einmal erheben sich die Sumerer, jetzt gemeinsam mit den Akkadern, zu Macht und Blüte. In dieser spätsumerischen Zeit werden herrliche Prunkbauten errichtet, großartige Tempel in Ur und Lagasch. Es ist die große Zeit der klassischen sumerischen Literatur, Hymnen werden gedichtet, Sagen und Mythen entstehen. Die Zahl der Götter wächst ins Ungemessene, zwei- bis dreitausend sind es, doch immer noch wohlgeordnet. Und wohlgeordnet ist auch das Staatswesen. Hier wird zum erstenmal die goldene Regel aller Verwaltungsbeamten geprägt: quod non est in actis, non est in mundo. Was nicht in den Akten steht, das existiert für uns nicht. Eine gewaltige Bürokratie wächst heran, die in erster Linie das Ziel zu verfolgen scheint, ihre Akten zu füllen.

Seit dem Jahre 2000 kommt der sumerisch-akkadische Staat nicht mehr zur Ruhe. Immer wieder brechen semitische Beduinen aus Ostkanaan in das wohlhabende Reich ein, und im Jahre 1955 v. Chr. wird die alte Kulturstadt Ur durch den Ostkanaanäer Ischbi-Eyra zerstört. Zwar soll die numerische Kultur nochmals eine Periode der Spätblüte erleben, doch zu Einfluß und Macht gelangen die Sumerer nicht mehr. Eine neue Stadt hat plötzlich die Vorherrschaft im Zweistromland an sich gerissen: Babylon.

Unter ihrem berühmten Herrscher Hammurapi machen sich die Babylonier das gesamte Zweistromland untertan. Hammurapi ist der große Gesetzgeber im Altertum. Er legt ein umfassendes Straf-, Zivil- und Handelsrecht fest, von dem er große Abschnitte in Steinsäulen meißeln läßt, allem Volke sichtbar. Der Grundsatz dieser Gesetze ist »Auge um Auge, Zahn um Zahn«, und mit der Todesstrafe geht man nicht sparsam um. Immerhin räumt sein Gesetz zum erstenmal in der Geschichte der Menschheit der Frau erhebliche Rechte ein. So kann zum Beispiel eine Ehe nur aufgrund einer genau festgelegten Urkunde geschlossen werden.

Das erste Steuergesetz

Eine Zeitlang hält sich neben Babylon noch ein kleines Reich am mittleren Euphrat: Mari. Es ist das Land, in dem Abraham mit seiner Sippe nach seinem Auszug aus Ur lebt, das Haran der Bibel. Dieser kleine Staat soll besondere Bedeutung erhalten: Hier entsteht, etwa zur Zeit Abrahams, das erste Gesetz zur Steuererhebung. So sauber werden

Ein Sumerer. Eines der ältesten plastisch in Stein dargestellten Menschenbilder.

Ausschnitt aus dem Text zweier Paragraphen (in Keilschrift).

die Richtlinien ausgearbeitet, daß sie in ihren Grundzügen bis auf den heutigen Tag in allen Steuergesetzen zu finden sind.
Doch eines Tages fällt auch das Reich Mari unter dem Schwert Hammurapis, und Babylon ist Alleinherrscher in den fruchtbaren Gefilden der großen Ströme. Die Babylonier bauen ihre Tempel in der Form himmelansteigender Türme, auf denen sich jeweils eine Kultstätte befindet. Marduk wird hier verehrt und der Sonnengott Schamasch und die Liebesgöttin Ischtar. Dieser Kult, der nicht selten in Orgien und Ausschweifungen sich äußert, wird später in den Schriften des Volkes Israel immer wieder voller Abscheu erwähnt.
Obwohl das Reich Hammurapis eine Fülle geballter Macht repräsentiert, ist es nicht von langer Dauer. Hoch aus dem Norden, aus der Gegend des Schwarzen Meeres, brechen die Hethiter, und wenig später aus dem Iran die Kassiten und die Churrier ein. Die Hyksos besetzen von Ägypten her Teile des Landes, und nach deren Vertreibung aus dem Land am Nil sind es Ägypter, die ihnen auf dem Fuße folgen und stellenweise in Mesopotamien einbrechen. Und immer wieder überschwemmen semitische Beduinenstämme, die Aramäer, das Land.
Aber so ist die Geschichte Mesopotamiens. Ein fortwährendes Auf und Ab, ein verwirrendes Nebeneinander und Durcheinander zahlloser Völker und Stämme, bald ist dieser, bald jener Herr im Land. Der eisenklirrende Schritt der Eroberer geht über die Äcker und Saaten, Kulturen entstehen und vergehen, Reiche wachsen und brechen zusammen, und erst um das Jahr 1100 vor Christi Geburt gibt es wieder ein einziges Großreich an Euphrat und Tigris:

Das Weltreich der Assyrer

Diese Menschen scheinen für den Kriegerberuf geschaffen. Große, muskulöse Gestalten mit stolzem Haar- und Bartschmuck. Ihre Heimat ist der obere Tigris. Hier haben sie von den Akkadern gelernt, akkadische Kultur angenommen und vor allem den akkadischen Weltherrschaftsgedanken sich zu eigen gemacht. Unter ihren Königen Assurnasirpal und Salmanassar erobern sie ganz Mesopotamien, Syrien, Kanaan, beherrschen einen großen Teil Kleinasiens und stoßen sogar bis Ägypten vor. Was der Akka-

Rekonstruktion des mehrstufigen Tempelturmes (Zikkurat) von Ur. Ähnlich haben wir uns den Turm zu Babel (1. Mose 11) vorzustellen.

der Sargon erträumte, wird unter ihrer eisernen Faust Wirklichkeit: das Weltreich.
Ihre Könige sind in der Wahl ihrer politischen Mittel nicht zaghaft. Sie deportieren ganze Volksstämme und verpflanzen sie in eine fremde Gegend. Sie beseitigen ihre Gegner und rotten schonungslos alles aus, was sich ihrem Willen nicht fügt. Ihr Gott Assur, von dem sie ihren Namen herleiten, wird gewaltsam den unterworfenen Völkern oktroyiert, und die assyrischen Herrscher bezeichnen sich als von ihrem Gott eingesetzt und berufen. Seinen Höhepunkt erreicht das assyrische Weltreich unter seinem König Assurbanipal in den Jahren 669 bis 626. Dann bricht es – erschöpft von den zahllosen Kriegen – zusammen. Noch einmal leuchtet im Zweistromland für kurze Zeit der Name Babylon auf. Nebukadnezar, der berüchtigte König von Babylon, macht sich das Land untertan und darf den zweifelhaften Ruhm der ersten völligen Zerstörung Jerusalems für sich buchen. Dann naht die alles überspülende Welle der Perser und zieht den Schlußstrich unter die zweieinhalbtausend Jahre alte, wildbewegte Geschichte. Auf die Perser folgen die Griechen, auf die Griechen die Römer, und dann wandert der Schwerpunkt politischer, geistiger und kultureller Macht nach Norden, nach Mitteleuropa. Das Land am Nil, das Land an Euphrat und Tigris versinken im Schatten der Bedeutungslosigkeit.

„Die Assyrer scheinen für den Kriegerberuf geschaffen..." König Assurbanipal in seinem Streitwagen. Relief vom Palast in Ninive.

Im Lande des Purpur

An der Ostküste des Mittelmeeres lebt eine Schnecke, die von den Zoologen murex brandaris genannt wird und mit ihrem bürgerlichen Namen Purpurschnecke heißt. Mit dieser Schnecke hat es seine besondere Bewandtnis: Sie sondert einen tiefroten Saft ab, der sie vor ihren Feinden schützen soll. Im frühen Altertum schon kommt man darauf, daß sich dieser Saft vorzüglich zum Färben von Wolle und Leinen eignet. Also sammelt man in wochenlanger, mühseliger Arbeit die kleinen Tiere und gewinnt daraus den begehrten Farbstoff. Die Farbmenge, die eine einzelne Schnecke hergibt, ist lächerlich gering. Um einige Gramm reinen Farbstoff zu gewinnen, müssen zehntausend Schnecken ihr Leben lassen. Das Ergebnis liegt auf der Hand: Der Preis für das Purpurrot steigt ins Unermeßliche. Nur die Reichsten können sich jene roten Gewänder leisten, Herrscher, Feldherrn, der Landadel. So wird der Purpur die Farbe der Könige.

Eine Schnecke gibt dem Land ihren Namen

Die Purpurschnecke freilich spendet nicht nur den so kostbaren Farbstoff, sie gibt auch einem Land seinen Namen. »Kinahu« ist die churrische Bezeichnung für »roter Purpur«, und aus diesem »kinahu« wird das Wort »Kanaan«, Land der Ostküste des Mittelmeeres, Land des roten Purpurs.
Dieses Kanaan ist der dritte große Siedlungsbereich im Altertum neben den Gefilden an Nil, Euphrat und Tigris, aber seine Geschichte ist eine völlig andere. Keine jener gewaltigen Kulturen entstehen in diesem Lande, keine Pyramiden und keine Weltreiche. Dafür soll dieses Land der Menschheit aller Zeiten etwas viel Kostbareres schenken: Die Bibel. Hier in Kanaan offenbart sich Gott dem Menschen. Hier predigen die gewaltigen Propheten, hier zeichnen Menschen gewissenhaft auf, was ihnen als das Wort Gottes offenbart worden ist, und schaffen das Buch, das die Welt verwandeln soll. Und hier, auf dem Boden Kanaans, soll Jesus Christus wirken.

Purpurschnecke

Palästina

Kanaan, das Land, das in späteren Zeiten auch Palästina heißt und das zum »Heiligen Lande« wird.

Die Westgrenzen dieses Landes umspülen die Wasser des Mittelmeeres, die Ostgrenzen verlaufen im heißen Sande der syrisch-arabischen Wüste. Im Norden erhebt sich der mächtige Gebirgszug des Libanon, dessen höchste Gipfel bis über 3000 Meter ansteigen, und im Süden reicht das Land bis an die Ausläufer der Wüste Negeb, hinweg über Hochflächen und Talsenken. Von Norden bis Süden läuft ein gewaltiger Graben, der ganz Kanaan der Länge nach in zwei Streifen teilt, das Tal des Jordan. Aus den Bergen des Libanon stürzen seine Wasser zu Tal, durchfließen den Hule-See und den See Genezareth, schlängeln sich in vielfachen Windungen durch die Niederung zwischen dichten Wäldern und kahlen Wüstenstreifen und schieben sich endlich in das Tote Meer, jenen mächtigen Binnensee, dessen salzhaltige Fluten alles Leben ersterben lassen.

Vielfach gegliedert ist das Land westlich des Jordan. Waldreiche Hügel und fruchtbare Talmulden wechseln ab mit schroffen Felsen und steilen Hängen, blühende Oasen und saftige Weiden mit dürren Wüsten und sandigen Ebenen. Vom Mittelmeer weht ein erfrischender Wind, der einmal im Jahr den großen Regen mitbringt. Die Eiche wächst hier und der Granatapfel, die Tamariske und der Johannisbrotbaum, die Kiefer, der Ölbaum und die Dattelpalme. Aber östlich des Jordan verdorrt die Frucht, je weiter man sich von der lebenspendenden Küste entfernt. Hier weht der Wind von Osten und bringt den tödlichen Gluthauch der Wüste mit.

Die älteste Stadt der Welt

Kanaan ist bewohnt seit den Uranfängen der Menschheit. Aber wir wissen so gut wie nichts von den Menschen, die hier siedelten. Ihre Namen sind verschollen. Daß seit Jahrtausenden Menschen hier gelebt haben, können wir nur aus wenigen Ruinen erahnen. Uralte Städte hat es hier gegeben, und die älteste Stadt der Welt, von der wir wissen, erhob und erhebt sich noch jetzt auf dem Boden Kanaans, die Stadt Jericho. Wenn die englische Archäologin Kathleen Kenyon und der deutsche Prähistoriker Gottfried Kurth recht behalten, dann reicht Jericho in seinen Anfängen weit hinter die Sintflut zurück. Dann besaß Kanaan bereits Städte und Kulturen, als in Europa die letzte Eiszeit kaum zu Ende gegangen war, dann existierte Jericho bereits viele Jahrtausende, bevor von Deutschen auf deutschem Boden die erste Stadt gegründet wurde. Aber wie die Wahrheit immer aussehen mag, Kanaan ist so alt wie Ägypten und Mesopotamien, und nur dem Umstand, daß man hier die Ziegel weniger dauerhaft herstellte als etwa am Nil und am Euphrat, ist es zuzuschreiben, daß so gut wie nichts von der Urkultur im Lande Kanaan auf uns gekommen ist.
Die Stadtstaaten prägen das Bild des Landes, genau wie in den übrigen Siedlungsbereichen der »Menschheitswiege«. Jericho etwa oder Ugarit sind solche uralten Städte, Sidon und Byblos, Askalon, Gaza und Gath. Aber die Städte liegen weit verstreut, und dazwischen weiden die Herden der Nomadenstämme. In der Sinaiwüste leben die Amalekiter, im Osten die Midianiter, die Ismaeliter, die Araber, stolze Nomaden, die auf ihren Reitkamelen ins Land fallen wie ein Sturmwind, die Frucht von den Feldern rauben und wieder in den Weiten der Wüste verschwinden.

Um die Mitte des zweiten Jahrtausends vor Christus dringen die Hyksos, jenes Kriegervolk, von den Ägyptern verdrängt, nach Kanaan vor, erobern einige der selbständigen Städte und setzen sich darin fest. Später sind es Ägypter, die in Kanaan eindringen, und nach ihnen sollen noch die Hethiter und Assyrer eine große Rolle in diesem Lande spielen, aber zu politischer Bedeutung von weltweitem Ausmaß hat es kein Volk gebracht, weder die Urbevölkerung noch die Eroberer. Das Land ist zu wenig geschlossen, zu weitläufig, zu zerklüftet, und es ist nicht zu vergleichen mit den fruchtbaren Gefilden an Nil, Euphrat und Tigris, die seit Jahrtausenden die Völker anziehen wie ein Magnet. So bleibt Kanaan abseits von der großen Weltpolitik, abseits von den blutigen Eroberungen, abseits von den gewaltigen, imposanten Kulturen.
Da geschieht um das Jahr 1200 vor Christi Geburt etwas sehr Merkwürdiges: Aus der Wüste ziehen semitische Völkerstämme heran, Sippen, Stammesfamilien, mit einem Oberhaupt und zahlreichem Gefolge, mit Herden von Rindern, Schafen und Ziegen, Menschen, die in schwarzen Zelten wohnen und ihren Weg entlang den kargen Weidegründen für ihr Vieh suchen.
Diese semitischen Stämme fallen nicht über Nacht ins Land ein. Sie ziehen ruhig ihres Weges, lassen ihre Herden in den Gefilden Kanaans weiden, dringen in der dürren Sommerzeit tiefer ins Land vor und ziehen sich in den Regenmonaten wieder zurück. Finden endlich günstige Siedlungsplätze und bleiben. Sie bauen ihre Dörfer, errichten kleine Städte und werden Nachbarn der Urbevölkerung des Landes. Hier und da kommt es zu Händeln, hin und wieder geraten sie in kriegerische Auseinandersetzung mit den Kanaanitern, aber es wird kein welterschütternder Krieg daraus. Die Israeliten fürchten die Kampfesweise der kanaanitischen Städte mit ihren pfeilschnellen, eisernen Kampfwagen. Ihnen, die zu Fuß kämpfen, ist all das fremd, unheimlich, und sie gehen ihnen lieber aus dem Wege. Und die Kanaaniter sind ebenfalls nicht erpicht auf blutige Streitigkeiten mit diesem fremden Volk;

sie sind im allgemeinen auch nicht eifersüchtig auf die neuen Siedler. Noch gibt es Land die Fülle in Kanaan, warum sollen die fremden Stämme nicht in den unwegsamen Gebirgen die Wälder roden und sich dort ansiedeln? Warum sollen sie ihre Herden nicht auf den kargen Wiesen weiden? Und so geschieht das, was nach Gottes Gebot dem Volk Israel vorherbestimmt ist: Es zieht ein in das »gelobte Land«.

Die Geschichte der einzelnen semitischen Stämme kann nie geschrieben werden. Die einzige Quelle, die Bibel, gibt uns nur – gleichsam wie eine Stichprobe – Kunde von Einzelgeschehen. So erfahren wir die Geschichte der Sippe Abrahams.

Die Sippe ist eine von vielen, die das Land Kanaan besiedeln, und sie hat einen langen, beschwerlichen Weg hinter sich.

Um das Jahr 1700 vor Christus wird Abraham in Ur, im Lande der Sumerer, geboren. Sein Vater Thara übersiedelt später mitsamt seiner Familie nach Mari, ins biblische Haran, am mittleren Euphrat. Aber auch hier hält es die Sippe nicht lange. »Und Gott sprach zu Abraham: Gehe aus deinem Vaterlande und von deiner Freundschaft und aus deines Vaters Hause...« berichtet die Bibel, und Abraham macht sich mit seiner ganzen Familie auf die beschwerliche Wanderschaft bis nach Kanaan. Doch bald zwingen ihn Trockenheit, Mißernten und Lebensmittelverknappung, nach Ägypten weiterzuziehen. Das ist nichts Ungewöhnliches, denn Ägypten ist das Land der strengen Staatsraison, das Land der Beamten, in dem organisierte Vorratswirtschaft betrieben wird. Immer wieder suchen Nomadenstämme ihren Weg über die Grenze in der Erwartung, Brot für sich und Weideland für ihre Herden zu finden. »Heute zogen von Edom her Beduinenstämme durch die Festung des Mernephta... um sich und ihre Herden am Leben zu halten«, meldet der Befehlshaber eines Grenzforts seinem Vorgesetzten.

Flüchtlinge werden Sklaven

Abraham bleibt nicht lange in Ägypten, er kehrt nach Kanaan zurück und findet hier sein Grab. Aber seine Kindeskinder werden aufs neue gezwungen, in Notzeiten den Weg ins reiche und fruchtbare Ägypten zu suchen. Der Pharao nimmt die Flüchtlinge, Flüchtlinge vor dem Hunger und der Dürre, in seinem Lande auf. Bald nach seinem Tode, als ein anderer Pharao im Lande herrscht, wendet sich ihr Geschick zum Bösen. Die semitischen Einwanderer werden samt und

Fronarbeiten bei den Ägyptern.
Wandgemälde aus Theben

Abraham und seine Familie lebten in Zelten, die denen der heutigen Beduinenstämme ähnelten.

sonders versklavt. So werden sie zu »Hebräern«, das heißt schließlich, zu Menschen zweiter Klasse, zu Leuten geringeren Rechtes, zu Sklaven. Eine ägyptische Urkunde aus der Zeit Ramses II. berichtet, daß sie »Steine herbeischleppen müssen für die große Festung der Stadt des Ramses, des Geliebten des Amon«, und daß sie Steine heranschaffen müssen für »den Gott Re, und zwar für den Re des Ramses, des Geliebten des Amon, im Südviertel von Memphis«. Unter Ramses III. erfahren wir von Hebräern, die in den Steinbrüchen des wadi hammamat, östlich von Theben, arbeiten müssen, und die Bibel spricht davon, daß Hebräer im östlichen Nildelta am Bau der Städte Pithom und Ramses (= Haus des Ramses in der Nähe von Zoan) beteiligt sind. Sklaven, Fronarbeiter, das ist das Schicksal der einst so stolzen Nomaden.
Da ersteht der unterdrückten Klasse der Hebräer ein Mann, der sie in die Freiheit führen soll: Mose. Er sammelt die israelitischen Sklaven, er bereitet den Auszug seines Volkes vor und führt es schließlich aus dem Lande der Knechtschaft. Der Pharao jagt eine Reiterschwadron hinter den Flüchtigen drein, aber »der Herr stürzt sie ins Meer«, sie versinken mit Mann und Roß und Wagen. Die Israeliten sind frei!

Aber nun müssen sie ihre neugewonnene Freiheit teuer erkaufen. Noch wissen sie nicht, wo sie ihre neue Heimat finden werden, und so beginnt der große Zug durch die Wüste, der über vierzig Jahre lang andauern soll.

Mose führt sein Volk nach Süden, entlang der Küste des Golfes von Suez, hart am Rande der Wüste. Von Oase zu Oase, von Wasserstelle zu Wasserstelle geht die mühselige Reise. Der Durst ist der ständige Gefährte der Flüchtlinge, und tausend Gefahren drohen von den Tieren der Steppe und von den fremden Völkern. Aber unentwegt ziehen die Kinder Israels ihre staubige Straße. Sie führen ihre wenigen Habseligkeiten mit sich. Sie treiben ihr Vieh, die wenigen Tiere, die sie aus Ägypten mitgebracht haben mögen, weißwollige Schafe, rotbraune Rinder und schwarze Ziegen. Aus dem Haar der Ziege spinnen die Frauen das Zelttuch, darum sind

ihre Zelte, ihre Decken und Matten schwarz. Die Haut der geschlachteten Tiere wird zu Schläuchen zusammengenäht und dient als Behälter für das kostbare Wasser.
So zieht der endlose Flüchtlingstreck immer weiter nach Süden. Nach Mara kommen sie, nach Elim, nach Dophka und Raphidim. Vor ihnen türmt sich das Gebirge des Sinai auf, mutig steigen sie die Paßstraßen empor. Immer weiter, ohne Ruhe, ohne Rast.

Das Gotteswunder am Sinai

Hier am Sinai geschieht es, daß Mose, der Führer seines Volkes, die Erscheinung Gottes erlebt, einsam auf einem Berge stehend. Und als er zu seinem Volk zurückkehrt, da bringt er das kostbarste Geschenk mit, das seither einem Volke gegeben wurde: das Gesetz der Zehn Gebote.
Diese Gebote beginnen mit dem ungeheuerlichen Wort: »Ich bin der Herr, dein Gott, der ich dich aus Ägyptenland, aus deinem Diensthause geführt habe. Du sollst keine anderen Götter neben mir haben!«
Ich bin der Herr, dein Gott, du sollst nicht andere Götter haben neben mir ... Das ist das Wort, das seine Gültigkeit behalten soll bis auf den heutigen Tag.
Solange die Welt besteht, ist niemals ein größeres Gesetz gegeben worden als das der Zehn Gebote. Und dieses Gesetz wird zum erstenmal dem armseligen Volke wandernder Hirten, den Verfolgten, Flüchtlingen, Heimatlosen kundgetan.
Mose baut dem Gott Israels einen Thron, die »Bundeslade«. Dieser Thron wird das Heiligtum seines Volkes, das Zentrum all der Stämme, die später das Land Kanaan besiedeln sollen. Und noch mehr: Fortan wird der Gott Israels der Gott all der semitischen Nomaden, die in Kanaan einwandern. Bedingungslos unterwerfen sie sich diesem Gott, nicht gezwungen wie die Völker, denen die Assyrer ihren Gott aufzwingen, freiwillig erkennen sie ihn als den »Herrn«, als den Gott, der die Sippe Abrahams aus Ägypten geführt hat, als den Gott, der seine Hand schützend über sie hält, sie führt, sie leitet. Die unübersehbare Flut der alten Götterwelt versinkt,

Die Zehn Gebote auf den Bundestafeln. Bibelillustration aus dem 14. Jahrhundert.

von jetzt an ist nur noch ein Gott und ein Herr: der Gott Israels.
Weiter führt der Weg der Israeliten, doch von jenem Augenblick am Sinai an geht die Straße nach Norden. Vorüber an Hazeroth und Ezeon-Geber am Golf von Akaba zieht das Volk Israel geradewegs in die endlose Wüste. Wieder beginnen Hunger und Durst, Entbehrungen und Beschwerden, Monate, Jahre ...
Und eines Tages kommt der Augenblick, in dem sich vor dem Blick Moses das endliche Ziel auftut, das »gelobte Land«, Kanaan. Mose selbst ist es nicht mehr beschieden, seinen Fuß auf den Boden dieses Landes zu setzen, er stirbt, aber er hat es noch sehen dürfen, dieses Ziel, dieses verheißene Land. Sein Nachfolger, dem es aufgetragen ist, das begonnene Werk zu vollenden, ist Josua. An der Spitze der Israeliten dringt er in Kanaan ein. Die Landnahme der Kinder Israel nimmt ihren Anfang. Das geschieht um das Jahr 1200 vor Christi Geburt.

Bundesstaat ohne Bundesregierung

Damit beginnt die eigentliche Geschichte des Volkes Israel. Die einzelnen Sippen, die Stammhäuser, die Stammesgemeinschaften wachsen erst jetzt richtig zu einem Volk zusammen, zu einem Stämme-Bund, einem „Bundesstaat". Politisch gesehen, bleibt auch dieser Bund noch eine lose Verbindung. Es gibt keine „Bundesregierung", kein „Bundesheer" und keinen König. Die einzelnen Stämme sind auf sich selbst gestellt und müssen sich selbst verteidigen, wenn sie angegriffen werden. Und immer wieder geschieht das, und hier und da schließen sich einige der Stämme zusammen und stellen ein Heer auf, um den gemeinsamen Feind zurückzudrängen. Wenn der Kampf zu Ende ist, wird das Heer wieder aufgelöst. Aber eine Klammer umfaßt alle Stämme, und diese Klammer ist stärker als alle Verträge und politischen Abmachungen: der gemeinsame, der eine Gott. Die Bundeslade bleibt das Nationalheiligtum, das Zentrum aller Stämme. Einmal im Jahr kommen die Vertreter aller Volksgruppen hier zusammen, um vor dem Angesicht Gottes ihren Schwur zur Treue gegenüber ihrem Herrn zu erneuern.

Einen festen Ort gibt es für die Bundeslade nicht, sie ist ein Wanderheiligtum. Eine Zeitlang steht sie bei Sichem, dann bei Bethel und im Heiligtum von Gilgal und schließlich in Silo. Priester versehen bei ihr den ständigen Dienst, und diese Priester wechseln sich ab: Jeden Monat wachen die Priester eines anderen Stammes bei ihr, zwölf Monate im ständigen Wechsel. Ist von hier aus die Zwölfzahl der Stämme Israels zu verstehen? Zwölf Monate hat das Jahr, zwölf Stämme wachen abwechselnd bei ihrem Heiligtum. Darum muß die Zwölfzahl erhalten bleiben. Als in späterer Zeit der Stamm »Levi« erlischt und nur noch in der Form des »levitischen Priestertums« fortlebt, wird der Stamm »Joseph« in »Ephraim« und »Manasse« aufgeteilt, und die Zwölfzahl ist wiederhergestellt.

Jeder dieser Stämme hat sein eigenes Siedlungsgebiet. Im Norden wohnen die Stämme Dan, Naphtali, Sebulon und Asser. Den Mittelraum nehmen der große Verband des »Hauses Joseph« mit seinen Zweigen Manasse und Ephraim sowie Isaschar ein. Weiter südlich sitzen die Stämme Benjamin, Gad und Ruben. Und ganz im Süden finden wir Simeon und Juda. Auch der Stamm Levi könnte hier gewohnt haben, aber seine Existenz ist nur von kurzer Dauer.

Alle diese Stämme haben ihr eigenes Schicksal. Einige sind und bleiben klein und unbedeutend, andere wieder schwingen sich zu bedeutender Vormachtstellung auf. Diese können sich in Ruhe und Frieden ansiedeln, jene haben erbitterte Kämpfe mit den benachbarten Kanaanitern oder den plötzlich einfallenden aramäischen Nomaden zu bestehen. Doch alle diese Menschen leben im gleichen Stil, überall spielt sich der Alltag in der gleichen Weise ab. Sie sind ja verwandt, desselben Ursprungs, man nennt sie »Sandleute«, sie sind »Semiten«.

Die Bundeslade, auf ein Fahrgestell montiert, als „bewegliche" Synagoge dargestellt auf einem Schmuckstein aus Kapernaum, 3. Jahrhundert.

Es sind hellhäutige Menschen, nur von der Sonne gebräunt, wie überhaupt im ganzen Altertum die Kulturen von hellhäutigen Rassen getragen werden, bis hinüber nach Nordafrika. Wie das Schönheitsideal jener Zeit aussah, wissen wir nicht so recht. Es ist nicht überliefert, ob man der hellhäutigen oder der sonnenbraunen Frau den Vorzug gab. Man macht sich jedenfalls in einem Spottlied über beide lustig. »Geh fort, du Braune, du Pech der Schiffe«, heißt es in einem Lied, und in einem anderen singt man: »Geh fort, o Weiße, du Soldatensuppe«. Vom Manne verlangt man sieben Tugenden: Er soll musikalisch und gesellig sein, er muß wahrhaftig sein und in der Rede tüchtig, er soll etwas »vor sich gebracht haben«, und er soll von ansehnlicher Körperbeschaffenheit sein. Und schließlich, er soll so leben, daß man sagen kann: »Jahwe ist mit ihm.«

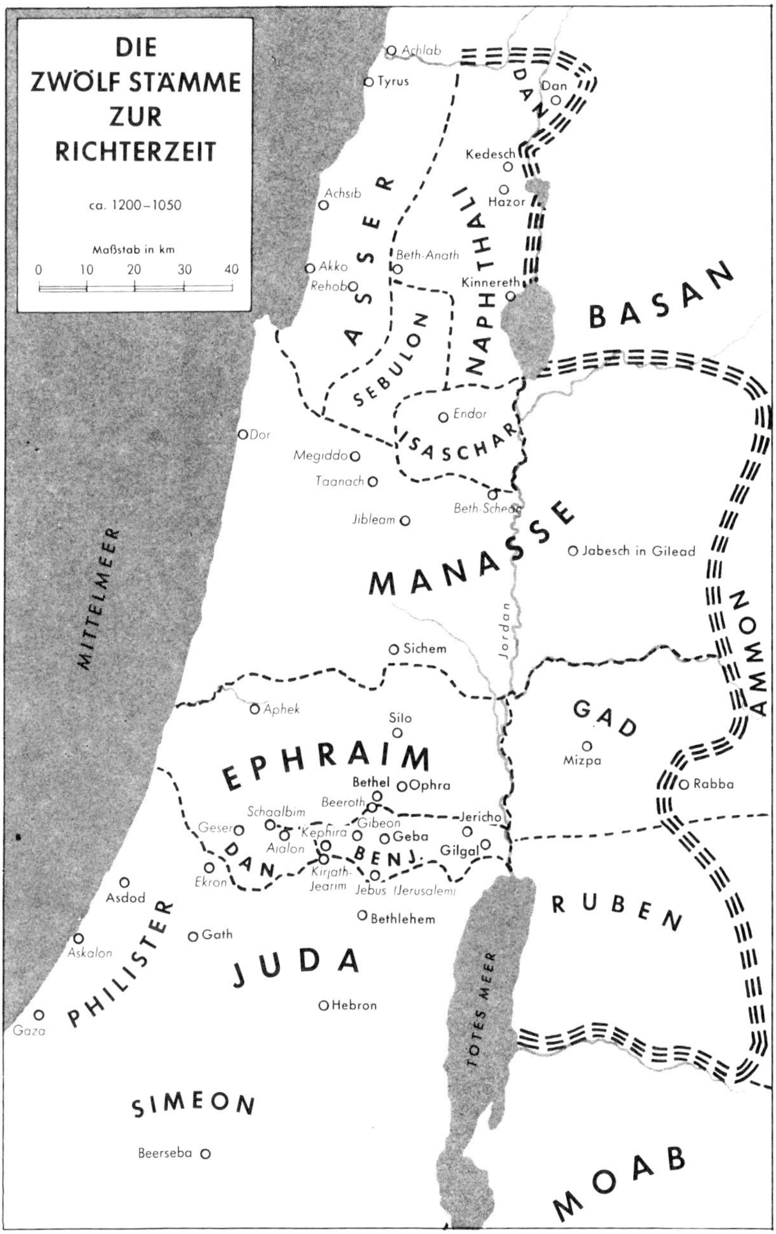

Dörfer und Städte

Diese Menschen, die zu Anfang noch in ihren schwarzen Zelten hausen, beginnen nun, Lehm zu graben und Ziegel zu formen. Sie bauen ihre ersten Dörfer, und ihre Stammesoberhäupter lassen sich Schutz- und Trutzburgen errichten. Ein paar Häuschen drängen sich darum, regellos, wie es der Zufall fügt, dann zieht man um das Ganze eine starke Mauer. So entstehen die Städte. Winzig klein sind sie nach unseren Begriffen, nur selten umfassen sie tausend Einwohner, und in den Dörfern sind es oft nur hundert. Das Jerusalem Davids, jene machtvolle Hauptstadt Jerusalem, mißt in den ersten Jahrzehnten ihres Bestehens ungefähr 100 x 400 Meter, ein Komplex, nicht größer als eine moderne Fabrik. Straßen gibt es nicht. Jeder baut, wie es ihm gefällt, und so entsteht ein verwirrendes Durcheinander von engbrüstigen Gäßchen und schmalen Durchlässen. Kein Wunder, daß sich der Israelit und überhaupt der Mensch des Altertums so selten wie möglich in seinem Hause aufhält. Nur seine Vorräte bewahrt er hier auf und seine Habe. In der schlechten Jahreszeit schläft er im Haus, und in Zeiten der Bedrängnis zieht er sich hinter die schützende Mauer zurück. Sonst spielt sich sein Leben im Freien ab, draußen auf der Gasse oder vor den Mauern der Stadt, wo er Luft holen kann und wo sich der Blick nicht an den windschiefen Wänden der Nachbarhäuschen stößt.

Nur einen Platz gibt es in der Stadt, wo sich mehrere Menschen versammeln können, ohne sich gegenseitig auf den Füßen zu stehen: den Torbogen. Man hat den Durchlaß in der Stadtmauer klüglich nach innen zu verbreitert und so einen großen, überdachten Raum geschaffen. Hier wird, vor den Strahlen der sengenden Sonne geschützt, Handel getrieben, hier trifft man sich zum »Palaver«, und hier wird auch Gerichtstag abgehalten. Übrigens gibt es in den Anfängen kein aufgezeichnetes Gesetz, die Ältesten richten vielmehr nach einem feststehenden Gewohnheitsrecht, das ihnen geläufig ist und das sie im Kopf haben. Und ihre Sprüche sind weise und gerecht.

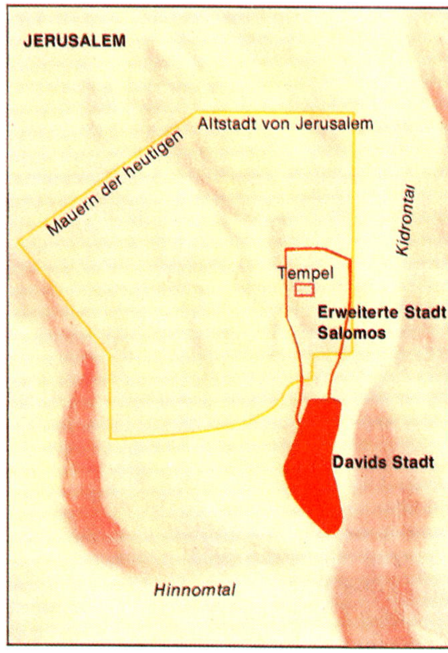

So spielt sich das Leben in den Stämmen Israels in steter Gleichförmigkeit ab. Im Hause oder auch vor der Tür mahlen die Frauen das Mehl, backen das flache, fladenförmige Brot, spinnen sie die Wolle. Die Männer ziehen hinaus zur Arbeit auf die Äcker, in die Weinberge, zu ihren Herden. Am Abend kehren sie zur Hauptmahlzeit zurück. Und dann beginnt das Schönste des ganzen Tages für den Israeliten: der »sod«. Der sod ist der gesellige Kreis, in dem man sich Abend für Abend trifft. Irgendwo im Freien, unter einem alten Baum, am Brunnen oder im Torweg setzen sich die Männer des Dorfes zusammen. Hier werden die Ereignisse des Tages besprochen, hier wird gelacht und gescherzt, gesungen und getanzt, hier erheben die Erzähler ihre Stimme, und hier erstehen in der Kühle der sinkenden Dämmerung die alten Gestalten heiliger Überlieferung. Der sod, das ist der Ort, an dem die geheiligte Tradition des Volkes Israel lebendig erhalten wird. Die Alten geben's an die Jungen weiter, und so vererbt sich von Geschlecht zu Geschlecht die Kunde von der Entstehung der Welt, die uralte Geschichte von den Erzvätern und der großen Flut, die Leidensgeschichte des Volkes unter ägyptischer Fron und die große Botschaft von Jahwe, der sein Volk aus Ägypten geführt hat.

Einmal im Jahr kommt der Tag, an dem sich die Ältesten der zwölf Stämme am großen Heiligtum der Bundeslade versammeln. Es ist eine Art Wallfahrt zu dem gemeinsamen Zentralheiligtum, das für alle Stämme der kultische Mittelpunkt bleibt. Jeder männliche Israelit muß dieses Heiligtum gesehen haben, hier ist der geweihte Ort, der Thron Jahwes.

Das Wallfahrtsfest beginnt mit Opfern am Heiligtum und mit der feierlichen Erneuerung des Bundes. Erneut stellen sich Jahr für Jahr die Stämme Israels unter Gottes Gebot, schwören dem Götzendienst ab, geloben Gehorsam und Treue.

Im Angesicht der Bundeslade wird Gericht gehalten. Nicht Gericht im Sinne der dörflichen Rechtsprechung über kleine Diebe und Betrüger, auch nicht Gericht über schwerwiegende Verbrechen wie Mord und Ehebruch, sondern Gottesgericht. Dabei geschieht es einmal, daß in aller Öffentlichkeit und vor dem Gremium aller Israeliten der Stamm Benjamin angeklagt wird.

Da war eine üble Sache geschehen in der Stadt Gibea im Stamme Benjamin. Eines Tages kommt ein Levit mit seinem Weibe auf der Durchreise nach Gibea und übernachtet dort. Während er ahnungslos schläft, wird sein Weib von mehreren Männern überfallen und vergewaltigt. So furchtbar ist die Schändung, daß die Frau in der gleichen Nacht stirbt. Ihr Mann kehrt zu seinem Stamm zurück, und die erbitterten Leviten verlangen die Auslieferung der Verbrecher. Als sich die Benjamiten weigern, wird die Sache vor die oberste Instanz, vor die Jahresversammlung aller Stämme, gebracht. Hier erfolgt der unerbittliche Richtspruch: »Wer das Gottesgesetz bricht, der verdient, aus seinem Volke ausgerottet zu werden.« Sofort schließen sich die Stämme zusammen und ziehen gemeinsam gegen den abtrünnigen Stamm Benja-

In der „Stiftshütte", dem beweglichen Heiligtum der israelischen Stämme, befand sich seit der Wüstenzeit die Bundeslade. Idealisierte Darstellung des 19. Jahrhunderts.

min. Das ist kein Bruderkrieg, das ist eine Bestrafung derjenigen, die das geheiligte Gesetz gebrochen haben, die sich außerhalb der Stammesgemeinschaft gestellt und den Namen Israel befleckt haben. Der Stamm Benjamin wird in diesem Kampf geschlagen, und die Ordnung ist damit wiederhergestellt, der Frevel getilgt.

Dieser eine Fall beweist, mit welcher Strenge, mit welchem sittlichen Ernst der Stämmebund über Recht und Ordnung wacht. Und jeweils ein Mann verkörpert diese göttliche Ordnung: der Richter.

Die Übersetzung »Richter« ist unglücklich und trifft die Sache nicht ganz. Der Richter ist kein Jurist in unserem Sinne, kein Rechtsprecher in den alltäglichen Vergehen, sondern er ist vielmehr eine Art »Bundespräsident« und »Oberpriester« in einer Person. Er hat keine Befehlsgewalt über die einzelnen Stämme. Ihre persönlichen Angelegenheiten mögen sie nach eigenem Gutdünken ordnen. Er wacht über die große, die göttliche Ordnung, der sich alle Stämme freiwillig unterworfen haben. Er ist der Anführer in den großen Kriegen, in denen sich mehrere Stämme zusammenschließen, wenn es um Sein oder Nichtsein geht. Er ist die höchste und letzte Berufungsinstanz, wenn es um Stammesstreitigkeiten geht, und bei ihm liegt die letzte Entscheidung in allen religiösen Fragen. Er muß Politiker sein und Priester, Krieger und Philosoph. In seiner Hand liegt es, dem Gottesgesetz Geltung zu verschaffen, und er ist es, dem in letzter Instanz die Auslegung der heiligen Schriften obliegt.

Denn das ist das letzte, das bei den jährlichen Wallfahrtsfesten am Heiligtum geschieht: Die Gesetze werden feierlich verlesen und ausgelegt. Die Gesetze, die Gott durch Mose seinem Volk gab und die alles Leben innerhalb der Stämme bestimmen.

»Schreibe das zum Gedächtnis in ein Buch ...«

Damit ist nichts Geringeres gesagt, als daß in der Richterzeit bereits die ersten heiligen Schriften existieren. Und auch zur Zeit der Richter sind es bereits altehrwürdige Urkunden, geheiligte Aufzeichnungen aus der Zeit der Väter. Es besteht heute kaum Zweifel mehr darüber, daß die ersten Niederschriften im Volke Israel bereits vor der Besiedlung Kanaans abgefaßt wurden, also zur Zeit Moses.

Kein Mensch wird behaupten wollen, daß die fünf Bücher Moses, der Pentateuch, wie sie genannt werden, in ihrer Gesamtheit von A bis Z von Mose selbst aufgezeichnet worden wären. Allein die Tatsache, daß im letzten Kapitel der Tod Moses beschrieben wird, schließt diese Möglichkeit aus. Zudem ist im Pentateuch selbst an keiner Stelle davon die Rede, daß Mose ihn niedergeschrieben habe. Die fünf Bücher Mose stammen vielmehr von vielen Verfassern, sind eine sorgfältige Zusammenstellung all jener alten und ältesten Gesetze, Überlieferungen, Erzählungen, die jahrhundertelang schon von Mund zu Mund weitergegeben worden waren, in den Zelten der Nomaden, in Ägypten, in der Zeit der Unterdrückung, auf der Flucht durch die Wüste, beim sod in den Dörfern und Städten, geheiligte Weisheiten, offenbarte Wahrheiten, das Wort Gottes an sein Volk.

»Und der Herr sprach zu Mose: Schreibe das zum Gedächtnis in ein Buch ...« Das steht im 17. Kapitel des zweiten Mose-Buches, und es ist zugleich in der Bibel die erste Stelle, an der vom Schreiben die Rede ist. Mose mag aufgeschrieben haben, was ihm aufgetragen wurde, und mit ihm werden es andere getan haben, und so entstehen die ersten Schriften, die einmal zum gewaltigsten Buche der Menschheit anwachsen sollen: zur Bibel.

Von A – Z

Das Hauptbuch des Analphabeten
Im Jahre 1893 erscheint die erste Auflage des »Handbuches für Untersuchungsrichter als System der Kriminalistik«, herausgegeben von Dr. Hans Groß, weiland ordentlicher Professor für Strafrecht an der Reichsuniversität Graz. In diesem Buch findet sich eine hübsche Abbildung: Die primitive Zeichnung der verschiedensten Gegenstände, zwei Fässer, ein höchst putzig aussehendes Schwein, ein Korb Kartoffeln, ein Heuwagen, eine abgeschnittene Hand, Kreuze und Striche. Das Ganze, das auf den ersten Blick einem Bilderrätsel gleicht, stellt eine Seite aus dem »Hauptbuch« eines Bauern dar, der weder lesen noch schreiben gelernt hat. Lediglich Karten spielen kann er, und daher sind ihm die römischen Ziffern I und X vertraut. Aber diese geringen Kenntnisse genügen, um präzise Aufzeichnungen über Einnahmen und Ausgaben zu machen, und als er sein seltsames »Hauptbuch« vor Gericht in einem Verrechnungsprozeß aufschlagen muß, da »liest« er daraus vor, wie andere Menschen aus einem richtigen Buch: zwei Fässer Wein verkauft für 34 Dukaten, davon erhalten 11 Dukaten, bleibt ein Rest von 23 Dukaten. Die zwei Fässer und daneben die drei Kreuze und vier Striche, von denen ein Kreuz und ein Strich ausgestrichen sind, geben ihm präzise Auskunft. Als er einem Freunde ein bares Darlehen gibt, da verzeichnet er säuberlich eine Hand mit der dazugehörigen Summe. »Bar auf die Hand« heißt das, und jedermann, der ein wenig Phantasie besitzt, muß das auf den ersten Blick sehen. Tatsächlich gehört mehr Phantasie als Scharfsinn dazu, derartige Aufzeichnungen, die sich in nichts von einem Rebus, einem Bilderrätsel, unterscheiden, zu entziffern. Und Rebusschrift nennt die Wissenschaft diese Art schriftlicher Aufzeichnung.

Aus dem ,,Hauptbuch'' eines Analphabeten

Die Rebus-Schrift, die Schrift »durch Dinge«, ist die erste Form, die der Mensch findet, um seine Gedanken aufzuzeichnen, und er macht damit eine der größten Erfindungen, die je in der Geschichte der Menschheit gemacht worden sind. Wir wissen nicht, ob die Ägypter oder die Sumerer als erste diese Erfindung machen, anzunehmen ist, daß in beiden Kulturbereichen zugleich und unabhängig voneinander die erste Bilderschrift entsteht.
In den Dörfern und Städten wohnen die Menschen dicht beieinander. Der Bauer, der sein Ackergerät, sein Werkzeug vor Verwechslungen schützen will, muß es als sein Eigentum kennzeichnen. Er wählt sich eine »Hausmarke«, ein Zeichen, ein Bild, das er in den Stiel seiner Axt, den Griff seines Dolches einritzt. Oft genug reicht sein eigenes Geschick nicht dazu aus, er sucht sich einen Helfer, der es für ihn besorgt, aber auch wenn er sein Zeichen nicht selbst anzubringen vermag, er erkennt es wieder, es ist gleichsam sein Abzeichen.
Mit den Städten wird der Handel geboren. Während im Dorf der Bauer »Selbstversorger« bleibt, muß der Städter seine Waren, Lebensmittel, Wolle, Leinen von außen beziehen. Zuerst mögen es nur die Stammesfürsten gewesen sein, die »Stadtkönige«, die auf den Händler angewiesen waren, dann sind es die Beamten, die Kriegsleute, die Priester. In jenen Tagen wird der Stand des Kaufmannes geboren. Und der Kaufmann ist es, der vielleicht als der eigentliche Begründer der Schrift gelten muß. Wie der Bauer auf dem Dorfe, so kennzeichnet er seine Waren. Aber das genügt nicht, er muß seinen Knechten, seinen Fuhrleuten Aufträge erteilen, seinem Geschäftspartner im Nachbarort eine Botschaft schicken, und so hilft er sich, indem er einen Tonscherben nimmt und ein Bild darauf einritzt, das Abbild dessen, was er ausdrücken will.
Da sitzt in Ur der »königliche Kaufmann« Etana, der seinem Geschäftsfreund in Erech eine Ballen Leinen schickt und dafür vier Ochsen als Gegenleistung fordert. Auf die Intelligenz seines Knechtes will er sich nicht verlassen, er ritzt vielmehr vier Ochsenköpfe in ein Tontäfelchen und gibt es seinem »kaufmännischen Angestellten« mit. Und der Freund in Erech versteht die Botschaft, der Handel kommt zustande, man ist allerseits zufrieden, und der ganze Vorgang bedeutet nichts Geringeres als den ersten »Geschäftsbrief« der Welt. Tatsächlich sind die ältesten auf uns gekommenen Schriftzeugnisse nicht etwa Aufzeichnungen religiösen Inhalts, wie man vielleicht annehmen könnte, es sind regelrechte Geschäftsbriefe, Mitteilungen über abgesandte Waren, Tauschvorschläge, Preisverhandlungen.

Schrift oder Bilderrätsel?

Das Verfahren ist denkbar einfach: Man malt den Gegenstand, den man bezeichnen will, in möglichst vereinfachter Form auf. Allmählich bilden sich gewisse, allgemein anerkannte »Abkürzungen« aus. Die Bilder werden einheitlich, zugleich aber auch zahlreicher. Man findet einen Weg, um nicht nur Gegenstände auszudrücken, wie Axt, Bogen, Schaf, Vogel und Mensch, sondern auch Tätigkeiten zu bezeichnen wie gehen, essen, rasieren, den Bogen spannen und so fort. Man beginnt in unglaublich raffinierter Weise einzelne Bilder zusammenzustellen und lernt, dadurch abstrakte Begriffe zum Ausdruck zu bringen, Liebe etwa und Haß und Rache. Ja, selbst Eigennamen, die Namen der Götter und Könige, Begriffe wie Ich und Du bekommen ihr entsprechendes Bildzeichen.
Immer biegsamer wird das Instrument der Schrift, aber zugleich auch immer komplizierter. Längst vermag der Händler nicht mehr selbst seine Briefe abzufassen, und so entsteht ein neuer Beruf: der Schreiber. Diese Schreiberzunft, die sich unter den Ägyptern und Sumerern herausbildet, gleicht einer Kaste, die ihr Wissen untereinander vererbt.

Ein Ausschnitt von der sogenannten „Standarte" von Ur, einer hölzernen Bildtafel von etwa einem halben Meter Länge. Die Figuren sind aus Muscheln und Kalksteinstückchen; um 2400 v. Chr.

Es sind angesehene Leute, hohe Beamte, oftmals auch Priester, die jene schwere Kunst des Schreibens beherrschen. Wo immer es sei, ob im Geschäftsleben, ob im privaten Gedankenaustausch, ob in den Annalen der Könige, immer bedarf es des »Schriftgelehrten«, um das gesprochene Wort aufzuzeichnen und um Geschriebenes zu lesen. Wörterbücher entstehen, Lexika, das Handwerkszeug des Gelehrten.
Aber das Verfahren bleibt umständlich. Die Zahl der einzelnen Bildzeichen wächst ins Ungemessene. So strebt man nach Vereinfachung, und so wird die Silbenschrift gefunden.

»Cäsar fährt Rad«

Ging es bei der Bilder- oder Wortschrift darum, den zu bezeichnenden Gegenstand jeweils abzubilden, so schlägt die Silbenschrift einen gänzlich anderen Weg ein: Sie zeichnet nicht die Gegenstände, sondern die Laute. Das Verfahren läßt sich hübsch an einem altbekannten Pennälerscherz erläutern. »Cäsar equus consilium« sagten wir als Quartaner. »Cäsar« ist der Eigenname des bekannten römischen Feldherrn, »equus« heißt das Pferd und »consilium« der Rat, und das Ganze soll heißen »Cäsar fährt Rad«, und wenn man es nicht geschrieben sieht, sondern nur gesprochen hört, könnte man es fast für richtig halten. Das gleiche Verfahren liegt der Silben- oder Lautschrift zugrunde, die sich allein nach dem Klang des gesprochenen Wortes richtet.
Der gezeichnete Gegenstand verliert also seinen Wert als Ding und tritt nur noch als Lautwert in Erscheinung. Entwickelt wird das Verfahren im Verlaufe des zweiten Jahrtausends vor Christi Geburt.
Und dann kommt es zu dem entscheidenden Schritt in der Entwicklung der Schrift, vielleicht sogar zu einem der entscheidendsten Schritte in der Entwicklung der Menschheit überhaupt: zur

Erfindung der Buchstabenschrift

Man malt nicht mehr das Wort auf, man begnügt sich auch nicht damit, es in seine einzelnen Klangsilben zu zerlegen, sondern man zergliedert es säuberlich in seine Buchstaben, die Buchstabenschrift ist geboren.
Damit fallen zunächst einmal alle die ungezählten Wortzeichen der Bilderschrift dahin, jene unübersehbare Vielzahl von Schriftzeichen, die zudem verschiedene Deutung zulassen. Man kommt mit einigen zwanzig Zeichen aus. Die Schrift ist einfach geworden, klar und eindeutig. Die Formulierung abstrakter Begriffe ist ein Kinderspiel. Das Lesen ist nicht mehr ein Rätsel-

Ornamentale Inschrift Amenophis' II.
Die untere Zeile lautet: „Sohn des Rê, Amenophis, der göttliche Herrscher der Wahrheit, mit Leben versehen ewiglich."

raten wie zu Zeiten der Hieroglyphen, es ist ein exakter Vorgang, präzise und glasklar. Übrigens kommt mit der Lautschrift auch zum erstenmal Ordnung in die Schriftzeile. Man schrieb zuvor so, wie es einem in den Sinn kam. Von rechts nach links ebenso wie von links nach rechts, von oben nach unten genauso wie von unten nach oben, und wenn es ratsam schien, dann schrieb man auch im Kreis. Die Lautschrift bringt die feste Buchstabenzeile, die freilich bei den einzelnen Sprachen verschiedene Richtung hat, im Hebräischen zum Beispiel verläuft sie von rechts nach links, während sie im Altsyrischen von links nach rechts verläuft, also genauso wie heute in allen Kulturschriften, aber innerhalb einer Sprache hält sich auch die Schrift in festgefügten Regeln und Grenzen.
Eine Fatalität allerdings zeigen alle diese Schriften: Sie kennen keine Vokale, sondern schreiben nur die Konsonanten nieder. Für den, der in der betreffenden Sprache lebt, sie täglich, stündlich spricht, ist die Entzifferung eines vokallosen Textes keine große Schwierigkeit, für den nachgeborenen Forscher, der eine längst verschollene Sprache studiert, stellt es ein ungeheures Hemmnis dar. Ein Beispiel: Der kleine deutsche Satz »ich war es nicht« würde ohne Vokale geschrieben so aussehen: »ch wr s ncht« und ließe sich als solcher mit der gleichen Berechtigung lesen als »ach wäre es Nacht«. Beide Sätze haben auch nicht das geringste miteinander gemein. Allenfalls ließe sich aus dem Zusammenhang erkennen, wie ein solcher unvokalisierter Satz zu lesen ist, aber diese Methode versagt gänzlich bei Eigennamen. So kommt es, daß wir bis auf den heutigen Tag nicht wissen, ob der babylonische König Nabu-kudurrusur, der das Volk Israel in die Gefangenschaft führte, in Israel Nebukadnezar hieß, wie die einen meinen, oder sich Nabukodonosor aussprach, wie andere glauben.
Man wäre vermutlich heute noch nicht in der Lage, alle die Eigennamen der Völker des Altertums richtig anzugeben, wenn nicht von anderer Seite Hilfe gekommen wäre: Das griechische Alphabet kennt nicht nur Konsonanten, sondern verzeichnet auch die Vokale,

Der dreisprachige Stein von Rosette (um 195 v. Chr.), der den gleichen Text des Pharaos Ptolemäus V. Epiphanes in Hieroglyphen, ägyptischer (demotischer) und griechischer Schrift bietet und damit den Schlüssel zum Verständnis der Hieroglyphen bildete.

und da die Griechen über eine saubere Geschichtsschreibung verfügten und andererseits die biblischen Texte beizeiten ins Griechische übertragen wurden, und zwar von solchen Leuten, denen der Gebrauch der unvokalisierten Schriften noch geläufig war, ist hier die Möglichkeit des Vergleiches gegeben. Nur in den Fällen, in denen wir keine griechischen Zeugnisse besitzen, ist und bleibt alle Kunst der Forschung vergebens. Wenngleich die Fehlermöglichkeiten heute auf ein Minimum reduziert worden sind, bleibt doch ein kleiner Rest Unsicherheit, der oft wunderliche Blüten treibt. Doch davon später.

Ein Buchstabe entwickelt sich

Trotz aller vielfältigen Verschiedenheit der Buchstabenschriften von der Urschrift, der Schrift in Bildern, läßt sich die grundsätz-

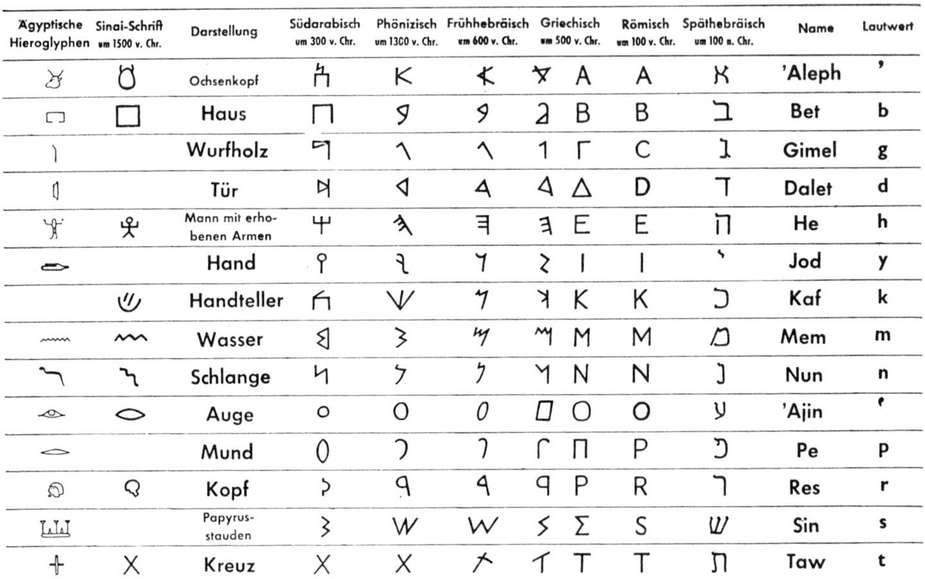

Entwicklung des Alphabets.
Die Rückführung des Aleph (= Rind, nach einer aramäischen Bedeutung dieses Wortes) auf die Hieroglyphe „Ochsenkopf" ist nicht sicher. Einleuchtender ist die von Wilhelm Weidmüller aufgestellte Entwicklungsreihe, die vom ägyptischen Lautsymbol für »a« ausgeht, nämlich einem „Mann mit Hand am Mund".

liche Verwandtschaft nicht verleugnen. Der moderne Leser, der seine Zeitung aufschlägt und darin die wohlbekannten Lettern, etwa der Antiqua-Schrift, sieht, ahnt nicht mehr, daß die Form dieser Buchstaben bereits zu Zeiten der alten Ägypter, also vor rund 5000 Jahren, entwickelt wurde. Ein Beispiel: Der Buchstabe H geht zurück auf das altägyptische »chet«, ein H mit dem Lautwert »sch« beziehungsweise »ch«, also stimmhaft ausgesprochen. »chet« bedeutet soviel wie »leerer Raum«, »Mutterleib«, aber auch »Teich« oder »Wasserbecken« (man sieht, wie vielfältig und schillernd die Deutungsmöglichkeit in der Bilderschrift ist). Das Zeichen für »chet« ist ein Viereck mit einer oder mehreren geschlängelten Linien darin, das bedeutet die Umrandung eines Wasserbeckens mitsamt den Wellenlinien des Wassers. Dieses Zeichen wird im Laufe der Zeit mehr und mehr vereinfacht, gewissermaßen »stilisiert«. Aus dem ursprünglich sorgfältig gemalten Rand des Beckens wird ein einfaches Rechteck, aus den »Wasserlinien« ein Strich. Vorübergehend schreibt man das Zeichen ähnlich einer Leiter, indem man die beiden seitlichen Striche nach oben und unten verlängert, dann wieder wird es mit kühnen, geschwungenen Linien gezeichnet, und schließlich wird das ursprünglich breitliegende Rechteck schmaler und höher. Im

Statue eines ägyptischen Schreibers, um 2300 v. Chr.

Entwicklung des Schriftzeichens „H“ aus der ägyptischen Hieroglyphe (nach Weidmüller).

Griechischen findet sich das Zeichen, kaum verändert, als »Eta«, und so übernehmen es auch die Etrusker, dieses alte Kulturvolk in Italien. Erst die alten Römer lassen das Rechteck oben und unten offen, und so entsteht der Buchstabe »H«, wie er uns heute geläufig ist. Wer diesen Zusammenhängen nachgeht, der spürt plötzlich etwas von dem erregenden Geheimnis der Verwandtschaft aller Menschen über die Jahrtausende hinweg.

Von den ersten Bildzeichen der Ägypter oder Sumerer bis zum ersten fertigen und vollständigen Alphabet ist es ein langer Weg, vielfach verschlungen, unübersichtlich und wirr. Aber – und das ist wie ein Wunder – der letzte Meilenstein, eben die Entdeckung der Buchstabenschrift, die Festlegung des Alphabets, nach dem sich seither die Schriften fast aller Kulturvölker ausrichten, ist uns kein Geheimnis geblieben. Die Wissenschaft vermag heute mit einiger Wahrscheinlichkeit Geburtsort und Geburtsstunde unseres Alphabets anzugeben: Es ist die phönikische Küstenstadt Byblos, und man schreibt das Jahr 1400 vor Christi Geburt. Der Name Byblos aber sollte nie verlorengehen; er lebt noch heute in dem Wort »Bibel«.

Unübersehbar vielfältig und bunt ist die Liste der Schriftarten des Altertums, bunt wie die Anzahl der Sprachen und Völker. Am Anfang steht die Bilderschrift der Ägypter und Sumerer, vermutlich zu gleicher Zeit, aber unabhängig voneinander entdeckt und entwickelt. Jene anschauliche, symbolträchtige Rätselschrift, deren Geheimnis die Forscher aller Zeiten immer wieder in ihren Bann schlug. Noch im 16. Jahrhundert hat der große, kühle Magier der Renaissance, Leonardo da Vinci, der Maler der Mona Lisa und des Abendmahls, der Erfinder der ersten Flugmaschine, der scharfsinnige Konstrukteur von Maschinen und der emsige Erforscher der Naturwissenschaften, versucht, aus Zeichen und Symbolen eine künstliche Bilderschrift zu schaffen. Selbst dieser so nüchterne Mann mit dem hellen Verstande konnte sich dem Zauber der sprechenden Bildzeichen nicht entziehen.

Während sich diese Bilderschrift in Ägypten ziemlich lange erhält, tritt in Mesopotamien an ihre Stelle bald die sogenannte Keilschrift, von den Babyloniern entwickelt und vollendet. Die Phöniker endlich schaffen die erste Buchstabenschrift von Byblos, wobei sie ihre Schriftzeichen der ägyptischen Kursivschrift entnehmen. Aus diesem Uralphabet entstehen alle die Schriften des Altertums: das Althebräische, das Makkabäische und das Aramäische. Aus dem Uralphabet wird das Arabische mit seinen kühn geschwungenen Zeichen geboren, wird das Samaritanische und Syrische, das Nabatäische, das Sabäische und Palmyrenische entwickelt. Und aus dem Uralphabet entstehen alle die Hunderte und Tausende von Schriften bis hinein in unsere Gegenwart, bis zu den Drucktypen, wie sie dieses Buch füllen und zum Sprechen bringen.

Wenngleich die Fülle von Schriftzeichen und Buchstaben verwirrt, die Form ihrer Aufzeichnung ist auf wenige Methoden beschränkt.

Bibliotheken voller Tontafeln

Das älteste Schreibmaterial sind Stein und Ton. Die Könige und Herrscher lassen die Kunde ihrer mehr oder weniger guten Taten mit mehr oder weniger ehrlichen Worten in mächtige Steinsäulen meißeln. Der Kaufmann wählt für seine Geschäftskorrespondenz einen bequemeren und billigeren Weg: Er gräbt seine Schriftzeichen in kleine Tontäfelchen, und da, wo man solche Täfelchen länger aufzubewahren gedenkt, werden sie nach der Beschriftung gebrannt. Dieses Verfahren wird auch von den Königen und Priestern zur Aufzeichnung von Gesetzen, historischen Berichten, ganzen Annalen und religiösen Dokumenten benutzt, und aus Tontafeln werden ganze Bibliotheken zusammengestellt. 20 000 Tontafeln umfaßt die Bibliothek Assurbanipals, und der Archäologe Parrot findet in den Jahren 1933/34 im Palast des Königs von Mari aus der Zeit Abrahams über 23 000 solcher Tontäfelchen. Lastwagenweise müssen sei fortgeschafft werden, eine ganze Gelehrtengeneration stürzt sich auf die Arbeit der Übersetzung.

Es ist nicht einmal ausgeschlossen, daß diese beliebte Form der Aufzeichnung auf Tontafeln sogar das Bild der sumerischen und babylonischen Keilschrift beeinflußt hat. Man nimmt einen einfachen Holzspan oder, wenn man das Geld dazu hat, einen Griffel von Elfenbein, so lang wie etwa ein Füllfederhalter, vielleicht zwei Zentimeter breit und einen Millimeter stark und drückt ihn in den weichen Ton. Entsprechend der Handbewegung erfolgt der Druck an einem Ende ein wenig stärker als am anderen, und so entsteht ein keilförmiger Eindruck. Aus solchen keil-

Tontafel, beschriftet mit linearen Zeichen, die unmittelbar aus der Bilderschrift abgeleitet sind. Verzeichnis von Feldern, Ernteerträgen und Waren um 3100 v. Chr.

förmigen Strichen werden die einzelnen Wort-Silben oder Buchstaben-Zeichen zusammengesetzt. Bei anderen Schriftarten bedient man sich bereits einer schwarzen Tinte aus Ruß und schreibt damit auf den Ton. Die Größe dieser Täfelchen ist vielfach genormt, etwa in der Größe von 8x12 bis 12x20 Zentimeter, aber es gibt auch sechs- und achtkantige Tonprismen, die man rundherum beschreibt. Und wenn es am Gelde fehlt, dann tut es auch eine einfache Scherbe, eines Topfes etwa oder einer Vase. Die Wissenschaft hat für diese Tonscherben einen eigenen Namen gefunden, sie nennt sie Ostraka.

Papyrus, Pergament und Leder

Eine zweite, allerdings wesentlich teurere Methode der Aufzeichnung ist das Schreiben mit Tinte und Feder auf Papyrus. Der Papyrus ist Erfindung und Monopol der Ägypter. In undurchdringlichen Dickichten säumt die Papyrusstaude die Ufer des Nils. Man »mäht« sie ab, schneidet ihre etwa 6 cm starken, dreikantigen Stengel in lange dünne Streifen, legt diese Streifen in mehreren Lagen abwechselnd längs und quer übereinander, tränkt das Ganze mit einer kalkhaltigen Flüssigkeit, preßt es glatt und gewinnt auf diese Weise bestes »Büttenpapier«. So haltbar ist dieses Schreibmaterial, daß es in dem trockenen Klima Ägyptens die Jahrtausende bis in unsere Gegenwart hinein überdauert.

Dieser Papyrus ist im Altertum neben der Tontafel das verbreitetste Schreibmaterial, es ist das Schreibzeug der Vornehmen, denn – wie gesagt – Ägypten hält seine Hand darauf und exportiert seinen Papyrus zu hohen Preisen. Nicht zuletzt darauf ist es zurückzuführen, daß man auf anderes Material sinnt, unabhängig von dem Preismonopol Ägyptens, und so findet man das Pergament, die geglättete Haut von Tieren, jenes edelste aller Schreibmaterialien, das noch heute als Inbegriff des Feierlichen, Vornehmen gilt. Erfunden wird es in der griechischen Stadt Pergamon, von der sich auch der Name herleitet. Man schreibt auf dem Pergament wie auf Papyrus mit Tinte, aber das Pergament ist dauerhafter, und es bietet zugleich einen wesentlichen Vorteil. Die Stärke des Pergamentblattes erlaubt es, die Schrift jederzeit wieder abzukratzen und neu zu übermalen, und auf diese Weise läßt sich ein einziges Blatt öfter verwenden. Man hat von dieser Praxis zum

Keilschriftlicher Text auf einem sechsseitigen Tonprisma (Taylor-Prisma) aus Ninive, 686 v. Chr.

Vermutlicher Geburtsort unseres Alphabets: Byblos, die archäologisch intensiv „umgegrabene" Küstenstadt, die der Bibel ihren Namen lieh.

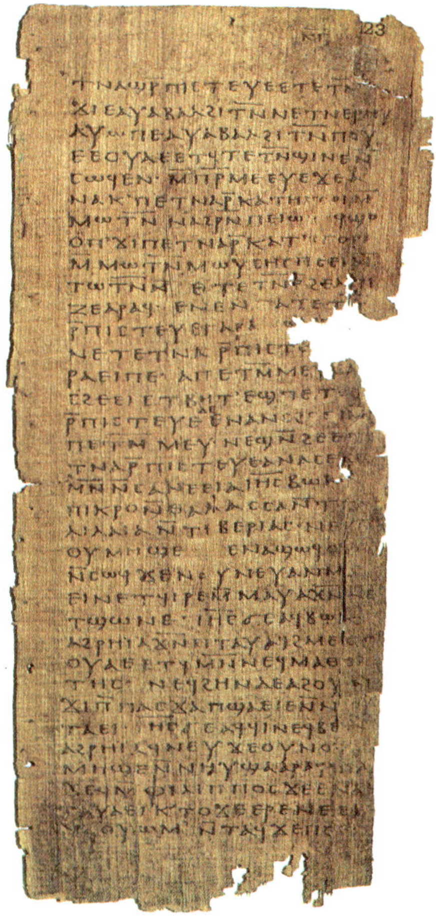

Papyrus mit dem Johannesevangelium (koptisch), aus dem 4. Jahrhundert.

Leidwesen der Forscher vorwiegend im Mittelalter Gebrauch gemacht. Die Mönche in den Klöstern, die durchaus nicht immer mit irdischen Gütern gesegnet waren, kratzten ihre alten Handschriften vielfach ab und beschrieben sie neu. Es kümmerte sie dabei wenig, ob sie dadurch ein unersetzliches Dokument zerstörten, um ihre Klosterrechnung aufzustellen, und man kann es ihnen nicht einmal übelnehmen, denn sie ahnten nichts von dem Wert so mancher alten Handschrift. Erst jetzt ist es der Wissenschaft möglich geworden, mit Hilfe der Infrarot-Photographie etwa, die ursprünglichen Texte wieder lesbar zu machen. Solche doppelt beschriebenen Pergamente, Palimpseste, wie der Fachmann sagt, zählen zu dem Interessantesten, was dem Gelehrten unserer Tage immer wieder in die Hände fallen kann.

Neben dem edlen Pergament verarbeitet man im Altertum auch das gröbere Leder, und ein Fall ist bekannt, wo man für ein besonders wertvolles Dokument – es handelt sich dabei um die Liste vergrabener Schätze – dünn ausgewalztes Kupfer benutzt, um seine Schriftzeichen darauf einzugraben. Stein und Ton, Pergament und Leder, Papyrus und Kupfer, das ist das Papier des Altertums, Griffel, Feder und Tinte vertreten Schreibmaschine und Rotationspresse.

Übrigens kommt das Buch, wie es uns bekannt ist, erst verhältnismäßig spät in Gebrauch. Der Papyrus verträgt den scharfen Falz nicht, er muß sorgsam gerollt werden, und so ist die Rolle das Buch des Altertums. Bis zu vierzig Meter lang sind manche Rollen, aus einzelnen Papyrusblättern zusammengeklebt, und man beschreibt sie im Querformat, indem man einzelne Kolumnen abteilt. Während des Lesens wird dann die Rolle in beiden Händen gehalten, und – da man von rechts nach links schreibt – wickelt die rechte Hand das Gelesene langsam auf,

Papyrusstauden auf einer Schmuckkachel aus Ägypten.

Ein Palimpsest mit hebräischem Text über der ursprünglichen griechischen Schrift. Fragment aus Aquilas griechischer Bibelübersetzung (2. Könige 23, 19–24).

während die Linke den neuen Teil freigibt. Die Rolle ist – wie der Papyrus – das Schriftstück der Vornehmen, und sie bleibt es bis in die ersten nachchristlichen Jahrhunderte hinein. Das Buch, genauer gesagt, der Codex, das heißt die gehefteten, gefalzten Blätter, kommt erst in den ersten Christengemeinden allgemein in Gebrauch. Die ersten Christen waren keine Vornehmen, keine Begüterten, die sich den Luxus der Rolle, oftmals in ihrem kostbaren elfenbeinernen, silbernen oder gar goldenen Behälter, leisten konnten. Sie griffen zum ersten besten Pergamentstreifen, der ihnen in die Hände fiel, um darauf die gute Botschaft niederzuschreiben. Die einzelnen Blätter wurden aneinandergeheftet, und so entstand der Codex, den man beim Lesen nicht abrollte, sondern umblätterte: der Vorläufer unseres Buches.

5000 Jahre sind verflossen seit den ersten Aufzeichnungen menschlicher Gedanken. Ein unendlich langer Weg, voller Wunder und Geheimnisse, aber das größte Wunder ist nicht die Erfindung des Buchstabens und nicht die Erfindung des Papyrus, das größte Wunder ist – heute wie damals – der Gedanke, das Wort, das durch diese kleinen schwarzen Zeichen wirksam wird, gleichgültig, ob sie von einem Griffel auf Ton oder von einer Rotationsmaschine auf Papier »gedrückt« worden sind.

Israels große Zeit

Kommen die Philister aus Atlantis?
Die Hebräer sind heimisch geworden in Kanaan. Sie haben ihre Dörfer und Städte gebaut, sie weiden ihre Herden in den fruchtbaren Tälern des Jordanlandes, sie säen und sie ernten. Sie beugen das Knie vor ihrem Heiligtum, der Bundeslade, dem Thron Jahwes, und sie haben ihre ersten heiligen Schriften. Ehrwürdige Berichte, von kundigen Priestern in den steifen Lettern der althebräischen Schrift aufgezeichnet.
Da steht plötzlich an den Westgrenzen des Landes ein gefährlicher Gegner auf: die Philister.
Von Norden waren sie gekommen, über das Meer zu Schiff und an den Gestaden entlang in endlosen Trecks. Hochgewachsene Menschen mit blondem Haupthaar und kriegerischen Sitten. Woher? Wir wissen es nicht, wenngleich es zumindest eine recht interessante Theorie darüber gibt. Diese »Seevölker«, wie man sie im Altertum nennt, kommen von der sagenumwobenen Insel Atlantis. So behauptet diese Theorie. Doch damit tritt an die Stelle der Erklärung ein neues Rätsel. Wo lag Atlantis? Bis zur Stunde sind rund gerechnet 2000 Bücher über die geheimnisvolle Insel verfaßt worden, ohne daß man darum im wesentlichen klarer sähe. Einige Forscher setzen Atlantis gleich mit der Insel Kreta oder der spanischen Handelsstadt Tartessos. Andere wieder suchen Atlantis im Wüstensand der Sahara. Eine dritte Theorie behauptet, die Insel Atlantis sei bei den Azoren in den Wellen versunken, und der Bordelumer Pastor Jürgen Spanuth will im Jahre 1952 Atlantis sogar bei Helgoland aufgefunden haben. Non liquet, sagten die alten Römer, wenn in einem Prozeß die Beweisaufnahme zu keinem Resultat geführt hatte, es ist nicht aufgeklärt. Non liquet wird man auch zum Rätsel Atlantis zu sagen haben.

Kampf der Ägypter gegen das einfallende Seevolk der Philister, die durch ihre Helme mit Federkronen gekennzeichnet sind.

Nur soviel ist sicher, daß der Ansturm der Seevölker wie eine anbrandende Welle über die Völkerschaften des Altertums hinweggeht. Man gibt ihnen viele Namen. Sie sind uns nicht erhalten geblieben. »Prst« schreiben die Ägypter, aber wir wissen nicht einmal, wie sie es aussprachen. Nur die Bezeichnung, die ihnen die Hebräer gaben, ist uns überliefert: Philister.

Das Wort »Philister« wird zum Schrecken im ganzen Orient. Die Küstenstädte haben die Philister erobert, nun weisen die Spitzen ihrer Lanzen nach Osten. Ihr Ziel ist Kanaan, das weite, blühende Land. Hier suchen sie Lebensraum, und hier, so hoffen sie, treffen sie nur auf geringen Widerstand. Wer sollte ihnen widerstehen? Ihnen, den kampferprobten, bis an die Zähne bewaffneten Kriegern? Jener kleine Bundesstaat der Israeliten, von denen jeder Stamm seinem eigenen Gesetz folgt? Gewiß, es hat Zeiten gegeben, in denen sich Teile der Israeliten zusammenschlossen, etwa unter dem Richter Simson, aber das waren Vorgefechte, nun holen die Philister zu ihrem Hauptschlage aus, und ehe es sich die Kinder Israel versehen, stehen sie mit ihrer Heeresmacht in Kanaan.

In diesem Augenblick höchster Gefahr tun die Israeliten das einzig Richtige: Sie schließen sich ohne Ausnahme zusammen und wählen einen König. In Gilgal, im Heiligtum der Stämme, rufen sie seinen Namen aus: Saul!

Das ist der historische Moment, in dem nicht mehr die Vertreter einzelner Stämme sprechen, sondern in dem ein ganzes Volk handelt. Israel ist ein Volk, ein Staat geworden.

Saul handelt, ohne zu zögern. Er sammelt ein Heer und greift einen Militärposten der Philister in Gibea an. Völlig überrascht, werden die Philister aufgerieben. Saul triumphiert. Er zieht weiter und räumt einen Besatzungsposten nach dem anderen aus. Die Israeliten atmen auf, die Gefahr scheint gebannt. Aber sie täuschen sich. Die Philister denken gar nicht daran, das Land aufzugeben, nur weil sie ein paar militärische Stützpunkte verloren haben. In aller Ruhe bereiten sie ihren Gegenschlag vor, ziehen ihre Truppen in der Stadt Aphek zusammen und marschieren dann mit ihrer gesamten Streitmacht in die Jesreel-Ebene. Hier treffen sie auf die Armee Sauls. Aber noch bevor der Kampf beginnt, ist er entschieden. Die gewaltige Übermacht der Philister, nicht nur zahlenmäßig, sondern auch in Bewaffnung und Schulung, läßt keine Zweifel über den Ausgang der Schlacht zu. Saul verliert allen Mut. Die Bibel erzählt, wie er in seiner Verzweiflung bei Nacht und Nebel eine Totenbeschwörerin aufsucht, damit sie ihm wahrsage. Ihre Antwort ist eindeutig: Du wirst Land und Leben verlieren. Am nächsten Morgen prallen die Armeen aufeinander, und so wuchtig ist der Ansturm der Philister, daß die Hebräer hoffnungslos überrannt werden, versprengt, niedergemacht, vernichtet. Sauls Söhne fallen bis auf einen, und Saul selbst gibt sich den Tod. Israel hat verspielt. Die Lage scheint trostloser als je zuvor.

Und gerade in dieser so aussichtslos scheinenden Situation ersteht dem Volke Israel der Mann, der zu seinem bedeutendsten Führer schlechthin werden soll; der Mann, der nicht nur die Fesseln der Knechtschaft sprengt, sondern darüber hinaus Israel zu einer gefürchteten Großmacht emporführt, zu einer Macht, mit der man rechnen muß, zum ersten und einzigen Mal in der Geschichte. Dieser Mann heißt David.

David: Rebell, König und Sänger

Das Leben Davids gleicht einem erregenden Roman. Geboren wird er im Stamme Juda in dessen Hauptstadt Bethlehem. Er stößt zum Heere Sauls, fällt dort durch seine Tüchtigkeit und Unerschrockenheit auf, kommt in die nächste Nähe des Königs und wird schließlich dessen Waffenträger. Der junge, offene Mensch mit seinem anziehenden Wesen ist allgemein beliebt, und das wird ihm zum Verhängnis. Saul ist in den letzten Jahren immer mißtrauischer gegen seine Umwelt geworden. Die Beliebtheit eines Mannes in seiner Umgebung erregt seine Mißgunst, und David muß vor dem Neid des Königs fliehen. Er zieht sich in den Südzipfel des Westjordangebirges zurück und sammelt hier eine

Dieses Wandgemälde aus Dura-Europos zeigt die Salbung Davids (inmitten seiner Brüder und des Vaters Isai) durch Samuel.

Schar von Abenteurern um sich, mit deren Hilfe er Beutezüge in die Umgebung unternimmt. Saul schäumt vor Wut, doch er kann ihn, seinen Waffenträger, der zum Freischärler geworden ist, nicht mehr erreichen. Aber David ist mehr als nur ein Rebell, er wird zu einer politischen Macht. Er, der über eine Schar von bis an die Zähne bewaffneten Männern verfügt, die vor nichts zurückschrecken, stellt eine nicht unerhebliche Größe dar. Und er nutzt diesen Umstand mit Klugheit aus, nimmt Beziehung zu diesen und jenen Stämmen auf, verhandelt hier und da und scheint bereits feste politische Absichten zu hegen.

Dennoch kann sein Leben nicht lange so weitergehen. Eines Tages taucht er bei den Philistern auf und bietet seine Dienste an. Was er mitbringt, ist nicht zu verachten: eine verwegene Rotte bestens geschulter Einzelkämpfer und gute diplomatische Beziehungen zu einigen Stämmen im Süden des Landes. Die Philister nehmen sein Angebot an und stellen ihn als Söldnerführer ein. Noch mehr: Sie verleihen ihm ein Lehen, nämlich den Ort Ziklag. Er ist nunmehr ordentlicher Lehnsfürst der Philister, aber er geht weiterhin seine eigenen Wege. Seine Beutezüge will er vorerst nicht aufgeben, aber er sendet von seiner Beute regelmäßig Geschenke an die Stammesältesten verschiedener Orte der Südstämme. Er weiß, was er will.

Bei der Stadt Jesreel kommt es zum Entscheidungskampf der Philister gegen Saul. Es bleibt David erspart, gegen seinen ehemaligen König anzutreten, die Philister trauen

ihm nicht, fürchten seinen Verrat und schließen ihn vom Entscheidungskampf aus.
Saul verliert Leben und Krone. David sieht seine Stunde gekommen. Aber er übereilt nichts, und hier beweist er seine Qualifikation zum Staatsmann. Er kann warten. Nie tut er den zweiten Schritt vor dem ersten, aber diesen ersten Schritt tut er bereits, wenn noch niemand dessen Zweck zu erkennen vermag. Auch jetzt greift er noch nicht nach der Krone über ganz Israel, sondern tut erst einen kleinen Schritt auf dieses Ziel zu.
Nach der Katastrophe von Jesreel haben sich die Reste der zerstreuten Stämme entzweit. Ein Teil von ihnen sammelt sich im Süden des Landes zur Beratung. Unter diesen Stämmen tritt plötzlich David auf, und die verstörten Stammesältesten sehen ihn an wie einen Retter in der Not. Er ist ein starker Mann, erprobt in Kampf und Diplomatie. Durch seine erste Frau ist er mit den Kenitern verwandt, durch seine Geschenke hat er sich die südlichen Völkerschaften verpflichtet, und schließlich ist er immer noch Lehnsmann der Philister und steht mit ihnen auf gutem Fuß. Man einigt sich, und David wird zum König der Südstämme ausgerufen, zum König von Juda.
Die übrigen Stämme tun jedoch etwas Ähnliches. Sie sammeln sich im Norden und wählen ihrerseits einen König, und weil dieser Anspruch auf ganz Israel erhebt, nennt er sich »König von Israel«. Damit ist das Volk der Hebräer gespalten, und diese Spaltung soll von jetzt ab mit kurzer Unterbrechung dauern bis ans Ende der Stämme. Der Name »Israel« hat zwei Bedeutungen bekommen, einmal als Bezeichnung für den Zwölfstämme-Bund, zum anderen als Name der Nordstämme im Gegensatz zu den Südstämmen, die sich im Königreich Juda vereinigt haben.
Aber die Israeliten haben keinen David. Ihr König, ein schwacher, unfähiger Mann, wird ermordet, und diese Tat kann David nur gelegen kommen. Immerhin geschieht etwas für ihn überaus Peinliches. Die Mörder erscheinen nämlich bei ihm, weisen den abgeschlagenen Kopf des Königs von Israel vor und verlangen eine Belohnung. Hat David mit dem Mord etwas zu schaffen? Wie immer tut er sofort das Richtige: Er läßt die Mörder enthaupten. Auch hier handelt David, politisch gesehen, als geschickter Diplomat.
Zudem hat er beizeiten eine Tochter Sauls geheiratet, und damit ist ihm dessen Erbe sicher. Die Macht über ganz Kanaan steht ihm offen, und vor dem Heiligtum Jahwes wird David zum König von Juda und Israel gesalbt.
Bis jetzt haben die Philister, Gewehr bei Fuß, zugesehen. Jetzt glauben sie, eingreifen zu müssen. David hat sie um die Früchte ihres Sieges gebracht, er hat die Stämme neuerlich geeint, er hat eine Macht aufgerichtet, wie sie Saul besaß, und für sie ist das Maß voll. Wieder sammeln sie ihre Heeresmacht und ziehen in die Rephaim-Ebene, unmittelbar westlich von Jerusalem, um »David zu suchen«.
David weiß, es geht ums Ganze. Unterliegt er, dann ist der Traum vom Königtum ausgeträumt, dann ist der Untergang ganz Israels besiegelt. Aber er ist nicht Saul. Er hat das harte Leben eines Söldnerführers hinter sich, in hundert Schlachten erprobt, und vor allem: Er hat bei den Philistern gedient, kennt ihre Kampfesweise und kennt ihre Schwächen. Und das Unglaubliche gelingt: Er überfällt die Philister, noch ehe sie ihr Heer in die rechte Schlachtordnung gebracht haben, und schlägt sie vernichtend. Dennoch raffen sie sich noch ein zweites Mal auf und treten ihm entgegen. Und wieder schlägt er ihre Armeen, verfolgt sie bis weit nach Westen, treibt sie vor sich her und ruht nicht eher, als bis er den letzten Fremdling aus dem Lande gejagt hat.
Kaum hat David die äußeren Feinde besiegt, geht er an die Neuordnung seines eigenen Landes. Da, wo noch einzelne kanaanäische Stadtstaaten sich ihre Selbständigkeit bewahrt haben, werden sie eingegliedert. Israel wird zum geschlossenen Staat. Und weiter: David geht daran, diesem Staat seine Hauptstadt zu geben. Er wählt Jerusalem. Nicht ohne Grund, denn es liegt gleichsam auf neutralem Boden zwischen Israel und Juda. Hier errichtet er das Zentrum des Zwölfstämme-Verbandes, die Mitte seines Reiches. Auf dem Berg Zion, in der Mitte der Stadt, findet das

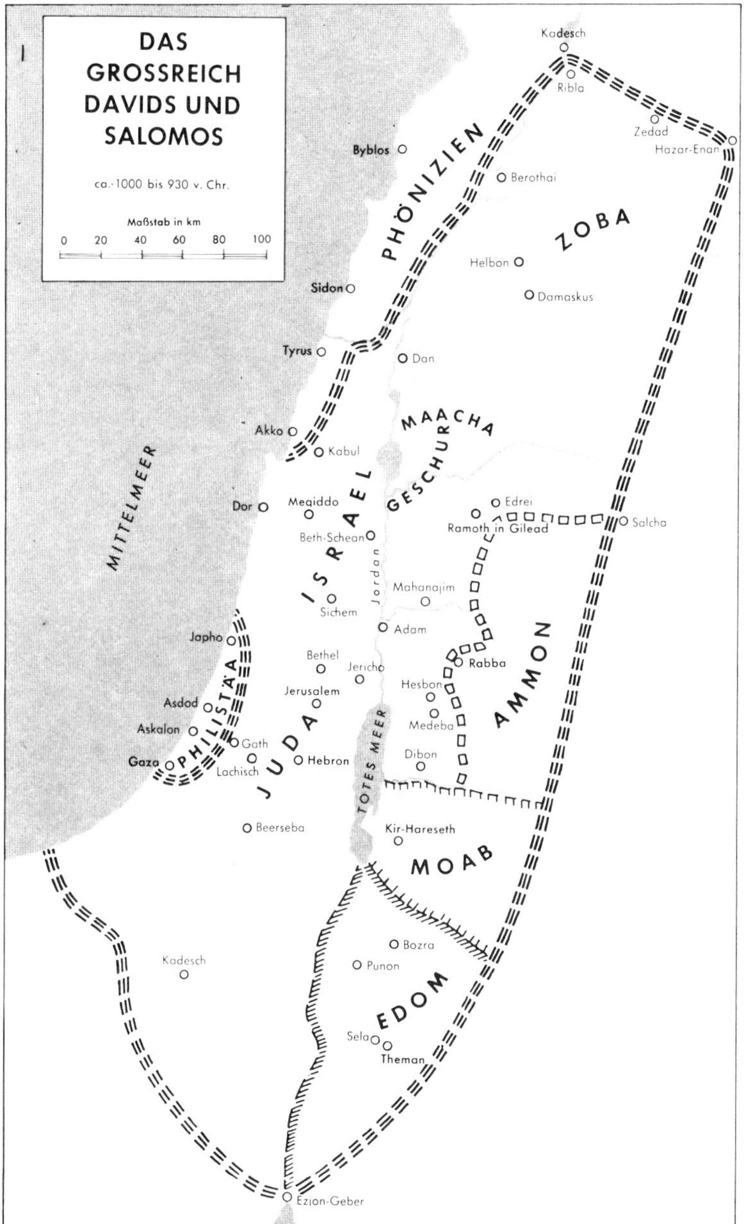

gemeinsame Stämmeheiligtum, die Bundeslade, ihren endgültigen Platz, und rundherum schließen sich die Palastgebäude, die Verwaltungsbauten, die Beamtenwohnungen an. Jerusalem ist eine Stadt ohne Bürger. Es ist das »Regierungsviertel« eines ganzen Landes. Beamte, Soldaten und Priester sind die Bewohner. Jerusalem ist damit auch der kultische Mittelpunkt des alten Zwölfstämme-Verbandes geworden, die echte Hauptstadt.

David war nicht nur ein erfolgreicher König, sondern auch ein bekannter Sänger und Dichter von Psalmen.
Harfenspieler aus Babylon, 3000 v. Chr.

Aber David ruht immer noch nicht. Er beginnt systematisch, die Nachbarstaaten zu unterwerfen. Gegen die Moabiter zieht er und schlägt sie aufs Haupt, gegen die Aramäer und die Ammoniter. Er besiegt die Edomiter und die Provinz Aram. Er unterhält diplomatische Beziehungen zu den phönikischen Küstenstädten, vor allem zum König Hiram von Tyrus, und sein Einflußgebiet reicht weit über die Grenzen Kanaans hinaus. Israel ist ein Großreich geworden, die einzige Großmacht zu dieser Zeit, und zugleich die einzige Großmacht, die je im Jordanland gewachsen ist.

Welch ungeheurer Wandel in wenigen Jahren. Eben noch der lose, halb versprengte Verband ratloser Stämme, schwach und ausgeblutet und in der Existenz aufs tödlichste bedroht, jetzt die unangreifbare Macht, gesichert, festgefügt, unbesiegbar.

Nur einen einzigen Fehler begeht David, einen Fehler, der im Verlauf der Geschichte für sein Volk tödlich werden muß: Er zieht sich keinen Nachfolger heran. David hat viele Söhne, und sie schielen schon bei Lebzeiten des Vaters nach der Krone. Ja, Absalom will sogar gewaltsam den Thron für sich erobern, es gelingt ihm, eine Empörung anzuzetteln, und der erste Streich gelingt ihm auch. Er zieht als Eroberer in die Hauptstadt seines Vaters ein. Aber die Herrlichkeit währt nicht lange, die Empörung wird niedergeschlagen. Die Episode ist vorüber. Aber noch hat sich David nicht für einen Nachfolger entschieden. Als er endlich seinen Sohn Salomo dazu bestimmt, da ist es zu spät. Die Autorität des Königs läßt zwar keinen Widerspruch zu, aber Salomo ist nicht der Mann, das Erbe seines großen Vaters würdig zu verwalten.

Als David im Jahre 963 stirbt, beginnt der Niedergang Israels. Zwar ist Israel auf der Höhe seines äußeren Glanzes, als Salomo den Thron besteigt, aber ein solches Erbe will nicht nur gehegt und gepflegt werden, es will in rastloser, pausenloser Arbeit und Sorge vermehrt sein, und eben das ist es, was Salomo nicht will. Er gleicht dem Sohn, der das Erbe des Vaters verzehrt, er erntet da, wo er nicht gesät hat.

König Salomos Fronvögte

Salomo gilt als Inbegriff aller menschlichen Klugheit, und die Welt ist voller Anekdoten und Erzählungen, die seine Weisheit preisen, zu Recht oder Unrecht. Seine Regierung gleicht jedenfalls weniger der eines Weisen als der eines luxuriösen Verschwenders.

Kriege führt er nicht, aber er unterhält ein glänzendes Heer mit einer imposanten Streitwagenmacht. Eine ganze Stadt wird allein für seine Kriegswagen und seine Pferde gebaut. Bauen ist überhaupt seine große Leidenschaft. Er macht aus Jerusalem, der Beamten- und Soldatenstadt Davids, die prachtvolle Metropole Israels. Allein seine Palastbauten, die er eigens durch eine Mauer von der übrigen Stadt trennen läßt, sind so

groß wie das ganze Jerusalem Davids. Und inmitten dieses Palastviertels erhebt sich der weitgerühmte Tempel. Salomo erbaut seinem Gott das prächtigste Heiligtum, das je auf kanaanitischem Boden entstand.
Aber er baut auch gewaltige Magazinanlagen, Fruchtspeicher und Silos, die ungeheure Vorratsmengen fassen, in erster Linie für den riesigen Hofstaat bestimmt. Und schließlich richtet er auch noch einen Harem ein, in den sogar eine ägyptische Prinzessin einzieht.
Kein Wunder, daß diese enorme Hofhaltung ungeheure Summen verschlingt. Salomo löst das Finanzproblem auf seine Art: Er teilt das ganze Land in einzelne Gaue ein, stellt jeweils einen »Gauleiter« an die Spitze, und diese Beamten haben keine andere Aufgabe als die, regelmäßige Abgaben von ihren Untertanen zu erpressen. Und da man zum Bauen nicht nur Geld, sondern auch Leute braucht, sorgen diese Finanzbeamten auch gleich für die nötigen Arbeitskräfte. Adoniram ist der Name eines Mannes, der als Vorgesetzter dieser »Gauleiter« fungiert, sein Titel ist »Chef der Fronarbeit«. Damit dürfte in schöner Offenheit gesagt sein, um welche Art von Arbeitsleistung es sich im Staate Salomos handelt.
Mit dem politischen Aufstieg Israels zur Großmacht nehmen Kunst und Wissenschaft ungeahnten Aufschwung. Nicht mehr der Bauer in seinem abendlichen Dorfpalaver ist Kulturträger, sondern das Zentrum der Kultur wandert in die Stadt, vor allem in die Hauptstadt. Man strebt nach »Bildung«. Deutlichste Ausprägung der Kultur sind in jeder Epoche die entstehenden Schriften, die literarischen Denkmäler.

Frühe Schriften

Was gibt es bisher an solchen Schriften? Da sind z. B. die uralten Patriarchengeschichten aus der Zeit vor der Landnahme, da sind ebenso alte Lieder, etwa das Lamechlied (1. Mose 4, 23–24), das Mirjamlied (2. Mose 15, 21), das Brunnenlied (4. Mose 21, 17–18) oder das Spottlied auf Sichon (4. Mose 21, 27–29), und da ist schließlich das sogenannte Bundesbuch (2. Mose 20, 22–23, 33) mit dem Gesetz der Zehn Gebote, dem »Dekalog« (2. Mose 20, 1–17). Zur Zeit der Besiedlung Kanaans, also während der Herrschaft der Richter, entstehen die Richterlisten (Richter 10, 1–5; 12, 7–15) und die Berichte vom Leben und von den Taten der Richter, wie sie große Teile des Richterbuches ausfüllen.
Zur Zeit Davids nun blüht die Literatur neu auf. Da werden die umfangreichen Kriegsberichte niedergeschrieben, da werden die Namen und Taten Davids und seiner Gefolgsleute verzeichnet, da geht man der Geschichte der Bundeslade nach, und da wird endlich das Leben Sauls schriftlich niedergelegt. Es sind im wesentlichen die Aufzeichnungen, wie sie die Bücher Samuel füllen.
David ist nicht nur ein großer Staatsmann, nicht nur ein überlegener Diplomat und ein überragender Heerführer, er ist auch ein frommer Mann. Davon zeugen seine Psalmen, die zu dem Schönsten gehören, was je zum Lobe und Preise Gottes gesagt und gesungen wurde. Wenn auch nicht alle Psalmen von David selbst stammen, für einen großen Teil trifft es ohne Zweifel zu, und diese Psalmen werden schon zu seinen Lebzeiten aufgeschrieben und der Nachwelt erhalten.
Zwischen den allerältesten Schriften und denen der Davidzeit läßt sich bereits ein erheblicher Unterschied feststellen. Die älte-

Der Tempel Salomos, nach einer Rekonstruktion.

sten literarischen Denkmäler sind erzählende Schriften. Zur Zeit Davids bereits wird das anders. Man beginnt, nicht mehr Geschichten, sondern Geschichte zu schreiben, und diese Geschichtsschreibung, das heißt exakte und präzise Aufzeichnung historischer Tatsachen, erreicht ihren ersten Höhepunkt unter Salomo. Salomo hat eigens einen, später sogar zwei »Schreiber«, und diese Schreiber sind nicht etwa Privatsekretäre, sondern sie sind die höchsten Beamten im Staat. Ihnen fällt die Aufgabe zu, die »Annalen« ihres Königs und seines Hauses aufzuzeichnen. Ähnlich wie in späteren Zeiten der römische Schriftsteller Tacitus die »Annalen«, die Jahrbücher der römischen Kaiser, mit ungemeiner Sorgfalt und nicht minder großer Freude am Detail aufgezeichnet hat, so haben die Schreiber Salomos dafür zu sorgen, daß in sachlicher und korrekter Weise die Jahresberichte ihres Königreiches herausgehen. Teile dieser Jahresberichte finden sich im 2. Buch Samuel und im 1. Buch der Könige.

Hinzu kommen Spruchsammlungen, Biographien und schließlich die Aufzeichnung alter Überlieferungen, wie sie auch schon zu Davids Zeiten üblich waren, etwa des Schöpfungsberichtes. Es lassen sich also deutlich zwei verschiedene Arten des Schrifttums unterscheiden: einmal das aktuelle, zeitnahe, zum anderen das konservierende, geschichtliche, das an sich nichts Neues berichtet – der Schöpfungsbericht zum Beispiel ist uralt –, aber dieses Alte erneut aufschreibt. So geschieht es etwa, daß zur Zeit Davids sich ein fleißiger Schriftkundiger daran macht, den Schöpfungsbericht aufzuschreiben, und daß Jahrhunderte später zur Zeit des Exils ein anderer Schriftsteller die gleiche Arbeit unternimmt. Naturgemäß lassen sich in beiden Aufzeichnungen unterschiedliche Auffassungen feststellen, je nach Stil, Ansicht und Temperament des Verfassers, aber – und das ist das Wunderbare – so präzise war die Überlieferung, daß den Schreibern kaum Spielraum für bedeutendere Abweichungen bleibt.

Im Jahre 929 vor Christus stirbt Salomo. Von diesem Zeitpunkt an steuert die Geschichte Israels der unvermeidbaren Katastrophe zu. Was zu Zeiten Salomos bereits morsch ist, fällt nun auseinander. Das Volk Israel spaltet sich wieder in die beiden Königreiche Israel und Juda.

In Juda liegen die Verhältnisse klar: Das Haus Davids ist zur Herrschaft bestimmt und die Erbfolge damit festgelegt. Nach Salomo besteigt dessen ältester Sohn Rehabeam den Thron. Zwar erhebt er Anspruch auf die Herrschaft in beiden Reichen, doch die Nordstämme denken nicht daran, ihm zu gehorchen. »Was hat Israel mit dem Hause Davids zu schaffen?« rufen sie und merken nicht, wie sie voller Eifer die einzige Stütze absägen, die ihnen vielleicht noch Halt bieten könnte. Sie treten in Sichem zusammen und wählen Jerobeam zum König von Israel. Damit ist die Spaltung endgültig und das Großreich Davids zunichte gemacht.

Was nun in Israel folgt, ist das beschämende Beispiel eines aus den Fugen geratenen, seines Fundamentes beraubten Staatswesens. Jerobeam hat keine Tradition, wie etwa die Könige von Juda. Zwar gelingt es ihm noch, die Thronfolge seines Sohnes sicherzustellen, aber kaum hat der das Erbe des Vaters angetreten, als sich schon ein Nebenbuhler erhebt und ihn ermorden läßt. Baesa heißt der Mörder, und er ist nun König von Israel. Er erlebt das gleiche Schicksal. Sein Sohn darf zwar den Thron besteigen, aber er regiert nicht lange. Ein hoher Offizier ermordet ihn eigenhändig. Seine moralische Begründung dafür ist entwaffnend: Er wollte auch einmal König sein. Er wurde es, wenn auch nur für sieben Tage, dann gibt es heftigen Streit, das ganze Land gerät in Aufruhr, und, wie es in solchen Fällen zu sein pflegt, der Rücksichtsloseste trägt den Sieg davon. Es ist Omri, der Oberbefehlshaber der Wehrmacht. Woher er stammt, weiß man nicht zu sagen. Omri klingt nicht sehr hebräisch, und der Name seines Sohnes Ahab noch weniger. Immerhin herrscht einigermaßen Ordnung unter der Fuchtel der Omriden, die sich 30 Jahre lang auf dem Thron halten können. Dann hat auch ihre Stunde geschlagen. Jehu steht auf, und das ganze Haus Omris wird auf die brutalste Weise ausgerottet. Und so geht es

König Jehu demütigt sich vor dem Assyrerkönig Salmanasser III.

weiter. Mord und Totschlag, Intrige und Aufruhr, das sind die Mittel, deren sich die Herrscher Israels oder die, die es werden wollen, bedienen. Rund zweihundert Jahre lang dauert die Zeit der Wirrnis, nur hier und da einmal durch ein paar ruhigere Regierungsjahre eines fähigeren Königs unterbrochen, etwa unter Jerobeam II. von 783 – 743. 18 Könige folgen einander auf dem Thron, nur zwei von ihnen sterben eines natürlichen Todes, die übrigen 16 werden ermordet.

Israels Ende

Da vollendet sich das Geschick Israels. Im Osten ist – fast unbemerkt von der übrigen Welt – das alte Reich der Assyrer zu neuer Stärke erwacht. 745 besteigt König Tiglat-Pileser III. den Thron von Assur, ein Mann von stählerner Härte, kühner Entschlossenheit und rastlosem Eifer. Augenblicklich rüstet er ein gewaltiges Heer von Kriegern aus, denen er die alte militärische Tradition Assurs einhämmert, und beginnt sein Eroberungswerk. Das Land Kanaan ist für ihn nur ein Schritt auf dem Wege zur Weltherrschaft. Zunächst ist man in Israel klug genug, sich die Gunst der Assyrer durch freiwilligen Tribut zu erkaufen. König Menahem von Israel legt immerhin runde 10 Millionen Mark auf den Tisch, und Tiglatpileser ist damit recht zufrieden. Auch sein Nachfolger Salmanassar V. scheint mit dieser Regelung fürs erste einverstanden zu sein. Da begeht der derzeitige König von Israel, Hosea, den Fehler, die Zahlungen einzustellen. In einem Anflug von Größenwahn schließt er geheime Bündnisverträge mit Ägypten und hofft, die Assyrer mit ägyptischer Hilfe zu vertrei-

Tiglat-Pileser III., in der Bibel nach seinem ursprünglichen Namen „Phul" genannt, auf seinem Staatswagen, neben ihm der Wagenlenker, hinter ihm ein Diener mit Sonnenschirm.

ben. Jetzt reißt Salmanassar der Geduldsfaden. Blitzartig schlägt er zu. Er besetzt das Land und läßt Hosea verhaften. Lediglich die feste Stadt Samaria leistet drei Jahre lang erbitterten Widerstand. Salmanassar erlebt ihren Fall nicht mehr. Er stirbt 723, aber sein Nachfolger, ein kühner und entschlossener Mann wie die Könige Assurs vor ihm, vollendet das begonnene Werk der Vernichtung. Ein Jahr später rücken seine Truppen in Samaria ein, und nun macht er ganze Arbeit. Der Staat Israel wird restlos beseitigt. Die Oberschicht, die gesamte Intelligenz des Landes, wird deportiert, irgendwohin nach Mesopotamien, und dafür werden Babylonier und Syrer in Israel angesiedelt. Der Staat ist zerschlagen, das Volk überfremdet. Israel ist nicht mehr.

Eine längere Frist ist dem Staate Juda beschieden. Auch Juda zahlt seinen Tribut an Tiglatpileser, aber es ist klug genug, den wahnwitzigen Versuch eines Aufstandes gegen die hundertfache Übermacht, wie ihn Hosea vorbereitete, nicht mitzumachen. So kommt es, daß Juda die neuassyrische Herrschaft überlebt.

Im Jahre 669 kommt Assurbanipal auf den Thron. Er ist der letzte assyrische König, und er ist kein Krieger und Feldherr wie seine Vorgänger, sondern ein Gelehrter. Er ist es, der die gewaltige Bibliothek von 20000 Tontafeln zusammentragen läßt. Das ganze Wissen seiner Zeit möchte er sammeln. Er forscht nach verschollenen Sprachen, er studiert die Geschichte und Naturwissenschaft, und er liebt vor allem die Musik. Aber den Zerfall im Innern seines Reiches vermag er nicht aufzuhalten. Noch gehört Babylon zum assyrischen Herrschaftsbereich. Da bricht dort ein Aufstand los. Assurbanipal schickt seinen Feldherrn Nabopolassar mit einer stattlichen Truppenmacht gen Babylon, damit er den Aufruhr niederschlägt. Aber Nabopolassar wird zum Verräter. Er verbündet sich mit den Aufständischen, schließt ein Bündnis mit den Medern und reißt in ganz Assur die Herrschaft an sich. Assyrien hat seinen Traum von der Weltherrschaft ausgeträumt. Die neuen Herren wohnen in Babylon.

Der Untergang Judas

Babylon ist es, das auch Juda den Untergang bringt. Dort ist zur Zeit Josia König. Ein kluger und dabei energischer Mann. Der Fall Assurs kommt ihm gelegen. Er nutzt geschickt die verzweifelte Lage der Assyrer, um für Juda das Beste daraus zu machen. Er festigt die eigene Herrschaft, setzt soziale Reformen durch und reinigt vor allem den Jahwe-Glauben seines Volkes von fremden Elementen, die sich eingeschlichen haben. Noch einmal scheint Juda neu aufzublühen; aber es ist nur ein letztes Aufflackern. Im Jahre 609 kommt es zu einem Zusammenstoß zwischen Josia und dem ägyptischen König Necho. Bei Meggido stoßen die Heere aufeinander.

Illustration zum Schöpfungsbericht. Kolorierter Holzschnitt aus der Werkstatt des Lucas Cranach (zur Lutherbibel von 1534).

Assyrische Truppen zerstören eine eroberte Stadt.

Einer der ersten, der fällt, ist Josia. Damit ist die letzte Hoffnung für Juda erloschen. Für wenige Jahre wird es von den Ägyptern besetzt, doch soll dies nur eine vorübergehende Episode bleiben. Der eigentliche Feind heißt Babylon.

Der babylonische König Nebukadnezar, Nachfolger Nabopolassars, denkt nicht daran, den Ereignissen im Westen tatenlos zuzusehen. Eines Tages erscheint er mit einem wohlausgerüsteten Heer und fegt die Ägypter aus Juda hinweg. Für die Hebräer ist es kein Unterschied, ob die Besatzungstruppe aus Ägypten oder aus Babylon stammt. Sie haben das Recht am eigenen Lande verloren. Über sie bestimmen Fremde. Nebukadnezar bestätigt Jojakim, Sohn des Josias, als König von Juda. Unter seiner Oberherrschaft, versteht sich, und unter der Auflage der jährlichen Tributzahlung. Jojakim tut, was der große Babylonier ihm sagt. Er scheint auch darüber hinaus noch einiges getan zu haben, was ihm wenig Ehre macht und ihn als unwürdigen Sohn seines bedeutenden Vaters kennzeichnet: Er herrscht in Jerusalem als grausamer, habgieriger und brutaler Tyrann. Seine ganze Sorge gilt einem guten Leben und dem luxuriösen Ausbau seines Palastes, der von Salomo her wahrhaftig nicht eben spartanisch eingerichtet war.

Obwohl Jojakim weiß, daß er ganz in der Hand Babylons ist, wiederholt sich bei ihm seltsamerweise der Vorgang, der schon Israel den Untergang gebracht hatte: Er stellt die Tributzahlungen ein und versucht, gegen Babylon zu intrigieren.

Das geschieht etwa im Jahre 602 vor Christi Geburt. Dennoch übt Nebukadnezar Langmut. Jojakim scheint zu Kreuze zu kriechen, aber kaum hat er Babylon in Sicherheit gewiegt, da setzt er sein Ränkespiel fort. Und diesmal wird es Nebukadnezar zuviel. 598 erscheint ein babylonisches Heer vor Jerusalem, »zur Bestrafung Jojakims«, wie es ausdrücklich vermerkt wird. Doch der König von Juda wird von dem Strafgericht nicht mehr erreicht. Kurz nach Beginn der Belagerung stirbt er. Das traurige Erbe einer belagerten, dem Tode geweihten Stadt tritt sein Sohn Jojachin an, eben erst 18 Jahre alt geworden. Drei Monate ist er König. Dann bersten die Mauern von Jerusalem, und der Strom der babylonischen Krieger ergießt sich in die Stadt, in den Palast, in den Tempel. Dennoch fällt das Strafgericht verhältnismäßig milde aus. Nur der Palastschatz wird von den Truppen mitgenommen. Der König sowie die obersten Beamten werden nach alter, bewährter Sitte deportiert. Nebukadnezar setzt anstelle Jojachins dessen Onkel Zedekia als König ein. Jojachin wird recht glimpflich behandelt. Er darf als Exkönig in annehmbaren Verhältnissen in Babylon leben, und dies Leben bekommt ihm offenbar recht gut, denn er stirbt erst hochbetagt.

Zedekia hingegen ist es bestimmt, den endgültigen Untergang Jerusalems zu beschwören: Er ist töricht genug, schon in den ersten Jahren seiner Vasallenherrschaft einen neuen Aufstand anzuzetteln, wieder in Verbindung mit Ägypten, und diesmal holt Nebukadnezar das Versäumte gründlich nach.

Im Jahre 587 wird Jerusalem von ihm zum zweiten Male erobert, und diesmal soll kein Stein auf dem anderen bleiben. Er befiehlt die Plünderung der Stadt. Die Mauern der

Paläste brechen zusammen, Häuser stürzen, Heiligtümer fallen, über Jerusalem steht wie das Fanal eines Gottesgerichts die Brandfackel. In Flammen gehen die Paläste auf, in Asche fällt der Tempel und mit ihm das Stämmeheiligtum der Bundeslade. Jerusalem ist nicht mehr.
Zedekia wird vor Nebukadnezar geschleift und muß mit ansehen, wie seine Söhne brutal abgeschlachtet werden. Dann wird er geblendet und in Ketten nach Babylon geführt. Und mit ihm werden diesmal nicht nur die Beamten einer dünnen Oberschicht deportiert, sondern diesmal legt Nebukadnezar seine Hand auf weite Teile des ganzen Volkes. Das Volk Israel tritt den Weg ins Exil an, in die Babylonische Gefangenschaft.
Israel als Volk hat aufgehört zu existieren.

Siegel des Eljakim, des Haushofmeisters (= Ministers) Jojachins.

Nie mehr, bis zum Jahre 1948, soll es einen selbständigen Staat bilden.
Vom Tode Salomos bis zur Zerstörung Jerusalems ist Kanaan erfüllt von Kriegsgeschrei, von politischen Wirren, Aufruhr und Empörung. Dennoch ist diese Zeit literarisch fruchtbar wie keine zuvor. Da wird die Geschichte Ahabs, Jehus und Michas aufgeschrieben (im 1. und 2. Buch der Könige), da kommt es zur großangelegten Sammlung der Eliageschichten und der Elisageschichten. Da wird der Psalter erweitert und der Regentenspiegel (2. Sam. 23, 1–7) verfaßt. Vor allem aber werden die alten Überlieferungen, die Quellenschriften aus der Zeit Davids und Salomos, sorgfältig gesammelt und ineinander verarbeitet.

Die »Redakteure«

Schließlich kommt es unter Josia im Zuge der großen inneren Reformation zu einer Redaktion des altehrwürdigen Gesetzesbuches. Dieses Gesetz, das in seinem Kernstück die Zehn Gebote und daneben eine Fülle von Kult- und Priestergesetzen enthält, ist seinem Inhalt nach uralt und stammt in seinen wesentlichen Hauptteilen aus der Zeit Moses. Es ist die eigentliche, ursprüngliche Heilige Schrift des Volkes Israel, und sie wurde als solche besonders verehrt. Immer wieder haben sich im Laufe der Jahrhunderte die Priester an Überarbeitungen gemacht, zweifellos nicht allein im Sinne einer Erweiterung, sondern der Reinigung und Zurückführung auf die wesentlichen mosaischen Merkmale. Unter Josia nun wird eine besonders wertvolle Ausgabe dieses Buches im Tempel gefunden, und wieder gehen die Gelehrten daran, dieses Herzstück ihres Glaubens neu zu redigieren, genauer gesagt, an diesem aufgefundenen Buch alles andere, Überkommene, zu messen und auszurichten. Unter Josia wird das Gesetzesbuch, wenigstens zum Teil, zum letzten Male kritisch und aufs sorgfältigste durchgesehen. Seither ist kaum mehr etwas daran geändert worden.
Die Zeit der Könige ist also nicht nur eine Zeit der »Geschichtsschreibung« und der Sammlung überlieferter Geschichten, Sprüche, Wahrheiten und Weisheiten, es ist auch die Zeit der ersten großen Redaktionen. Pausenlos sind seit jenen Tagen die Schriftgelehrten alter und neuer Prägung am Werk, um immer wieder jene uralten, ehrwürdigen Schriften aufs neue durchzusehen, mit anderen zu vergleichen, Sammlungen zu vervollständigen oder neu zu ordnen. Immer leitet sie dabei ein Ziel: die heiligen Schriften so präzise, so wortgetreu wie nur irgend möglich der Nachwelt zu erhalten. Diese Bemühungen kennzeichnen den modernen Bibelwissenschaftler und Textkritiker nicht anders als den König Josia und seine Priester.

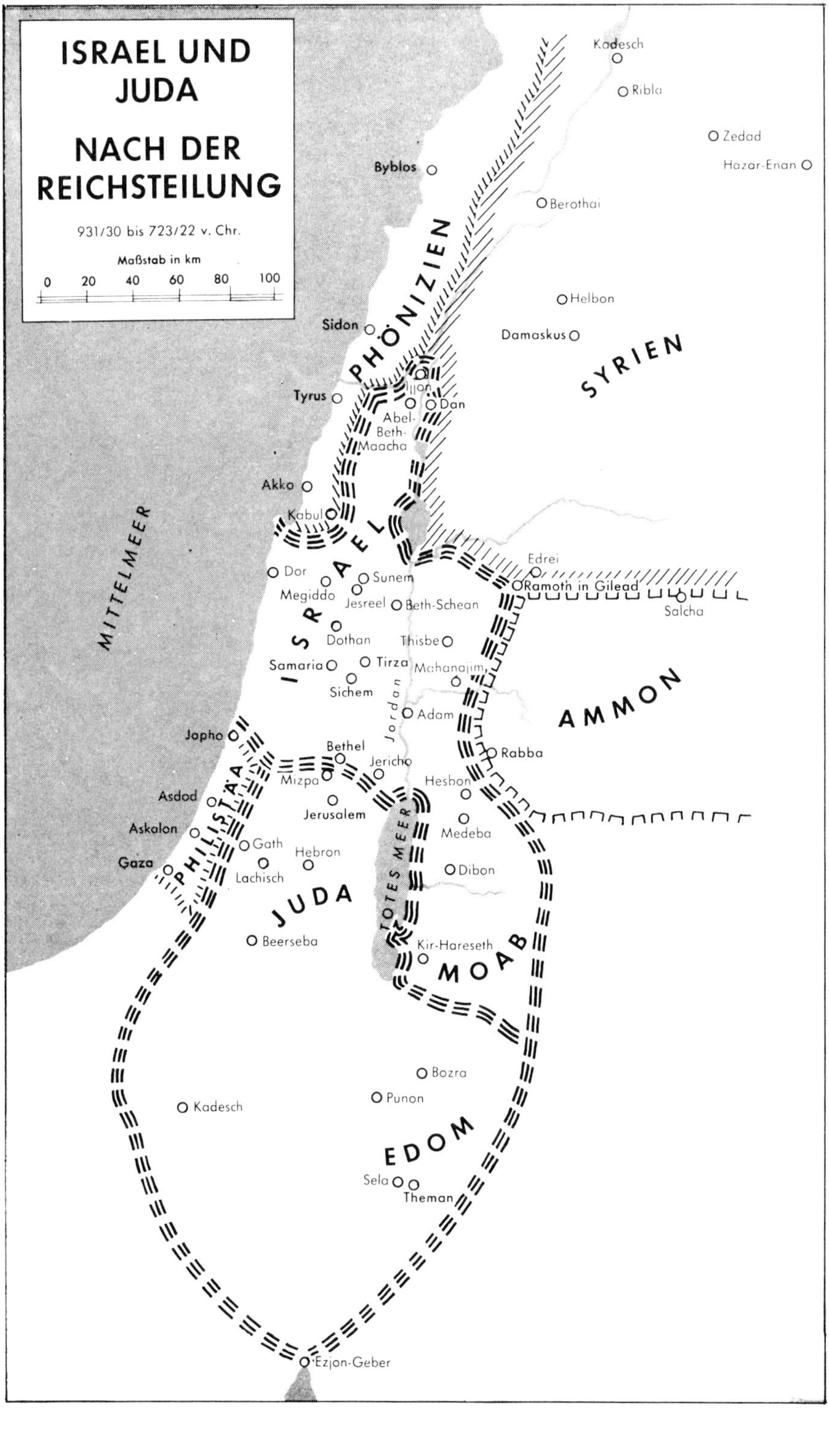
ISRAEL UND JUDA
NACH DER REICHSTEILUNG
931/30 bis 723/22 v. Chr.
Maßstab in km
0 20 40 60 80 100
Kadesch
Ribla
Zedad
Hazar-Enan
Byblos
Berothai
PHÖNIZIEN
Helbon
Sidon
Damaskus
SYRIEN
Ijjon
Tyrus
Dan
Abel-Beth-Maacha
Akko
Kabul
MITTELMEER
ISRAEL
Edrei
Dor
Sunem
Ramoth in Gilead
Megiddo
Jesreel
Beth-Schean
Salcha
Dothan
Thisbe
Samaria
Tirza
Mahanajim
Sichem
Jordan
AMMON
Adam
Japho
Bethel
Rabba
Jericho
Mizpa
Hesbon
Asdod
Jerusalem
Askalon
Medeba
Gath
Hebron
PHILISTÄA
TOTES MEER
Gaza
Lachisch
Dibon
JUDA
Beerseba
Kir-Hareseth
MOAB
Bozra
Kadesch
Punon
EDOM
Sela
Theman
Ezjon-Geber

Die Propheten

Die »Gottessprecher«

Noch etwas geschieht in der Königszeit, in dem Lande, das von Waffenlärm und Kriegsruf widerhallt: Neben die beiden großen Gebiete der erzählenden Literatur und der Geschichtsschreibung tritt ein drittes: die Schriften der Propheten.

Die Propheten. Damit ist ein Stichwort gefallen, bei dem zu verweilen sich lohnt. Wer sind diese Propheten? Welches ist ihr Auftrag und wer ihr Auftraggeber, und welche Bedeutung kommt ihnen zu in Israel oder in Juda?

Das Phänomen der Propheten begegnet uns ausschließlich im Volke Israel. Zukunftsdeuter hat es allerdings zu allen Zeiten gegeben von der griechischen Pythia und ihren dunklen Orakelsprüchen bis zum modernen »Kaffeesatz-Propheten«, Handliniendeuter, Kartenschläger oder Astrologen. Der Wunsch, in die Zukunft zu schauen, ist im Menschen allzu mächtig, als daß er ihn sich – durch wissenschaftliche Einsicht etwa – rauben lassen wollte. Diese Art der »Prophetie«, die Zukünftiges vorhersagen will, ist so alt wie die Menschheit, und die Liste dieser Propheten reicht vom Delphischen Orakel bis zum Schäfer Ast in der Lüneburger Heide.

Die Propheten des Alten Testaments sind in erster Linie weder Zukunftsdeuter noch Weissager, sondern es sind Männer, die vom Geist Gottes getrieben aufstanden und zu Mahnern, Warnern, Lehrern ihres Volkes wurden. Ihre Prophetie bezieht sich wohl hier und da auf die Zukunft – so sagt Jesaja das kommende Strafgericht Gottes, den Fall Jerusalems und das künftige Schicksal Israels voraus –, aber sie tun das einzig und allein, um das Volk aufzurütteln und es in ein direktes Gegenüber zum Gotteswillen zu stellen. »Verkünder« könnte man sie nennen, »Gottessprecher«, »Gesandte«.

Ein Zeichen der Verschwendungssucht, die der Prophet Amos anprangerte, waren für ihn „elfenbeingeschmückte Lager“. Eine Elfenbeinschnitzerei jener Zeit aus einem Palast in Assyrien.

Propheten gab es in Israel seit der Besiedlung Kanaans. Die Richterin Debora wird eine »Prophetin« genannt. Samuel, der bei der Krönung Sauls zum ersten König von Israel eine Rolle gespielt hat, ist – so heißt es – ein »Prophet« gewesen. Elia und Elisa waren Propheten.
Ja, es gibt sogar so etwas wie »Propheten-Orden«, Gruppen von Männern, zumeist von ekstatischem Wesen, die im Prophetentum gleichsam ihren Beruf sehen. »Nebiim« heißen sie auf Hebräisch, aber sie haben wenig gemein mit den wenigen Großen, den Bedeutenden, den »klassischen Propheten«. Die großen Propheten sind Einzelgänger, und ihre Zeit beginnt erst mit dem Niedergang des Volkes Israel.
Die Reihe der Propheten, deren Leben und Werk in eigenen »prophetischen Büchern« niedergelegt wird, eröffnet Amos.
Gerade er will kein »Nabi«, kein »Prophet« sein. Immer wieder betont er seine Herkunft aus einer schlichten Hirtenfamilie. Er ist Hirte und Züchter von Maulbeerfeigen, und wenn er aufsteht, um zu reden, dann tut er es, weil er unter innerem Zwang steht. Sein Wirken fällt in die Zeit Jerobeams II., also um 800 vor Christi Geburt, in eine Zeit der Ruhe zwischen den Stürmen. Dem Volke Israel ist eine Verschnaufpause vergönnt, Handel und Wirtschaft stehen in Blüte, und damit gehen Profitgier einher, Verschwendungssucht, Rechtsverdrehung und Ungerechtigkeit. Hier setzt Amos ein. Er ruft das Volk zur Besinnung, er predigt Gerechtigkeit und soziale Verantwortung, und schließlich: Er wird nicht müde zu verkünden: Gott ist der Gott aller Menschen, sein Wille geht über die ganze Welt. Er ist nicht der Gott Israels allein, sondern der Gott alles dessen, was da lebt.
Zur gleichen Zeit etwa wirkt der Prophet Hosea, der einzige Schriftprophet, der aus dem Norden des Landes stammt. Seltsam, erschütternd die Erlebnisse, die ihn zum Propheten werden lassen: Er heiratet eine gewisse Gomer, und diese Frau ist eine Dirne. So erwächst aus schmerzlichen Erfahrungen eine Innerlichkeit, die ihn zum Werkzeug Gottes, zum Propheten werden läßt. Aus diesen eigenen Erfahrungen heraus wird er zum Verkünder der Liebe Gottes: Alle Verfehlung kann durch Buße vor Gott gesühnt werden. Hosea ist der erste Prophet, der in aller Klarheit nicht nur den rächenden, zürnenden Gott Israels, sondern den liebenden, vergebenden Vater darstellt.

Die Geschichte Jesajas

Um die Zeit, als man in Griechenland zum ersten Mal die olympischen Spiele feiert (775), aus denen Koroibos als Sieger hervorgeht, wird in Jerusalem der Prophet Jesaja geboren, der erste der drei bedeutendsten Propheten Jesaja, Jeremia und Hesekiel, einer von den Männern, deren geistiges Gebäude die ganze Welt umspannt, deren Worte bleibende Bedeutung haben. Er ist kein Hirte wie Amos und nicht unglücklich wie Hosea. Er ist Arzt oder möglicherweise auch Hofschreiber in der Landeshauptstadt, zugleich weithin gerühmt als Weisheitslehrer, der einen Kreis von Schülern um sich sammelt, ähnlich den griechischen Philosophen. Aber die Zeit, in der er lebt, ist unheilschwanger. Der Schatten der emporwachsenden assyrischen Macht fällt auf Israel, da drohen Namen wie Tiglatpileser, Sargon und Sanherib, Namen von Kriegern, unbarmherzig und ehrgeizig. Und das Volk Israel duckt sich in Erwartung der kommenden, tödlichen Streiche.
Das ist der düstere Hintergrund, vor dem sich die Prophetengestalt Jesajas abhebt wie eine eherne Statue vor einem gewitterdunklen Himmel.
Jesaja predigt das Gericht. »Gott hat sein Volk verworfen, denn es ist abgefallen von ihm und treibt es schlimmer als die Fremden.« Israel selbst hat sich durch seine Verfehlungen, durch seinen Götzendienst, seinen ungerechten Reichtum, seinen Hochmut gerichtsreif gemacht. Nur einen Weg gibt es zur Rettung: Umkehr und Buße, Gehorsam gegen Gott und seine Gebote.
Über siebzig Jahre alt wird Jesaja, und er wird nicht müde, das Volk aufzurufen, aufzurütteln, zu beschwören. Was er mit seherischer Kraft beschreibt: den Untergang seines Volkes, die Zerstörung Jerusalems, die Ent-

weihung des Heiligtums im Tempel Salomos, das muß der zweite der großen Propheten, Jeremia, miterleben.
Er wird um 650 geboren, und seine Schaffensperiode fällt in die politisch bewegtesten Jahre Israels. Auch für ihn ist noch das große Thema Judas Schuld und das drohende Strafgericht, aber er wird Augenzeuge dessen, was er vorhergesehen und vorhergesagt hat: Er erlebt die Belagerung und Zerstörung Jerusalems, und er erlebt die Fortführung seines Volkes in die Gefangenschaft. Dann, mit einem Schlage, ist seine Stimme verstummt, und wir wissen nicht, wie sein Schicksal gewesen ist, auch wissen wir nichts über seinen Tod. Die Bibel berichtet lediglich davon, daß er gewaltsam verschleppt wurde.

300 Ölkrüge für Hesekiel

Nicht minder schwer ist endlich das Schicksal des dritten großen Propheten: Hesekiel. So hat Luther dessen Namen Jeheskel »eingedeutscht«. Andere geben ihn mit Ezechiel wieder. Noch in der Heimat geboren, erlebt Hesekiel seine erste Berufung zum Propheten in Jerusalem, und hier erhebt er wie sein Zeitgenosse Jeremia warnend und drohend seine Stimme. Er stellt seinem Volke grauenhafte Katastrophenbilder vor Augen, aber nachdem diese Katastrophe Wahrheit geworden ist, wird er zum großen Tröster der ins Exil geführten Juden. In der Verbannung, irgendwo in Babylonien, spricht er zu den Landsleuten. Den niedergedrückten Flüchtlingen, den Heimatlosen und Entrechteten verheißt er eine neue Heimat, neues Recht und neues Heil.
Kein prophetisches Buch ist so einheitlich, so planvoll angelegt und durchgeführt wie das Hesekiels. Er ist Schriftsteller von Format. Dennoch sagt man von seinen Schriften, sie seien die schwierigsten im ganzen Alten Testament. Als sich der Rabbi Chananja um die Zeitwende an eine Erklärung der Schriften Hesekiels macht, da läßt er sich zuvor 300 Tonkrüge voll Öl für seine Lampe bringen.
Nicht alle Teile der prophetischen Bücher sind schon zu Lebzeiten der Propheten aufgeschrieben worden. Vieles wird mündlich weitergegeben, vieles bruchstückhaft verzeichnet. Vor allem im Exil ist den Juden die Möglichkeit zur Entfaltung einer eigenständigen Literatur versagt. So gehen die Prophezeiungen heimlich von Mund zu Mund, werden hier und da ebenso heimlich in einzelnen Stücken aufgezeichnet, und späteren Zeiten bleibt es überlassen, diese Schriften in all ihren Einzelteilen zu ordnen, zusammenzufassen und der Nachwelt zu erhalten. Da-

Assyrischer Soldat, Relief aus dem Palast Sargons II.

bei geschieht es, daß hier und da ein Name verlorengeht, und so kommt es auch, daß man dem Jesaja-Buch einen Teil anhängt, der wohl nicht von Jesaja selbst geschrieben wurde, sondern vielleicht von einem Schüler, dessen Namen wir nicht kennen. Deuterojesaja nennt ihn die Wissenschaft, das heißt der „andere Jesaja", von ihm stammen sechzehn Kapitel im Jesajabuch. Und dieser Mann, der im Exil in Babylonien lebt, sagt in aller Offenheit und Deutlichkeit das voraus, was im Jahre 539 eintrifft: Babylons Untergang. Der Perserkönig Kyros überwältigt die babylonischen Truppen und macht der Herrschaft Babylons ein Ende. Er ist der neue Herr. Damit endet zugleich die Zeit der Gefangenschaft der Juden, die Zeit der Sehnsucht nach der Heimat, nach der heiligen Stätte Jerusalem, die Zeit der Klagen an den »Wasserflüssen Babylons«. Zwei Jahre später dürfen die ersten dorthin zurückkehren. Doch was sie hier erwartet, sind Trümmer. Jerusalem liegt in Schutt und Asche. Der Regierungsbevollmächtigte, ein Mann namens Serubabel, eingesetzt vom Perserkönig, möchte gern seinen Regierungssitz in Jerusalem nehmen, aber er findet nicht einmal

Der Prophet Jeremia muß den Untergang seines Volkes miterleben. Darstellung von Michelangelo, Florenz.

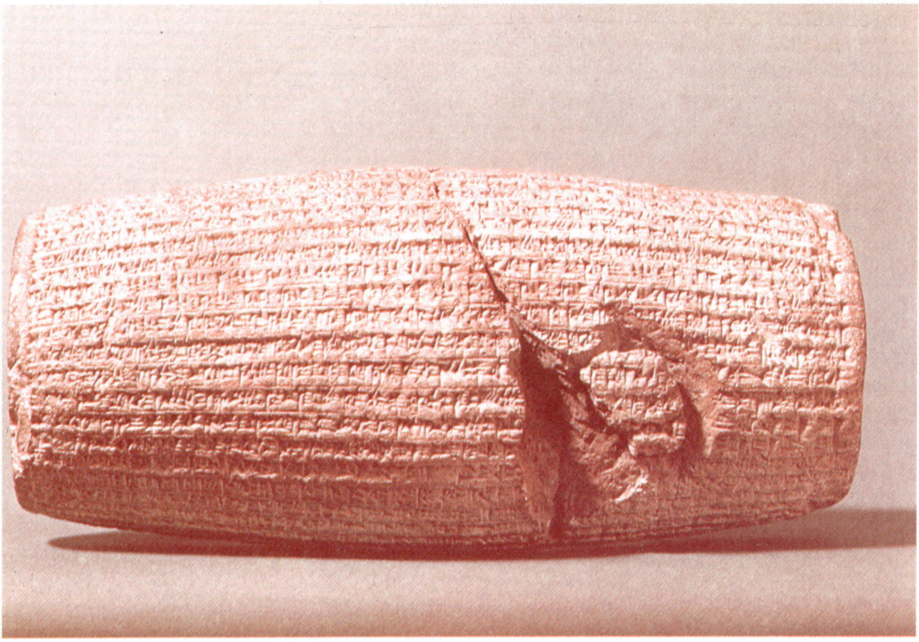

Ein Dokument der toleranten Politik der neuen Herren, der Perser, stellt der sogenannte Kyros-Zylinder dar. Auf ihm hält er u. a. die Absicht fest, Kriegsgefangene aus Babylon in ihre Heimatländer zurückzuschicken.

einen Tisch, auf dem er seine Briefe schreiben lassen kann. Dennoch geht man an den Wiederaufbau. Kyros selbst ist der Schirmherr dieses Wiederaufbauprogramms. Er betrachtet sich als Befreier der Juden, er will das an ihnen begangene Unrecht wiedergutmachen, er ordnet selbst den Wiederaufbau des alten Heiligtums, des Tempels auf dem Berge Zion, an, und er sichert die Finanzierung.

Wieder ist es ein Prophet, der bei diesem neuerlichen Tempelbau eine wichtige Rolle spielt, der förmlich die treibende Kraft beim Bau darstellt: Haggai. Ihm verdanken wir eine genaue Chronik des Tempelbaus.

Auch nach Haggai treten noch Schriftpropheten in Erscheinung, Sacharja etwa, Maleachi und eine ganze Reihe von Männern, deren Namen nicht auf uns gekommen sind. Aber keiner von ihnen erreicht die Größe eines Jesaja, eines Jeremia oder eines Hesekiel, so wie auch unter den älteren Propheten, Habakuk zum Beispiel oder Zephanja, Jona, Obadja oder Micha keiner so bedeutend war wie dieses Dreigestirn.

Ihre Schriften aber, die prophetischen Bücher, sind und bleiben Dokumente menschlichen Handelns im Auftrage Gottes. Propheten, das sind die großen Künder, die Gottesboten, die Warner und Mahner, die Lehrer und die Stimmen, die auf ein Künftiges hinweisen, auf den Messias.

Nehemia und der Wiederaufbau

Die Zeit des Wiederaufbaus ist geprägt von den Namen zweier Männer: Nehemia und Esra.

Nehemia kommt im Jahre 445, ausgestattet mit besonderen Vollmachten und als amtlich eingesetzter Statthalter des Perserkönigs, nach Jerusalem. Ihm untersteht die ganze Provinz Juda. Der Komplex des ehemaligen Reiches Israel trägt nun die Bezeichnung »Provinz Samaria«, aber ihre Bedeutung bleibt gering gegenüber dem Nachbarlande Juda, das zum eigentlichen Träger der alten israelitischen Tradition wird. Ja, zwischen beiden Ländern entwickelt sich, stetig fortschreitend, eine immer größere Feindschaft. Zur Zeit Jesu gilt es dem stammesbewußten Juden aus Jerusalem als Schande, seinen Fuß auf samaritanisches Gebiet zu setzen. Aber Samaria ist und bleibt schwach, so wie Israel immer geschwächt war durch wiederholte Kriege mit Damaskus.

Nehemia beginnt nun das Aufbauwerk, und er geht – gestützt auf die Vollmachten des allmächtigen Perserkönigs – tatkräftig an die Arbeit. Unter seiner Statthalterschaft wird Jerusalem aufgebaut und vor allem eine neue, wehrhafte Mauer um die Stadt gezogen. Er erreicht vom persischen König, daß die alten Tempelschätze – einst von den Babyloniern geraubt – wieder zurückgegeben werden, er organisiert die Rückwanderertransporte aus Babylon, und er setzt eine umfassende Rechtsreform durch.

Über seine Tätigkeit gibt er zugleich einen überaus korrekten Rechenschaftsbericht. Dieser Rechenschaftsbericht, die »Memoiren Nehemias«, wie man ihn genannt hat, ist für die Nachwelt von unschätzbarem Wert, denn es ist die einzige und dabei absolut zuverlässige Quelle, die über das Schicksal des jüdischen Volkes nach seiner Rückkehr aus Babylon berichtet.

Das Buch »Nehemia« freilich, wie es heute in der Bibel seinen Platz gefunden hat, gewinnt erst hundert Jahre später, um die Mitte des vierten Jahrhunderts vor Christi Geburt, seine endgültige Gestalt, und sein Verfasser ist uns unbekannt geblieben. Aber den Kern des Nehemia-Buches bilden Nehemias eigene Aufzeichnungen. Der spätere Autor hat sie lediglich erweitert, die Akten studiert, alte Dokumente verwertet, Listen beigezogen und, aufs ganze gesehen, eine saubere historische Arbeit geliefert.

Ist Nehemia der große Politiker, Organisator und Ordner der kommunalen Belange, so ist Esra der nicht minder bedeutende Neuordner der Religion. Esra ist der Mann, der dem Volke der Juden sein festgefügtes Gesetz gibt, jenes Gesetz, das bis auf den heutigen Tag Leben und Ritus im jüdischen Glaubensleben bestimmt. Er ist der erste Mann in der jüdischen Kultgemeinde von Jerusalem, der oberste Priester, der Schriftgelehrte in des Wortes bester Bedeutung. Sein offizieller Titel ist etwas lang, aber nichtsdestoweniger bezeichnend: »Schreiber und Wahrer des Gesetzes des Himmelsgottes«. Man würde heute dazu sagen »Referent für Kirchenfragen bei der persischen Regierung«. In der Tat ist der Perserkönig nach wie vor oberster Schirmherr auch in allen Glaubens- und Religionsfragen der Juden. Die Gerechtigkeit erfordert die Feststellung, daß die Juden, obgleich Vasallenvolk der Perser, dennoch vollen Schutz und großzügige Förderung durch ihr Herrenvolk genießen. Es ist dem Volke Israels nie zuvor unter der Oberherrschaft eines fremden Eroberervolkes so gut gegangen wie unter den Persern. Ja, man kann sagen, daß in jenen Jahren das Volk der Juden seine Existenz und sein ganzes politisches wie religiöses Leben eigentlich den Persern verdankt. Es ist dies vielleicht eines der wenigen Beispiele in der ganzen Menschheitsgeschichte, daß ein Volk, das sich als »Befreier« aufspielt, nicht zum neuen Unterdrücker wird.

Die Geburtsstunde des Judentums

Wie Nehemia, so gibt auch Esra seinen großen Rechenschaftsbericht. Auch dieser Bericht soll hundert Jahre später von dem Redakteur des Nehemia-Buches verarbeitet und der Nachwelt erhalten werden. Wie bei Nehemia finden wir Angaben über den Tempelbau und eine umfangreiche Liste der Heimkehrer aus dem Exil. Die ganze Form der Abfassung des Esra-Buches läßt erkennen, daß hier der hohe Verwaltungsbeamte spricht, der den Verlauf der Entwicklung von seiner exponierten Stellung aus verfolgt. Selbst aus dem, was Esra nicht sagt, lassen sich Schlüsse ziehen. An manchen Stellen nämlich schweigt er, und man darf mit Recht vermuten, daß hier Dinge geschahen, die ihm peinlich waren und nicht zu Ohren seiner vorgesetzten Behörde kommen sollten.

Übrigens sind Teile des Esra-Buches in Aramäisch abgefaßt, in jener Sprache, die sich immer mehr im kanaanäischen Lebensraum durchsetzt. Aber nicht der Wandel der Sprache ist das Entscheidende im ersten Jahrhundert nach dem Exil, sondern der Schritt vom Volk Israel zum Volk der Juden.

Esra »proklamiert« das Gesetz. Es ist kein neues, es fußt nach wie vor auf dem Gottesgesetz vom Sinai, aber Esra gibt diesem Gesetz seine eigene Bedeutung. Nicht mehr der Glaube an den alleinigen, barmherzigen Gott ist Mittelpunkt der Religion, sondern die peinliche Einhaltung des Gesetzes mit all seinen Klauseln und tausendfachen Regeln und Bestimmungen. Es leuchtet ein, daß unter diesem strengen dogmatischen Regiment die Priesterschaft zu einem bedeutenden Machtfaktor werden muß. Die Priester sind es, die darüber zu wachen haben, daß dieses allgewaltige Gesetz erfüllt wird. Sie beobachten mit einer ans Lächerliche grenzenden Pedanterie, ob die Sabbatruhe eingehalten wird, ob die vorgeschriebenen Gebete verrichtet werden, ob die festgesetzten Feiertage in der genau festgelegten Form begangen werden, und tausend Dinge mehr. Vor allem achten sie darauf, daß ein Gebot nicht übertreten wird, ein Gebot, das Esra besonders am Herzen lag, das Verbot der Mischehe. Mit Esra bahnt sich die Entwicklung zur Kaste der Rabbiner an.

Zentrum der Religionsausübung ist Jerusalem, nur hier werden die Opfer dargebracht. In den übrigen Städten werden lediglich Synagogen errichtet. Nicht mehr die Zugehörigkeit zum Stamme Juda, nicht mehr die Tatsache gemeinsamer Abstammung ist das ausschlaggebende, zusammenklammernde Moment für die politische und religiöse Einheit, sondern die Zugehörigkeit zur jüdischen Kultgemeinde. Dieser Gemeinde kann man – auch das ist neu – »beitreten«. Man kann »zum Judentum übertreten«, gleich, ob man vom Stamme Juda ist oder nicht. Das Volk Israel ist nicht mehr. Das Königreich Juda ist tot. An seiner Stelle steht die jüdische Gemeinde. Das ist die Geburtsstunde des Judentums.

Alte Thora-Rolle. Bis auf den heutigen Tag muß der Text der Thora auf Pergament in Rollenform geschrieben werden. So verlangen es die Kultgesetze der Juden.

Das Positive an dieser strengen Priesterherrschaft ist der Umstand, daß man mehr und sorgfältiger als je zuvor die alten heiligen Schriften studiert. Und so kommt es, daß in den Jahrhunderten nach dem Exil nicht nur die neuen Bücher Nehemias und Esras entstehen, daß man nicht nur den Psalter vervollständigt und den alten Gesängen Davids neue Psalmen zufügt, daß nicht nur die beiden grandiosen, an Tiefe und Schönheit einmaligen Dichtungen des Buches Hiob und des Hohenliedes entstehen, daß man nicht nur in den Büchern der Chronik aufs neue der großen Zeit unter David gedenkt, sondern daß man sich zur letzten und umfassendsten Endredaktion des Pentateuch anschickt. Der Pentateuch, jetzt auch »Thora« genannt, das ist das eigentliche »Gesetz«, das es aufs sorgfältigste zu durchforschen gilt. Immer wieder wird es durchgearbeitet, immer wieder werden Vergleiche gezogen, Generationen von Priestern und Schriftgelehrten brüten über den heiligen Schriften, studieren sie, legen sie aus, ergänzen oder scheiden Zweifelhaftes aus. Es ist ein gewaltiges Werk, und die heutige Wissenschaft weiß, was sie jenen Männern zu verdanken hat.

Als kostbaren Schatz hüten alle Synagogen ihre Thora-Rollen, durch Thora-Mäntel geschützt, in besonderen Schreinen.

Um diese Zeit ist der Kanon des Pentateuch endgültig abgeschlossen. Fast tausend Jahre sind vergangen, seit man die ersten, bruchstückhaften Aufzeichnungen auf den Ton der Ostraka schrieb. Jetzt besitzt bereits jede Synagoge sorgfältige Pergament-Abschriften des Gesetzes, der vollständigen Thora. Der erste Schritt ist getan zum Gesamtwerk der Bibel.

Um die gleiche Zeit bricht das Perserreich zusammen. Von Norden her, aus dem europäischen Raum, marschiert der große Alexander in Kleinasien ein, in Ägypten, in Mesopotamien, in Palästina.

Heerführer, Staatsmänner und Politiker haben von jeher eine Vorliebe dafür gehabt, sich als »größter Feldherr aller Zeiten« zu bezeichnen. Alexander war es vielleicht wirklich. Dennoch vollendet sich sein Leben mit 33 Jahren. Er stirbt, nachdem er die halbe Welt erobert hat, im Jahre 323 in Babylon, das er zur Hauptstadt seines Riesenreiches machen wollte. Nach seinem Tode beginnen die Machtkämpfe seiner Nachfolger, der »Diadochen«, und während im Norden die Seleukiden die Herrschaft an sich reißen, regieren im Süden, vor allem in Ägypten, die Ptolemäer. Wieder bekommen die Juden neue Herren.

Alexander der Große – hier auf einer mazedonischen Silbermünze abgebildet – gründete das nach ihm benannte Alexandria, ein Kulturzentrum ersten Ranges.

Der Schriftgelehrte Esra.
Darstellung aus einer englischen Bibel (um 800 n. Chr.).

Die Ptolemäer haben ihren Regierungssitz in Alexandria, einer Stadt in Unterägypten, die von Alexander selbst gegründet wurde. 150000 Griechen leben hier, dazu zahlreiche Ägypter, Semiten, Afrikaner, Parther. Alexandria ist Hauptstadt und wird zum geistigen Mittelpunkt der südlichen Welt, so wie es etwa Athen und später Rom in Mitteleuropa werden sollen. Hier entsteht das »Museion«, eine Art Akademie mit umfassender Bibliothek, hier lehren und wirken die großen Naturphilosophen und Naturwissenschaftler, die Mathematiker und Philologen: Apollonius und Eratosthenes, Euklid und Archimedes, Herophilos und Erasistratos, Theokrit und Zenodot. Hier schaffen Dichter und Bildhauer. Alexandria, das ist der Inbegriff glänzender Gelehrsamkeit, höchster Kultur, geschliffener Geistigkeit. Hier blüht griechischer Geist. Und seltsam, gerade diese Stadt soll von größter Bedeutung für die Entwicklung der heiligen jüdischen Schriften werden, sie soll jenes Dokument hervorbringen, das zum Kernstück aller Bibelübersetzungen bis zum heutigen Tage wird: die Septuaginta.

Siebzig Männer in Klausur

Damit hat es folgende Bewandtnis: Alexander und nach ihm Ptolemäus denken demokratisch. Sie räumen in ihrer Stadt Alexandria jedem Einwohner das gleiche Bürgerrecht ein und sind besonders den Juden gewogen. Das hat zur Folge, daß sich in Alexandria bald eine starke jüdische Kolonie bildet, zugleich eine jüdische Kultgemeinde, die streng nach Esras Gesetz zu leben bestrebt ist. Sie baut eine Synagoge und hält ihre vorgeschriebenen kirchlichen Feiertage, immer bemüht, dem Gesetz Genüge zu tun. Aber der griechische Einfluß ist übermächtig, und das erste, das diese Juden in Alexandria verlernen, ist ihre Sprache. Man hat sich daran gewöhnt, in dieser Griechenstadt griechisch zu sprechen. Man versteht die Thora, die heilige Schrift, und ihr Hebräisch nicht mehr. So wächst der Wunsch, die Gesetzesschriften ins Griechische zu übersetzen.

Die Bedeutung dieser Übersetzung wird bereits in damaliger Zeit in ihrem vollen Umfang erkannt. Das läßt sich schon aus der Tatsache schließen, daß es ein eigenes Buch über die Geschichte der Übersetzung des Pentateuch ins Griechische gibt, den fiktiven Aristeas-Brief. Da schildert ein gewisser Aristeas von Alexandrien, wie König Ptolemäus II. selbst den Anstoß zu dieser Übersetzung gegeben habe, weil es ihn schmerzte, daß seine gewaltige Bibliothek nicht ganz vollständig sei. Er habe darum 70 jüdische Gelehrte, genau genommen sollen es sogar 72 gewesen sein, zusammenrufen lassen und sie am Gestade des Meeres auf der Insel Pharos in ein Kloster gesteckt, wo sie, jeder für sich, an die Arbeit gehen sollten. In aller Stille hätten sie dort in 72 Tagen das Übersetzungswerk vollbracht und hernach eine gemeinsame endgültige Fassung ausgearbeitet. Diese Fassung wird zunächst der jüdischen Gemeinde vorgelesen und von ihr als fromm, schön und ganz genau bezeichnet. Erst dann wird sie dem König übergeben. Diese Erzählung wird von späteren Geschichtsschreibern weiter ausgesponnen.

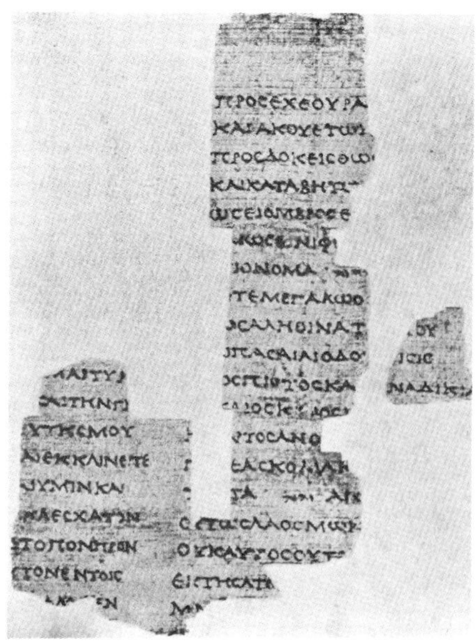

Einer der ältesten Papyri mit einem Textstück der Septuaginta, aus dem 1. oder 2. Jahrhundert v. Chr.

So stellt Philo den Vorgang so dar, als habe jeder der Gelehrten in seiner Zelle für sich allein die Übersetzung angefertigt, und als man dann die 72 Übertragungen verglich, da stimmten sie wörtlich überein. So penibel hätten die gelehrten Männer gearbeitet!
In Wahrheit dürfte sich der Vorgang so abgespielt haben, daß die wenigen alexandrinischen Schriftgelehrten, die noch der hebräischen Sprache mächtig waren, die Thora für ihre Gemeinde ins Griechische übertrugen. Immerhin haben diese Männer, die zweifellos in aller Stille und ohne Geschrei gearbeitet haben, ein bewundernswert exaktes und präzises Werk geliefert. Man erinnere sich: Das Hebräische kennt nur die Schrift in Konsonanten. Die Vokale a, e, i, o, u müssen vom Leser sinngemäß ergänzt werden. Im Griechischen dagegen werden die Worte voll ausgeschrieben, mit Konsonant und Vokal, und damit werden tausend Fehlerquellen ausgeschieden. Jene jüdischen Gelehrten sprachen das Hebräische noch als ihre Muttersprache und als die heilige Sprache ihres Gottesdienstes. Sie dürfen noch heute als Experten gelten, und ihre Übersetzung verdient volles Vertrauen, auch da, wo ein Gelehrter des zwanzigsten Jahrhunderts vielleicht die Waffen strecken müßte.
Immerhin hat sich von der rührenden Erzählung des Aristeas die damalige Welt so nachhaltig beeinflussen lassen, daß man den Namen dieser ersten griechischen Übersetzung von jenen sagenhaften siebzig jüdischen Gelehrten herleitet. Man nennt die griechische Thora schlicht »Die Siebzig«, lateinisch »Septuaginta«.
Während so die erste Übersetzung des jüdischen Gesetzes außerhalb des eigentlichen jüdischen Stammesraumes vor sich geht, entstehen in Palästina selbst weitere Schriften, so das Buch Esther, ein sehr lebendig geschriebener historischer Bericht, und das Buch Daniel, in dem noch einmal die schreckliche Zeit des Exils lebendig wird.
Dann treten wieder geschichtliche Ereignisse ein, die Gestalt und Inhalt der heiligen Schriften bestimmend beeinflussen.

Der Freiheitskampf der Makkabäer

Um das Jahr 198 stoßen die Seleukiden aus dem Norden vor und entreißen Palästina den Ptolemäern. Während Ptolemäus die Juden als durchaus gleichberechtigt ansah und mit hoher Wahrscheinlichkeit ihre Schriften kannte und schätzte, beginnt mit dem Einfall der Truppen Antiochus III. aus dem Hause der Seleukiden eine neue Leidenszeit für Palästina. Antiochus hat wenig Verständnis für jüdische Eigenart, jüdische Lebensform und jüdische Religion. Er findet einen Grund, in Jerusalem einzumarschieren, und es beginnen unfaßbare Greuel. Der Tempel wird aufs ärgste geschändet, das gesamte Tempelgut beschlagnahmt und entführt, die heiligen Schriften werden verbrannt, und schließlich wird der Jahwe-Kult für ungesetzlich erklärt und die Verehrung des griechischen Gottes Zeus angeordnet.
Da geschieht das Unglaubliche: Das kleine jüdische Volk, das weder Freiheit noch Macht, weder politischen Einfluß noch militärische Mittel besitzt, erhebt sich wider die syrische Herrschaft. Die Schändung seiner heiligsten Traditionen, seines Glaubens, seiner Schriften, entfacht die Flamme des Aufruhrs. 166 vor Christus bricht der Aufstand los, angezettelt von dem Landpriester Mattathias, vollendet von seinem Sohn Judas mit dem Beinamen Makkabäus.
Judas Makkabäus wird zum Befreier seines Volkes. Bereits zwei Jahre nach seinem Aufstand wird im jüdischen Volke der Jahwe-Kult wiederhergestellt. Die kurze Episode des Zeus Olympios im Tempel Jahwes ist zu Ende. Doch die Kämpfe reißen nicht ab. Ströme von Blut fließen, innere Wirren zerreißen das jüdische Volk, aber seinen Glauben hat es gerettet.
Judas fällt im Jahre 160, seine Brüder setzen sein Werk fort, und so beginnt in Palästina die – oft erschütterte – Herrschaft der jüdischen Makkabäer, oder, wie sie sich auf hebräisch nennen, der »Hasmonäer«. Es ist zugleich die letzte Epoche in der Geschichte des jüdischen Volkes, in der Juden die Regierung in Händen haben, freilich eine fragwürdige Regierung, denn die großen

Geschicke werden nicht mehr von den Völkern Palästinas, Ägyptens oder Syriens bestimmt. Das Zentrum der Geschichte ist abgewandert nach Norden. In Griechenland und in Rom wird auch über das Geschick der Menschen von Judäa bestimmt. Und Rom ist es schließlich, das dem jüdischen Volk den Todesstoß versetzt. Im Jahre 37 vor Christi Geburt wird unter dem römischen Konsul Marc Antonius das Geschlecht der Makkabäer ausgerottet. Der letzte Sproß dieses Herrscherhauses, dessen Könige zugleich Priester waren und dessen ganze politische Existenz aufs engste mit den religiösen Anliegen verknüpft war, heißt Mattathias, so wie der erste, wie jener Priester, der gegen Griechenland aufstand.

Römische Kriegsbeute aus dem Tempel von Jerusalem (vom Titusbogen in Rom).

Diese Zeit der Makkabäer ist nicht nur politisch wirr und zerrissen, auch im Innern des jüdischen Volkes machen sich Spannungen bemerkbar, Spannungen vorwiegend religiöser Natur, so wie alle Vorgänge innerhalb des Judentums auf religiösen Ursprung zurückzuführen sind seit den Tagen Esras.

Neben den Vertretern des starren Gesetzesglaubens, den Pharisäern, wie sie sich nun nennen, bildet sich eine zweite geistige Führungsschicht, die der Sadduzäer. Es sind dies jene Schriftgelehrten, die stark unter griechischen Einfluß gerieten und hellenistisches Gedankengut in ihren Jahwe-Glauben mischen. Es sind gleichsam die »liberalen Elemente« innerhalb des Judentums. Und wie in allen Zeiten religiöser Auseinandersetzung, blüht zugleich auch das Sektenwesen auf. Aus dieser Zeit erfahren wir zum erstenmal von jüdischen Sekten, den »Söhnen des Lichts« etwa oder den »Essenern«. Es sind Menschen, die sich nicht zufriedengeben mit der Gesetzesreligion der Pharisäer und die zugleich voller Abscheu die Griechentümelei der Liberalen von sich weisen. So ziehen sie sich zurück, leben ihr eigenes Leben, als Einsiedler oder in der Gemeinschaft eines stillen Klosters. Ihr Einfluß ist gering, von ihren Schriften jedoch ist vieles erhalten.

Was an sonstigen, gleichsam »offiziellen Schriften« aus jener Zeit von größter Bedeutung ist, das sind die beiden Bücher der Makkabäer, in denen die Kämpfe um Freiheit und Glauben geschildert werden. Das sind zugleich die letzten Schriften, die unmittelbar von den geschichtlichen Ereignissen beeinflußt werden. Zwar erscheint in diesen Jahren auch das Buch von »Susanne, Bel und dem Drachen zu Babel«, das »Gebet Asarjas«, »Der Gesang der Männer im Feuerofen« und eine Fülle weiterer Schriften

und Bücher, die man später als »Apokryphen« nicht in den jüdischen Kanon der Bibel aufgenommen hat, aber eigentlich historisch bedingte und historisch bezogene Schriften sind das nicht mehr.
Die Literatur der Juden hat sich von der Geschichte gelöst, sie ist eigenständig geworden, hat Allgemeingültigkeit bekommen über die Grenzen Israels, Palästinas oder Judäas hinaus. Die heiligen Schriften werden zur Heiligen Schrift, zur Bibel.

Das Alte Testament

Seit dem Tode des letzten Makkabäers wird nichts mehr geschrieben, was seinen Platz noch im Kanon der Bibel finden soll. Man sammelt, man sichtet, man schreibt ab, vervielfältigt, ordnet. Und im Jahre 90 nach Christus ist der Gesamtkomplex des Kanons des »Alten Testaments«, wie es die Christen nennen werden, endgültig abgeschlossen. 17 Geschichtsbücher enthält er, von dem 1. Buch Mose bis zum Buch Esther, fünf »Lehrbücher«, vom Buch Hiob bis zum Hohenlied, und 17 prophetische Bücher von Jesaja bis Maleachi. Hinzu kommen die Bücher der Makkabäer, die Weisheit Salomos und ein Buch von Jesus Sirach, die nach evangelischer Auffassung zu den »Apokryphen«, zu den außerkanonischen Schriften rechnen. Ein gewaltiges Werk. Ein Werk, wie es die Geschichte der Menschheit nicht zum zweitenmal zu verzeichnen hat. Ein Buch, gewachsen über tausend Jahre hinweg, von Hunderten geschrieben, von Tausenden überarbeitet, von Millionen gelesen. Und dennoch wäre dieses imposante Werk nie zu dem geworden, was es ist, wenn nicht ein Ereignis eingetreten wäre, ein Geschehen, das die Welt verwandeln sollte, ein Einschnitt gleichsam in der Geschichte der Menschheit: die Geburt Jesu Christi, des Erlösers.

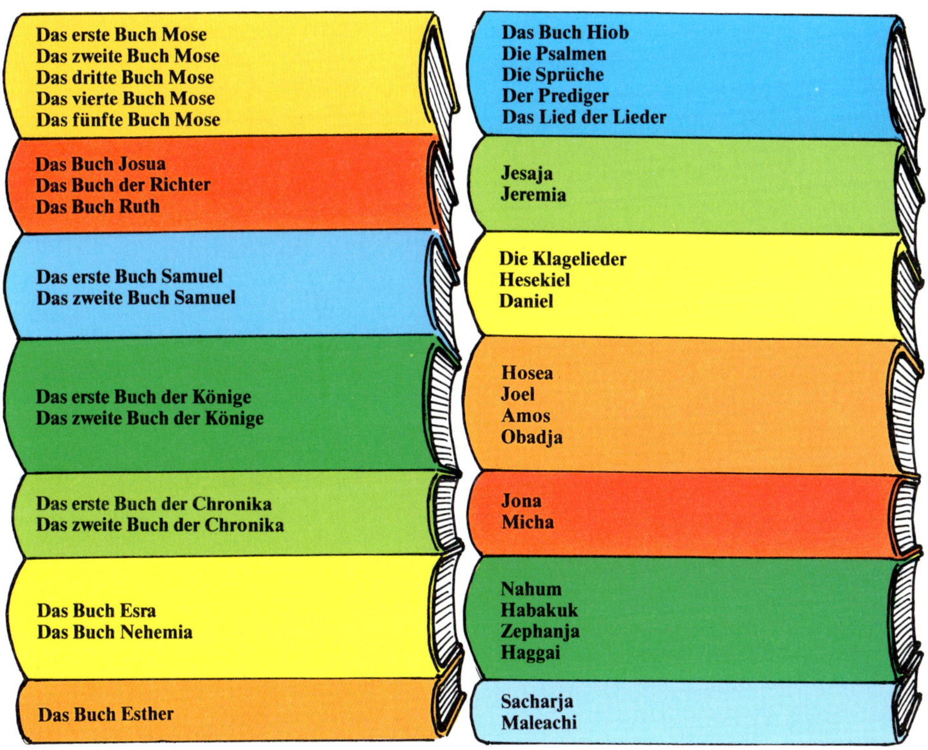

Der neue Bund

Ein Abt verrechnet sich

»... und dreiunddreißig Jahr' im Fleisch auf Erden war.« So heißt es in einem katholischen Kirchenlied, und gemeint ist Jesus Christus von Nazareth. Die Behauptung, daß Jesus nur dreiunddreißig Jahre alt geworden sei, hat sich merkwürdigerweise viele Jahrthunderte hindurch gehalten, obwohl man es seit der Zeit Keplers hätte besser wissen müssen; denn diese Behauptung ist falsch. Als Todesjahr Jesu kann mit einiger Gewißheit das Jahr 30 angegeben werden, und an dieser Gewißheit hat sich in 1900 Jahren nichts geändert. Aber als im Jahre 525 der Abt Dionysius Exiguus sich daranmacht, das Geburtsdatum Christi zu berechnen, da unterläuft ihm ein Fehler. Er irrt sich um sechs bis sieben Jahre und setzt das Geburtsjahr zu spät an. Dennoch wird seine Rechnung Grundlage unserer ganzen Zeitrechnung, und so kommt es, daß im Jahre Null, in dem Jahre also, das wir als Christi Geburtsjahr zu nennen gewohnt sind, Jesus in Wahrheit bereits sechs, wenn nicht gar sieben Jahre alt ist. Schlüssige Beweise anhand historischer Daten, wie etwa der Regierungszeit des Kaisers Augustus, der Anwesenheit des »Landpflegers« Cyrenius in Palästina oder der Lebensdauer des Königs Herodes, werden erst im vorigen Jahrhundert gefunden. Aber schon im Jahre 1603 errechnet der kaiserliche Hofastronom und spätere Gefolgsmann Wallensteins, Johannes Kepler, daß der »Stern der Weisen aus dem Morgenlande«, jener »Stern von Bethlehem«, der die Geburt des Erlösers anzeigen sollte, nichts anderes gewesen sein kann als eine Begegnung der beiden hellsten nächtlichen Planeten: Jupiter und Saturn. Eine solche Begegnung aber fand statt im Jahre 7 vor unserer Zeitrechnung. Das – so schloß Kepler – mußte das Geburtsjahr des Herrn sein. Er hatte recht, aber sein Wissen ging verloren, und erst unser Jahrhundert hat es erneut gewonnen.

Beweise aus der Geschichte, Beweise aus der Astronomie und Mathematik. Warum keine Beweise aus der Bibel selbst, warum keine konkreten Angaben in den Evangelien?

Bereits hier, in den ersten Kapiteln des Neuen Testamentes, in den Berichten von der Geburt Jesu, stoßen wir auf die Tatsache, daß der Ablauf der Geschichte mit Zahlen, Daten, Namen, Ereignissen keine Rolle für die spielt, die ihre Berichte aufschreiben. Im ganzen Neuen Testament findet sich mit Ausnahme der Apostelgeschichte, die allein den Geschichtsbüchern des Alten Testamentes vergleichbar ist, kaum einmal eine konkrete historische Angabe. In den vier Evangelien ist nur zweimal von geschichtlichen Ereignissen und Personen die Rede, eben bei der Geburt Jesu von Augustus und Cyrenius und von der Volkszählung und bei der Kreuzigung von Pontius Pilatus. Im übrigen geht es nicht um die Kunde von jenem Mann, der als Erlöser in die Welt kam, es geht allein um sein Wort und sein Werk, und es geht allein um das

Phänomen, das am treffendsten als das »Christus-Ereignis« zu fassen ist.

Ist das Alte Testament und seine Entstehung nicht ohne gleichzeitige Beobachtung der Geschichte der damaligen Welt zu verstehen, so ist die Weltgeschichte nur noch von geringem Interesse für den, der auf den Spuren des Neuen Testamentes fortschreitet. Waren die Bücher des Alten Testaments vielfach echte Geschichtsschreibung, so sind die Bücher den Neuen Bundes gleichsam übergeschichtlich. Was hier geschieht und weitergegeben wird, gilt für alle Welt und für alle Zeiten.

Während das Alte Testament eine Zeitspanne von mehr als tausend Jahren umgreift, tausend Jahre mit all ihren gewaltigen historischen Umwälzungen, mit hundert Völkern und tausend Herrschern, mit Kriegen und Leiden ohne Zahl, mit aufsteigenden und versinkenden Kulturen, so umfaßt das Neue Testament den Zeitraum von wesentlich weniger als hundert Jahren. Und in diesen Jahren geschieht nicht einmal viel. Nur einen Herrn gibt es in dieser Zeit: Rom. Römisches Wesen, römisches Denken, römische Macht prägen die Zeit. Alles, was da lebt, lebt im Schatten Roms.

Im Schatten Roms lebte und starb auch Jesus Christus, und das Licht, das er in die Welt gebracht hat, drohte mehr als einmal von diesem Schatten verschluckt zu werden. Aber dies allein, und nur dies eine knüpft die Beziehung zur Geschichte. Alles andere ist Dokument ewiger Gültigkeit, unabhängig von Zeit und Raum, unabhängig von allem, was menschlich ist.

So kommt es, daß die erste Zeile, die von allen Dokumenten des Neuen Testamentes niedergeschrieben wird, nicht in einer feierlichen Chronik steht, sondern in einem Brief. In einem ganz gewöhnlichen Brief sogar; nicht in einem jener Briefe, wie sie von Schriftstellern gern erfunden werden, um einen spröden Stoff gefällig anzubieten, sondern in einem echten Brief, einem Schreiben, das abgefaßt wird, um irgendeinem entfernten Menschen eine Mitteilung zu machen. Und diese erste Zeile lautet: »Paulus, Silvanus und Timotheus an die Gemeinde der Thessalonicher in Gott, dem Vater, und im Herrn Jesus Christus. Gnade werde euch zuteil und Friede!«

Eine gewöhnliche Anrede, die nichts anderes bezeichnen will als Absender und Empfänger, und ein ganz gewöhnlicher Gruß, so wie er in jener Zeit üblich ist. Und doch nichts Geringeres als die erste Zeile im ersten Dokument des Neuen Testamentes, im ersten Brief des Paulus an die Thessalonicher. Geschrieben wird dieses Dokument im Jahre 51 nach der Zeitwende, ungefähr 18 Jahre nach Jesu Tod.

Das Ende des Kolosser- und der Anfang des Thessalonicherbriefes des Paulus. Papyrusfragment des 3. Jahrhunderts.

18 Jahre ist es her, seit Jesus Christus den Kreuzestod gestorben ist. Längst ist die anfängliche ratlose Verzweiflung seiner Jünger vorüber. Längst haben sie sich wieder gefangen, um nach der Erscheinung des Auferstandenen seinem Wort zu folgen und in die Welt hinauszugehen, um zu predigen und zu lehren, um zu bekehren und zu taufen. Aus den Jüngern sind die Apostel geworden, und hier und da, wie die ersten zarten grünen

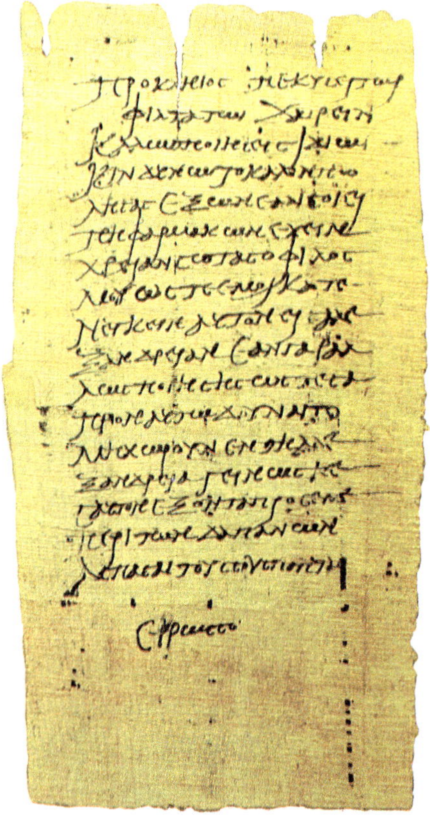

Ein typischer, in griechischer Kursivschrift geschriebener Brief aus dem 1. Jahrhundert.

Pflänzchen nach langer Winternacht, sprießen die ersten kleinen Gemeinden empor. Schon sind Jahre verflossen, seit jener Mann zu ihnen stieß, der sich nun Paulus nennt und von einem einstmals wütenden Christenhasser zum glühendsten Verehrer, zum wortgewaltigsten Prediger und zum bedeutendsten Lehrer und Deuter der Worte und des Werkes Christi wurde.

Dieser Paulus, der etwa um das Jahr 10 geboren sein mag und den Beruf eines Zeltmachers erlernte, ist stolz auf seine rein jüdische Herkunft. Er zeigt sich aber nicht unbewandert in der Kenntnis der griechischen Sprache und Schrift und auch der Philosophie der Griechen, besser des Hellenismus. Dieser Paulus geht auf Reisen. Er ist der erste große Missionar, der das Wort seines Herrn in die Welt hinausträgt. So führt ihn der Weg nach Cypern und Attalien, nach Tarsus, Iconium und Antiochia weit im Innern Kleinasiens, nach Troas, Philippi und Thessalonich an den Grenzen Makedoniens, nach Athen, Korinth, Kreta und Rom. Überall, wo er eine Stadt verläßt, bleiben Menschen zurück, die zu Anhängern der neuen Lehre, der Lehre vom Gottessohn Christus, geworden sind. Einige Gemeinden sehen ihn zwei- oder dreimal, andere haben nur einmal seine Worte gehört. Aber der Kontakt darf nicht abreißen, und so schreibt Paulus seine Briefe.

Paulus schreibt einen Brief

Er ist in Thessalonich gewesen, zusammen mit seinen beiden Begleitern Timotheus und Silvanus. Jetzt predigt er in Korinth. Da kommt ihm zu Ohren, daß es in der Thessalonicher Gemeinde zu Mißständen gekommen ist. Man verdächtigt die Apostel unlauterer Motive, man hegt Zweifel an dem Schicksal der Verstorbenen, und schließlich hat man allerlei Bedrückung und Verfolgung zu erleiden. So setzt Paulus sich hin und diktiert einem berufsmäßigen Schreiber einen Brief. Er erklärt, ermahnt, tröstet, aber immer denkt er dabei nur an die Gemeinde in Thessalonich. Er schreibt, beziehungsweise diktiert einen Brief an einen ganz bestimmten Empfänger. Nur zu ihm spricht er, nur seine Anliegen hat er im Auge. Er denkt nicht an Veröffentlichung dieses bestimmten Briefes, nicht an Vervielfältigung. Er ist kein Autor, kein Chronist und auch kein Schriftsteller. Er ist nur Briefschreiber, weiter nichts.

Überall da, wo man seinen Rat, seine Hilfe braucht, während er irgendwo auf einem fremden Missionsfeld predigt, schreibt er seine Briefe. Briefe, die noch heute, nach 1900 Jahren, zu dem Tiefsten und Bedeutsamsten zählen, was jemals nach den eigenen Worten Christi gesagt wurde.

Dem ersten Brief im Jahre 51 folgt ein Jahr später ein zweiter, und wohl noch in demselben Jahre, auf jeden Fall jedoch nur wenig später, ein dritter Brief, diesmal an die Gemeinden in Galatien. Dieser »Galaterbrief« ist von allen Schreiben des Paulus das geschlossenste. Heiliger Zorn und leidenschaftliches Feuer sprechen aus seinen Worten, mit denen er sich gegen persönliche Angriffe seiner Gegner wehrt und mit denen er seinen Anspruch verteidigt, unabhängig von allen anderen Menschen, seinen Weg als Apostel Jesu Christi zu gehen. Wie wenig die Briefe des Paulus ausgeklügelte und ausgefeilte Schriftstücke sind, zeigt gerade dieser Galaterbrief. Der Leser merkt, wie er im vierten Kapitel bereits zum Schluß kommen will. Er erinnert noch einmal an die »selige Zeit« des schönen Einverständnisses zwischen Apostel und Gemeinde und will mit einem versöhnlichen Wort schließen. Da fällt ihm noch etwas ein, und unvermittelt fährt er im Schreiben fort. Er erzählt ein Beispiel aus dem Alten Testament und legt die Geschichte von Abraham, Sara und der Hagar aus. Und

Der Apostel Paulus.
Mosaik in Ravenna, 6. Jahrhundert.

dann folgen nochmals – wie Hammerschläge – in knorriger, wuchtiger Sprache seine Ermahnungen: »Hütet euch vor Ehebruch, Hurerei, Unreinigkeit, Unzucht, vor Abgötterei, Zauberei, Neid, Feindschaft, Haß und Mord, vor Saufen, Fressen und dergleichen...« Das ist nicht die Sprache eines aalglatten Literaten und auch nicht die Sprache eines geschmeidigen Schriftstellers, der von vornherein auf weite Verbreitung seiner Werke zielt. Das ist die Sprache eines Mannes, der seinen Anbefohlenen aus der Situation heraus ungeschminkt und ungeschmälert die Wahrheit sagt, unbekümmert um das, was man darüber denken könnte.

Nicht weniger persönliche Züge tragen die beiden Korinther-Briefe, die Paulus im Jahre 57 schreibt. Er befindet sich in Ephesus, beziehungsweise schon auf der Reise nach Makedonien, als er von Zerwürfnissen der Gemeinde in Korinth erfährt, die er selbst vor wenigen Jahren gegründet hat. Dort haben sich verschiedene »Parteien« gebildet, die sich Anhänger des Paulus, Anhänger des Petrus oder Anhänger des Apollos nennen. Ein übler Fall von Blutschande ist dort vorgefallen, und sonderbare Ansichten haben sich eingenistet. So verteidigen einige die »freie Liebe«, und überhaupt herrscht größte Verwirrung in allen Fragen des Ehelebens und Eherechtes. Wieder muß Paulus Rat schaffen. Er nimmt zu allen Fragen Stellung, er bezieht einen klaren Standpunkt zu allen Unklarheiten, er ordnet, klärt, gibt Anweisungen und ermahnt immer wieder zur Eintracht. Gerade dieser erste Brief an die Korinther gibt wie kein anderer Aufschluß über die Verhältnisse in den ersten Christengemeinden mit all ihren Irrungen und Wirrungen, und er zeigt zugleich Paulus als einen Organisator von Format. Welche Überzeugungskraft muß in diesem Manne, in diesem kleinen, schwächlichen Juden aus Tarsus, wohnen, der sein Werk immer wieder gefährdet sieht und dennoch keinen Augenblick den Mut verliert, sondern mit unendlicher Geduld immer wieder die abirrenden Anhänger auf den fest abgegrenzten Weg zurückruft. Die Briefe des Paulus enthüllen in dem Schreiber eine Persönlichkeit von ungeheurer Energie, gepaart mit Klugheit und Güte, einen Mann von rastlosem Eifer bei Schärfe des Geistes und gedanklicher Tiefe.

Paulus geht nach Rom

Nur einmal droht er angesichts der unaufhörlichen persönlichen Kränkungen seitens der Korinther-Gemeinde den Mut zu verlieren. Seinen zweiten Korinther-Brief schreibt er – wie er selber sagt – unter »vielen Tränen und in schwerer Bedrängnis des Herzens«. Wieder wird deutlich, wie er ganz aus dem Augenblick heraus seine Worte setzt. Leidenschaftlich und aufs heftigste verteidigt er sich gegen alle Angriffe und Vorwürfe, um dann beim Schreiben oder Diktieren ruhiger zu werden und sachliche Anweisungen zu geben, etwa zu einer Geldsammlung, die sein Freund und Genosse Titus für Jerusalem durchführen soll. Dann aber bricht plötzlich und überraschend sein ganzer Zorn wieder hervor und entlädt sich in unglaublich scharfer Weise über seine Gegner. Bitterkeit spricht aus seinen Worten, als er der undankbaren Gemeinde aufzählt, welche Leiden er freiwillig auf sich genommen hat: Ich habe gearbeitet, habe Schläge erlitten, war mehrere Male gefangengesetzt und in Todesnöten. Ich bin fünfmal geschlagen worden, ich bin dreimal gestäupt worden, ich bin einmal gesteinigt worden. Dreimal habe ich Schiffbruch erlitten, ich war in Gefahr durch Flüsse, in Gefahr durch Mörder, in Gefahr unter den Juden und in Gefahr unter den Heiden, in Gefahr in den Städten, in Gefahr in der Wüste und in Gefahr auf dem Meere. Mein Leben war Mühe und Arbeit in Nachtwachen, Hunger und Durst, in Fasten, Frost und Blöße! Wie an keiner anderen Stelle öffnet der Apostel sein Herz. Dieser zweite Brief an die Gemeinde in Korinth ist der persönlichste, ja intimste aller Briefe. Und er tut seine Wirkung. Erschrocken über die leidenschaftlichen Ausbrüche ihres Lehrers kommt die abtrünnige Gemeinde zur Besinnung. Als Paulus im Jahre 58 selbst nach Korinth kommt, bleibt ihm nur noch ein abschließendes Ordnungswerk. Dafür spielt er bereits mit dem Gedan-

ken, nach Rom zu reisen. Dort existiert schon eine nicht unbedeutende Gemeinde, von der wir nicht wissen, wie sie zustande kam und wer sie gründete. Paulus schreibt auch an sie, und dieser Brief an die Römer ist in allen Teilen den Korintherbriefen entgegengesetzt. Man hat ihn den »unbrieflichsten« Brief genannt. Er trägt die Züge klaren Aufbaues und überlegter Darstellung des ganzen christlichen Glaubensinhaltes.
Tatsächlich setzt Paulus nicht lange danach seinen Fuß auf den Boden Roms, aber nicht als freier Mann, nicht als reisender Missionar, sondern als Gefangener. Dennoch ruht er auch in der Gefangenschaft nicht. Aus seiner Zelle finden vier Briefe ihren Weg an die Empfänger. Aus dem Gefängnis in Rom schreibt er an die Kolosser und die Epheser, an die Philipper und an seinen Freund Philemon in Kolossä, der eine kleine Hausgemeinde um sich gesammelt hat.
Nach seiner Befreiung soll Paulus nochmals auf Missionsreise gegangen sein, andere Quellen wieder deuten darauf hin, daß er bis zu seiner erneuten Inhaftierung unter Polizeiaufsicht stand. Genaues ist nicht überliefert. Ebenso werden verschiedentlich Zweifel geäußert, ob Paulus wirklich als Verfasser der Briefe an die Hebräer, an Titus und Timotheus zu gelten habe. Der Kirchenvater Origenes sagt selbst im Jahre 254, als man ihn nach dem Verfasser des Hebräerbriefes fragt: »Gott weiß es.«
Zu vieles ist ungewiß, zu lückenhaft sind die Überlieferungen. Nicht einmal das Todesjahr des Paulus ist auf uns gekommen. Wir wissen nur eines: Im Zuge der Christenverfolgung unter Kaiser Nero findet auch dieser größte und bedeutendste Zeuge Jesu Christi sein Ende. Er wird in Rom mit dem Schwert hingerichtet.

Briefe werden Heilige Schrift

Wie Paulus der bedeutendste Verkünder des Evangeliums ist, so sind auch seine Briefe von hervorragender Bedeutung vor allen anderen. Schon die Urkirche unterscheidet zwischen ihnen und den sogenannten »katholischen Briefen«, als deren Verfasser die Namen eines Petrus, Jakobus, Johannes und Judas angegeben werden. Keiner dieser Briefe ist älteren Datums als die des Paulus, und wohl keiner erreicht ihre sprachliche Wucht, ihre gedankliche Tiefe und ihre klare Schönheit. Einer der letzten Briefe, der seinen Platz im Neuen Testament finden soll, ist die »dritte Epistel des Johannes«, ein kurzes Schreiben des »Ältesten« Johannes an seinen Freund Gajus, von dem wir nicht wissen, in welcher Stadt und in welchem Lande er gewohnt hat. Geschrieben wurde der Brief mit hoher Wahrscheinlichkeit in Ephesus, aber schon bei der Frage, ob der Verfasser des dritten Johannesbriefes auch den ersten geschrieben hat, stellen sich Unsicherheiten ein. Anzunehmen ist, daß diese Epistel zwischen den Jahren 70 und 100 nach Christi Geburt abgefaßt wird. Um die gleiche Zeit etwa mag auch der zweite Petrusbrief entstanden sein.

Gerollter und außen versiegelter Papyrusbrief

Aber all die Unsicherheiten sind ohne großen Belang und allenfalls für den Forscher von Bedeutung. Nicht der Schreiber will in den Vordergrund treten, sondern es geht allen – dem Paulus so gut wie dem Johannes – allein um das, was sie zu verkünden haben. Die jeweiligen Empfänger dieser Briefe haben ihre Verfasser gekannt, hatten ein persönliches Verhältnis zu ihnen. Für uns Nachgeborene ist die Person jener Schreiber nur mehr von historischem Interesse. Wert hat für uns allein ihr Wort, ihr Zeugnis für ihren Herrn Jesus Christus von Nazareth. Und dieses Wort ist auf uns gekommen so, wie jene Männer es vor 1900 Jahren niedergeschrieben haben.
Äußerlich zeigen alle Briefe der Apostel das gleiche Gesicht: Sie sind mit der Rohrfeder auf Papyrus geschrieben, in einigen Fällen

FRS·VER Ē·DICO

vielleicht auch auf Pergament. Von Paulus wissen wir, daß er meist einem Schreiber diktiert, vielleicht einem Stenographen, der sich mit Briefeschreiben sein Geld verdient. Nur einmal greift Paulus selbst zur Feder: im Brief an die Galater. Dann wird das Schreiben säuberlich gerollt, in eine Kapsel gesteckt und auf die Reise geschickt. Auf den Straßen, die von griechischen Eroberern und römischen Cäsaren für ihre Feldzüge gebaut wurden, ziehen die Boten der Apostel und tragen das Wort des Friedens in die Welt hinaus.

Mit dem Augenblick, mit dem diese Briefe in die Hand ihrer Empfänger gelangen, beginnen sie ein geheimnisvolles, doch nichtsdestoweniger reges Eigenleben. Sie werden vor der Gemeinde verlesen, sie werden weitergegeben, wandern von Hand zu Hand, immer wieder gelesen und studiert und endlich abgeschrieben. Das Wort des Apostels, des großen Lehrers, ist das Kostbarste, was die Gemeinde in Händen halten kann. So wächst allerorten der Wunsch, eine Abschrift des Briefes zu besitzen. Es gibt oberflächliche Abschriften, in aller Eile angefertigt, lückenhaft und voller Fehler, und es gibt sorgfältige, peinlich wortgetreue Kopien. Hier schreibt einer der jungen Christen selbst beim Schein seiner Öllampe, mühsam und mit kratzender Feder, dort läßt ein Reicher seinen Schreiber die Zeilen setzen, kunstvoll in gezierter Schönschrift, schwungvoll und behende.

Wer nur annähernd die Situation der ersten Christengemeinden nachzuempfinden vermag, diesen Hunger und Durst nach dem neuen Wort, nach dieser alles revolutionierenden göttlichen Botschaft, der ahnt die unendliche Liebe und Sorgfalt, die man jedem geschriebenen Wort angedeihen läßt, das von Christus spricht. Wie Juwelen werden jene Briefe und jene Abschriften gehütet und bewahrt, und keine Zeit der Verfolgung kann sie zerstören.

Um so verwunderlicher erscheint es, daß dennoch Briefe verlorengingen, unwiederbringlich und endgültig. Was sie enthielten, wissen wir nicht, wir vermögen nur aus anderen Zeugnissen darauf zu schließen, daß sie da waren. So ist sicher, daß beispielsweise Paulus drei, wenn nicht gar vier Briefe nach Korinth schrieb. Aber nur zwei sind erhalten. Wie konnte das geschehen? Die Erklärung dürfte für die Gemeinde der Korinther peinlich sein. Manches deutet darauf hin, daß Paulus, der angesichts der fortwährenden Uneinigkeiten, Ungerechtigkeiten und Greuel in Korinth kein Blatt vor den Mund genommen hat, in den verlorenen Briefen noch ungleich schärfer mit den Korinthern ins Gericht ging. Noch schonungsloser wird er ihnen die Wahrheit gesagt, noch unnachsichtiger ihre Verfehlungen gegeißelt haben. Diese Briefe sind kein Ruhmesblatt in der Geschichte der Korinther-Gemeinde. Man liest sie, man erschrickt, man schämt sich und – man läßt sie verschwinden. Das dürfte wohl der Grund sein, daß von jenen Dokumenten, denen man sonst die höchste Ehrfurcht zollte, jede Spur fehlt.

Wie immer das Schicksal der verschollenen Schriften gewesen sein mag, für die auf uns gekommenen Briefe steht fest, daß sie aufhörten, im eigentlichen Sinne »Brief« zu sein. Sie werden Allgemeingut, verehrungswürdigstes Dokument, »heilige Schrift«. Was ursprünglich nur für einen bestimmten Empfänger gedacht ist, wird wertvollstes Gut aller.

Das ist der ursprüngliche Hauptunterschied zwischen den Apostelbriefen und den Evangelien, die parallel zu den Briefen entstehen.

»Herrenworte«

Diese Evangelien, im wesentlichen vier, sind von Anfang an dazu bestimmt, »Literatur« zu sein. Sie sollen gelesen und weitergegeben werden, sie sollen von vielen studiert, abgeschrieben, verbreitet werden; denn ihre Aufgabe ist es, Kunde zu geben vom Leben und Werk des Herrn. »Herrenworte« heißen sie darum, oder Evangelium, zu deutsch: gute Nachricht.

Wann das erste Evangelium geschrieben wurde, ist nicht sicher. Man darf annehmen, daß bereits um das Jahr 50 die ersten Auf-

Paulus und die Empfänger seiner Briefe. Vorgotische deutsche Buchmalerei aus dem 12. Jahrhundert.

zeichnungen von Worten und Reden Jesu stattfinden, und zwar aller Wahrscheinlichkeit nach in aramäischer Sprache, ganz im Gegensatz zu den Briefen, die sämtlich griechisch geschrieben sind. Immerhin ist auch das ziemlich spät. Etliche Jahre müssen nach dem Tode Jesu vergehen, bis man zum erstenmal die Geschichte des Erlösers aufzeichnet und seine Worte der Nachwelt zu erhalten bemüht ist. Der Grund dafür ist in der felsenfesten Überzeugung der ersten Christen vom nahen Weltende zu suchen. In buchstäblicher Auslegung des Christuswortes »Dieses Geschlecht wird nicht vergehen, bis all das (nämlich das Ende der Welt und die Wiederkunft des Herrn) geschehen wird«, nimmt man an, daß die derzeitige Generation gemeint sei. Man erwartet fieberhaft, mit sehnsüchtigem Verlangen die »Parusia«, die Wiederkunft des Herrn als Richter über alle Welt, und damit den Anbruch des Gottesreiches. Wozu angesichts solcher Erwartung für die Zukunft sorgen? Noch leben genügend Menschen, die Augenzeugen des Erdenwandels Jesu waren. Noch ist das Gedächtnis an Christus lebendig, noch predigen die Apostel, Petrus etwa oder Johannes oder Jakobus, Männer, die den Herrn selbst gesehen und gehört haben. Wozu aufschreiben?

Erst als die erwartete Rückkehr Christi als siegreicher Streiter für seine Gemeinde ausbleibt, als – im Gegenteil – Haß und Terror die Apostel verfolgen, als die Augen- und Ohrenzeugen auszusterben drohen, beginnt man, dem Gedächtnis nachzuhelfen. Und nun gehen kundige Männer daran, die Geschichte vom Leben und Erlösungswerk Jesu von Nazareth aufzuzeichnen.

Die erste dieser Geschichten, die uns vollständig überliefert ist, trägt den Namen ihres Verfassers Markus, und sie entsteht nach Meinung einiger Forscher frühestens um das Jahr 45. Markus ist Jude. In Jerusalem geboren und früh zum Christentum bekehrt, folgt er dem Apostel Petrus auf seiner Reise nach Rom, und hier geht er daran, aus eigenem Wissen, aus den Berichten Petri und anderen Quellen die Geschichte Jesu aufzuschreiben. Manche Forscher meinen, ihm liegen die Aufzeichnungen eines Mannes vor, der zum erstenmal die Herrenworte und Herrentaten festhält, und den man als den »hebräischen« oder »aramäischen Matthäus« bezeichnet. Markus selbst schreibt seinen Bericht kurz, knapp und klar. Und dabei betont er, daß Jesus von einem Geheimnis umgeben ist, das lange Zeit nicht einmal seine Jünger recht verstanden: Er ist der Messias, der von Gott versprochene Retter. Was bei Markus noch auffällt, ist die häufige Erwähnung des Petrus, aber das ist wenig verwunderlich; denn er hat bei Petrus gelernt und von Petrus viele Dinge gehört.

Eine Geburtsgeschichte weiß Markus nicht zu erzählen. Sein Bericht beginnt mit dem Auftreten Johannes des Täufers, folgt den Spuren Christi durch Galiläa, führt die bekanntesten Gleichnisse und Wunder Christi an, verweilt einen Augenblick bei dem Streit mit den Pharisäern und mündet in der Leidensgeschichte aus. Mit dem leeren Grab endet Markus. Das ist nach der heutigen Einteilung der 8. Vers im 16. Kapitel. Der Schluß, von Vers 9 bis 20, soll in späterer Zeit von einem Presbyter namens Aristion hinzuge-

Jedem Evangelisten ist seit alters ein Symbol zugeordnet, so dem Markus der Löwe. Holzschnitte von Lukas Cranach, 1522.

fügt worden sein. Er taucht erst in einer jüngeren Handschrift auf. Ursprünglich findet er sich nicht. Ob Markus allerdings mit diesem negativen Ausklang abbricht, ist mehr als fraglich. Wahrscheinlicher ist, daß der von ihm verfaßte Schluß auf ungeklärte Weise verlorengegangen ist.

Nur kurze Zeit später erscheint der zweite Herren-Bericht. Sein Verfasser ist Matthäus,

Der Evangelist Matthäus.
Sein Symbol: ein Engel in Menschengestalt.

im Gegensatz zum »aramäischen Matthäus« der »griechische Matthäus« genannt. Dessen ungeachtet ist Matthäus durchaus kein Grieche, er bedient sich lediglich dieser Weltsprache, um der weiten Verbreitung seines Werkes sicher zu sein. Seine Schrift gilt zunächst den Judenchristen; denn Jude ist auch er von Geburt.

Er schreibt weitläufiger als Markus. Seine Berichte sind ausführlicher, und er beginnt mit einem breit angelegten Stammbaum, dem Geschlechtsregister Jesu Christi. Auch berichtet er von der wunderbaren Geburt des Herrn und stellt vor allem in der »Bergpredigt« die machtvollen Herrenworte in besonderer Weise heraus. Im übrigen bringt seine Geschichte nur wenige Unterschiede zu Markus. Nur ist der originale Schluß dieses Evangeliums erhalten geblieben: der Bericht von der Auferstehung des Gekreuzigten.

Wo Matthäus seine Schrift abfaßt, ist nicht ganz sicher, wahrscheinlich lebt er in Syrien. Der Hauptzweck ist für ihn die Darstellung Christi als Erfüller des Gesetzes und zugleich wahren »Messias« der Juden.

Bleibt die Gestalt des Matthäus im Dunkeln, so ist der Verfasser des dritten Herren-Berichtes mit Namen Lukas bekannter. Lukas ist kein Jude, sondern ein zum Christentum bekehrter Heide, wahrscheinlich aus Kleinasien oder Griechenland, der den Apostel Paulus kennenlernt und ihn sogar auf einigen seiner Missionsreisen begleitet. Wie es heißt, ist Lukas von Beruf Arzt gewesen, zweifellos ist er ein Mann von Bildung, und er schreibt auch für die Gebildeten unter den Heiden, beziehungsweise Heidenchristen, wenn man den Begriff des »Heiden« im Gegensatz zum »Juden« gebrauchen will.

Lukas bringt als einziger etwas wie eine

Der Evangelist Lukas.
Sein Symbol ist der Stier.

persönliche Note in seinen Bericht. Er widmet ihn einem Freunde namens Theophilus, einem vornehmen und einflußreichen Römer, den er offenbar zum Christentum be-

In den Januarius-Katakomben von Neapel (um 400) befindet sich dieses Erinnerungsgemälde an eine Christin mit Namen Vitalia. Sie wird umrahmt von Codices der vier Evangelien (Lesezeichen hängen heraus!) und dem Christusmonogramm.

kehren möchte. So legt er das Hauptgewicht auf Christus als den Heiland aller Welt und Erlöser aller Menschen, und seine Darstellung ist bei aller Klarheit von dichterischer Schönheit. Allein seine Geburtsgeschichte, die bekannte »Weihnachtsgeschichte«, zeigt poetische Zartheit und machtvolle Kraft des Wortes.

Eng verknüpft mit seiner Herren-Erzählung ist ein zweiter Bericht, den er wenig später veröffentlicht: die Geschichte der Apostel. Diese Apostelgeschichte hat als einzige Schrift des Neuen Testaments Ähnlichkeit mit den historischen Büchern des Alten Bundes, obwohl auch sie nicht Historie, nicht Chronik im strengsten Sinne des Wortes sein will, sondern eher Deutung und Verkündigung. Doch selbst dabei zeigt sich fortwährend die persönliche Note des Autors. Er schreibt großenteils aus eigenem Erleben, und so gleichen seine Schilderungen einem spannenden Reisebericht.

»Wir kamen...«, schreibt Lukas, »wir sahen...« und »wir sprachen...« So vermittelt er den Eindruck unmittelbaren Mitschauens, Mitfreuens und Mitfürchtens.

Da ist der eindrucksvolle Bericht vom Pfingsterlebnis der Jünger und von der Gründung der Urgemeinde. Da sind die dramatischen Erlebnisse des Petrus, da ist die erschütternde Geschichte von jenem Saulus, der zum Paulus wird, und da sind schließlich die Reisen eben dieses Paulus, des eifrigsten Jesus-Verkünders in all ihrer Buntheit und zugleich all ihrer Gefährlichkeit. Der Leser wird unwillkürlich gepackt, mithineingezogen in das Geschehen und spürt erst am Ende des erregenden Berichtes, daß er völlig von der Kunst dieses großen Erzählertalentes gefangengenommen wurde. Lukas ist echter Schriftsteller.

Nur eines sagt er uns nicht: wann er seine Bücher geschrieben hat. Die Meinungen gehen auseinander. Einige sagen, das Lukas-Evangelium sei schon bald nach 70 entstanden, andere wieder nennen die Jahre 80 – 90, und dritte schließlich verweisen es ins Jahr 100 nach Christus. Dennoch ist Lukas nicht der letzte, der die Geschichte Jesu Christi aufzeichnet. Nach ihm kommt Johannes, und dieser Johannes schafft etwas völlig anderes als alle seine Vorgänger. Synoptiker nennt man in späterer Zeit die drei ersten Evangelisten wegen des im wesentlichen gleichlautenden Inhalts ihrer Berichte. Johannes steht allein da. Er ist Außenseiter, ein Besonderer.

Wer war Johannes?

»Im Anfang war der Logos...«, so beginnt Johannes, und Luther übersetzt später: »Im Anfang war das Wort, und das Wort war bei Gott, und Gott war das Wort...« Bereits durch diese ersten Sätze unterscheidet sich der Herren-Bericht des Johannes von allen übrigen. Er beginnt nicht unvermittelt wie Markus und nicht mit einer historischen Stammtafel wie Matthäus, sondern gleich-

Johannes in seinem Exil auf der Insel Patmos. Sein Symbol ist der Adler.
Aus einem französischen Stundenbuch des 16. Jahrhunderts. ▶

sam mit einer philosophischen Einleitung, mit der die Geschichte Jesu bis in die Ewigkeit, in den Uranfang aller Dinge, zurückversetzt wird. Allein der Gebrauch des Begriffes »Logos« könnte Johannes als einen

Mann ausweisen, dem die Philosophie seiner Zeit vertraut ist.
Man hat verschiedentlich Johannes als einen Judengegner dargestellt und ihm ausgeprägte Judenfeindschaft vorgeworfen. Der nüchternen Kritik haben solche Behauptungen nicht standhalten können, aber der Jude erscheint immerhin bei Johannes als der Typ des Menschen, der die Offenbarung Gottes von sich weist. Von hier aus ist vielleicht die Überlieferung zu verstehen, die behauptet, Johannes sei von den Juden

umgebracht worden. Aber gerade über das Leben dieses Johannes ist nichts Gewisses auszumachen.

War es Johannes, der Sohn des Zebedäus, einer der zwölf Jünger, derjenige, von dem es heißt, er sei Jesu Lieblingsjünger gewesen? Der Kirchenvater Irenäus behauptet jedenfalls: »Als letzter Evangelist hat Johannes, der Jünger des Herrn, der auch an seiner Brust lag, das Evangelium herausgegeben, als er sich im asiatischen Ephesus aufhielt.« Im Gegensatz dazu weiß ein anderer Kirchenvater, Eusebius, von dem »Presbyter Johannes« zu erzählen. Danach hat es zwei Männer gleichen Namens gegeben, von denen der erste jener Jünger, der zweite der Älteste einer Gemeinde in Kleinasien war. Welcher von beiden schrieb das Evangelium? Der Apostel kann es nicht gewesen sein, sagen die einen, er hätte an die hundert Jahre sein müssen, als er zur Feder griff, denn das Evangelium ist nicht vor 100 entstanden. Nur der Apostel Johannes kommt als Verfasser in Frage, sagen andere, nur er konnte aus eigenem Erleben einen solchen Bericht schreiben. Wie hätte der Apostel, ein einfacher, galiläischer Fischer, sich eine derartige philosophische Bildung aneignen können, wie sie der Evangelist an den Tag legt? Das ist ein anderes Gegenargument. Und man hält dagegen, daß im Evangelium selbst der Verfasser genannt ist. Im letzten Kapitel heißt es im vorletzten Vers: »Dies ist der Jünger, der dies bezeugt und geschrieben hat, und wir wissen, daß sein Zeugnis wahr ist.« – Und gerade hier liegt der Haken, argumentieren die Gegner der Apostel-Hypothese, denn gerade diese letzten Verse sind keinesfalls mehr von Johannes selbst geschrieben worden, sondern ein späterer Zusatz von einer Gruppe von Presbytern. Auf wen sonst sollte sich der Passus »wir wissen« beziehen!

Der Streit der Meinungen geht hin und her, und auf beiden Seiten geht die Zahl der Argu-

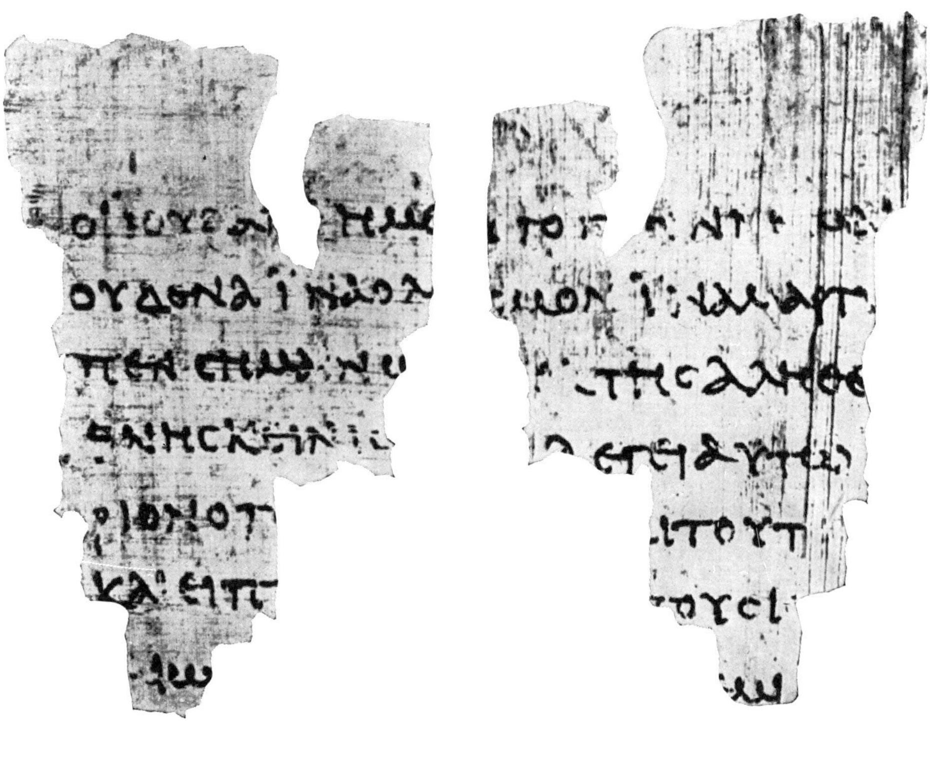

Eines der ältesten bisher aufgefundenen Stükke eines Textes aus dem Neuen Testament, ein Fragment einer in Ägypten gefundenen Abschrift des Johannesevangeliums (John Rylands Papyrus p 52, um 125 n. Chr.)

mente und »Beweise« in die Hunderte. Es ist weder Zweck noch Aufgabe dieses Buches, in die Tiefe theologischer Meinungsverschiedenheiten einzusteigen oder auch nur einen Überblick über alle Thesen und Antithesen, über Gründe und Gegengründe zu einem einzigen Fragezeichen zu geben. Die Zahl der Fragezeichen ist Legion, und wer eine Geschichte der theologischen Meinungsverschiedenheiten schreiben wollte, müßte viel Zeit, viel Geduld und viel Papier haben. Die schlüssige Antwort wird immer nur der Glaube geben können.

Immerhin scheint das Pendel im Meinungsstreit um die Verfasserschaft des Johannes-Evangeliums zugunsten des Apostels und Jüngers Christi auszuschlagen. Im Jahre 1934 wird ein winzig kleiner Fetzen Papyrus mit wenigen Worten aus dem Evangelium des Johannes gefunden, dessen Alter man mit großer Sicherheit ermitteln kann. Danach dürfte im Jahre 100 das Evangelium bereits existiert haben, und dann könnte auch der Jünger als Verfasser in Frage kommen.

Dieser Johannes nun schreibt neben seinem Herren-Bericht noch ein zweites Buch, das etwas völlig anderes darstellt: die Apokalypse.

Diese »Offenbarung des Johannes« ist das Buch eines Sehers, der uraltes jüdisches Gedankengut mit neuen Akzenten versieht und mit neuem Inhalt füllt. Der Seher beschreibt seine Visionen von Himmel und Hölle, von den Schrecken der Endzeit mit ihren Plagen und der grandiosen Schlacht zwischen dem Logos Gott und den Mächten der Finsternis, und er schließt mit dem großartigen Gesicht vom Jüngsten Gericht, vom Weltgericht, in dem die Menschheit, Lebende und Tote, vor den Thron Gottes gerufen werden, um ihr Urteil entgegenzunehmen.

Entstanden ist dieses farbenreiche Gemälde von Himmel und Erde, Zeit und Ewigkeit auf der Insel Patmos, auf die Johannes unter dem Kaiser Domitian verbannt worden war. Damit ist das letzte Glied in die Kette der neutestamentlichen Schriften eingefügt. Ein weitgespannter Bogen: von den sachlichen, zeit- und ortsgebundenen Briefen der Apostel über die inhaltsschweren Herren-Berichte der Evangelien und die Geschichte der Apostel bis zu diesem dunklen, von den zuckenden Blitzen des Weltendes schaurig erhellten apokalyptischen Gemälde des Johannes. Bald nach dem Jahre 100 ist der Ring geschlossen und das Werk des neutestamentlichen Schrifttums vollendet. Das ist zugleich der Zeitpunkt, zu dem der alttestamentliche Kanon seinen endgültigen Abschluß findet.

Apokalyptische Darstellung zur Offenbarung des Johannes, um 1200 n. Chr.

Die jungen Christengemeinden haben sich längst die alttestamentlichen Schriften von den Gesetzesbüchern über die Propheten bis zu den Geschichtsbüchern zueigen gemacht. Jesus selbst fußt auf »Gesetz und Propheten«, die Apostel zitieren und erwähnen die uralten heiligen Schriften der Juden und helfen zu ihrer Ausdeutung. Die Christengemeinde studiert jene Papyri und Pergamente aus den Synagogen, weil sie darin nach dem Wort Gottes forscht, nach Hinweisen sucht, die den Messias ankündigen, und so den roten Faden abwickelt, der sich durch alle Schriften zieht, von der Schöpfung der Welt im ersten Buch Mose bis zum Ende der Tage in der Johannes-Offenbarung. Dieser rote Faden ist das Zeugnis vom Handeln Gottes an der Menschheit, das im Opfer seines Sohnes Jesus gipfelt und das fortwirken soll bis zum Jüngsten Gericht. Das ist der Sinn der Heiligen Schrift für die ersten Christengemeinden, und es ist noch heute der Sinn für den Gläubigen, gleich welcher christlichen Kirche er angehört.

Spreu und Weizen

»Die Bibel oder das Leben!«
Hundert Jahre nach Christi Geburt. Die heiligen Schriften sind da, aber die »Heilige Schrift« existiert noch nicht. Noch gibt es keine Bibel. Auf die Entstehungsgeschichte der biblischen Bücher folgt – ehe die eigentliche Geschichte des Bibelbuches beginnt – die Periode der Auswahl, der Sichtung, der Klärung, die Geschichte des Kanons.
Für die Christengemeinden des zweiten Jahrhunderts nach Christi Geburt trifft die seltsame Tatsache zu, daß Zahl und Art ihrer heiligen Schriften von Fall zu Fall völlig verschieden sind. Irgendwelche heiligen Bücher besitzen sie alle. Wir wissen heute, daß die Gemeinde in ihrem Gottesdienst neben langen Gebeten, die teilweise frei gesprochen wurden, Psalmen und Prophetenworte las beziehungsweise hörte, daß Abschnitte aus dem »Gesetz« verlesen wurden oder Teile aus den Evangelien oder Apostelbriefen, freilich nur soweit man sie besaß. Und das war durchaus nicht immer der Fall.
Fromme Männer schreiben sich die Finger wund, um ihrer Gemeinde ein Exemplar der begehrten Dokumente zu beschaffen. Boten ziehen über Land, in ihrem Reisegepäck Papyrusrollen und Pergamentstreifen, deren Besitz die modernen Universitätsinstitute mit Millionen aufwiegen würden. Millionen besitzen jene Gemeinden nicht, aber diese Dokumente sind ihnen nicht weniger wert. Vielleicht sogar mehr. Jene Männer, die sich zu Christus bekennen, sind bereit, ihr Leben hinzugeben für ihre Schriften. Einen römischen Legionär greift man auf, der in seinem Tornister die Abschrift eines Evangeliums mit sich trägt. Man macht kurzen Prozeß: Entweder du schwörst diesem Irrglauben ab, oder du stirbst. Für den Soldaten gibt es kein Überlegen. Noch im Tode, so heißt es, umklammert die starre Hand jene schmale Pergamentrolle. Bei einem römischen Offizier findet man die Abschrift einiger Paulus-Briefe. Man redet ihm gut zu, gibt ihm Bedenkzeit, beschwört ihn. Immerhin, er ist nicht irgendwer, er ist Offizier des Cäsar im römischen Weltreich. Umsonst. Man hält ihm in der einen Hand seine Briefe vor, in der anderen Hand das Schwert. Entscheide dich! Der Offizier wählt das Schwert.
Unvorstellbare Qualen brechen über die christlichen Gemeinden herein. Die großen Christenverfolgungen raffen die Bekenner des Erlösers zu Tausenden dahin. Ihre Schriften stapelt man zu Bergen und wirft die Fackel hinein. Die Überlebenden verbergen sich und die kostbaren Dokumente. Und eines Tages sind sie wieder da. Sie sind nicht auszurotten, nicht zu vernichten.
Der Hunger nach dem aufgezeichneten Wort des Herrn ruft hier und da sonderbare Konjunkturritter auf den Plan. Es sind die Schreiber gefälschter Briefe, gefälschter Evangelien und der absonderlichsten Kuriosa. Da taucht eines Tages der Briefwechsel Christi mit dem Fürsten der Stadt Edessa namens Abgar Uchomo auf. An-

Um das rechte Christusbild machte sich nicht nur die Kirche in der Auseinandersetzung mit den zahlreichen – zum Teil gefälschten – Schriften Gedanken, sondern auch die Künstler. Christusdarstellung aus Ravenna, 6. Jahrhundert.

geblich bittet jener Fürst den Messias, zu ihm zu kommen und ihn von einer schweren Krankheit zu heilen. Jesus antwortet in einem Handschreiben, er werde nach seiner Himmelfahrt einen Jünger zu ihm senden, der alles aufs beste besorgen werde. Ein anderer Brief, der angeblich zufällig gefunden und eifrig abgeschrieben wird, soll von einem gewissen Lentulus stammen, einem Busenfreund von Pontius Pilatus. Darin findet sich eine genaue Beschreibung der äußeren Erscheinung Christi, mit der Präzision eines Steckbriefes abgefaßt, aber – leider – gefälscht. Andere wieder wollen die Gerichtsakten des Pilatus beiseite geschafft haben und treiben damit einen schwungvollen Handel.

Bis in die ersten Jahrhunderte nach Christus hinein blüht das Geschäft mit solchen obskuren Schriftstücken. In zahlreichen Exemplaren sind sie erhalten, und dabei ist anzunehmen, daß der weitaus größte Teil solcher Fälschungen verlorenging. In vielen Fällen wurden sie schon bald nach ihrem Auftauchen als absurd erkannt und abgetan, aber wie viele Gemeinden mögen sie für echt gehalten und ihr Herz daran gehängt haben! Immerhin entstehen neben den primitiven Fälschungen zahlreiche weitere Dokumente, deren Verfassern man die gute Absicht nicht absprechen kann.

Lesenswerte Briefe

Da gibt es zunächst eine Fülle von Briefen, die noch heutigen Tages zum Teil durchaus lesenswert sind und deren Verfasser sich als nichts anderes ausgeben, als sie wirklich sind. Man faßt alle diese Briefe zusammen als die der Apostolischen Väter, und ihre Zahl ist beträchtlich. An der Spitze steht zeitlich der sogenannte Clemensbrief, den die römische Gemeinde noch vor dem Jahre 100 an ihre Brüder zu Korinth schreibt, als dort wieder einmal Streitigkeiten die Einheit zu sprengen drohen. Wie man zu der Bezeichnung »Clemensbrief« kommt, ist dunkel, der Text enthält nicht ein einziges Mal diesen Namen, vielmehr geht eindeutig die ganze Gemeinde Roms als Verfasser daraus hervor. Möglich, daß der Schreiber Clemens hieß, und eine spätere Tradition sieht in ihm den zweiten Bischof von Rom, doch ist dies mehr als unwahrscheinlich. Sicher ist hingegen, daß die zeitlich daraüffolgenden Briefe eines gewissen Ignatius vom Bischof von Antiochia stammen und an die Epheser, Römer, Philadelphier und Smyrner gerichtet sind.

Das Schicksal dieses Bischofs Ignatius ist ergreifend. Er wird in Antiochia seines Bekenntnisses wegen verhaftet und in militärischer Bedeckung nach Rom geschleppt, wo er in der Arena des Kolosseums den Bestien vorgeworfen werden soll. Mit großer Leidenschaftlichkeit beschwört er in einem Brief, den er offenbar während seines Transportes schreiben kann, die Römer, doch ja nichts zu seiner Befreiung zu unternehmen. Er glüht vor Sehnsucht nach seinem Martyrium, das ihm die Krone des ewigen Lebens schenken soll. Tatsächlich stirbt er im safrangefärbten Sand der Gladiatorenkampfbahn. Andere Briefe sind von einem Polykarp erhalten, der in Smyrna lebt und ein enger Freund des Ignatius ist. Ignatius selbst schreibt einmal an ihn, und Polykarp seinerseits richtet ein Schreiben an die Philipper, dem er einige Abschriften von Ignatiusbriefen beifügt. Schließlich gibt es den Barnabasbrief, der im allgemeinen bei den ersten Gemeinden hohe Verehrung genießt, über dessen Schreiber jedoch nichts Genaues auszumachen ist. Nur soviel steht fest, daß er ein wütender Judenhasser gewesen sein muß; denn sein Brief ist voller Verachtung und Haß gegenüber dem jüdischen Volke. Er spricht ihm sogar jede Verbindung mit Gott ab und erklärt es als ausgemachten Unfug, von den Juden als dem »auserwählten Volke« zu reden. Daneben liefert er jedoch in seinem Brief eine sehr beachtliche Deutung alttestamentlicher Gesetze und Vorschriften, die er ganz im übertragenen Sinne und auf Christus bezogen verstanden wissen will. Wie bei den Essenern, jener jüdischen Sekte, die zur Zeit der Makkabäer entstand, unterscheidet auch er zwischen Söhnen des Lichtes und Söhnen der Finsternis und schildert beide Wege, die zum Heil beziehungsweise zur Verdammnis führen. Auch dieser Brief ist den ersten Jahrzehnten des zweiten nachchristlichen Jahrhunderts zuzurechnen.

Im Gegensatz zu diesen durchaus ernst zu nehmenden Briefen, die eigenständiges Denken ihrer Verfasser verraten, beschränken sich die apokryphen Evangelien, von denen es ebenfalls eine bedeutende Anzahl gibt, mehr oder weniger auf eine legendenhafte Ausschmückung des bekannten Stoffes. Allerdings werden einige auch speziell für die Anhänger der Gnosis geschrieben, jener Mischung von griechischer Philosophie und christlicher Glaubenslehre mit starken mystischen Elementen, die in den ersten Jahrhunderten in vielerlei Spielarten überall auftaucht. Auch dürften zahlreiche apokryphe Evangelien bereits vor dem Jahre 100

Im Jahr 125 erlitt der Bischof Polykarp von Smyrna das Martyrium.
Dieser Holzschnitt aus dem 15. Jahrhundert stellt die bekannte Legende vom Tod dieses Apostolischen Vaters dar: Da die Flammen ihn unversehrt ließen, wurde ein Soldat beauftragt, sein Schwert in das Herz des Märtyrers zu stoßen.

entstehen. Lukas zum Beispiel erwähnt in der Vorrede zu seinem Herren-Bericht ausdrücklich, daß sich schon viele in derartigen Aufzeichnungen versucht hätten. Es gibt ein Hebräerevangelium, ein Nazaräerevangelium und ein Ägypterevangelium, es gibt ein Petrusevangelium, das nichts mit dem Apostel Petrus zu tun hat und in gnostischen Kreisen entsteht, und das Thomasevangelium. Und endlich gibt es mehrere sogenannte Kindheitsevangelien, die ausschließlich auf späterem Legendengut fußen.
»Schmutzige Ammenmärchen« nennt der Theologe Thilo im Jahre 1832 diese

Kindheitsevangelien,

aber er tut ihnen damit unrecht. Was ihnen an Wahrheit fehlt, wird durch Zartheit und Schönheit ersetzt. Es sind Werke von Dichtern, ähnlich den Christus-, Marien- oder Heiligenlegenden des Mittelalters oder einer späteren romantischen Literaturepoche. Bezeichnenderweise tritt in diesen Kindheitslegenden die Gestalt der Maria in den Vordergrund. Die Zahl der Wunder um die Muttergottes und das Jesuskindlein ist Legion. Da wird bereits um die Geburt der Maria ein dichtes Gewebe geheimnisvoller Vorgänge gesponnen, alles, was ihrer Mutter geschieht, ist wunderbar.
Maria selbst weiß schon mit drei Jahren nichts Lieberes, als fromme Gesänge anzustimmen, und als Mädchen übertrifft sie alle Altersgenossinnen an Weisheit, Demut, Schönheit und Keuschheit. In allen Einzelheiten wird ihr Weg verfolgt, und mit peinlich anmutender Ausführlichkeit wird vor allem das Wunder der Geburt und ihrer Jungfrauschaft ausgemalt.

Eine offenbar vielbenutzte Abschrift des Thomasevangeliums, durch einen zu verschnürenden Einband geschützt. Um 400 n. Chr.

Der kleine Jesusknabe endlich vollführt Wunder über Wunder. Mit fünf Jahren weckt er einen Spielkameraden vom Tode auf, mit sechs Jahren trägt er Wasser in seinem Mäntelchen, ohne daß ein Tropfen durch das lockere Gewebe dringt, mit acht Jahren findet man ihn inmitten einer greulich anzusehenden Löwenschar, die vor ihm in den Staub gesunken ist, um ihn anzubeten. Dann wieder besänftigt er einen Drachen, die ägyptischen Götterbilder bersten vor seinem Blick, und so geht es fort – eine schier endlose Reihe der wunderbarsten Begeben-

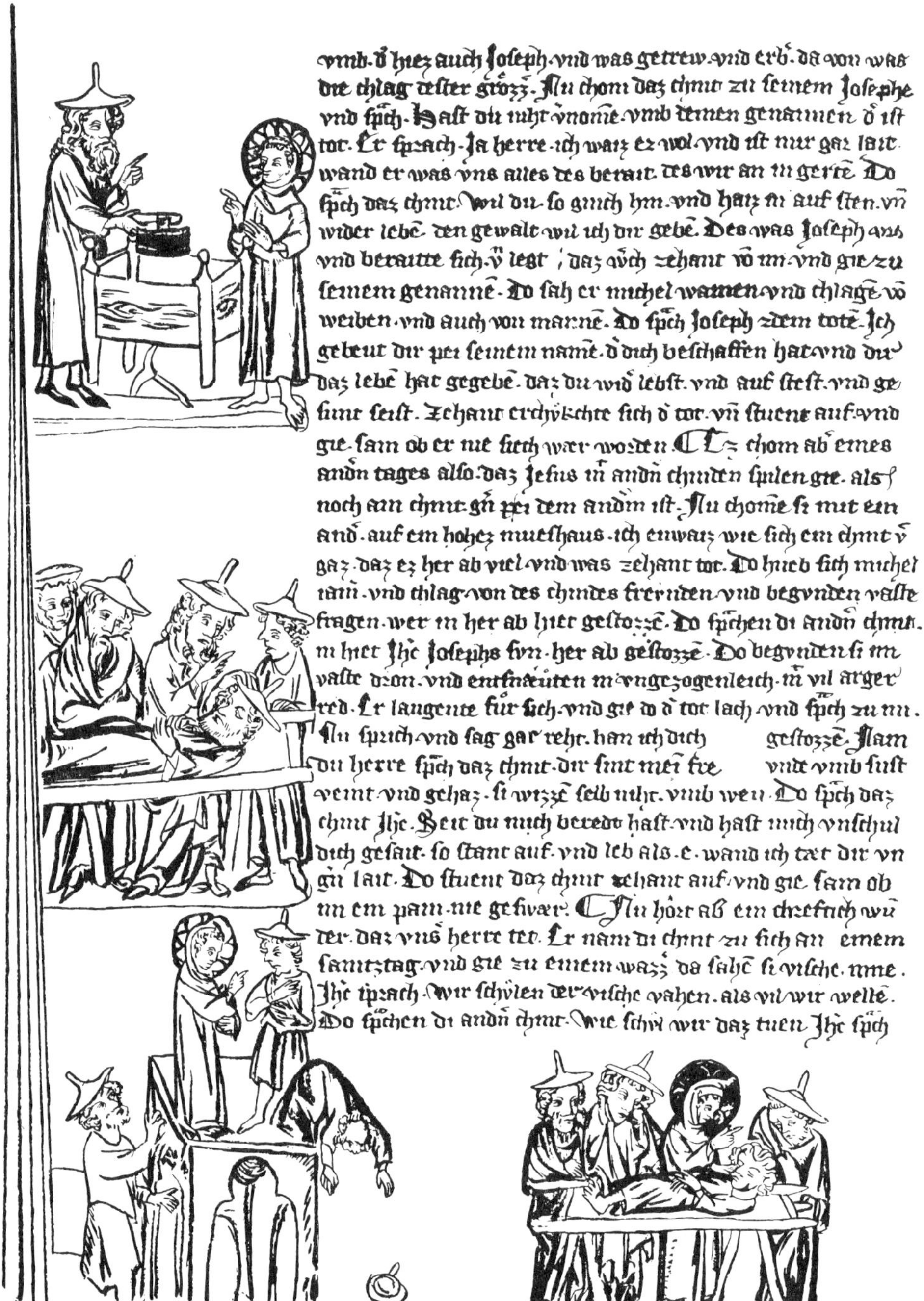

vmb·d' hiez auch Joseph·vnd was getrew·vnd erb'·da von was
die chlag dester grözz·Nu chom daz chint zu seinem Josephe
vnd sprach·Hast du niht vnome·vmb deinen genannen d' ist
tot·Er sprach·Ja herre·ich waiz ez wol·vnd ist mir gar lait·
wand er was vns alles des berait·des wir an in gerte·Do
sprach daz chint·Wil du·so ginch hin·vnd haiz in auf sten·vn
wider lebe·den gewalt wil ich dir gebe·Des was Joseph an
vnd beraitte sich·v' legt ; daz wich zehant vo im·vnd gie zu
seinem genanne·Do sah er michel wainen·vnd chlage vo
weiben·vnd auch von manne·Do sprach Joseph zu dem tote·Jch
gebeut dir pei seinem name·d' dich beschaffen hat·vnd dir
daz lebe hat gegebe·daz du wid' lebst·vnd auf stest·vnd ge
sunt seist·Zehant erchwikchte sich d' tot·vn stuent auf·vnd
gie·sam ob er nie siech wær worden·Ez chom ab' eines
andn tages also·daz Jesus mit andn chinden spilen gie·als
noch ain chint gn pei dem andm ist·Nu chome si mit ein
and' auf ein hohez muershaus·ich enwaiz wie sich ein chint v'
gaz·daz ez her ab viel·vnd was zehant tot·Do hueb sich michel
iam·vnd chlag von des chindes freunden·vnd begunden vaste
fragen·wer in her ab hiet gestozze·Do sprachen di andn chint·
in hiet Jhc Josephs sun·her ab gestozze·Do begunden si im
vaste drön·vnd entfraeuten in vngezogenleich·mit vil arger
red·Er laugente für sich·vnd gie zu d' tot lach·vnd sprach zu im·
Nu sprich·vnd sag gar reht·han ich dich gestozze·Nam
du herre sprich daz chint·dir sint mei fre vnd vmb sust
veint·vnd gehaz·si wizze selb niht·vmb wen·Do sprach daz
chint Jhc·Seit du mich beredt hast·vnd hast mich vnschul
dich gesait·so stant auf·vnd leb als·e·wand ich tet dir vn
gn lait·Do stuent daz chint zehant auf·vnd gie·sam ob
im ein parn nie gewær·Nu hört ab' ein drefach wu
der·daz vns herre tet·Er nam di chint zu sich an einem
samtztag·vnd gie zu einem wazz da sahe si vische·inne·
Jhc sprach·Wir schülen der vische vahen·als vil wir welle·
Do sprachen di andn chint·Wie schull wir daz tuen·Jhc sprach

Miniatur aus dem 14. Jahrhundert zu einer frommen Legende: Jesus, einen Spielkameraden vom Tod erweckend.

heiten. Für den, der diese Schriften als das nimmt, was sie sind, als fromme Märchen, als Legenden, für den stellen sie eine in ihrer Naivität rührende Lektüre dar.
Vieles ist uns von den apokryphen Evangelien nicht erhalten geblieben. Am vollständigsten sind noch die Geschichten aus Jesu und der Maria Kindheit, von den übrigen blieben nicht viel mehr als Bruchstücke und Fetzen, eben noch genug, um auf Alter und Herkunft schließen zu können. Die ersten Gemeinden jedoch müssen derartige Schreiben in großer Zahl besessen haben.

Fälscher und Schwärmer

Große Verbreitung finden auch die verschiedensten apokalyptischen Schriften, Bücher von Sehern und Visionären mit Gesichtern von Himmel und Hölle, Endgericht und Gottesreich. Die ersten dieser Apokalypsen entstehen schon bald nach der des Johannes, in den ersten Jahrzehnten nach 100, wie etwa die Petrus-Apokalypse oder das Buch »Der Hirte« von einem Manne namens Hermas. Auch von einer Paulus-Apokalypse erfahren wir und von Weissagungen in den jüdisch-christlichen Sibyllen-Schriften. All diese Bücher entstehen aus dem gleichen Grunde wie die außerkanonischen Evangelien. Sie werden ersonnen von wundersüchtigen Verfassern, denen die Tatsachen allein nicht genügen, die das Wunderbare noch wunderbarer und das Geheimnisvolle noch geheimnisvoller machen möchten und sich dabei nicht scheuen, der Wahrheit mit frommen Lügenmärchen nachzuhelfen. Vielen solcher Verfasser wird man den guten Glauben, oder doch wenigstens die gute Absicht nicht absprechen können; aber das Fragwürdige an ihren Darstellungen bleibt zumindest ihr Grundsatz, daß der gute Zweck die schlechten Mittel heilige.
Ziemlich vollständig erhalten ist uns schließlich eine Reihe apokrypher Apostelgeschichten und Märtyrerakten, die nach dem Vorbild der Kindheitsevangelien mit einer Fülle von Wundern aufwarten und die zum Teil wieder auf gnostischen Einfluß zurückgehen. Diese oft recht plumpen Darstellungen erscheinen

Gnostische „Auserwählte" bei der Niederschrift besonderer „Offenbarungen".
Abbildung aus einer manichäischen Handschrift aus Ostturkestan, um 900 n. Chr.

allerdings erst in späterer Zeit, etwa ab 200 nach Christus. Da gibt es etwa die »Akten Peter und Pauls«, die ausführlich das Martyrium der beiden Apostel schildern, und da gibt es die »Johannesakten«, eine Sammlung zahlreicher Berichte über das Wirken des Apostels Johannes, in denen es von Totenerweckungen und Dämonenaustreibungen wimmelt. Da gibt es ferner die Geschichte von Andreas und Matthäus in der Stadt der Menschenfresser, eine Schrift übrigens, die sich besonderer Beliebtheit erfreute und vielleicht schon in damaliger Zeit die Rolle einer religiösen Form des Abenteuerromans spielt. Da gibt es weiter einen hochpoetischen Hymnus von der »Hochzeit der Sophia« und eine nicht weniger lyrische Geschichte von den vielfältigen Irrungen der Seele, die auszieht, um eine Perle zu suchen, die von einem gräßlichen Schlangengezücht bewacht wird.
Recht amüsant liest sich der Johannes-

Roman eines gewissen Leucius Charinus, der bereits vor 200 erscheint. Auch hier geschehen fortlaufend Wunderheilungen und Totenerweckungen, die teilweise unter recht sonderbaren Umständen vor sich gehen.

Wanzen bei Johannes

Ergötzlich das Wanzenabenteuer des Johannes: Da kommt der Apostel müde und erschöpft in eine Herberge, um hier zu nächtigen. Aber kaum hat er sich zum Schlummer niedergelegt, als auch schon aus allen Ritzen der Bettstatt die Wanzen kolonnenweise anrücken, um ihn aufs ärgste zu peinigen. Wer aber meint, Johannes geriete außer Fassung, irrt sich. Ein kurzer Befehl, und siehe da, die Wanzen marschieren in geschlossener Formation, wie eine gut gedrillte Abteilung Soldaten, zur Tür und nehmen dort Aufstellung. Hier halten sie gleichsam die Wacht vor dem Gemach des frommen Mannes, und sie rühren sich nicht von der Stelle, bis ihnen am nächsten Morgen der aufs beste ausgeruhte Johannes die Rückkehr in ihre Bettritzen erlaubt.
Den Vogel schießt allerdings ein kleinasiatischer Presbyter ab, der eine rührende und ergreifende Geschichte von Paulus und der schönen Thekla erzählt. Schon bald nach Erscheinen seines Erfolgsbuches wird der Autor zwar als ausgemachter Lügenbold entlarvt, und obwohl er sich heftig verteidigt, er habe allein zur höheren Ehre des Apostels Paulus geschrieben, umgehend seines Postens als Ältester enthoben. Doch das kann die weite Verbreitung seiner Story nicht hindern. Wie sehr solche Produkte zu ihrer Zeit die Geister verwirren konnten, zeigt die Tatsache, daß jene Thekla, die allein in der Phantasie eines Lügenbolds gelebt hat, noch im Mittelalter als große Heilige verehrt wird, als leuchtendes Vorbild jungfräulicher Reinheit.
Dem modernen Leser, der solcherlei erbauliche Histörchen mit gutmütiger Ironie quittiert, fällt es schwer zu ermessen, mit welcher Inbrunst manche Christen der ersten Jahrhunderte dergleichen Schriften lesen und verehren. Der ungeheure Hunger nach allem, was in irgendeinem Zusammenhang mit der Botschaft vom Evangelium steht oder zu stehen scheint, läßt sie vielfach wahllos nach allem greifen, was sich den Anschein frommer Mär oder sogar echter Überlieferung gibt. So, wie oft die absurdesten Dinge als hochheilige Reliquien gesammelt und verehrt werden, so finden auch die fragwürdigsten literarischen Erzeugnisse Eingang in die Gemeinden. Es sind weithin schlichte Menschen, diese ersten Christen, einfältigen Gemütes und ungewohnt jeder Kritik. Viele fallen dem Trug ebenso gutgläubig zum Opfer, wie sie die Wahrheit angenommen haben. Auch in diesen Dingen wird eine Abstiegsbewegung deutlich, die im 2. Jahrhundert nach Christus beginnt und die in keinem Verhältnis zum tiefen Ernst steht, der die Urgemeinden beseelt.

Die schöne Thekla unter den Tieren.
Ein Phantasieprodukt als Gegenstand frommer Verehrung.

Überall sind die Gemeinden aus dem Boden gewachsen. In Rom, Griechenland, Kleinasien. Manche sind winzig klein, kaum mehr als ein privater Hauskreis, andere wieder sind stark und stattlich und bringen bedeutende Köpfe hervor. Überall wählt man seine »Ältesten«, seine »Presbyter«, überall feiert man seinen Gottesdienst, und überall birgt man als das Kostbarste seine heiligen Schriften.
Evangelien, Apostelbriefe, Apokalypsen, Väterbriefe, legendenhafte Erzählungen,

plumpe Fälschungen, alles dies ist nun einmal da, bunt durcheinander gewürfelt, ohne Ordnung und System. Einige Gemeinden mögen wortgetreue Abschriften der Evangelien oder Apostelbriefe besitzen, andere wieder haben nichts als gefälschte, billige Schriften, in den meisten sind beide wahllos gemischt. Den klaren Köpfen, den Gebildeten unter den Christen, wird schon zeitig die Notwendigkeit der Auslese, der Klärung und Sichtung des Vorhandenen bewußt, und immer dringender zeigt sich die Notwendigkeit sorgfältigster Auswahl. Was die Gemeinden brauchen, ist eine Richtschnur, ein Maßstab, ein »Kanon«, so wie er die vielfältigen Schriften des Alten Testamentes in festgefügte und wohlbegründete Ordnung brachte.

Nur ein solcher Kanon kann die Gemeinden vor Irrtümern bewahren, nur ein Kanon kann das Untaugliche, Falsche, Irrige ausscheiden, und nur anhand eines Kanon kann man all den Irrgeistern und Schwärmern wehren, die sich überall einnisten. Diese Sektierer, die man mit dem Namen »Häretiker« belegt, »Ketzer«, sind die größte Gefahr des jungen Christenglaubens. Sie erscheinen gefährlicher als Terror und Verfolgung; denn sie sind nicht das absolut Böse, sie haben einen Teil der Wahrheit auf ihrer Seite, aber ihr Glaube und ihre Lehre sind ein Gemisch aus Wahrheit und Irrtum, und sie drohen die Gemeinden zu entzweien und zu verwirren. Wo ist der Maßstab für die absolute Wahrheit, wenn nicht ein Kanon der »echten« Schriften als gültige Größe allen Schein als solchen entlarvt?

Petrus wird, wie in den „Akten Peter und Pauls" berichtet, von zwei römischen Soldaten zur Hinrichtung geführt.
Relief auf einem Sarkophag in den Vatikanischen Museen, Rom, um 350 n. Chr.

Die neue Ordnung

Der Kanon des Ketzers
Das dringende Erfordernis, Richtschnur und Maßstab für die Auswahl aus der Vielfalt der bestehenden Schriften zu schaffen, liegt für die führenden Köpfe der jungen Christengemeinden auf der Hand. Aber da geschieht das Sonderbare, Absurde: Der erste Kanon der heiligen Schriften des Neuen Testamentes wird nicht innerhalb der rechtgläubigen Christengemeinden geschaffen, sondern von einem Manne, der als Ketzer schlimmster Sorte gilt und der vom leidenschaftlichen Haß der orthodoxen Christen verfolgt wird, einem Mann namens Marcion, Haupt einer gnostischen Sekte.

Der Kanon soll dem Unwesen der Sektierer wehren, die überall in immer neuer Gestalt auftauchen. Und gerade von dem ärgsten Sektierer wird einer zusammengestellt.

Marcion stammt ursprünglich aus Kleinasien und ist in Sinope am Pontus geboren, wie man annimmt, um das Jahr 100. Er wandert aus seiner Heimat aus, kommt nach Rom und wird hier zum Verkünder einer gnostischen Lehre, die wütend gegen alles Jüdische im christlichen Glaubensgut vorgeht. Jahwe, der Gott des Alten Testamentes, wird nicht als Gott anerkannt, sondern ein neuer Gott angenommen, ein guter, gütiger, liebender Vater, der durch Christus neu verkündigt worden ist. Diese gnostische Sekte wird zu einer ernsten Gefahr für die Christengemeinden, die sich an das völlig anderslautende Zeugnis der Apostel halten. Dennoch will Marcion kein »Religionsstifter« sein, er prägt nur seine eigene Form der Lehre, und diese Lehre fordert eine geschlossene Sammlung heiliger Schriften.

Dabei ist Marcion völlig klar, daß die Schaffung eines neutestamentlichen Kanons anders zu verlaufen hat als seinerzeit die Bildung des alttestamentlichen. Bei den Schriften des Alten Bundes ging es im wesentlichen um Sammlung der vorhandenen Bücher, um Vervollständigung und Zusammenstellung. Bei den Dokumenten des Neuen Testamentes hingegen geht es in erster Linie um Aussonderung und Beseitigung alles Fragwürdigen. Marcion geht dabei resolut und unerbittlich zu Werke. Von allen Evangelien erkennt er nur eines an: das des Lukas, in dem er den Schüler des Apostels Paulus erblickt. Und dieses eine Evangelium bildet zugleich den ersten Teil seiner Schriftensammlung. Den zweiten Teil bilden zehn Briefe des Paulus, und damit erklärt er seine Sammlung für vollständig. Die Offenbarung des Johannes, die Apostelgeschichte, die Briefe des Petrus, Johannes, Jakobus, Judas und die drei anderen Evangelien existieren für ihn nicht.

Nicht genug damit. Der Judenhaß bestimmt Marcion, schonungslos aus den anerkannten Schriften alles auszumerzen, was auf jüdischen Ursprung zurückgeht. Als man ihn fragt, nach welchen Gesichtspunkten und mit welcher Berechtigung er eine derartig strenge »Reformation« durchführt, ant-

wortet er: »Mein Glaube, mein Gefühl und mein Geschmack bestimmen mich. Alles dies habe ich von Gott, und darum ist es für mich Garantie genug.«
Das Urteil der übrigen Christen ist eindeutig. »Verfälscher!« rufen sie im Chor, aber sie können seinem Miniatur-Kanon noch keinen allgemein anerkannten entgegensetzen. Die Christengemeinden in Rom oder den übrigen westlichen Missionsfeldern haben keinen Mann wie Marcion. Zwar lebt eine Anzahl bedeutender Köpfe unter ihnen, Schriftsteller und Lehrer vom Schlage eines Athenagoras, Melito von Sardes, Theophilus von Antiochia oder Papias von Hierapolis, aber sie sind anderer Natur. Sie sind Lehrer, Deuter, Verkündiger und weniger Systematiker. Sie schreiben Erklärungen und zitieren darin große Abschnitte der Apostel oder Evangelisten, aber sie sammeln nicht systematisch ihre Schriften, sondern nicht die Spreu vom Weizen. Papias vollends schätzt weit mehr als alle schriftliche Überlieferung die mündliche Tradition. Er forscht im Lande umher, wo irgend jemand lebt, der noch mit einem der Apostel selbst gesprochen hat; denn – so schreibt er – »ich war der Meinung, daß alles, was ich aus den Büchern entnehmen kann, mir nicht soviel nützt wie das, was ich von lebendigen Stimmen höre«.
Der einzige, der in dieser Zeit außer Marcion Gültiges zu schaffen bemüht ist, ist der Märtyrer Justin, der im Jahre 165 in Rom stirbt. Justin ist »Apologet«, wie Athenagoras, Papias und die anderen. »Apologet«, das heißt »Verteidiger«, »Verfechter«, Vertreter der um innere Reinheit ringenden jungen Kirche. Justin verfaßt ähnliche Schriften wie seine Brüder, aber er flicht lange Teile der evangelistischen und apostolischen Schriften ein, deutet aus, erklärt, lehrt und läßt überall durchblicken, was für echt und was für unecht zu halten sei. Er schafft damit eine Art Programm für die zu treffende Auswahl. Die Auswahl selbst aber trifft er nicht.

Nicht zuletzt gegenüber Marcion, der nur das – auch noch gekürzte – Lukasevangelium anerkennt, betonen die Lehrer der Kirche die „Viergestalt" des Evangeliums.
Mosaik aus Ravenna.

Der Fund des Herrn Muratori

In ganz ähnlicher Weise, jedoch noch eindeutiger und klarer, verfährt ein Mann, dessen Name uns nicht überliefert ist. Man hat Teile seiner Zusammenstellungen und Schriften über die rechte Gottesdienstordnung und die Schriften, die man öffentlich vorlesen dürfe, erst im 18. Jahrhundert gefunden. Glücklicher Finder war ein Mailänder Bibliothekar namens Muratori, und er war es, der dem aufgefundenen Dokument seinen Namen lieh: Man nannte es Muratorisches Fragment. Hier findet sich bereits eine ganz unmißverständliche Scheidung zwischen den »offiziellen Herrenberichten« und den zu verwerfenden Schriften. Wir lesen daraus, daß man sowohl die vier Evangelien als auch die Apostelgeschichte, die Johannes-Offenbarung, die Briefe des Paulus, Johannes und Judas als »kanonisch«

anzusehen hat. Als »echt« gilt auch die Petrus-Apokalypse, während der Hebräerbrief sowie die Briefe des Petrus und Jakobus und auch der dritte Johannesbrief nicht anerkannt und darum auch nicht aufgenommen werden. Dieses »Muratorische Fragment« ist übrigens in erbärmlichem Latein geschrieben und wimmelt von Fehlern. Der Verfasser oder Übersetzer muß ein schlichter Mann gewesen sein, wohl ein Römer oder ein römischer Sklave, denn er spricht den Jargon der Straße.

Während Marcion seinen »Kanon« bereits um 140 bekanntgibt, dürfte das Muratorianum gegen Ende des 2. Jahrhunderts entstanden sein. Doch läßt sich Genaues darüber kaum sagen. Zu derselben Zeit lebt weit im Osten, in Syrien, ein gewisser Tatian, und auch er schafft eine höchst bemerkenswerte Ausgabe der kanonischen Schriften. Er begnügt sich nicht mit einer Zusammenstellung der überlieferten Dokumente, sondern er unterzieht sich der ungeheuren Mühe, sie sorgfältig ineinander zu verarbeiten und so einen fortlaufenden Text zu schaffen, eine »Evangelienharmonie«. Alle Angaben der einzelnen Evangelisten werden verglichen und in flüssiger Sprache fortlaufend erzählt. Tatian sagt selbst dazu, daß er nicht für den wissenschaftlichen Gebrauch und nicht für das exakte Studium schreibt, sondern ausschließlich für die Praxis. Sein Buch soll den Gemeinden in die Hand gegeben werden, damit sie daraus ihre Kenntnis schöpfen und damit sie einen klaren Text für die gottesdienstlichen Vorlesungen haben. Noch nach zweihundert Jahren ist sein Buch in Gebrauch, und Gelehrte wie Ephraem schreiben noch im Jahre 360 dazu einen ausführlichen Kommentar. Erst im Jahre 450 wird durch den Oberhirten der syrischen Gemeinden, Theodoret von Antiochien, die Harmonie des Tatian endgültig abgetan.

»Vier Evangelien haben wir!« sagt Theodoret, »nicht vier in einem. Vier Evangelien wie die vier Winde und die vier Himmelsrichtungen...« Und so findet auch in Syrien der Kanon mit den getrennten, in sich abgeschlossenen vier Evangelien Eingang.

Die großen Gelehrten

Vom Jahre 200 ab verläuft die Geschichte der Kanonbildung in zwei voneinander unabhängigen Zweigen: einmal bei den Griechen, zum anderen bei den Lateinern, unter denen nicht nur die Römer, sondern die ganze lateinisch sprechende Welt, also etwa auch weite Teile Nordafrikas, zu verstehen sind.

Bei den Griechen steht am Anfang ein gewichtiger Name, der Name eines Mannes, der vielleicht als der bedeutendste Gelehrte seiner Zeit zu gelten hat, nicht nur innerhalb der Christen. Ein Mann, der weitgereist ist, der das Wissen seiner Zeit beherrscht und der den souveränen Weitblick des geborenen Gelehrten hat: Origenes. Er wird zum ersten große Theologen seines Jahrhunderts, und geboren ist er in der griechischen Stadt in Afrika, Alexandria.

Dieser Origenes, ausgerüstet mit besten wissenschaftlichen Kenntnissen, geht mit Energie und Folgerichtigkeit ans Werk. Er scheidet zunächst alles aus, was eindeutig als Fälschung oder grober Irrtum kenntlich ist. Die übrigen Schriften teilt er sodann in zwei Gruppen. Die erste Gruppe nennt er die »allgemein anerkannten« und die zweite Gruppe die »zweifelhaften Schriften«. »Homologumena« sagt Origenes in seiner Sprache und »Amphiballomena«. Zu den »Homologumena«, den allgemein anerkannten Schriften, zählt er neben den vier Evangelien die 13 Paulusbriefe, den 1. Petrus- und den 1. Johannesbrief sowie die Apokalypse und die Apostelgeschichte. »Zweifelhaft« erscheinen ihm der 2. Petrusbrief, der 2. und 3. Johannesbrief und der Hebräerbrief. Auch den Jakobusbrief und den Brief des Judas rechnet er zu dieser zweiten Schriftengruppe. Noch einen Schritt weiter geht der Kirchenvater Eusebius Pamphili, der im Jahre 314 Bischof von Cäsarea in Palästina wird. Er genießt das Vertrauen und Wohlwollen des Kaisers Konstantin und hat Zugang zu allen Staatsarchiven. Mit ungeheurem Fleiß geht er daran, alle geschichtlichen Daten aus den jungen christlichen Kirchen zusammenzutragen, und so wird er zum ersten Kirchenhistoriker. Allerdings muß um der Wahrheit willen gesagt werden, daß er einen abscheulichen, nahezu ungenießbaren Stil schreibt, stellenweise erbärmlich trocken und ledern und dann plötzlich wieder mit unnatürlichem Pathos. Besonders schwülstig fällt seine Biographie Kaiser Konstantins aus, den er über alle Maßen in den Himmel hebt und bei deren Lektüre man argwöhnt, er habe sich mit diesen plumpen Schmeicheleien das Wohlwollen seines Souveräns sichern wollen, was ihm dann auch gelungen ist.

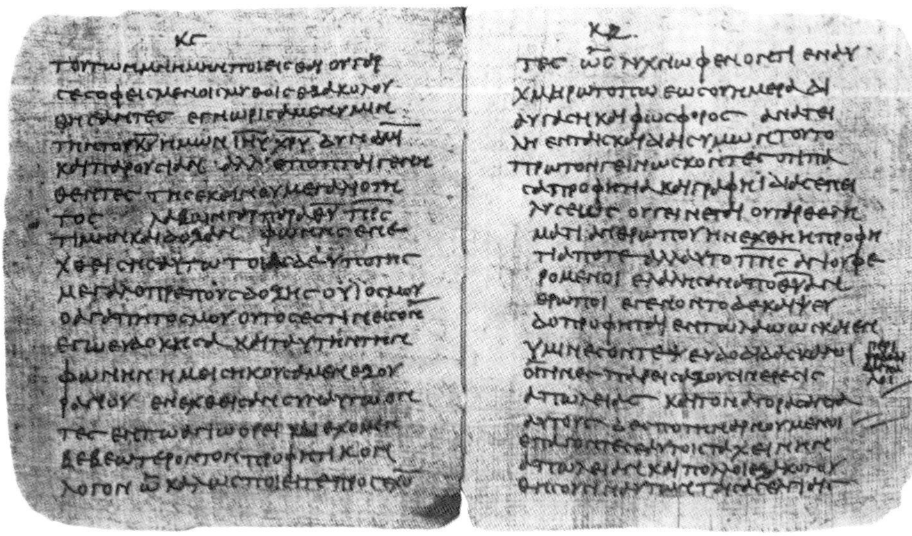

Zu den in ihrer kirchlichen Gültigkeit umstrittenen Schriften zählte Origenes den 2. Petrusbrief. Teil aus dem ältesten bekannten Manuskript dieses Textes, um 300 n. Chr.

Immerhin kann man ihm wissenschaftliche Gründlichkeit nicht absprechen, und von dieser Gründlichkeit zeugt auch seine Kanonaufstellung. Er folgt im wesentlichen seinem Vorgänger Origenes, aber er teilt die vorhandenen Schriften in drei statt in zwei Gruppen. Auch er nennt an erster Stelle die »Homologumena«, die eindeutig anerkannten Dokumente der vier Evangelien, der Apostelgeschichte, der Paulusbriefe und des 1. Petrus- und 1. Johannesbriefes. Zu den Paulusbriefen rechnet er auch den Hebräerbrief als sicher hinzu, dagegen macht er hinter die Offenbarung des Johannes ein Fragezeichen.

Die zweite Gruppe bezeichnet auch er als »zweifelhaft«, aber er trennt darin noch einmal »bessere« und »schlechtere« Schriften voneinander. Die dritte Gruppe endlich ist die der »ganz widersinnigen und gottlosen Schriften«, und darunter finden sich die meisten der bekannten Fälschungen.

Interessant ist die Stellung des Eusebius zur Offenbarung des Johannes, zur Apokalypse. Er führt sie in seiner Kanoneinteilung zweimal auf, jedesmal mit einem Fragezeichen. Sie steht sowohl in der ersten Gruppe unter den anerkannten Dokumenten als auch in der zweiten Gruppe unter den zweifelhaften, und dort sogar in der zweiten Abteilung, also bei den »schlechteren«. Zu entscheiden wagt Eusebius nicht. Er erklärt vielmehr, daß einige die Apokalypse als unbedingt echt und als eine heilig zu haltende Gottesoffenbarung ansehen, andere sie jedoch gänzlich verwerfen. Dieser Streit um die Apokalypse ist typisch für die Gelehrten der griechisch sprechenden Welt in den ersten Jahrhunderten. Origenes selbst zweifelt keinen Augenblick an der Offenbarung, aber bereits unter seinen Schülern werden heftige Kämpfe darum ausgefochten. Eusebius steht mitten in diesen Auseinandersetzungen, und seiner nüchternen, trockenen Natur scheint die Apokalypse fernzuliegen. Sieht man jedoch von diesem einen Dokument ab, so zeigt der Kanon bereits die endgültige Gestalt. Die erste Gruppe der anerkannten Schriften und die »besseren« unter den zweifelhaften ergeben zusammengenommen genau das Bild unseres Neuen Testamentes. Bischof Athanasius von Alexandrien ist es, der in seinem Osterfestbrief des Jahres 367 diesen 27-Schriften-Kanon als erster als allein verbindlich herausstellt.

Unter den lateinisch sprechenden und schreibenden Kirchenlehrern und »Vätern« ist dieser Streit um die Apokalypse unbekannt. Hier wird die Offenbarung des Johannes nicht einmal angefochten, dafür zweifelt man jedoch lange am Hebräerbrief. Männer wie Cyprian, Hilarius oder der vornehme Ambrosius, ehemals Statthalter der mailändischen Provinz und später Bischof von Mailand, treten für einen Kanon ein, der im wesentlichen bereits im Muratorischen Fragment vorgezeichnet scheint. Auch ihre Ordnung der neutestamentlichen Dokumente deckt sich im großen und ganzen mit denen der griechisch schreibenden Gelehrten ihrer Zeit. Was bei ihnen auffällt, ist höchstens die Tatsache, daß sie mit geringem Wissen und weniger großer Gelehrsamkeit an die Dinge herangehen als etwa Origenes oder Eusebius. Dafür verraten sie mehr Sinn für Systematik und Konsequenz.

Bischof Athanasius von Alexandria stellte als erster den heutigen 27-Schriften-Kanon des Neuen Testaments als verbindlich heraus.

Interessant ist eine gleichsam am Rande verlaufende, völlig selbständige Entwicklung des Kanons in Syrien. Hier ist lange Zeit hindurch ausschließlich die Evangelienharmonie des Tatian in Gebrauch. Erst zu Beginn des 5. Jahrhunderts nach Christus setzen sich hier die Bischöfe zusammen und schaffen in gemeinsamer Arbeit eine »Normalbibel«, die sogenannte »Peschitta«, die seither bei

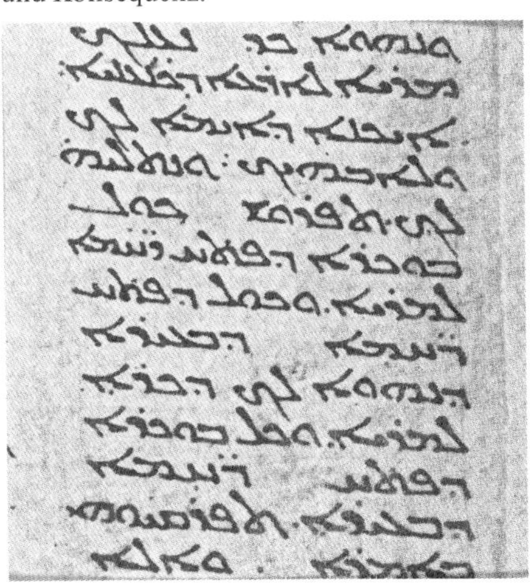

Peschitta-Handschrift aus Westsyrien vom Jahr 464 n. Chr.

den syrischen Gemeinden, die sich nicht an die Römische Kirche anschlossen, als Richtschnur gilt. Wesentliche Unterschiede allerdings weist die Peschitta nicht auf. Zudem wird sie im 6. und 7. Jahrhundert ergänzt und der Bibel in der Römischen und Griechischen Kirche angeglichen.

In der ganzen übrigen Welt hat der Kanon des Neuen Testamentes seit dem Ende des 4. Jahrhunderts keine Änderung mehr erfahren. Im Jahre 382 findet in Rom eine Synode statt, wo Papst Damasus die Festlegung und Unantastbarkeit des endgültigen Kanon neutestamentlicher Schriften verkündigt. Und dabei bleibt es. Vier Evangelien enthält das Neue Testament, die Offenbarung des Johannes und die Apostelgeschichte. Hinzu kommen die dreizehn Briefe des Apostels Paulus, zwei Briefe des Petrus und drei des Johannes, der Brief des Jakobus und der des Judas und schließlich der Brief an die Hebräer.

Das sind siebenundzwanzig Bücher. Und diese siebenundzwanzig ehrwürdigen und geheiligten Schriften werden seit jenem Tage in der ganzen christlichen Kirche als der Maßstab und die Richtschnur angesehen, die allein im Kampf mit Sekten und Häretikern, mit Irr- und Wirrgeistern, Schwärmern und Ketzern als letzte Autorität und entscheidende Größe gilt. Die Kirche hat ihren Prüfstein, ihre »Heilige Schrift«.

Die großen Gefährdungen

Es ist eines der größten Wunder in der an Wundern reichen Geschichte der Kirche, daß die Entwicklung des neutestamentlichen Kanons langsam zwar, doch stetig, folgerichtig und ohne Bruch vor sich geht in einer politisch wirren und zerrissenen Zeit, in der die Existenz der Christengemeinden mehr als einmal tödlich bedroht erscheint. Es ist die Zeit der Christenverfolgungen.

Diese Wandmalerei aus der Domitilla-Katakombe in Rom (um 356) zeigt die Märtyrerin Petronella, daneben ein aufgeschlagenes Buch (Codex) sowie Schriftrollen – deren Besitz das Leben kosten konnte – in einem Lederbehälter (Capsa).

Jene erste Christenverfolgung unter Kaiser Nero im Jahre 64 ist gleichsam nur ein Vorspiel. Zwar werden in Rom die Christen aufs grausamste ausgerottet; man wirft sie in der Arena hungrigen Raubtieren vor, man stellt sie als lebende Fackeln, angebunden an pechgetränkte Marterpfähle, in den kaiserlichen Gärten auf, makabrer Hintergrund zu den perversen Belustigungen einer entmenschten Gesellschaft, man kreuzigt sie, man erschlägt sie, man läßt sie verhungern. Die Apostel Petrus und Paulus finden den Tod und mit ihnen viele Tausende anderer Christen. Aber diese Verfolgung bleibt auf Rom beschränkt. 50 Jahre später bricht neuer Terror los, diesmal unter Kaiser Trajan beziehungsweise dessen Bevollmächtigtem, Plinius. Von 132 bis 135 wütet Bar Kochba in Palästina unter den Judenchristen und rottet sie nahezu aus. Um 180 kommt es zu ausgedehnten Verfolgungen in Nordafrika, und zwanzig Jahre später wiederholen sich die Schrecken, diesmal hauptsächlich in Alexandria. Von 250 bis 260 endlich bricht die erste allgemeine Verfolgung unter Kaiser Valerian los, die alle Christen, gleich wo sie sich aufhalten mögen, dem Tode überantwortet. Einige dreißig Jahre später wiederholt sich dieser Terror unter Diokletian. Diesmal wird besonders Jagd auf die christlichen Schriften und Dokumente gemacht, die man zu Bergen stapelt und anzündet oder mit denen man die kaiserlichen Bäder heizt. Dicht darauf folgt die Christenjagd des Oberbefehlshabers der Streitkräfte, Veturius, die bis 298 andauert. Acht Jahre später beginnen die unmenschlich grausamen Verfolgungen durch Maxentius und Severus, in denen sich besonders ein gewisser Maximinus Daja hervortut. Man versucht eine systematische Reorganisation des alten heidnischen Kultus und zwingt die Christen, den Göttern zu opfern.

Eine endlose Kette von Terror und Schrecken, Not und Tod, Verfolgung und Leid. Dennoch wachsen die Christengemeinden, entwickeln sich fort, tragen die gute Botschaft weiter und schaffen unbeirrt am gewaltigen Gebäude ihrer Glaubenslehre.

Endlich, im Jahre 313 – der politische Schwerpunkt ist von Westen, von Rom, nach

Osten, nach Byzanz, verlagert –, erläßt Kaiser Konstantin sein »Toleranzedikt«. Dieser kaiserliche Erlaß garantiert den Christen Sicherheit und freie Lehre sowie ungehinderte Ausübung ihrer gottesdienstlichen Handlungen. Zwar kommt es im Jahre 343 noch einmal zu Verfolgungen in Persien, die sogar rund 40 Jahre andauern, zwar versucht Kaiser Julian, »der Abtrünnige«, im Jahre 361 noch einmal, altes heidnisches Gedankengut durchzusetzen, doch zu jenen Greueltaten wie in vergangener Zeit kommt es nicht mehr. Die Kirche hat gesiegt. Und mit ihr die »Heilige Schrift«.

Ein anderes Wunder ist die Reinerhaltung der Lehre von Jesus Christus als dem Erlöser und Gottessohn durch all die Lehrstreitigkeiten und inneren Wirren hindurch. Die Zahl der Sekten und Häretiker ist enorm. Angefangen von den absurdesten und abwegigsten Lehren, die mit eigentlichem Christentum kaum mehr etwas zu tun haben, bis hin zu den wohlfundierten Dogmen und gefährlichen Lehrmeinungen, in denen Wahrheit und Irrtum kaum mehr voneinander zu scheiden sind. Letztlich geht es ja um die Frage, wie die Aussagen der »Schrift«, auf die sich viele meinen berufen zu können, zu verstehen sind. Bibliotheken lassen sich mit Büchern über die Auseinandersetzung mit all den Lehren und Irrlehren, Irrungen und Wirrungen füllen. Sie können uns hier nicht beschäftigen. Doch die Kirche findet ihre gültige Form. Es geht dies freilich nicht ab ohne heftigste Erschütterungen, wenn Meinung auf Meinung, Lehre auf Lehre prallt.

Münzbild Kaiser Konstantins mit dem Christusmonogramm am Helm, 315 n. Chr.

Die Stillen im Lande

»Es ist alles schon dagewesen« sagt Ben Akiba. Das heißt, genau genommen, er soll es gesagt haben. In Wahrheit ist das mehr als unwahrscheinlich, denn gerade jenem Rabbi Akiba, der von etwa 55 – 137 nach Christus in Palästina lebt, begegnet etwas, das noch nicht dagewesen ist, nämlich das Christentum. Und Rabbi Akiba tut seinerseits alles, um es zu bekämpfen, so, wie es einem jüdischen Schriftgelehrten jener Tage zukommt. Er ist maßgeblich beteiligt an der Christenverfolgung unter Bar Kochba, die damals die ersten judenchristlichen Gemeinden auf dem Boden des Heiligen Landes nahezu ausrottet. Dennoch leistet er den christlichen Gemeinden einen unschätzbaren Dienst: Er studiert aufs gründlichste die alttestamentlichen Schriften und spricht ein gewichtiges Wort mit bei der Schlußredaktion des Alten Testamentes und der Kanonisierung aller Bücher des Alten Bundes, die – wie schon erwähnt – um das Jahr 100 zu Ende geht.

Und so wie Rabbi Akiba sind nach ihm zahlreiche jüdische Gelehrte die treuesten Hüter der heiligen Schriften, der jüdischen Thora, die zugleich von den Christen als die heiligen Dokumente des Alten Testamentes verehrt, gesucht und gelesen werden. In unermüdlicher Arbeit, in rastloser Tätigkeit über viele Jahrhunderte hinweg sind jüdische Schriftgelehrte am Werk, die überkommenen Dokumente zu bewahren, abzuschreiben, zu studieren und zu erläutern. Es sind die Stillen im Lande, die fernab vom Streit der Konzilien und Synoden in ihren einsamen Studierkammern über den Büchern sitzen und hier eine Arbeit leisten, die für die Generationen

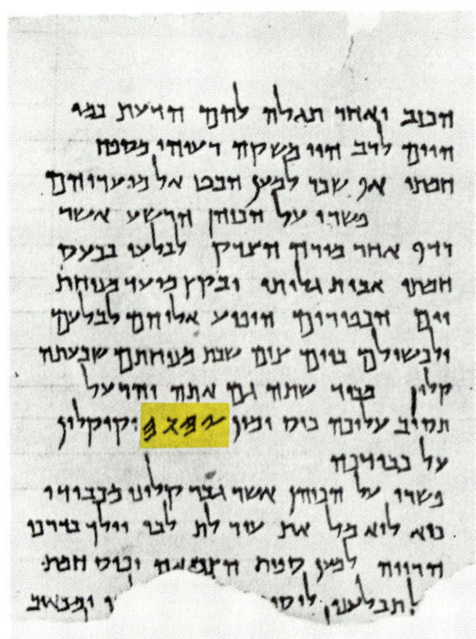

Ein Stück eines hebräischen Textes ohne Vokalzeichen. Der Gottesname Jahwe ist auffälligerweise in althebräischen Buchstaben wiedergegeben.
Kolumne aus dem Habakuk-Kommentar von Qumran, 1. Jahrhundert n. Chr.

von eineinhalb Jahrtausenden von ungeheurem Wert sein soll.

Wir erinnern uns: Die hebräische Schrift kennt keine Vokale. Sie schreibt die Worte lediglich mit ihren Konsonanten auf. Zudem kennt man keine Absätze und auch keine Kapitel. Alles erscheint als fortlaufender Text, und die Entzifferung ist für den Ungeübten eine Sisyphusarbeit und zugleich eine Quelle für immer neue Fehler. Nur einige wenige, Priester, Gelehrte, sind imstande, die heiligen Texte einigermaßen einwandfrei, fehlerlos und ohne zu stocken herunterzulesen. Durch den täglichen Umgang mit den heiligen Texten ist ihnen die hebräische Sprache vertraut, aber für weite Teile des jü-

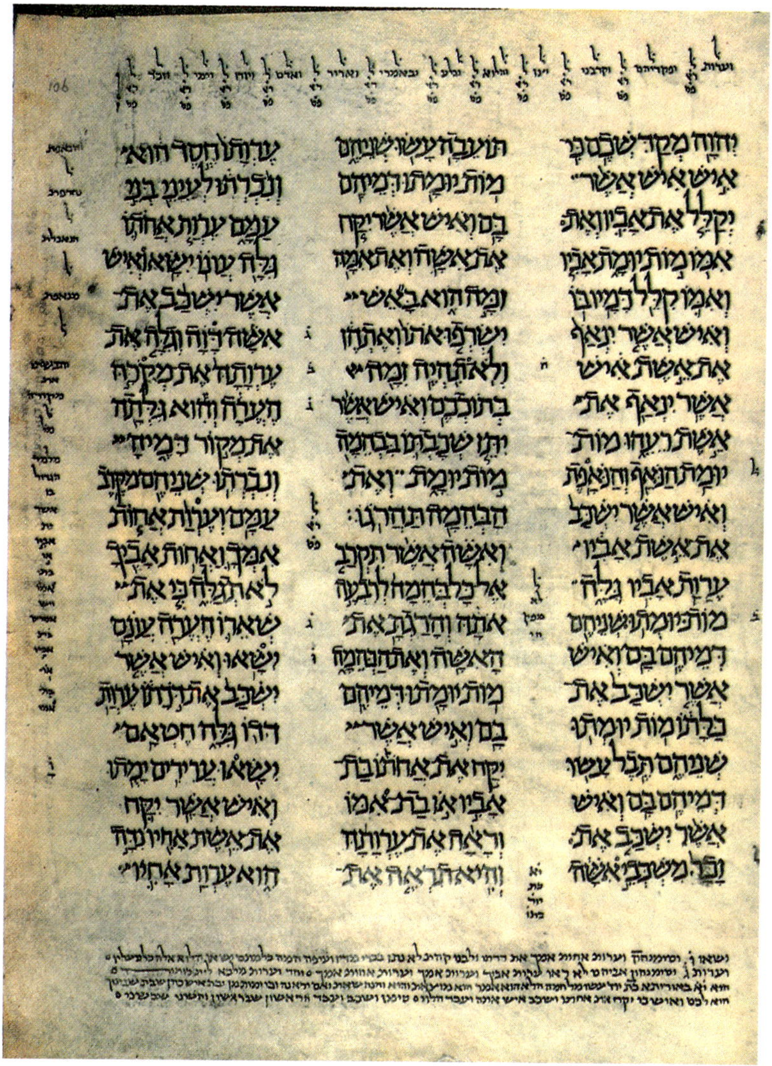

Durch Angaben am Rand (Masora) sicherten die Masoreten überaus gewissenhaft den zu überliefernden hebräischen Text. Eine Seite aus dem ältesten bekannten Exemplar dieser Art, um 850 n. Chr., das sich heute im Britischen Museum in London befindet.

[סֽא] 1 ¹ בְּרֵאשִׁית[a] בָּרָא אֱלֹהִים אֵת הַשָּׁמַיִם וְאֵת הָאָרֶץ׃ ² וְהָאָרֶץ
הָיְתָה תֹהוּ וָבֹהוּ וְחֹשֶׁךְ עַל־פְּנֵי תְהוֹם וְרוּחַ אֱלֹהִים מְרַחֶפֶת עַל־פְּנֵי
3 4 הַמָּיִם׃ ³ וַיֹּאמֶר אֱלֹהִים יְהִי אוֹר וַיְהִי־אוֹר׃ ⁴ וַיַּרְא אֱלֹהִים אֶת־
5 הָאוֹר כִּי־טוֹב וַיַּבְדֵּל אֱלֹהִים בֵּין הָאוֹר וּבֵין הַחֹשֶׁךְ׃ ⁵ וַיִּקְרָא
אֱלֹהִים ׀ לָאוֹר יוֹם וְלַחֹשֶׁךְ קָרָא לָיְלָה וַיְהִי־עֶרֶב וַיְהִי־בֹקֶר יוֹם
6 אֶחָד׃ פ ⁶ וַיֹּאמֶר אֱלֹהִים יְהִי רָקִיעַ בְּתוֹךְ הַמָּיִם וִיהִי מַבְדִּיל
7 בֵּין מַיִם לָמָיִם׃[a] ⁷ וַיַּעַשׂ אֱלֹהִים אֶת־הָרָקִיעַ וַיַּבְדֵּל בֵּין הַמַּיִם אֲשֶׁר

Vokalisierter und akzentuierter Text der ersten Worte der Bibel in einer heutigen Ausgabe des hebräischen Alten Testaments.

dischen Volkes ist das längst nicht mehr der Fall. Umgangssprache ist das Aramäische geworden, und das Hebräische ist beschränkt auf die gottesdienstliche Handlung, so wie lange Zeit das Latein die Sprache des katholischen Gottesdienstes ist. Die jungen Christengemeinden vollends stehen zumeist ohne die mindesten hebräischen Kenntnisse den heiligen Texten ohnmächtig gegenüber. Sie sind allein auf die Septuaginta angewiesen, auf jene erste anerkannte Übersetzung der Thora ins Griechische. Aber man möchte gern im einzelnen weiterforschen, möchte jedes Wort, jeden Buchstaben möglichst urgetreu erfahren. Und dazu können nur die Urtexte helfen, eben jene hebräischen Dokumente.

Die jüdischen Gelehrten freilich denken nicht an die Christengemeinden, sondern zunächst nur an ihren eigenen Gottesdienst. Aber bereits da steht es schlecht genug. Nur wenige Gelehrte sind noch in der Lage, fehlerfrei Hebräisch zu sprechen und zu lesen, und so gehen sie an die Arbeit. Sie erkennen sofort, daß die größte Schwierigkeit im Fehlen der Vokale liegt. Also müssen Vokale in die Schrift eingesetzt werden. Aber wie? Ihre Vollmacht geht nicht so weit, ein neues Alphabet mit neuen Buchstaben zu erfinden, das bleibt dem Genie eines Wulfila, Jahrhunderte später, vorbehalten. Sie müssen sich anders helfen. Und sie helfen sich. Sie setzen kleine Zeichen, meist Punkte, über oder unter den Konsonanten, auf den ein Vokal folgt, und diese Punkte und Zeichen ersetzen ihnen die Selbstlaute.

Die »Nachzähler«

Sie verändern nichts am Text, sie treffen keine Auswahl wie die christlichen Väter, sie nehmen nichts fort und setzen nichts dazu. Ihr Text steht fest, unverrückbar und unwandelbar. Sie erläutern diesen Text, rein äußerlich, so, daß jedermann ihn lesen kann, der nur ihr Schriftsystem beherrscht. Die alten Niederschriften sind ihnen viel zu heilig, als daß sie es wagen würden, auch nur einen einzigen Buchstaben zu verändern. Aber sie gehen diesen Buchstaben nach, Zeile für Zeile. Sie zählen die Buchstaben des gesamten Alten Testamentes, damit für alle Zeiten ihre Anzahl festgelegt werde und niemand auch nur ein Jota davon nehmen kann. Sie berechnen, welches Wort genau in der Mitte der Thora steht und welcher Buchstabe der mittelste ist. Dabei stellen sie übrigens fest, daß das Wort »suchen« genau in der Mitte steht, und der mittlere Buchstabe ist ein W.

Von dieser Tätigkeit des Zählens leitet man den Namen dieser Gelehrten her. Die »Nachzähler« oder »Nachrechner« nennt man sie, die »Sopherim«. Aber sie beschränken sich nicht allein auf das Nachzählen und auf die Punktation des Textes, sondern sie geben zugleich Erläuterungen, die sie am Rande vermerken. Diese Randbemerkungen bezeichnet man als »Masora«, und von der Masora kommt der Name, den man den »Nachrech-

ויהי המלך

ספר מלכים אשר הוא שלישי אצל
חלושים

דוד זקן בא בימים א
והנסתו בבגדים ולא יחם לו׃
ויאמרו לו עבדיו
יבקשו לאדני המלך נערה בתולה ו
ועמדה לפני המלך ותהי־לו סכנת וש
ושכבה בחיקך וחם לאדני המלך׃
ויבקשו נערה יפה
בכל גבול ישראל וימצאו את אבישג ה
השונמית ויבאו אתה למלך׃
והנערה יפה עד־מאד ותהי למלך
סכנת ותשרתהו והמלך לא ידעה׃
ואדניה בן־חגית
מתנשא לאמר אני אמלך ויעש לו רכב
ופרשים וחמשים איש רצים לפניו׃
ולא־עצבו אביו מימיו
לאמר מדוע ככה עשית וגם־הוא טוב־
תאר מאד ואתו ילדה אחרי אבשלום׃
ויהיו דבריו עם יואב
בן־צרויה ועם אביתר הכהן ויעזרו אחרי
אדניה׃
וצדוק הכהן ובניהו בן־יהוידע ונתן
הנביא ושמעי ורעי והגבורים אשר ל
לדוד לא היו עם־אדניהו׃
ויזבח אדניהו צאן ובקר
ומריא עם אבן הזחלת אשר־אצל עין ר
רגל ויקרא את־כל־אחיו בני המלך ו
ולכל־אנשי יהודה עבדי המלך׃
ואת־נתן הנביא ובניהו ואת־הגבורים
ואת־שלמה אחיו לא קרא׃
ויאמר נתן אל־

LIBER REGVM TER
TIVS, QVI APVD HE
bræos primus est Regum.

R E X uero Dauid senu- 1
it & uenit in dies: & cũ
2 operirent eũ uestibus,
non calefiebat. Dixerũt
igitur ad eum serui sui:
[a] quærant domino meo
regi puellam uirginem,
3 quæ stet coram rege & foueat eum, dormi-
atq; in sinu tuo, ut calescat dominus meus
rex. Quærentes itaq; puellam pulchrã per
omnes terminos Israël, inuenerũt Abisag
4 Sunammitem, & adduxerũt eã ad regem.
Erat uero puella illa ualde elegãs, regi pro
5 uoto obsequens & illi ministrans: rex uero
non cognouit eam. Porrò Adonija filius
Haggith exaltãs se, dicebat: ego regnabo:
feciteq; sibi currus & equites, atq; quinqua-
6 ginta erant uiri qui faciem eius præcurre-
bant. Nec uoluit cõtristare eum pater eius
à diebus suis, ut diceret ad eũ: cur sic facis?
eratq; ualde pulchro aspectu, & peperit eũ
7 (mater eius) post Absalom. Fuerunt uero
consilia eius cum Ioab filio Zeruia & cum
Aebiathar sacerdote, fuitq; auxiliũ eorum
8 post Adoniam. Zadoc autem sacerdos, &
Benaiahu filius Iehoiada, Nathan prophe
ta, Simei atq; Rei, & potiores quiq; quos
habuit Dauid, non fuerunt cum Adonija.
9 Et mactans Adonija oues & boues (pa-
scuales) & saginata pecora, [b] iuxta lapidem
Zehæleth, qui est iuxta fontem Rogel,
uocauit omnes fratres suos filios regis, at-
que cunctos uiros Iehuda, seruos regis.
10 Nathan uero prophetam & Benaiahu &
alios potentes atque Salomonem fratrem
11 suum nõ uocauit. Dixit igitur Nathan ad
Gg Bathsæ-

Polyglottenbibel, mehrsprachige Bibelausgabe, hier hebräisch und lateinisch.

nern« in späterer Zeit gibt: die Masoreten, und die von ihnen bearbeiteten Schriften heißen die masoretischen Texte.

Die Masoreten beginnen mit ihrer Arbeit im 5. Jahrhundert nach Christus. Es gibt verschiedene Zentren, in denen diese Gelehrten schaffen, gleichsam Gelehrtenschulen, in Palästina etwa, in Babylon und in Kairo. Die einzelnen Schulen unterscheiden sich zuweilen in der Form ihrer Punktation, so fügen einige die Punkte oberhalb der Schriftlinie ein, andere unterhalb, aber im Prinzip arbeiten sie völlig einheitlich: Immer geht es allein um die rechte Lesart, der Text an sich bleibt unberührt.

Bis heute verwenden die orthodoxen Juden handgeschriebene Exemplare der Thora. Blick in eine Werkstatt in Jaffa, Israel.

Das Gesamtwerk der Masoreten erstreckt sich über ein Jahrtausend. Was im 5. Jahrhundert in Babylon begonnen wurde, beschäftigt noch im 16. Jahrhundert die jüdischen Gelehrten. Berühmte Namen finden sich unter diesen Gelehrten: Ben Ascher etwa, Ben Naphtali oder Jakob ben Chajim, der ein Zeitgenosse Martin Luthers ist und die große gedruckte Rabbinerbibel herausgibt. Ganz gleich, zu welcher Zeit und in welchem Lande, die Masoreten leisten wissenschaftliche Arbeit von einer Gründlichkeit, die von christlichen Gelehrten kaum jemals übertroffen worden ist. Es ist ähnlich wie bei Marcion, dem Ketzer, der dennoch den christlichen Urgemeinden den ersten Kanon des Neuen Testamentes schenkte: Die jüdischen Masoreten schaffen unermüdlich an einem Werk, das für die christliche Bibelwissenschaft eines der wertvollsten Geschenke ist. Und sie schaffen dies Werk ohne viel Aufhebens, ohne Lärm und Geschrei. Die Stillen im Lande.

Doch die Masoreten sind nicht die einzigen, die sich und ihre gesamte Lebensarbeit der Bibel verschrieben haben. Da beginnen bereits im 2. Jahrhundert gelehrte Männer mit der Übersetzung der biblischen Schriften. Die einzige bisher bekannte Übertragung in eine fremde Sprache ist die Septuaginta, entstanden etwa im 2. Jahrhundert vor Christus in Alexandria für die griechisch sprechende jüdische Diaspora. Sie bleibt nicht die einzige Übersetzung ins Griechische. Ein Schüler des Ben Akiba mit Namen Aquila schafft eine griechische Übersetzung etwa um die Mitte des zweiten Jahrhunderts nach Christus. Zu lesen ist sie praktisch nicht. Aquila steht seinem Meister in Gründlichkeit um nichts nach, ja, er übertrifft ihn noch entschieden. Er hält sich mit derart peinlicher Genauigkeit an den hebräischen Urtext und schafft eine derartig wortwörtliche Übersetzung, daß jeder Kenner des Griechischen nur noch verwundert den Kopf schütteln kann. Man liest wohl noch die Worte, aber ihren Sinn begreift man kaum; denn in seiner Peinlichkeit nimmt Aquila weder Rücksicht auf die Wortstellung noch auf Satzbau oder gar Wohlklang und Fluß. Immerhin trägt ihm gerade diese wortgetreue Übersetzungsmethode die Anerkennung seiner jüdischen Zeitgenossen ein, konnten sie doch sicher sein, daß er wirklich nicht einen Buchstaben hatte unter den Tisch fallen lassen.

Etwas später macht sich ein gewisser Symmachus an die Übertragung der Thora ins Griechische, aber er will nicht nur wortgetreu, sondern auch zugleich gut übersetzen, und tatsächlich bringt er ein brauchbares Werk in leidlich gutem Griechisch zustande. Und schließlich gibt Theodotion eine griechische Thora heraus, allerdings keine ganz neue

Rabbi Gamaliel, Lehrer u. a. des Apostel Paulus. Darstellung aus dem 14. Jahrhundert.

Übersetzung, sondern eher eine Neubearbeitung der früheren.

In der Mitte des 3. Jahrhunderts bestehen eine Anzahl verschiedener griechischer Bibeltexte nebeneinander. Dieser Umstand ist bedenklich: Welche Übersetzung ist die wortgetreueste, welche die treffendste, mit einem Worte, welches ist die »richtige«? In den Disputationen der christlichen Gelehrten untereinander, in denen es oftmals um die Auslegung eines einzigen Wortes geht, in den Diskussionen mit Andersgläubigen, vor allem mit den Juden, macht sich das Fehlen einer autorisierten griechischen Bibel höchst unangenehm bemerkbar. Gewiß, man hat die hebräischen Urtexte. Aber wer versteht noch Hebräisch, wer kann es lesen und übersetzen?

Die Sechsfache

All diese Überlegungen lassen in dem berühmten christlichen Gelehrten und Kirchenvater Origenes den Plan zu einem gigantischen Werk reifen: Er will alle gebräuchlichen Übersetzungen sammeln und nebeneinanderstellen. Er lernt zunächst die hebräische Sprache, und dann geht er an die Arbeit.

An die erste Stelle setzt er den hebräischen Urtext, so wie er ihn von den jüdischen Gelehrten übernommen hat. Daneben schreibt er denselben Text in hebräischer Sprache, aber mit griechischen Buchstaben, damit diejenigen, die zwar Hebräisch gelernt haben, aber mit den unvokalisierten oder punktierten Texten nicht fertig werden, sie dennoch mühelos lesen können. Es ist eine Art »Umschrift«, so wie sie etwa in einer modernen englischen Sprachlehre verwendet wird, damit der Schüler die englischen Laute unmittelbar ablesen kann und die richtige Aussprache trifft. An die dritte Stelle kommt schließlich die wortwörtliche Übertragung des Aquila, die sich – wie schon gesagt – zwar abscheulich liest, aber unbedingt verläßlich ist.

Diese drei verschiedenen Texte setzt Origenes in drei Spalten nebeneinander auf eine Seite, und zwar so, daß dieselbe Zeile jeweils in derselben Höhe steht und den mühelosen Vergleich ermöglicht. Damit ist die Seite voll, aber Origenes ist noch nicht zufrieden. Er schreibt vielmehr auf der danebenliegenden Seite weiter, wieder drei verschiedene Texte in drei Spalten: zuerst die Übersetzung des Symmachus, dann den Text der Septuaginta und zuletzt noch die Ausgabe des Theodotion.

Sechs Texte stehen nebeneinander, in jeder Zeile steht sechsmal dasselbe, nur jeweils mit kleinen sprachlichen Abwandlungen. Von dieser Sechszahl bekommt das Werk seinen Namen. »Die Sechsfache« heißt diese Bibel des Origenes, die »Hexapla«.

Er geht dabei streng wissenschaftlich und systematisch zu Werke, versieht seine Texte mit einer Menge Randbemerkungen, fügt hier und da noch eine siebente Lesart ein, wo es ihm notwendig erscheint, und bezeichnet von vornherein alle textlichen Verschiedenheiten. Findet er zum Beispiel in der Septuaginta ein Wort, das im Urtext fehlt, so klammert er es ein, hat Symmachus ein Wort des Urtextes ausgelassen, so fügt er es unter besonderem Hinweis zusätzlich ein. Das einzige Ziel, das ihn leitet, heißt: so gründlich, so vollständig und so exakt wie möglich arbeiten! Damit gibt er den Theologen seiner Zeit ein wissenschaftliches Werkzeug in die Hand, das in seiner Bedeutung über jede andere Bibelausgabe hinausgeht.

Nur einen Nachteil hat die »Hexapla«: Sie ist ein mehrbändiges Werk gewaltiger Folianten geworden. Der ungeheure Umfang erschwert ihre Verbreitung, und so kommt es, daß sie kaum mehr als ein paarmal abgeschrieben wird. Erhalten ist sie uns, bis auf 35 einzelne Bruchstücke, nicht. Übrigens wird auch von einer »Tetrapla« gesprochen, einer »Vierfachen«, ebenfalls ein Werk des Origenes, in dem er vier griechische Übersetzungen nebeneinanderstellt. Von ihr ist nichts mehr erhalten, und wir wissen nicht einmal, ob sie eine Art »Kurzausgabe« der Hexapla darstellt, oder ob sie eine vorbereitende Arbeit war.

Weit häufiger als die völlige Abschrift dieser beiden Riesenwerke ist die Anfertigung von Auszügen, besonders die Vervielfältigung des Textes der Septuaginta, also der fünften

Spalte. Nach wie vor erfreut sich der Septuaginta-Text der größten Beliebtheit. Er ist der älteste und wohl auch der exakteste, und er läßt sich dazu noch fließend lesen. Nach der eingehenden Bearbeitung durch Origenes hat man noch mehr Vertrauen zu dieser Bibelausgabe, und von allen griechischen Dokumenten hat sie die größte Streuung. Immer wieder gehen bedeutende Gelehrte daran, sie aufs neue herauszugeben,

Kleines lateinisches Bibelfragment

aufs neue zu bearbeiten, mit anderen Texten zu vergleichen. Lukian etwa, ein Märtyrer aus Antiochien, gibt eine solche Septuaginta-Revision heraus, oder Bischof Hesychius, der in der Christenverfolgung Diokletians den Tod findet. Das ist gerade das Erschütternde an dem Werk all dieser Männer: Sie schaffen nicht in der Gesichertheit, die dem modernen Gelehrten eine selbstverständliche Voraussetzung ist, sondern sie leben in dauernder Unsicherheit, ja, Todesgefahr. Dennoch lassen sie nicht ab und schaffen gültige Werke, leisten bewunderungswürdige wissenschaftliche Arbeit.

Die Heilige Schrift findet immer weitere Verbreitung. In Armenien verlangt man nach ihrem Wort und in Arabien, in Afrika und Persien, und so wächst die Zahl der Übersetzungen von einem Jahrzehnt zum anderen.

Targume und die Vetus Latina

Da sind zunächst die sogenannten Targume, Übersetzungen ins Aramäische, jene Sprache, die im gesamten Persischen Weltreich gesprochen wird, also auch in Palästina, und die sich auch nach dem Zusammenbruch der persischen Herrschaft erhält. Solche Targume der alttestamentlichen Texte gibt es bereits in vorchristlicher Zeit. Rabbi Gamaliel zum Beispiel, der Lehrer des Apostels Paulus, besitzt eine Targum-Rolle des Buches Hiob. Berühmt werden im 5. Jahrhundert die Targume mit Namen Onkelos und Jonathan, die als absolute Autorität gelten, im übrigen aber in ebenso miserabler Sprache abgefaßt sind wie etwa die griechische Übersetzung des Aquila.

Im 4. Jahrhundert kommt ferner eine koptische Übersetzung zustande. Koptisch ist die Sprache der zum Christentum übergetretenen Ägypter, und sie wird mit griechischen Buchstaben geschrieben. Es gibt allerdings verschiedene Dialekte des Koptischen, und so sind uns Teile verschiedener Übertragungen erhalten, etwa die sahidische und die bohairische.

Zur gleichen Zeit wird drunten in Abessinien der König des – damals sogenannten – aksumitischen Reiches für das Christentum gewonnen, und kurz darauf kommt es zur Übersetzung der Heiligen Schrift in die äthiopische Sprache. Im 5. Jahrhundert wird die Bibel ins Armenische übertragen und im 10. Jahrhundert endlich auch in die arabische Sprache.

Aber keine von all diesen Übersetzungen, die zu ihrer Zeit mit heiligem Eifer, oft über lange Zeiträume hinweg, geschrieben werden, erlangt die Bedeutung der lateinischen.

In Rom und Umgebung, in Südgallien, also dem heutigen Südfrankreich, und in Nordafrika spricht man lateinisch. Bereits in frühester christlicher Zeit gibt es eine berühmte Sammlung von Einzelteilen lateinischer Bibelübersetzungen, die sogenannte Vetus Latina. Wir wissen heute nicht mehr, auf wen diese Sammlung zurückzuführen ist, und wir wissen nicht, ob es die Arbeit eines einzelnen Gelehrten oder eine Gemeinschaftsleistung war, jedenfalls gilt die Vetus Latina bei allen römischen und afrikanischen Gemeinden, soweit sie nicht Griechisch verstehen und etwa die Septuaginta lesen können, als die autorisierte Heilige Schrift. In ihrer Sprache ähnelt sie den Dokumenten, die der mailändische Buchhändler Muratori auffand, also dem Muratorischen Fragment, jenem ältesten lateinischen Kanonversuch neutestamentlicher Schriften. Es ist die Sprache des Volkes, schlicht und einfach, nicht ohne Fehler und oft primitiv.

Römischer Diakon mit einer Prachtbibel

Diese Texte der Vetus Latina werden im Jahre 382 vom Papst Damasus dem berühmten christlichen Gelehrten Hieronymus auf den Tisch gelegt, und der Auftrag lautet, eine einheitliche Übersetzung in gutem Latein, rund und geschlossen und vor allem so genau wie möglich zu schaffen. Hieronymus geht an die Arbeit, erst in Rom, später in Bethlehem, wo er die Leitung eines Klosters übernimmt. Er übersetzt aus dem Urtext, das heißt, für das Alte Testament aus dem Hebräischen, für das Neue aus dem Griechischen, zieht jedoch zahlreiche andere Übertragungen vergleichsweise zu Rate. Aus dieser Tatsache wäre fast ein ernster Kirchenstreit entstanden, denn man ist allerseits entsetzt, daß sich Hieronymus einfach über die Septuaginta hinwegsetzt, die als die eigentliche, geheiligte Überlieferung des Alten Bundes galt. So setzt sich die Übersetzung des Hieronymus nur langsam durch. Sie wird jedoch die Grundlage für die späteren Bibelausgaben im mittelalterlichen Deutschland, und im Jahre 1546 erklärt das Konzil zu Trient dieses Werk zur »rechten Bibel der katholischen Kirche, das heißt in Sachen der Glaubens- und Sittenlehre beweiskräftig...« Zugleich erhält dieses Bibelwerk seinen Namen, unter dem es noch heute wohlbekannt ist: die Vulgata, das heißt, die allgemein Verbreitete.

Wulfila schafft eine neue Sprache

Aber trotz der ungeheuren Arbeit, die in der Fülle jener frühen Bibelübersetzungen steckt, trotz der rastlosen, von beispiellosem Glaubenseifer zeugenden Werke in Nordafrika, Palästina, Griechenland und Rom, das grandioseste und erstaunlichste Werk unter allen Bibelübertragungen ist die Gotenbibel des Bischofs Wulfila. Unerhört deshalb, weil Wulfila zunächst eine Schrift schaffen muß, ehe er an sein Übersetzungswerk gehen kann.

Die Goten kommen im 2. und 3. Jahrhundert aus ihrem heimatlichen Siedlungsraum auf der Suche nach Land auch in das Gebiet der heutigen Balkanstaaten. Sie gehen nicht zaghaft mit den Bewohnern jener Länder um: Was sich ihnen entgegenstellt, wird unterworfen, wer ihnen Gehorsam und Tribut verweigert, wird grausam bestraft. Und wenn es den Herren aus Gotland gefällt, dann werden ganze Ortschaften als Sklaven mitgeschleppt. Unter diesen kleinasiatischen Sklaven sind die Großeltern des kleinen »Wölflein«, »Wulfila«, wie der Name im Gotischen

Hieronymus in der Felsengrotte. Er schuf gegen Ende des 4. Jahrhunderts die „allgemeinverbreitete" lateinische Bibel, die Vulgata. Kolorierter Holzschnitt von Albrecht Dürer, 1512.

1512

ausgesprochen wird. Geboren ist er – bereits in der Gefangenschaft – im Jahre 311. Er ist ein gescheites Bürschlein, er lernt fremde Sprachen, so das Griechische, und er bringt es bis zum Beamten am gotischen Hof. Als die Goten eine Gesandtschaft zu Kaiser Konstantin schicken, geht er als Dolmetscher mit und bleibt einige Jahre in Konstantinopel.
Seine Großeltern bereits sind Christen, denn diese neue Glaubenslehre gewinnt auch unter den Goten immer mehr Anhänger. Wulfila wird Geistlicher, und bereits mit 29 Jahren weiht man ihn zum Bischof der Donaugoten. In der Gegend des heutigen Bulgarien beginnt er im Jahre 350, die Heilige Schrift in die Sprache der Goten zu übertragen. Aber die Goten sind alles andere als ein geistig und kulturell hervorragender Stamm. Wohl besitzen sie ihre Runen, aber diese Runen sind keine Buchstaben, sondern vielmehr symbolische Zeichen. Das Wissen um ihren eigentlichen Sinn ist uns verlorengegangen, aber wenn er auch Wulfila noch gegenwärtig ist, die Gedanken der Bibel vermag auch er nicht in Runen auszudrücken. Also macht er sich unverzagt daran, aus dem Nichts eine eigene, völlig neue Schrift zu erfinden. Er nimmt sich das griechische Alphabet zum Vorbild, ändert es der Mentalität der Goten entsprechend ab und streut einzelne Runenzeichen dazwischen. Damit hat er seine Schrift; aber damit hat er noch lange nicht seine Sprache. Zwischen der vulgären Umgangssprache und einer sauberen Schriftsprache besteht ein gewaltiger Unterschied. Das Umgangsgotisch, die Alltagssprache der gotischen Krieger, dürfte über ein paar hundert Worte kaum hinausgehen, wie soll er damit die ganze Tiefe alt- und neutestamentlicher Weisheit ausschöpfen? Aber ebenso unverzagt, wie er die Schrift in Angriff nimmt, geht er das Problem der Sprache an, und das Unglaubliche gelingt ihm, er schafft – immer in sinnvollem Kontakt zum gebräuchlichen gotischen Umgangston – ein völlig neues Gotisch, das seine Goten dennoch verstehen, und damit die erste germanische Schriftsprache überhaupt.

Kriegsgeschichten sind nichts für Goten

Übrigens erweist sich Wulfila nicht nur als genialer Sprachschöpfer und Übersetzer, sondern zugleich auch als kluger Psychologe. Er gibt seinen Goten nicht die vollständige Bibel in die Hand, sondern läßt die Königsbücher vorsorglich aus. Er kennt seine Leute! Die Schilderung der Kriege und Heldentaten in 1. und 2. Könige würde die Kriegslust der Goten anstacheln. Darum erscheint es ihm besser, daß ein Teil der Bibel wegfällt, als daß dadurch Unheil gestiftet wird.
380 ist das Werk beendet. Das erste Schriftdenkmal in der Sprache eines nordischen Volkes. Damit hat die Bibel den ersten Schritt aus dem Bereich ihres Ursprunges, aus dem Mittelmeerraum, heraus getan. Von jetzt ab soll das Zentrum christlicher Kultur nach Norden, nach Mitteleuropa wandern. In diesem Mitteleuropa, in Deutschland, Frankreich, England und Irland entstehen die berühmten Bibelhandschriften, die als Kunstwerke hervorragende Bedeutung erlangen sollen. Handschriften – denn noch schreibt man mit der Hand, noch muß Wort für Wort, Buchstabe für Buchstabe auf Pergament gemalt werden, Wochen und Monate, Jahre und Jahrzehnte hindurch sitzen die Schreiber in den schmalen Zellen der Klöster und setzen einen Buchstaben an den andern, reihen eine Zeile an die andere, bis sie ihr Werk vollendet haben. Unvorstellbare Arbeit: 3000000 Buchstaben hat die ganze Heilige Schrift, Jahre vergehen, bis ein vollständiges Exemplar entsteht. Aber die frommen Mönche werden nicht müde. Sie schreiben zur höheren Ehre Gottes, sie betrachten sich als Handlanger, als Handwerker am Wort des Herrn. Auch sie machen nicht viel Aufhebens von ihrem Werk. Auch sie sind Stille im Lande...

Die Künstler in der Kutte

Von St. Gallen bis Fulda

Es ist für uns heute nicht leicht, die Bedeutung der Klöster im Mittelalter ihrem ganzen Umfang nach zu ermessen. Aus den bescheidenen Hütten der ersten Missionare, der Mönche aus Irland und Schottland etwa, die auf das Festland kamen, um den hier ansässigen Volksstämmen das Evangelium zu predigen, sind längst stattliche Ansiedlungen geworden. Kaiser und Könige haben sie mit oft bedeutenden Privilegien ausgestattet, fromme Stiftungen mehren ihren Besitz von Jahr zu Jahr, und so mancher Abt hat durch kluge Politik eine Machtfülle erworben, die der eines Fürsten kaum nachsteht. Allenthalben werden Zweigniederlassungen gegründet, und bald ist ganz Mitteleuropa von einem dichten Netz von Klöstern überzogen. Als Luther geboren wird, verfügen allein die Benediktiner mit ihren Zweigorden über nicht weniger als 37000 Häuser.

An Nachwuchs fehlt es weder den Nonnen- noch den Mönchsorden. Der Mensch des Mittelalters sorgt sich wie niemals vorher oder nachher in der Geschichte des Abendlandes um das Heil seiner Seele. Das gilt für die Herrscher genauso wie für die ärmsten ihrer Untertanen. Viele Söhne des Adels und der wohlhabenden Bürger werden von Geburt an für das Kloster bestimmt, unversorgte Töchter kauft man in ein Nonnenstift ein. Für den Niedriggeborenen bietet allein das Kloster die reelle Chance für eine glanzvolle Laufbahn. Aus den Orden kommen die großen Gelehrten, und mancher Mönch hat es zum Minister und Kanzler des Reiches gebracht. Die Söhne leibeigener Bauern vollends können nur über das Kloster die Freiheit erlangen, denn der Mönch gehört Gott und keinem weltlichen Herren. Die geistliche Laufbahn freilich bleibt ihnen verwehrt, aber als Laienbrüder, als »conversi«, leisten sie die niederen Dienste, die in allen Klöstern, besonders aber den großen Gemeinschaften, vielfältig gefordert werden. Diese großen Gemeinwesen, Benediktbeuren oder Sankt Gal-

Mittelalterlicher Schreiber an seinem Pult

Auffällig die liebevolle Ausgestaltung der Anfangsbuchstaben, der Initialen.
Aus einer Handschrift des Klosters Weingarten, 13. Jahrhundert.

len, Maulbronn oder Hirsau, gleichen einem Staat im Staate mit ihren schier unermeßlichen Gütern, all den Feldern und Wäldern, den Weinbergen und Fischteichen, den Handwerksbetrieben und Manufakturen. Auch wenn der Alltag des Mönches oft hart ist, er läßt sich nicht vergleichen mit der erbärmlichen Fron des leibeigenen Bauern, der völlig rechtlos der Willkür seines Herren ausgeliefert ist. Auch hinter dem unbedeutendsten Laienbruder steht letztlich die ganze Macht und Autorität seines Ordens. Nur von daher ist es zu begreifen, daß es im Mittelalter Landstriche gab, in denen mehr Mönche als säkulare Einwohner lebten.

Die eigentliche Bedeutung der Klöster aber liegt in ihrer geistigen Leistung. Nirgendwo sonst verfügt man über ein ähnliches Potential an Wissen, Gelehrsamkeit, Geld und Zeit. Die Klosterschulen werden buchstäblich zu Keimzellen aller Wissenschaft. Von den Klöstern gehen die großen geistlichen Erneuerungsbewegungen aus, hier blühen Kunst und Gelehrsamkeit, und in den Bibliotheken werden nicht nur die Schriften der Kirchenväter aufbewahrt, sondern auch die der antiken Philosophen und Dichter. Ohne die Klöster des Mittelalters wären diese Schriften schwerlich auf uns gekommen.

Es bedarf nicht der Betonung, daß die Sorgfalt der Mönche vor allem der Heiligen Schrift gilt. Sie wird nicht nur gelesen, ausgelegt, diskutiert und kommentiert, sie wird auch immer und immer wieder abgeschrieben. In einigen Klöstern entstehen regelrechte Schreibschulen, aus denen Kunstwerke von höchster Vollendung hervorgehen.

Silberne Schrift auf rotem Grund

Man schreibt im frühen Mittelalter in Majuskeln, das heißt mit Großbuchstaben in fortlaufender Reihe ohne Wort- und Satztrennung, so wie es in den Handschriften des Altertums auch gehandhabt wurde. Zunächst sind es Abschriften der Septuaginta, beziehungsweise des griechischen Neuen Testamentes, dann Kopien der lateinischen Vulgata. Bei den lateinischen Schriften spricht man allerdings nicht von Majuskeln, sondern von der Capitalis oder von Unzialen. Seit der Zeit Karls des Großen hat die Schrift eine grundlegende Änderung erfahren. Man verwendet kleine Buchstaben, die sogenannten Minuskeln, die den Vorteil leichterer Lesbarkeit haben und zudem weniger Raum einnehmen. Entwickelt wird diese Schriftart in der berühmten Palastschule Kaiser Karls in Aachen, die der bildungsbeflissene Monarch, der selbst noch in fortgeschrittenem Alter das ABC lernt, für seine Hofbeamten und deren Kinder gründet. Daneben kommt

Eine besonders wertvolle Handschrift der Gotenbibel Wulfilas ist der Codex Argenteus, mit silbernen Buchstaben auf purpurfarbenes Pergament geschrieben. Er wird heute in der Universitätsbibliothek in Uppsala aufbewahrt.

weihnai namo þein· qimai þiudi
nassus þeins· wairþai wilja
þeins· swe in himina jah ana
airþai· hlaif unsarana þana sin
teinan gif uns himma daga· jah
aflet uns þatei skulans sijai
ma· swaswe jah weis afletam þaim
skulam unsaraim· jah ni brig
gais uns in fraistubnjai· ak lau
sei uns af þamma ubilin· unte
þeina ist þiudangardi· jah mahts
jah wulþus in aiwins· amen·
ΜΔ unte jabai afletiþ mannam
missadedins ize· afletiþ jah
izwis atta izwar sa ufar himinam·
iþ jabai ni afletiþ mannam mis
sadedins ize· ni þan atta iz
war afletiþ missadedins izwa
ΜΕ ros: aþþan biþe fastaiþ ni wairþaiþ
swaswe þai liutans gaurai·

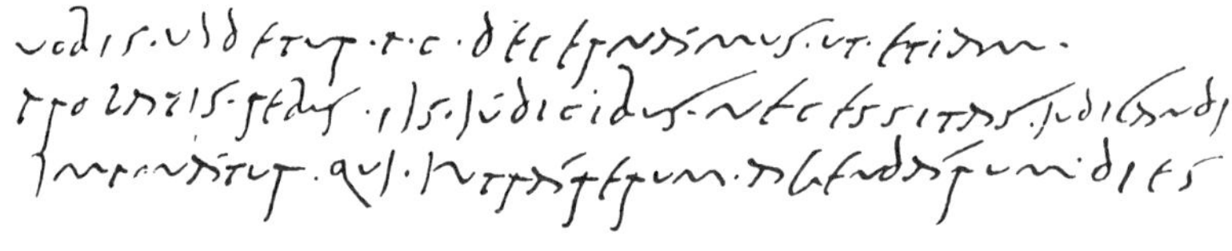

Lateinische Majuskelkursive, 1. Jahrhundert

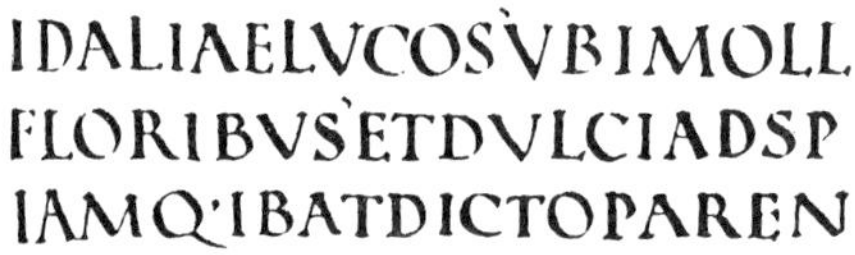

Capitalis quadrata, 4./5. Jahrhundert

Capitalis rustica, 4. Jahrhundert

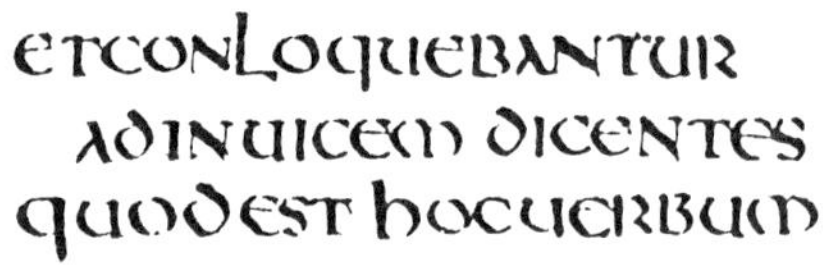

Italienische Unziale, um 700

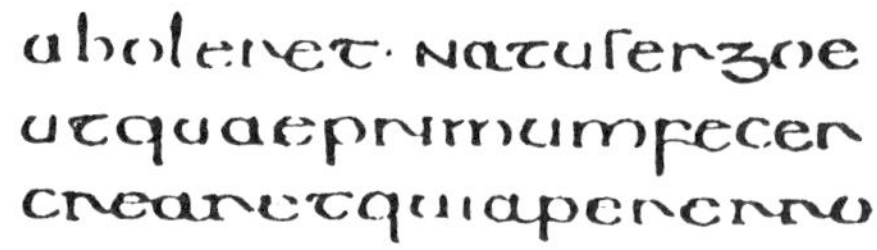

Halbunziale, vor 569

Römische Minuskelkursive, 572

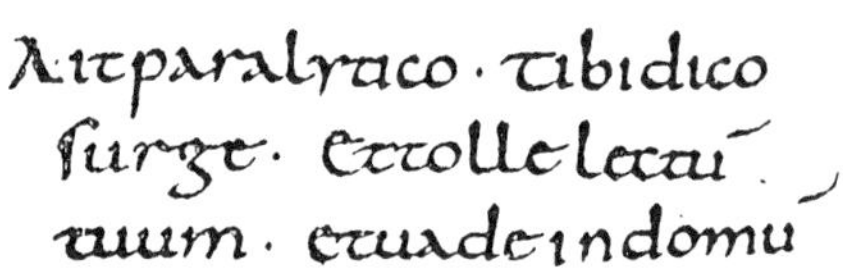

Karolingische Minuskel, um 850

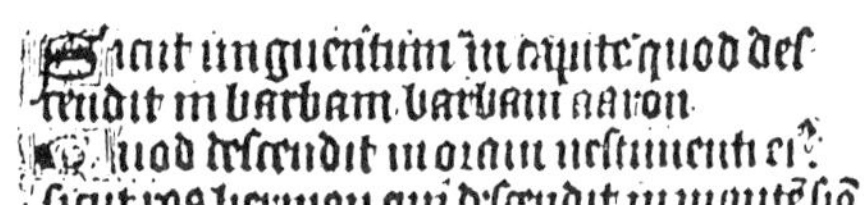

Gotische Schrift, vor 1446

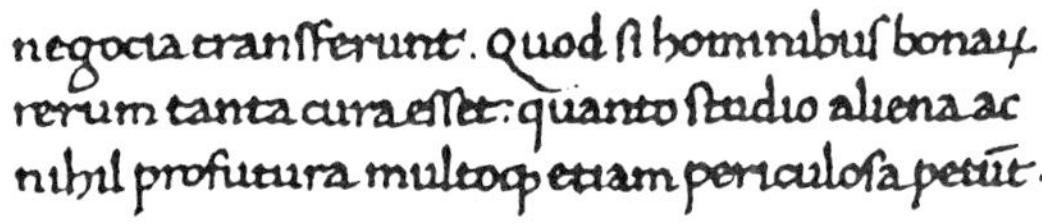

Renaissance-Schrift, 1466

Entwicklungsstufen lateinischer Handschriften.

die Kursivschrift in Gebrauch, eine reine Schreibschrift, wie man sie in Briefen verwendet, bei der die einzelnen Buchstaben nicht mehr unverbunden aneinandergereiht, sondern durch Verbindungsstriche zu Wörtern zusammengefaßt werden. Dabei ist es üblich, zunächst feine Linien über das Pergament zu ziehen und dann sauber auf dieser Zeile entlang zu fahren. Meistens läuft die Zeile nicht über die ganze Seite durch, sondern der Text ist in zwei oder drei Kolonnen oder Rubriken aufgeteilt, die nebeneinander stehen. Übrigens stammt die Bezeichnung »Rubrik« aus jener Zeit: Das erste Wort jeder Kolonne wurde durch einen oder zwei kunstvoll ausgemalte Großbuchstaben eingeleitet, die meist neben Gold und Blau die rote Farbe aufwiesen. Rot heißt auf lateinisch »ruber«, darum ist der Schriftblock, der mit dem Buchstaben in »ruber« beginnt, eine »Rubrik«.

Die einzelnen Pergamentblätter werden zu Büchern, zu »Codices«, zusammengeheftet, und diese Codices erreichen bisweilen eine nicht unerhebliche Größe. Im allgemeinen benutzt man ein Format von etwa 20 mal 30 Zentimeter pro Blatt, es sind jedoch Handschriften von 60 und mehr Zentimeter Höhe bekannt.

Prachtbände von überwältigender Schönheit sind unter diesen Handschriften und Codices: Da ist die uralte Abschrift der Gotenbibel Wulfilas, der sogenannte Codex argenteus, das heißt der silberne Codex, der in silbernen und goldenen Buchstaben auf purpurfarbenes Pergament geschrieben ist. Er entsteht bereits im 6. Jahrhundert in einem oberitalienischen Kloster. Nicht viel jünger ist der »Codex carolinus«, zweispaltig abgefaßt, in der ersten Kolonne der gotische, in der zweiten der lateinische Bibeltext. Noch älter ist der Viktor-Codex in Fulda, der das Neue Testament in lateinischer Sprache enthält und von Bonifatius nach Deutschland gebracht wurde.

Prachtvoll in der Ausführung der Initialen, der Anfangsbuchstaben, ist eine Handschrift des Mönchs Alkuin, die er im 9. Jahrhundert auf Geheiß Karls des Großen anfertigt, und aus derselben Zeit stammt schließlich der sogenannte Stuttgarter Bilderpsalter, der zwar in kunstloser Schrift abgefaßt, dafür aber mit lebendigen, buntfarbigen Bildern ausgestattet wird.

Einen ihrer Höhepunkte erreicht die Schreibkunst im 10. Jahrhundert mit den Werken, die besonders aus Sankt Gallen kommen.

Der Codex Bonifatii oder Victor-Codex. Er entstand um 550 und trägt eigenhändige Randbemerkungen des Bischofs Victor von Capua (551–554). Später gelangte der Codex in den Besitz des Bonifatius, des Apostels der Deutschen.

Eine deutsche Übersetzung der Psalmen von dem Mönch Notker, mit dem Spitznamen »Labeo« wegen seiner großen Unterlippe, ist uns erhalten. Im Text wechseln der lateinische Urtext und die deutsche Übersetzung ab. Jeweils das erste Wort ist in vielfach verschnörkelten, mit Rankenwerk kunstvoll verzierten Großbuchstaben geschrieben.

Aus den folgenden Jahrhunderten sind immer zahlreichere Handschriften überliefert, die großenteils einen ungemein sorgfältigen und sauberen Eindruck machen. Auf den er-

Miniatur zu Psalm 42:
„Mit der Zither will ich dich preisen"...
Aus einer Handschrift des 9. Jahrhunderts.

sten Blick ist es nicht möglich zu entscheiden, ob man eine Handschrift oder aber einen vollendeten Druck vor sich hat. Raumaufteilung und Schriftbild sind beispielhaft, und die liebevoll ausgeführten Verzierungen der Initialen, das schmückende Beiwerk an Ranken und symbolhaften Zeichen, das oftmals das ganze Werk durchzieht, legen dafür Zeugnis ab, daß Meister ihrer Kunst an der Arbeit waren, die nicht nur mit überragendem Können, sondern in gleicher Weise auch mit unendlicher Liebe und Geduld geschafft haben.

„Schreibbüros" und „Taschenbücher"

Einige Klöster gleichen regelrechten Schreibbüros. Wo mehr schreibkundige Mönche als Vorlagen existieren, beginnt man, die Arbeit zu rationalisieren. Ein Mönch diktiert den Text, und zehn oder sogar zwanzig andere schreiben ihn nieder. Dadurch entstehen für damalige Begriffe regelrechte »Massenauflagen« von zehn, fünfzehn oder zwanzig Exemplaren der Bibel oder einzelner Bibelteile. Einen Nachteil freilich bringt solche Praxis mit sich: Je rascher man zu schreiben bemüht ist, je »fabrikmäßiger« solche Niederschriften entstehen, desto mehr Fehler enthalten sie. Wenn jene Prachtausgaben, die in jahrelanger, mühevoller Arbeit wuchsen, nahezu fehlerfrei sind, einfach darum, weil sich der Schreiber genügend Zeit zu seinem Werk nahm, so schleichen sich mit fortschreitender »Rationalisierung« der Arbeit immer mehr Fehler und Irrtümer ein. Lesefehler, Schreibfehler, Hörfehler lassen den Wert der Handschriften immer weiter absinken. Nicht selten werden fehlerhafte Exemplare abgeschrieben, und es entsteht mit der Zeit ein Durcheinander von mannigfachen Abweichungen im Text, die zu entwirren erst einer viel späteren Zeit vorbehalten bleiben soll.
Hinzu kommt, daß der Eifer der Mönche im späten Mittelalter sichtlich nachläßt. »Ach«, stöhnt der englische Bischof Richard de Bury, »der Eifer der Mönche erstreckt sich heutzutage mehr auf das Becherschwingen als auf das Bücherschreiben!« Es gibt Handschriften von kaum noch zu überbietender Nachlässigkeit, wahre Schluderarbeiten, von gleichgültigen Mönchen unlustig hingekritzelt. Nicht selten machen die Schreiber ihrem Unmut über die lästige Arbeit in bissigen Randbemerkungen Luft. So findet sich auf der letzten Seite des sogenannten Codex 176 im Kloster St. Gallen die Zeichnung eines gewaltigen Humpens, und daneben steht in ungelenken Hexametern der »fromme Wunsch«, der einem unbeliebten Mitbruder gilt: »Grimoald, fällt es dir ein, aus diesem Humpen zu trinken,/Möge sein Inhalt sofort sich in Essigsäure verwandeln/Und ein unendlicher Husten samt brennendem Durst dir beschert sein!«

„Taschenbibel", 12 x 17 cm groß, auf hauchdünnes Pergament geschrieben, aus dem 14. Jahrhundert.

Man begnügt sich nicht mit künstlerischer Schrift, sondern schmückt die Handschriften oft mit kostbaren Bildern aus. Judith-Evangeliar aus Flanderrn, 11. Jahrhundert.

In einer anderen Handschrift stößt der erstaunte Leser neben dem lateinischen Text auf Glossen in irischer Sprache. Der Schreiber, ein Mönch aus Irland, macht seinem Herzen Luft mit Stoßseufzern wie »Gottlob, es wird schon dunkel«, oder »Heiliger Patricius von Armagh, erlöse mich von dieser ewigen Schreiberei!«, oder »Ach, wenn ich doch ein ordentliches Glas alten Weines neben mir hätte!« Es ist verständlich, wenn der moderne Wissenschaftler einer solchen Handschrift von vornherein einiges Mißtrauen entgegenbringt. Wie man dergleichen Randbemerkungen im Mittelalter aufnahm, ist leider nicht überliefert.

Doch zurück zu den gültigen Werken: Man beschränkt sich in den Jahrhunderten der deutschen Kaiserzeit nicht allein auf immer neue Abschriften alter Texte, sondern man bemüht sich, Neues zu schaffen. Die ganze Bibel auf Pergament handgeschrieben ergibt einen immensen Folianten, der meist noch in mehrere Bände aufgeteilt werden muß. Damals wie heute besteht der Wunsch nach einem »Taschenbuch«, und so entstehen die Bibelauszüge. Charakteristisch gerade für die Kaiserzeit sind die Psalterien und die Evangeliare, das heißt Kurzausgaben der Heiligen Schrift, die jeweils nur Abschnitte aus den Psalmen oder Evangelien enthalten. Eines dieser Evangelienbücher soll zu ganz besonderer Bedeutung gelangen: das Reichsevangeliar. Es ist jenes Buch, auf das der neugekrönte Kaiser seinen Eid ablegt. Dieser Codex, der mit goldenen Buchstaben auf Purpurpergament geschrieben ist, zählt zu den Reichskleinodien. Entstanden ist er in der Aachener Palastschule.

Übrigens finden sich gerade unter den Psalterien und Evangeliaren Kunstwerke von unschätzbarem Wert. Kaiser und Könige, Fürsten und Herren lassen für sich und ihre

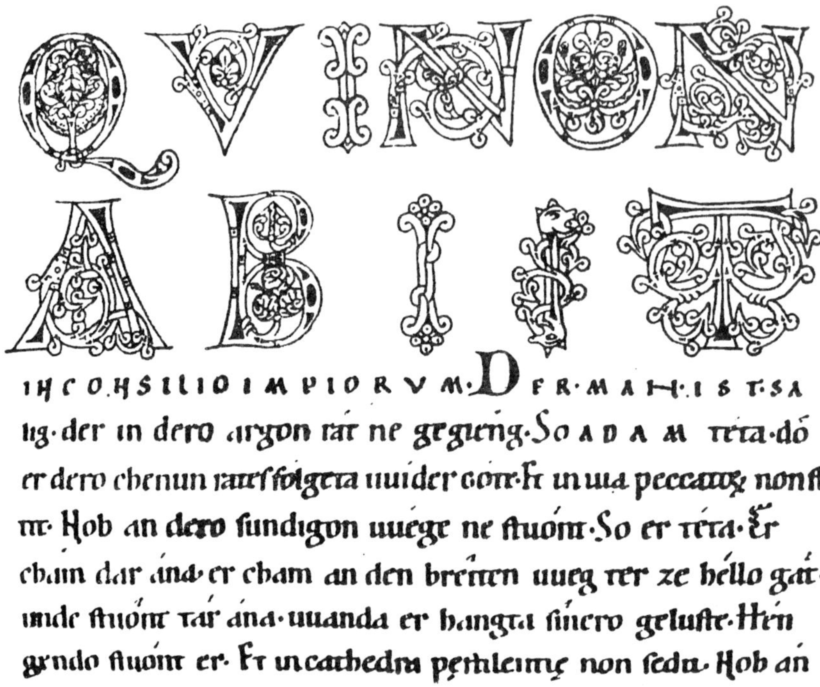

Eine Handschrift mit der Übersetzung der Psalmen ins Deutsche durch Notker Labeo, um 1000 n. Chr.

Familie solche Bücher anfertigen und aufs kostbarste ausstatten. Neben ausgesuchten Pergamenten und sorgfältigster Schrift, neben Gold- und Silberbuchstaben, farbigen Initialen und buntem Ranken- und Ornamentwerk zeigen diese Ausgaben nicht selten Illustrationen von künstlerischem Rang. Diese Bilder, die man als Miniaturen bezeichnet, sind noch heute mehr als kulturhistorische Dokumente: Ihnen wohnt eine künstlerische wie thematische Aussage inne, die immer wieder in Erstaunen setzt. Hinzu kommen die prächtigen und wertvollen Einbände. Zuweilen aus getriebenem Silber- oder Kupferblech, nicht selten vergoldet, mit Edelsteinen besetzt und sogar aus massivem Gold. Andere Einbanddecken sind von geschnitztem Elfenbein. Dieses Material ist besonders beliebt, gilt doch der Elefant, Träger des Elfenbeins, als ein »keusches Vieh«, wie jener Notker Labeo selbst sagt. Oder man wählt seltene Hölzer und beschlägt sie reich mit silbernem Filigranwerk.

Auch an Übersetzungen wagt man sich bereits vor dem Jahre 1000. Es sind zumeist die gelehrten Mönche, Lehrer und Leiter an den Klosterschulen, die derartige Werke beginnen, vielleicht zunächst nur in dem Wunsche, ihren Schülern eine deutsche Ausgabe wenigstens einzelner Bibelteile in die Hand zu geben. Doch ihre Arbeiten gewinnen an Bedeutung weit über die Grenzen ihrer Schule und ihres Klosters hinaus.

Da ist im Jahre 830 der Leiter der Klosterschule in Fulda, der berühmte Hrabanus Maurus, der eine Übersetzung der Evangelienharmonie des Tatian aus dem Lateinischen ins Deutsche anfertigen läßt. Sein Schüler Otfried von Weißenburg schafft eine freie Umdichtung in althochdeutschen Versen von den Evangelien. Notker Labeo, der St. Gallener Mönch mit der großen Unterlippe, ebenfalls Leiter der dortigen Klosterschule, übersetzt die Psalmen ins Deutsche, und sein Text ist von ungeheurer Sprachgewalt und klanglicher Schönheit. Der Abt zu Ebersberg, ein gewisser Williram, der in

Fulda studiert hat, schreibt eine dreisprachige Übersetzung des Hohenliedes. In der Mitte steht der Vulgatatext, links eine lateinische Umdichtung und rechts eine freie deutsche Übersetzung, die sprachlich zu dem Schönsten gerechnet wird, was uns aus jener Zeit erhalten ist.

Der Heliand

Bedeutung haben auch die verschiedensten Bibelübersetzungen aus der Palastschule Kaiser Karls des Großen unter der Leitung des Mönches Alkuin, doch keines dieser Werke kann sich messen mit dem »Heliand«, jener grandiosen Umdichtung der Evangelien, nicht nur sprachlich, sondern auch inhaltlich dem Empfinden des deutschen Menschen im Frühmittelalter angepaßt. Im Heliand erscheint Christus als der germanische Recke, der kühne Streiter für Recht und Wahrheit, und seine Jünger sind die »Mannen«, die ihm in Treue ergeben bleiben. Der Name des Dichters dieses »Heliand« ist verlorengegangen. Wir wissen nur, daß es ein Sachse war, der vermutlich im Auftrage Kaiser Ludwigs des Frommen speziell für das Volk der Sachsen eine Evangelienharmonie schaffen sollte, die dem Denken und Fühlen dieser kriegerischen Stämme Rechnung trägt. Das Ziel ist weniger die inhaltsgetreue Wiedergabe der Evangelien als eine in nordisches Denken übertragene Geschichte Jesu und seiner Jünger. Auch der schlichte, des Denkens ungewohnte sächsische Krieger und Bauer soll von Christus erfahren, und zwar so erfahren, daß er ihn versteht. Der Dichter nimmt jede Gelegenheit wahr, um das Heldische in der Erscheinung Christi ins Licht treten zu lassen. So verweilt er liebevoll bei der Geschichte von der Tempelreinigung, und die Hochzeit zu Kana wird zu einem echt

Schreibender Mönch in seiner Werkstatt. Auf dem oberen Pult befindet sich seine Vorlage. Frankreich, um 1340 n. Chr.

germanischen frisch-fröhlichen Zechgelage. Christus auf dem Meer erscheint als ein Wikingerfürst, hoch auf dem Vordersteven jener schlanken gehörnten Boote der Nordmänner. In 6000 Versen entsteht unter den Händen des unbekannten Dichters ein Heldenepos, das dem Nibelungenlied zwar nicht ebenbürtig, aber doch nahe verwandt ist. Eine Dichtung voller Plastik und Lebensnähe. Lehre von Christi Taten und seiner Mannen Werke in der Sicht eines germanischen Kriegers. Der Heliand ist, wie der Gelehrte und Dichter Karl Simrock, der Übersetzer der altdeutschen Heldenlieder, tausend Jahre später sagt, »das in deutsches Blut und Leben verwandelte Christentum«.

Übersetzungen und Übersetzungsversuche, Umdichtungen und Neufassungen von Bibel und Bibelteilen ziehen sich durch das ganze Mittelalter: von der altsächsischen und der Wiener Genesis bis zu den zweieinhalbtausend Versen der niederdeutschen Apokalypse, von der Görlitzer Evangelienharmonie bis zu den Bibeldichtungen der Deutschordensritter. Sie sind zumeist verloren und vergessen. Ihre Bedeutung reicht nicht über ihre Zeit hinaus. Innerhalb ihres Verbreitungsgebietes aber sind sie von allergrößtem Einfluß.

Miniatur von Matthias Gering in einer Bibelhandschrift in deutscher Sprache, um 1530.

»Nicht alles, was sich reimt, ist ein Gedicht«

Nicht anders steht es mit den sogenannten Reimbibeln, die im 12. und 13. Jahrhundert aufkommen. Es sind durchweg Übertragungen des Vulgatatextes in die deutsche Sprache, jedoch um der leichteren Einprägsamkeit willen in Reime gefaßt. Es sind für unsere

Mit Gold, Edelsteinen und einer Elfenbeinschnitzerei versehener Prachteinband einer Bibel, um 990.

NAZAREN
TERRA

Begriffe völlig ungenießbare, holprige Verse, denen jede dichterische Schönheit abgeht, aber sie halten sich ziemlich genau an die Textvorlage. Als Probe ein paar Zeilen aus dem Ersten Buch Mose in einer Reimbibel des 12. Jahrhunderts:

Dv sprach aue Got
mich dunchet nicht gut
daz so eine si der man
wir sculen im eine hilfe tun.
Da sprach Gott
Mir dünkt nicht gut
Daß der Mensch alleine sei
Wir wollen ihm eine Hilfe geben.

Wie man sieht, schaurige Reime, aber textgetreue Wiedergabe von 1. Mose, Kapitel 2, Vers 18. Die Versform soll dabei in erster Linie das Auswendiglernen der biblischen Geschichte erleichtern und dem Studium einen gewissen Reiz verleihen. Noch bis ins 17. Jahrhundert wird übrigens diese Form gepflegt, die Wiedergabe biblischer Geschichten »reimweis«, aus pädagogischen Gründen.
Ganz ähnlich steht es um die sogenannten Historienbibeln, die zur gleichen Zeit Verbreitung finden. Es sind freie Texte, in denen die biblischen Geschichten in flüssiger Sprache erzählt werden: Lehrbuch, Schulbuch und Geschichtsbuch zugleich. Die Historienbibel des Petrus Comestor, Kanzler der Kirche in Paris, ist zwei Jahrhunderte lang das meistgelesene Buch, nicht nur in Frankreich, sondern in ganz Mitteleuropa. Es gibt deutsche und holländische, portugiesische und tschechische, ja, sogar eine isländische Ausgabe beziehungsweise Bearbeitung dieser französischen Historienbibel, und in allen Ländern findet sie zahlreiche Nachahmungen.

Blockbuch und Armenbibel

Charakteristisch für das ausgehende Mittelalter sind endlich die Blockbücher. Sie verdanken ihre Entstehung dem Bestreben, eine billigere Vervielfältigungsform als die des Abschreibens zu finden, und man bedient sich dabei des Holzschnittes. Von einem ein-

Illustration aus einer sogenannten „Armenbibel", bestimmt für die „Armen im Geist", die weder lesen noch schreiben können.

mal geschaffenen Holzschnitt läßt sich eine bedeutende Anzahl von Abzügen herstellen, zunächst auf Pergament, dann auch auf Papier, das seit dem 13. Jahrhundert von China her über den Orient auch in Mitteleuropa Eingang findet. Die Anfertigung einer geschnittenen Holzschablone freilich ist nicht mehr Sache der Schreiber, sondern der Holzschneider, nicht selten Künstler von Format, Vorläufer der großen Maler und Graphiker des 15. und 16. Jahrhunderts. Es liegt nahe, eine solche in Holz geschnittene Buchseite mit Bildern und symbolischen Zeichen zu versehen, und tatsächlich weisen alle Blockbücher des Mittelalters reichen Bildschmuck auf, ja, das Bild wird zum eigentlichen Träger des Gedankens. Das dazu geschriebene Wort hat nur noch erläuternden Zweck. Solche Bilderbücher haben zudem den Vorteil, daß sie auch von des Lesens Unkundigen verstanden werden. Die sogenannten Totentänze tauchen in Blockbüchern zum erstenmal auf, Kalenderblätter, Beispiele für die Sieben Todsünden, symbolische Bilddarstellungen des Glaubensbekenntnisses oder Illustrationen zur Apokalypse. All dies füllt die Blockbücher vom 13. bis zum 15. Jahrhundert.
An erster Stelle unter den Blockbüchern steht die »Armenbibel«, die »Biblia pauperum«. Es sind dies Laienbibeln, die von weiten Kreisen des Volkes gelesen und verstanden werden. Man verzichtet darin bewußt auf die Wiedergabe abstrakter Begriffe und langer

Schriftabschnitte, sondern wählt einen ebenso genialen wie einfachen Weg, um die Hauptwahrheiten und Hauptgedanken der Heiligen Schrift darzustellen: Jeweils eine Seite behandelt ein bestimmtes Thema. In der Mitte der Seite steht jedesmal ein Bild mit einem neutestamentlichen Geschehen, links und rechts davon zeigen Bilder eine alttestamentliche Begebenheit, die in irgendeinem inneren Zusammenhang zu dem Gedanken des Neuen Testamentes steht. Oben und unten auf der Seite finden sich Einzeldarstellungen biblischer Gestalten, Heiliger, Kirchenfürsten oder Vignetten mit symbolhaften Zeichen und Bildnissen, wie etwa der Evangelisten in der allegorischen Tiergestalt. Die Bilder sind voneinander durch verschlungene Spruchbänder getrennt, Spruchbänder oder kleine Textabschnitte finden sich über die ganze Seite verteilt. Wer sie nicht lesen kann, der vermag dennoch aus den Bildern den Sinn des Dargestellten zu erkennen. Alles in allem stellen diese Armenbibeln nicht nur bedeutende künstlerische und handwerkliche Leistungen dar, sondern verraten noch dazu ein gutes Stück dogmatischer, exegetischer und katechetischer Arbeit.

So finden sich etwa in der Biblia pauperum von St. Florian in Wien unter anderem folgende Bildzusammenstellungen: als neutestamentliche Darstellung der Kindermord von Bethlehem, als alttestamentliche Parallelen dazu der Priestermord durch Saul und der Mord Athalias an den Königskindern. Neben der Himmelfahrt Jesu erscheint die Himmelfahrt des Elia und die Aufnahme des Henoch in den Himmel. Neben der Darstellung des Abendmahls finden wir das Opfer des Melchisedek. So geht es fort, oft in vielen Dutzend Bildern, und die ganze Lehre der Kirche wird auf diese Weise dem Volke anschaulich und damit verständlich gemacht.

Ähnliche Darstellungen finden sich noch heute in alten Kirchen etwa in Form von Wandgemälden oder Bildersteinen, die in Sgraffito-Manier genau wie eine Seite der Armenbibel die verschiedensten neu- und alttestamentlichen Szenen sinngemäß nebeneinander stellen. Im Bild dargestellten Religionsunterricht könnte man diese Form der Katechese nennen.

Allerdings haben die Armenbibeln ihren Namen nicht etwa daher, daß sie so billig gewesen wären, daß sich auch der Arme ein solches Buch hätte leisten können. Es sind vielmehr die »Armen im Geiste« gemeint, solche schlichten Leute des Volkes (und auch unter den Mönchen und sogar unter den Priestern), denen die Kunst des Lesens und erst recht des Latein fremd geblieben ist. Was den Preis solcher Armenbibeln angeht, so ist er noch beträchtlich, und nur der Begüterte kann sich eine derartige Bibel kaufen.

Ein Rittergut für eine Bibel

Handschriften vollständiger Bibelausgaben vollends sind ein Vermögen wert, die kostbarsten unter ihnen nur noch von Fürsten und Königen zu bezahlen.

Im Jahre 1309 verkaufen die Nonnen des Klosters Wasserler in der Diözese Halberstadt einem Herrn vom Stein eine vollständige Bibelausgabe in vier Bänden zum Preis von 16 Mark reinen Silbers. Das hört sich harmlos an. Wie enorm dieser Preis tatsächlich ist, geht daraus hervor, daß dieselben Nonnen drei Jahre später das fürstliche Geschenk von 5 Mark in Silber erhalten, und dafür kaufen sie folgendes: eine halbe Hufe Land zu Wasserler, zwei Hofstellen in Was-

Mittelalterliche Bibliothek

serler, einen Wald, einen ganzen Hof mit zwei Waldstücken, und noch einmal eine Viertelhufe Land, wobei eine Hufe ungefähr der Fläche von 30 Morgen entspricht. Mit anderen Worten: Für 16 Mark Silber, für den Preis einer einzigen Bibel also, hätte man ein ganzes Rittergut erwerben können.

Die Abtei Johannisberg im Rheingau erwirbt 1388 eine Bibel zum Preis von 70 florentinischen Goldgulden. Um diese Summe abtragen zu können, bittet der Abt um Einräumung einer vierjährigen Ratenzahlung. Man kann zu jener Zeit für ein bis zwei Goldgulden einen fetten Ochsen kaufen. Eine stattliche Rinderherde für eine einzige Bibel! Wenn dennoch immer wieder Privatleute eine Bibel für sich erwerben, dann zeugt dieser Umstand für eine – nach heutigem Maßstab gemessen fast unbegreifliche – Opferwilligkeit, die keine Kosten scheut, um in den Besitz des göttlichen Wortes zu kommen.

Andererseits liegt es auf der Hand, daß die Bibliotheken jener Zeit von bescheidenstem Umfang sind. Wenn ein Kloster eine vollständige Bibel und daneben noch ein paar Handschriften der Kirchenväter besitzt, so hütet es einen kostbaren Schatz. Die damals umfangreichste Bibliothek der Welt, die Bücherei des Vatikan, umfaßt alles in allem nicht mehr als 1100 Bände, aber diese Bücher stellen einen in Zahlen kaum mehr auszudrückenden Wert dar.

Um die so unendlich wertvollen Schriften zu sichern und vor Diebstahl und Beschädigung zu schützen, kommt man in den deutschen und vor allem in den englischen Klöstern zuweilen auf die seltsamsten Ideen: Man legt die Bücher an die Kette. Im Kloster St. Emmeran in Regensburg zum Beispiel liegen im 14. Jahrhundert 250 Bücher auf 32 Pulten, Stück für Stück an einer soliden Kuhkette, die durch den Buchrücken läuft und an der Decke an einer dicken Stange befestigt ist. Man kann die Bücher wohl am Pult stehend lesen, aber mitnehmen kann man sie nicht. 1378 verfügt der englische Kanzler von York, Thomas von Farnilaw, in seinem Testament, daß die in seinem Besitz befindlichen Bibeln und Konkordanzen der Kirche von Newcastle zu übergeben seien, »um daselbst mit einer Kette befestigt, dem Volke zugänglich gemacht zu werden«. Noch heute ist in Hereford in England eine solche Kettenbibliothek zu besichtigen; sie steht dort in der Allerheiligenkirche.

Eine Legende knüpft sich übrigens an die Praxis der angeketteten Bibel: Wie die Überlieferung berichtet, fand Luther als Student an der Erfurter Universität eine angekettete Bibel, woraus man schloß, in vorreformatorischer Zeit sei die Bibel mit einer Kette umwickelt gewesen, damit kein Laie oder sonst Unberufener hätte hineinschauen können. Das Gegenteil ist der Fall. Im Mittelalter hat die Bibel weit größere Verbreitung gefunden, als man noch vor einigen Jahrzehnten annahm, und man scheute weder Arbeit noch Mühe, weder Kosten noch Können, um sie immer wieder aufs neue abzuschreiben und zu interpretieren und möglichst weiten Kreisen bekanntzumachen.

Ein Lehrer lehrt zwei Schüler das Alphabet. Holzschnitt von 1490.

Ein Mann verändert die Welt

Sechs Erfinder und eine Erfindung
Mit der Erfindung der Druckerkunst beginnt ein neuer Abschnitt in der Geschichte der Menschheit: das Zeitalter der Massenbewegungen, der Ausweitung menschlicher Ideen und Gedanken über die Grenzen der Länder und Meere hinweg. Erfindungen und Entdeckungen, Kriege und Revolutionen, Aufstände mit der Waffe und Aufstände des Geistes, sie alle sind nicht mehr in einen engen Bereich gefesselt, sie laufen um die Welt, entzünden die Geister über Erdteile und Ozeane hinweg, lassen alle Schranken hinter sich.
Aber was die Buchdruckerkunst auch bewirken sollte, ihre eigene Geschichte bleibt im Dunkeln. Wir wissen nicht einmal, wer in Wahrheit zum erstenmal Lettern geschnitten und zu Druckstöcken zusammengesetzt hat. Da ist zunächst ein gewisser Prokop Waldvogel aus Prag, der in den Jahren 1444 bis 1446 in der südfranzösischen Stadt Avignon lebt und dort eine Methode des »künstlichen Schreibens« entwickelt haben soll. Tatsächlich dürfte sich dieser Prokop Waldvogel mit Versuchen, einzelne Lettern in Metall zu gießen, beschäftigt haben. Sein Wirken und Leben liegt jedoch unter dem Schleier des Geheimnisses. Kein einziger Druck ist von ihm erhalten, ja, es bleibt ungewiß, ob ein solcher jemals zustande kam. 1446 verschwindet Waldvogel spurlos aus Avignon, und kein Mensch hat jemals wieder von ihm gehört.
Wesentlich besser scheint der Anspruch der Holländer fundiert zu sein, wenn sie hartnäckig behaupten, die Kunst des Druckes habe der Niederländer Laurens Janszon Coster in Haarlem erfunden. Sie haben dieser Behauptung sogar die Tat folgen lassen, indem sie kurzerhand ihrem Mynheer Coster gleich zwei Denkmäler setzten, auf deren

Johann Gutenberg

Sockel noch heute zu lesen ist, daß hier der Erfinder der Druckerkunst stehe. Es kann dabei ebensowenig wie bei dem Prager Waldvogel geleugnet werden, daß sich Coster mit dem Problem der Typenherstellung für den Druck beschäftigt hat. Möglicherweise kam er sogar zu einem gewissen Ergebnis, aber das kann frühestens 1454 gewesen sein, und zu diesem Zeitpunkt war die Kunst Gutenbergs bereits den Kinderschuhen entwachsen.

In der Pariser Nationalbibliothek wird eine kleine Schrift aufbewahrt, die unter dem Titel »Instruction et doctrine de tous chrestiens« etwa 30 Quartblätter umfaßt. Die Titelseite trägt den Vermerk: »Dieses druckte der Brügger Bürger Johannes Brito, der die wunderbare Kunst des Druckens und die staunenswerten Geräte, so dazu gehören, erfand, ohne daß es ihm jemand gezeigt hätte.« Danach würde die Palme des Erfinderpreises Herrn Brito aus Brügge zu reichen sein, die Sache hat jedoch einen, genauer gesagt, mehrere Haken. Das besagte Büchlein trägt nämlich kein Erscheinungsdatum. Hätte Brito die Druckerkunst wirklich erfunden, so hätte das vor dem Jahre 1445 geschehen sein müssen, denn zu dieser Zeit veröffentlicht Gutenberg seine ersten Drucke. Brito ist aber in Wahrheit zu dieser Zeit noch gar nicht in Brügge gewesen. Eine Urkunde berichtet davon, daß er im Jahre 1494 der Brügger Johannisgilde angehört. Auch wenn er dazumal schon ein Greis gewesen wäre, hätte er den Buchdruck als recht junger Mann erfinden müssen, wenn er noch vor Gutenberg zum Zuge kommen wollte. Schließlich zeigt das Papier jenes Büchleins ein Wasserzeichen, das auf eine wesentlich spätere Zeit deutet.

Ähnlich steht es mit einem Italiener namens Pamfilo Castaldi in Feltre und seinem Landsmann Balthasar Azzoguidi aus Bologna, nicht anders auch mit dem Mailänder Philip de Lavagna und Antonio Zaroto aus Parma. Alle erheben sie Anspruch darauf, »Erfinder der Buchdruckerkunst« zu sein, und man ist heute vielfach der Ansicht, daß sie es gleichsam in übertragenem Sinne gemeint haben, etwa so, daß sie die Buchdruckerkunst in ihrer Heimatstadt eingeführt haben. Diese Erklärung hat viel für sich, denn ernstlich hätte keiner von diesen Italienern seine Behauptung aufrechterhalten können. Als sie ihre ersten Bücher drucken, ist in Deutschland schon seit Jahrzehnten das gedruckte Buch im Umlauf.

Kommt die „schwarze Kunst“ aus China?

Die ernstlichen Konkurrenten Gutenbergs in diesem Wettstreit um die Urheberschaft seiner Erfindung sind nicht in Europa zu suchen, sondern in Asien. Im Jahre 1392 findet man in der Hauptstadt Koreas, Söul, ein Verfahren, Druckzeichen in Kupfer zu gießen. Elf Jahre später wird in Söul auf Anordnung des Fürsten T'ai Tsung eine Staatsdruckerei gegründet, die über einige Hunderttausend gegossene Typen verfügt. Die tägliche Druckleistung beträgt nach einiger Zeit 40 Blatt. Es ist ein unendlich schwieriges und langwieriges Verfahren, eine solche komplette Sammlung aller Schrifttypen herzustellen, denn es gibt in Ostasien nicht weniger als 40 000 verschiedene Schriftzeichen. Dennoch ist die Arbeit geleistet worden. Sie ist verbürgt und bewiesen.

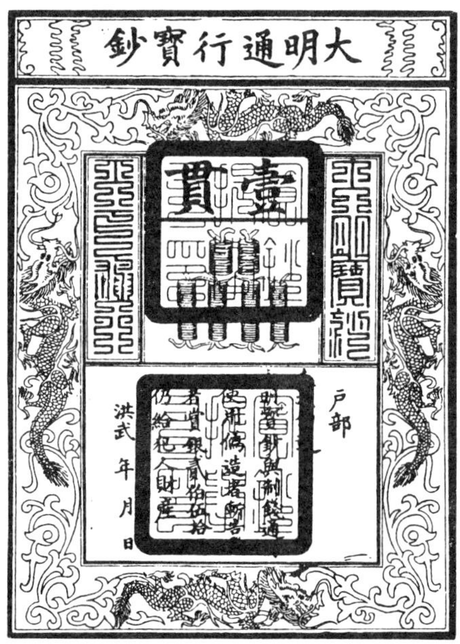

Altes chinesisches Papiergeld. Holztafeldruck

Aber es gibt einen Mann, der noch früher die Kunst des Druckens beherrscht, und das ist der chinesische Schmied Pi Sheng. Er lebt von 1030 bis 1093 nach Christi Geburt, zuverlässige Urkunden berichten darüber. Und diese Urkunden erzählen auch, daß Pi Sheng von 1041 bis 1048 Tausende chinesischer Schriftzeichen in Ton modelliert und brennt. Diese Typen werden mit Klebstoff auf eine Holzplatte geleimt, dann mit Tusche bestrichen und ein Blatt Papier daraufgedrückt. So entstehen die ersten Drucke, hergestellt aus einzelnen, beweglichen Typen.

Die Chinesen kennen jedoch schon viel früher die Technik des Holztafeldruckes, so wie sie etwa bei den mittelalterlichen Blockbüchern angewandt wird. Die Schriftbänder und Textabschnitte auf den Bilderseiten eines Blockbuches, einer Armenbibel etwa, werden allerdings meist noch mit der Hand geschrieben und später eingefügt. Das Schneiden von lesbaren Buchstaben in Holz ist eine allzu schwere Kunst, als daß sie von vielen beherrscht würde. Die Chinesen hingegen schneiden bereits ihre zahllosen Schriftzeichen mit bewundernswürdiger Präzision in die Holzplatten ein und schaffen damit lesbare und sogar graphisch schöne Drucke. Ein solcher Holztafeldruck ist das sogenannte Diamant-Sutra, von dem Chinesen Wang-Chieh im Jahre 868 in Auftrag gegeben. Das älteste bekannte gedruckte Buch der Welt! Es zeigt Bilder aus dem Leben Buddhas nebst reichhaltigem Text mit den Lehren des Gautama Buddha. Daneben hat man alte chinesische Geldscheine gefunden, auf Papier im Holzschnittverfahren gedruckt, die in ihrer Schönheit und künstlerischen Ausführung alle Holzschnittbilder des Mittelalters weit hinter sich lassen.

Auch das Papier geht auf eine Erfindung der Chinesen zurück. Die Legende weiß von einem Eunuchen namens Ts'ai Lun zu berichten, der sich vom Palastwächter zum Landwirtschaftsminister emporgearbeitet und bereits im Jahre 105 nach Christus eine Methode zur Herstellung von Papier aus Lumpen, Hanf und Baumrinde entwickelt habe. Einige chinesische Quellen stellen das zwar in Abrede, aber es gibt heute keinen

Der Papyrer.

Ich brauch Hadern zu meiner Mül
Dran treibt mirs Rad deß wassers viel/
Daß mir die zschnitn Hadern nelt/
Das zeug wirt in wasser einquelt/
Drauß mach ich Pogn auff dē filtz bring/
Durch preß das wasser darauß zwing.
Denn henck ichs auff/laß drucken wern/
Schneweiß vnd glatt/so hat mans gern.

Zweifel mehr, daß man im zweiten Jahrhundert nach Christus in China Papier herstellt und verwendet. Der bekannte schwedische Forscher, Weltreisende und Schriftsteller Sven Hedin findet 1901 in der tibetanischen Wüstenstadt Loulan beschriebene Papierstücke, die ziemlich genau datiert werden können. Sie weisen zurück in das Jahr 252. Immerhin dauert es noch tausend Jahre, bis die Kunst der Papierfertigung Europa erobert. In Ägypten kennt man es bereits um 800, in Italien um 1100, und im 13. Jahrhundert endlich findet die Papiermanufaktur auch in Deutschland Eingang. Das Papier gehört zum Buchdruck wie die geschnittene oder gegossene Type. Hätte man dieses billige, leicht zu fabrizierende Papier nicht gekannt und wäre man etwa auf das teure und seltene Pergament angewiesen gewesen, so

hätte die Druckerkunst nicht im entferntesten ihre tatsächliche Bedeutung erlangt.
Nach dem Gesagten liegt der Schluß nahe, die Chinesen als die eigentlichen Erfinder der Druckerkunst zu bezeichnen. Mit einigem Recht könnte man es tun, aber man träfe die Sache doch nicht ganz, denn das Druckverfahren Chinas und Koreas ist auf Ostasien beschränkt geblieben. Es hat zudem durch die Vielzahl der fernöstlichen Schriftzeichen nicht annähernd die Breitenwirkung gehabt wie später der deutsche Druck Gutenbergs, denn nur wenige verstanden die chinesische Schrift, und die kaum übersehbare Vielzahl der Typen machte ein rasches Arbeiten unmöglich. Beides aber ist notwendige Voraussetzung für eine weite Verbreitung. Wenn darum nach wie vor der Deutsche Johann Gutenberg der Erfinder der Buchdruckerkunst genannt wird, dann mit Fug und Recht. Ihm allein bleibt es vorbehalten, die endgültige und allgemeingültige Form zu finden.

Es bleibt bei Gutenberg

Wer ist dieser Gutenberg? Wann wird er geboren? Wo und wie lebt er? Wie kommt er zu seiner Erfindung? Alles bleibt verborgen unter dem Schleier des Geheimnisvollen. Wäre Gutenberg nicht in dauernder finanzieller Verlegenheit, müßte er nicht fortwährend Geld leihen, das er hernach nicht immer zurückzuzahlen bereit ist, würde er deshalb nicht immer wieder in Rechtsstreitigkeiten und Prozesse verwickelt, wir wüßten so gut wie nichts über ihn. So aber geben wenigstens die Gerichtsakten, die zum Teil erhalten sind, einige Auskunft.
Johannes Gensfleisch, so ist sein Geburtsname, stammt aus einem Patriziergeschlecht in Mainz. Geboren wird er auf dem Hofe seines Vaters zu Gutenberg, und von diesem Hofnamen leitet er seinen Namen her: Gensfleisch, genannt Gutenberg. Sein Geburtsjahr muß in das letzte Jahrzehnt des 14. Jahrhunderts fallen, genau können wir weder Jahr noch Tag bestimmen, und ebenso wenig wissen wir über seine Jugendzeit. Nur soviel ist sicher, daß er in seiner Heimatstadt Mainz, in der zu jener Zeit das Kunsthandwerk der Gold- und Silberschmiede blüht, Gelegenheit hat, sich mit diesen Künsten vertraut zu machen. Ob er jedoch förmlich ein solches Handwerk erlernt, entzieht sich bereits unserer Kenntnis.
In Mainz herrschen zu jener Zeit Unruhe und Wirrnis. Zwischen den alten Patriziergeschlechtern und den jungen, aufstrebenden Zünften entbrennen heftige Streitigkeiten, und diese Unruhen mögen mit ein Grund dafür sein, daß Gutenberg die Stadt verläßt. 1434 taucht er in Straßburg auf und führt von hier aus einen alten Rechtshandel gegen den Magistrat der Stadt Mainz weiter, der ihm die Zahlung irgendwelcher rückständigen Gelder einbringt. Es scheint ihm gut zu gehen in Straßburg, seine Vermögensverhältnisse sind geordnet, und er gilt als geachtete Persönlichkeit. Daß er zwischendurch einmal von einer gewissen Dame namens Ennelin verklagt wird, weil er sein Eheversprechen nicht wahr gemacht hat, stört dieses Ansehen nicht. Außerdem scheint die Klage der Jungfer nicht viel gefruchtet zu haben, denn Gutenberg hat nach unseren Kenntnissen nie geheiratet.
Übrigens wird er im Zusammenhang mit dem Eheversprechen noch in einen zweiten Prozeß verwickelt. Vor Gericht hat zugunsten der verlassenen Jungfer ein gewisser Claus Schott ungünstig gegen Gutenberg ausgesagt, und dieser – nicht faul – brüllt ihn nieder, er sei ein armseliger Geselle, der sein Leben mit Lug und Trug dahinbringt. Ergebnis: Claus Schott reicht Beleidigungsklage gegen Gutenberg ein, und dieser wird zur Zahlung von 15 Gulden verurteilt. Er greift in die Tasche und legt den Betrag auf den Tisch. Immerhin sind 15 Gulden keine Kleinigkeit, aber Gutenberg hat's dazu. In Keller seines Hauses in der Straßburger Vorstadt St. Arbogast liegen wohlgefüllte Fässer mit fast 2000 Liter Wein. Und das allein zu seinem eigenen Gebrauch! Er ist freigebig, er macht Geschenke, er leistet mit einem erheblichen Betrag Bürgschaft für einen Freund, kurz, er scheint das Abbild eines ehrbaren und biederen Bürgers der Stadt Straßburg, dessen Name obenan in der Zunftliste der Goldschmiede steht. Er versteht seine Kunst, er

unterrichtet andere angesehene Handwerker darin, er hält sich einen Diener. So geht es bis zum Jahr 1441.

Gutenberg macht Schulden

Ein Jahr später bereits muß er beim St. Thomasstift Schulden machen. Er nimmt ein Darlehen über rund 5000 Mark auf. Wie kann es geschehen, daß ein so gutsituierter Bürger innerhalb eines Jahres in derartige Geldverlegenheit gerät? Er ist nicht leichtsinnig, er spielt nicht, er trinkt nicht mehr als andere achtbare Männer auch, dennoch ist in seiner Kasse plötzlich Ebbe. Der Grund ist folgender:

Gutenberg betreibt eine geheimnisvolle Kunst. Er hat sich mit drei anderen Bürgern zusammengetan und eine Fabrikation von »Spiegeln« in Gang gebracht. Von »Spiegeln« sprechen jedenfalls die Akten, es mag sich dabei mehr um Wallfahrtsabzeichen, Kreuze, Heiligenbilder und Andenken gehandelt haben. Aber daneben beschäftigt er sich unablässig mit sonderbaren Versuchen. Seine Teilhaber wissen davon und müssen ihm striktes Schweigen geloben. Es wird Blei in großen Mengen eingekauft, es wird bei einem Schreiner eine große hölzerne Blockpresse in Auftrag gegeben, und es werden die verschiedensten Materialien eingekauft und verbraucht, ohne daß ein sichtbares Ergebnis zustande käme. All diese Geheimniskrämereien kosten immenses Geld. Gutenbergs eigenes Vermögen geht dabei drauf. Seine Teilhaber schießen ihm beträchtliche Summen vor, offenbar machen seine Versuche Fortschritte, und man erwartet hohen Gewinn. Doch dieser Gewinn bleibt aus. Die Teilhaber ziehen sich zurück und wollen ihr Geld wiederhaben, und schon ist Gutenberg am Rande des Bankrotts.

Wieder zieht man vor Gericht, wieder rollen endlose Prozesse ab, es wird hin und her geschworen, es werden reihenweise die verschiedensten Zeugen vernommen, es werden Urteile gesprochen und revidiert. Über alles geben die Akten genaue Auskunft, nur über das Wesentlichste nicht: über die eigentliche Erfindung. Hier hüllen sich selbst Gutenbergs Gegner in beharrliches Schweigen. Es ist die Rede von Pressen, von Metallpunzen und Gießformen, von Schmelzverfahren und Bleiblöcken, Platten und Schrauben, aber was es in Wahrheit damit auf sich hat, verrät niemand. Offenbar ist das Interesse der Richter an diesen Dingen auch nicht allzu groß.

Im Jahre 1444 kehrt Gutenberg der Stadt Straßburg den Rücken, aber er denkt nicht daran, nach den trüben Erfahrungen der letzten Jahre, seine große Idee aufzugeben. Der tatkräftige, energische Mann, der die Fünfzig überschritten hat, wandte bereits sein halbes Leben und sein ganzes Vermögen an die Verwirklichung dieser Idee. Er kapituliert nicht. Mögen andere seine Erfindung für eine Marotte halten, er selbst weiß um ihre Bedeutung in der ganzen unerhörten Tragweite. Er kehrt nach Mainz zurück, und ohne sich

Der Schrifftgiesser.

Jch geuß die Schrifft zu der Druckrey
Gemacht auß Wißmat/Zin vnd Bley/
Die kan ich auch gerecht justiern/
Die Buchstaben zusammn ordniern
Lateinisch vnd Teutscher Geschrifft
Was auch die Griechisch Sprach antrifft
Mit Versalen/ Puncten vnd Zügn
Daß sie zu der Truckrey sich fügen.

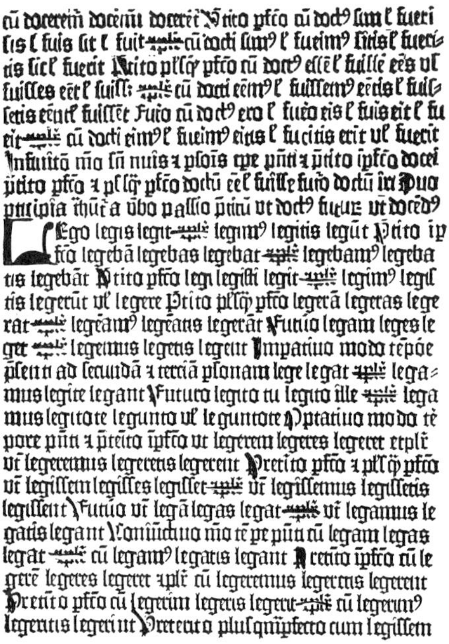

Eine Seite aus Gutenbergs erstem Druck, dem 27zeiligen Donatus.

aufzuhalten, nimmt er seine Arbeit wieder auf. Er werkt und schafft, plant und verwirft wieder, beginnt wieder von vorn, und eines Tages liegt das Ergebnis all dieser jahrzehntelangen Mühen vor ihm: der erste Druck! Man schreibt das Jahr 1445.

Es sind kleine Schriften, die ersten Drucke aus der Werkstatt Meister Gutenbergs: Kalender und eine kurzgefaßte lateinische Grammatik von einem gewissen Aelius Donatus, die darum kurz »Donate« genannt werden. Diese Schriften werden gekauft. Sie sind weit billiger als die Handschriften, deren Besitz den Wohlhabenden vorbehaltenen bleibt, sie sind sauber, gut lesbar und in typographisch hervorragender Ausstattung.

Dennoch erkennt man diese Erfindung nicht in ihrer ganzen Bedeutung. Man erwirbt diese Drucke, und man diskutiert darüber. Man spricht dem Meister Gutenberg ein Lob aus, und man achtet ihn als kunstreichen Mann. Doch er findet nicht die Förderung, die seinem Werk notwendig wäre.

Die Einrichtung einer größeren, leistungsfähigen Druckerei, die über die ersten Werkstattdrucke hinaus große Auflagen bewältigen kann, kostet Geld, viel mehr Geld, als der schon seit vielen Jahren dauernd in Schulden steckende Gutenberg aufzubringen vermag. Und so macht er neue Schulden. Zuerst bei einem Geldverleiher, der ihm gegen hohe Zinsen den Betrag von 150 Gulden vorstreckt. Die relativ kleine Summe reicht nicht hin und nicht her. Gutenberg entschließt sich, einen Teilhaber zu suchen, und findet den vermögenden Johannes Fust, der ihm 800 Gulden auf die Werkbank zahlt. Gutenberg muß dafür seine Werkstatt, seine Drucktypen, sein Handwerkszeug verpfänden. Aber er hat endlich freie Hand, und so beginnt er das große Werk, das er schon so lange geplant hat: den Druck der Bibel.

Die 42zeilige Bibel

Mit den Vorarbeiten fängt Gutenberg im Jahre 1450 an, und diese Vorarbeiten erstrecken sich über zwei Jahre. Es ist nichts da.

So vielfältig waren die Schrifttypen, die Gutenberg für seine 42zeilige Bibel verwendete.

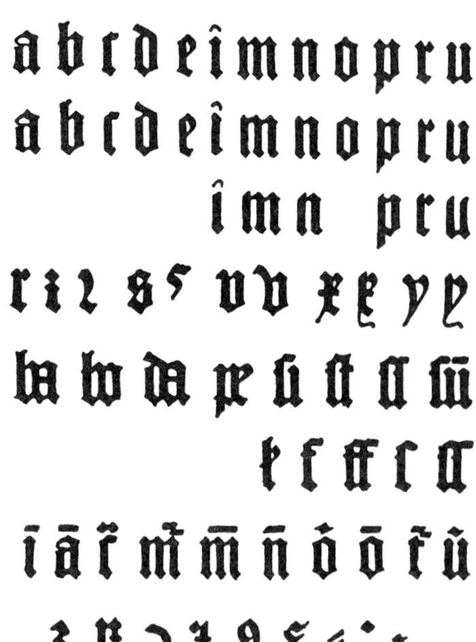

Der Buchdrücker.

Ich bin geschicket mit der preß
So ich aufftrag den Firniß reß/
So bald mein dienr den bengel zuckt/
So ist ein bogn pappyrs gedruckt.
Da durch kombt manche Kunst an tag/
Die man leichtlich bekommen mag.
Vor zeiten hat man die bücher gschribn/
Zu Meintz die Kunst ward erstlich triebn.

Alles, was Gutenberg zum Druck benötigt, muß er selbst anfertigen oder nach eigenen Plänen herstellen lassen, angefangen von den Drucktypen bis hin zur Druckerschwärze. Die Zahl der benötigten Typen ist sehr groß. Gutenberg beschränkt sich nicht auf die gebräuchlichen 26 Buchstaben des Alphabets, sondern er entwirft dazu zahlreiche weitere Zeichen, sogenannte Anschlußbuchstaben etwa, die verhindern sollen, daß zwischen den einzelnen Buchstaben eines Wortes allzu große Lücken entstehen. Er entwirft Abkürzungszeichen und kunstvoll ineinander verschlungene Doppelbuchstaben, er schafft immer neue Zeichen, findet immer neue Formen. Der Druck soll ja besser, schöner und klarer werden als die beste Handschrift, und so muß Gutenberg immer elegantere Formen für seine Typen finden, die alle Möglichkeiten eines kunstreichen Schreibers ausschöpfen. So entstehen 290 verschiedene Buchstaben und Zeichen. Jede Seite der neuen Bibel wird 42 Zeilen haben – so hat es Gutenberg ausgerechnet –, und darum haben auf einer Seite 2600 Buchstaben Platz. Damit die Arbeit nicht ins Stocken gerät, muß der Typenvorrat für mindestens drei Seiten reichen. Sechs Setzer sollen ununterbrochen am Werk sein. Das bedeutet, daß Gutenberg im ganzen 46 000 einzelne Drucktypen gießen muß. Und jede einzelne muß nach dem Guß bearbeitet, schärfer ausgestochen oder von irgendwelchen Unsauberkeiten und Graten befreit werden.

Gutenberg braucht Pergament und Papier. Die erste Bibel soll nicht nur auf Papier, sondern auch auf Pergament gedruckt werden. Für jedes Exemplar sind 340 Pergamentbogen nötig, um ein einziges Pergamentexemplar zu drucken, müssen 170 Kälber ihre Haut hergeben. Allein für 450 Gulden kauft Gutenberg Pergament ein, dazu kommen viele hundert Gulden für das Papier.

Kein Wunder, wenn er schon bald wieder am Ende seiner finanziellen Kräfte ist. Noch einmal kommt ihm Johannes Fust zu Hilfe. Wieder wechseln 800 Gulden ihren Besitzer, und weiter geht die emsige Arbeit an dem großen Werk. Man kann sich schwer einen Begriff machen von dem Wert dieser ungeheuren Summen, die allein durch die Vorarbeiten für den Druck verschlungen werden: zweimal 800 Gulden. Den Wert eines Gulden in moderner Währung anzugeben, ist nicht ganz leicht, weil sich die Relationen allzu weit verschoben haben. Immerhin kann man sagen, daß ein Mann, der im Jahr zehn Gulden verdient, davon leben und sich ordentlich kleiden kann. Ein Schreiber zum Beispiel verdient 10 Gulden, und die hochqualifizierten Spezialarbeiter in Gutenbergs Werkstatt gehen jährlich mit 30 Gulden nach Hause.

Alles dies muß bezahlt werden, und Gutenberg hat zuletzt mehr Schulden als Haare auf dem Kopf. Es kommt, wie es schon früher kam, Gutenberg und sein Kompagnon Johannes Fust entzweien sich, es kommt zu Prozessen und Streitigkeiten, das Geld droht das einmal begonnene Werk in Frage zu stel-

Der Buchbinder.

Ich bind allerley Bücher ein/
Geiſtlich vnd Weltlich/groß vnd klein/
In Perment oder Bretter nur
Vnd beſchlags mit guter Clauſur
Vnd Spangen/vnd ſtempff ſie zur zier/
Ich ſie auch im anfang planier/
Etlich vergüld ich auff dem ſchnitt/
Da verdien ich viel geldes mit.

len. So unerfreulich all diese Dinge sind, die dauernden finanziellen Zwistigkeiten, von denen der Druck der ersten Bibel begleitet ist, es geben uns doch allein diese Prozesse Einblick in die Entstehungsgeschichte.

Das meiste, was wir heute zu dem Vorgang und der Technik des Druckes jener Jahre zu sagen vermögen, haben Gelehrte in langen Untersuchungen und scharfsinnigen Schlüssen kombinieren müssen. Detektiven gleich spüren sie den Zusammenhängen nach und knüpfen ihre Vermutungen daran, rechnen, zählen, folgern. So kommen sie Schritt für Schritt der Wahrheit immer näher. Und allein aufgrund solcher Arbeiten kennen wir heute die Zahl von Gutenbergs Typen, kennen wir die Kosten und Preise, die Löhne, die Technik und die Arbeitsweise.

So wissen wir auch, daß die Vorarbeiten zum Druck der ersten Bibel 1452 abgeschlossen sind. Sechs Setzer stehen jetzt in Gutenbergs Werkstatt. Einen Tag dauert es, bis jeweils eine Seite gesetzt ist, dann wandert sie in die Presse, die stündlich etwa zehn Drucke bewältigt. Die Bogen werden mit der Hand eingelegt, nachdem der Druckstock mit Druckerschwärze gleichmäßig eingerieben ist. Mit der Hand, und zwar mit großer Kraft, erfolgt der eigentliche Druck. Dann wird das Blatt herausgenommen und zum Trocknen aufgehängt. Angesichts des ungeheuren Umfangs der Bibel fragt man sich, wo Gutenberg den Mut hernimmt, mit seinen primitiven Mitteln das gewaltige Werk zu beginnen. Obwohl die Setzer täglich zwölf Stunden arbeiten, im Sommer sind es sogar 16 Stunden, vergehen zwei Jahre, bis sie im Verein mit den Druckern die erste Auflage bewältigt haben. Und diese erste Auflage beträgt kaum mehr als 150 Stück. Jedes davon hat in der Herstellung gut und gern seine zwanzig Gulden gekostet. Die Papierexemplare sind etwas billiger, die Pergamentausgaben dafür wesentlich teurer. 20 Gulden, das ist eine Summe mit einer Kaufkraft von vielleicht 25 000 DM.

Und das Erstaunlichste: Die erste Auflage der Bibel wird im Handumdrehen verkauft, obwohl jedes Exemplar mindestens 40, möglicherweise sogar 50 Gulden kostet. Kein Zweifel: Der Kaufmann Johannes Fust hat diesen Erfolg vorausgesehen. Niemals hätte er sonst seine 1600 Gulden in das »Werk der Bücher« gesteckt, wie es in den Prozeßakten immer wieder genannt wird. Für ihn ist der Druck der ersten Bibel ein Riesengeschäft. Für Gutenberg jedoch ist es weit mehr, und auch für seine Zeitgenossen ist die gedruckte Bibel weder Luxusstück noch Museumsexemplar. Sie ist Gebrauchsbuch, und wie ungeheuer groß muß das Verlangen nach dem göttlichen Wort sein, wenn immer wieder derartige Summen daran gewendet werden.

Allerdings: Diese erste, die sogenannte

Anfang der Psalmen. Verkleinerte Seite aus Gutenbergs 42zeiliger Bibel. Der lateinische Text ist gesetzt, die Verzierungen sind handgemalt. Das Werk entstand zwischen 1452 und 1455 in Mainz.

de hebreis voluminib3 additū nouerit eque vsq3 ad duo pūcta. iuxta theodotionis dumtaxat editionē: qui simplicitate smonis a septuaginta interpretibus nō discordat. Hec ergo et uobis et studioso cuiq3 fecisse me sciens. nō ambigo multos fore. qui uel inuidia uel supercilio malent contemnere et videre preclara quam discere: et de turbulento magis riuo quam de purissimo fōte potare. Explicit prolog⁹

Incipit liber hymnorū uel soliloquiorum

Beatus vir qui nō abijt in cōsilio impiorū: et in via peccatorum nō stetit: et in cathedra pestilētie nō sedit. Sed in lege domini volūtas eius: et in lege eius meditabit̄ die ac nocte. Et erit tamq3 lignū quod plātatum est secus decursus aquarū: qd̄ fructū suū dabit in tp̄e suo. Et foliū eius nō defluet: et omnia quecūq3 faciet prosperabūtur. Non sic impij nō sic: sed tamq3 pulvis quē proicit ventus a facie terre. Ideo nō resurgūt impij i iudicio: neq3 peccatores in cōsilio iustorū. Quoniam nouit dominus viā iustorum: et iter impiorum peribit. Psalmus dauid

Quare fremuerūt gētes: et ppli meditati sunt inania. Astiterūt reges terre et principes cōuenerunt in unū: adūsus dn̄m et adūsus xp̄m ei⁹. Dirumpam⁹ vincla eorum: et piciam⁹ a nobis iugū ipsorum. Qui habitat i celis irridebit eos: et dn̄s subsānabit eos. Tunc loquet̄ ad eos in ira sua: et in furore suo cōturbabit eos. Ego autem cōstitut⁹ sum rex ab eo super syon montem sanctū ei⁹: pdicās preceptū eius. Dominus dixit ad me filius meus es tu: ego hodie genui te. Postula a me et dabo tibi gentes hereditatem tuā: et possessionē tuā terminos terre. Reges eos i virga ferrea: et tanq̄3 vas figuli cōfringes eos. Et nūc reges intelligite: erudimini q̄ iudicatis terrā. Seruite dn̄o i timore: et exultate ei cū tremore. Apprehendite disciplinam: ne quādo irascatur dominus et pereatis de via iusta. Cum exarserit in breui ira eius: beati omnes qui confidunt in eo. Psalmus dauid

Cum fugeret faciem absolon filij sui

Domine qd̄ multiplicati sunt qui tribulāt me: multi insurgūt aduersum me. Multi dicūt anime mee: nō est salus ipsi in deo eius. Tu aūt dn̄e susceptor me⁹ es: gloria mea et exaltās caput meū. Voce mea ad dominū clamaui: et exaudiuit me de mōte sācto suo. Ego dormiui et soporat⁹ sum: et exurrexi quia dn̄s suscepit me. Non timebo milia populi circūdantis me: exurge dn̄e saluū me fac deus meus. Quoniam tu percussisti omēs adūsantes michi sine causa: dentes peccatorū cōtriuisti. Domini est sal⁹: et super populū tuum benedictio tua.

In finem in carminibus. psalmus d

Cum inuocarē exaudiuit me deus iusticie mee: i tribulatione dilatasti michi. Miserere mei: et exaudi orationē meā. Filij hominū usq3 quo graui corde: ut quid diligitis vanitatem et queritis mēdacium? Et scitote quoniā mirificauit dn̄s sāctum suū: dn̄s exaudiet me cū clamauero ad eū. Irascimini et nolite peccare: qui dicitis in cordibus vestris in cubilibus vestris compungimini. Sacrificate sacrificiū iusticie et sperate in domino: multi dicunt qs ostendit nobis bona.

42zeilige Bibel, ist ein Prachtstück, wie es im Mittelalter kaum mehr zum zweiten Male geschaffen wird. Eine Kostbarkeit von solcher Geschlossenheit und Ebenmäßigkeit, Harmonie und Schönheit, daß die Drucker aller Zeiten in Ehrfurcht vor diesem Meisterwerk stehen.

Zwei gewaltige Foliobände sind es, jeder aufs sorgfältigste in kunstreicher Handarbeit gebunden. Der erste Band enthält 648, der zweite 634 Seiten, jede Seite in zwei Kolumnen bedruckt. Die ersten Buchstaben eines jeden neuen Kapitels hat Gutenberg im Satz freigelassen. Sie werden später von dem sogenannten Rubrikator mit der Hand in Rot ausgefüllt. Ebenso malt der Rubrikator die reich verzierten Überschriften in roten Buchstaben. So entsteht das Meisterwerk der ersten gedruckten Bibel, überwältigend in seiner Schönheit, überwältigend wie sein Inhalt. 45 Exemplare sind auf uns gekommen, teilweise nur in Bruchstücken. Sie werden mit Millionen aufgewogen.

Eine zweite Bibel

In den Jahren 1457/58 beginnt Gutenberg den Druck einer zweiten Bibel. Er hat sich nach den mannigfachen, die Arbeit ungemein erschwerenden und überschattenden Zwistigkeiten mit Fust endgültig von ihm getrennt. Was ihm an Handwerkszeug geblieben ist, nimmt er mit und gründet eine eigene Druckerei, vermutlich in Bamberg. Er beginnt unverzüglich ein neues Projekt: wieder die lateinische Bibel, die Vulgata, doch diesmal nicht in 42zeiligem, sondern nur in 36zeiligem Druck. Auch verwendet er eine größere Drucktype, die den beim ersten Druck verwandten Typen an Schönheit und Gestochenheit nachsteht. Überhaupt ist dieser zweite Bibeldruck weniger sorgfältig und von entschieden geringerem Wert. Aber er ist nicht weniger mühselig. Die größere Schrift fordert mehr Platz, und so werden es diesmal 1768 Seiten gegenüber den 1286 Seiten der ersten Bibel. Die Buchbinder können diese große Anzahl von Blättern nicht mehr in zwei Bänden zuammenheften, und so erscheint die 36zeilige Bibel meist in einer dreibändigen Ausgabe. Wie enorm die Schwierigkeiten allein der Papierbeschaffung sind, beweist die Tatsache, daß Gutenberg für sein zweites Druckwerk nicht weniger als zehn verschiedene Papiersorten verwendet. Offenbar ist es ihm nicht möglich, von ein und derselben Papiermühle die von ihm benötigte Anzahl Bogen zu beziehen. Gerade in Anbetracht dieser vielfältigen erschwerenden Umstände stellt auch die 36zeilige Gutenberg-Bibel noch ein bewundernswertes Meisterwerk dar.

Gutenberg selbst druckt nur diese beiden Bibelausgaben. Er schafft nebenbei eine Fülle anderer Drucke, die bereits erwähnten Donate und Kalender, Ablaßbriefe und Psalterien, Gebetsblätter und eine päpstliche Bulle und schließlich ein Missale Romanum, ein vollständiges römisches Meßbuch. Bei manchen dieser Drucke ist die Urheberschaft umstritten, denn bereits wenige Jahre nach Bekanntwerden der Drucktechnik wenden sich allerorten erfahrene Handwerksmeister, meist Goldschmiede, diesem neuen Erwerbszweig zu, der dem Empfinden des mittelalterlichen Menschen und seiner Auffassung von Arbeit und Handwerk in besonderer Weise entgegenkommt. Das Druckergewerbe verlangt tatsächlich mehr als reine Handfertigkeit, mehr als technisches Vermögen, es fordert hohe Kunstfertigkeit, Schönheitssinn, Geschmack und Formempfinden. Der Mensch des Mittelalters lebt mit seiner Arbeit, sie füllt ihn und sein Leben aus, sie ist ihm zugleich Mühe und Last wie Gebet und Lobgesang, zugleich Erwerb wie Daseinsinhalt. Die Druckerkunst, vor allem die Kunst des Bibeldruckes, bringt ihm ein neues Feld, auf dem er seinen unermüdlichen Fleiß zusammen mit seinem Kunst- und Schönheitsempfinden bewähren kann.

Von der bible en françoys zur Biblja ruska

Johannes Fust gründet selbst eine Druckerei in Mainz, nachdem sich Gutenberg von ihm getrennt hat. Ein Schüler Gutenbergs, Albrecht Pfister mit Namen, macht eine eigene Druckerei in Bamberg auf und druckt in den Jahren 1462 bis 1464 eine lateinische und zwei deutsche Armenbibeln. 1466

ptũn von seinen iungern . Er sach ihesus geen vñ
sprach. Secht das lamp gotz . Vnd die . ij . iungern
horten in reden : vnd nachuolgten ihesus . Wann
ihesus vmbkert sich. Vnd sach sy im nachuolgen :
er sprach zů in . Was sůcht ir. Sy sprachen zů im .
Rabi daz wil sagen meister : wo entwelstu ? Er
sprach zů in. Kumpt vnd secht. Dorumb sy kamen
vnd sachen wo er belibe : vnd beliben bey im an dem
tage. Vnd er was als die . x . stund. Wann es was
andreas ð brůder symon petters . einer von den zwei
en die do hetten gehort von iohannes : vnd warn im
nachgeuolgt . Dirr vant zům ersten symon seinen
brůder . vnd sprach zů im . Wir haben funden den
messias : das wil sagen cristus . Vnd zůfůrt in zů
ihesus. Wann do in ihesus hett angesechen er sprach
Du bist symon der sun iohanna : du wirst gerůffẽ
cephas : das wil sagen petter. Wañ an dem morgẽ
er wolt ausgen in galilee : vnd vand philip . Vnd
ihesus sprach zů im. Nachuolg mir. Wañ philip
was von bethsaida ð stat . andreas vñ petter. Phi
lip vant nathanael : vnd sprach zů im . Wir haben
funden ihm dẽ sun iosephs võ nazareth : den moy:
ses schraib in der ee vñ die weyssagen. Vnd natha
nael sprach zů im. Von nazareth mag etwas gů:
tes sein. Philip sprach zů im. Kum vnd sich. Jhe
sus sach nathanael kumen zů im : vnd sprach vor
im. Secht der gewer israhelit : in dem do nit ist trie:
keit. Nathanael sprach zů im . Wo von kenst du
mich ? Jhesus antwurt vnd sprach zů im . E dir
philip rieff do du werd vnter dem feigbaum do sach
ich dich . Nathanael antwurt vnd sprach zů im .
Rabi : du bist der sun gotz : du bist ein kůnig is:
rahel. Jhesus antwurt : er sprach zů im . Jch sage
dir das ich dich sach vnter dem feigbaum glaubest
du das : du gesichst mer denn dise. Vnd er sprach
zů im . Gewerlich gewerliche sag ichs euch : ir ge:
secht den himel offen : vnd die engel gotz aufsteigen
vnd absteigen auf den sun der meide. Cap ii

Vnd an dem dritten tag brautlauffe wurden
gemacht in chana galilee : vnd die můtter
ihesus was do . Wann ihesus was geladen
zů ð brautlauffe vñ sein iungern. Vñ do do weins
gebrast : die můtter ihesus sprach zů im. Sy habent
nit weins. Vnd ihesus sprach zů ir. Weip was ist
dir vñ mir ? Mein stund ist noch nit kumen . Sei
můtter sprach zů dẽ ambechtern. Waz dings er euch
sagt das thůt . Wann do warn gesetzt . vj . steinin
krůge nach der gereinigung der iuden : zeentpfach
en eim iegklichen . ij . maß oder . iij . Jhesus sprach zů
in . Fůllt die vaß mit wasser . Vnd sy fůllten sy
vntz bis oben. Vnd ihesus sprach zů in . Schöpfft
nu : vnd bringt architriclino . Vnd sy brachten .
Wann do architriclinͦ hett bekort das wasser das es
waz gemacht wein vnd er west nit wo von es was
wann die ambechter die do hetten geschöpfft dz was
ser die westens : architriclinus rieff dem breůtigam
vnd sprach zů im. Ein ieglich man setzt zům erstẽ
gůten wein : vnd so sy werden truncken denn der do
ist erger : wañ du hast behalten dẽ gůten wein vntz
nu. Disen aneuang der zaichen det ihesus in chana
galilee : vnd deroffent sein wunniglich . vnd sein
iungern die gelaubtẽ an in. Wañ nach disen ding
en ihesus staig ab in capharnaum er vnd sein můt:
ter . vnd sein brůder . vnd sein iungern . die beliben
nit do manig tag . Vnd das ostern der iuden was
nachent : vnd ihesus staig auff zů irl'm : vnd vand
im tempel die verkauffer die ochsen vnd die schaffe
vnd die tauben . vnd die wechsler sitzent . Vnd do
er hett gemacht ein gaisel als von sailen er warff sy
all auß dem tempel . die schaff vnd auch die ochsen .
vnd verzett den schatz der wechseler : vnd vmbkerte
die tisch . Vnd sprach zů den die do verkaufften die
tauben . Thůt hin dise ding : vnd nichten wölt
machen dz haus meins vatters ein haus des geschef
tes Wann sein iungern die gedachten . das es ist ge
schriben : die liebe deins hauses asse mich . Dorumb
die iudẽ antwurten vñ sprachen zů im. Was zaich
en zaigstu vns daz du thůst dise ding ? Jhesus ant
wurt : vnd sprach zů in . Jr enpinnt disen tempel :
vnd ich derstee in nach . iij . tagen. Dorumb die iu:
den sprachen. Jn . xlvj . iaren ist gebawen dirr tem
pel . vnd du derstest in nach . iij . tagen ? Wann er
sprach von dem tempel seins leibs. Dorumb do er wz
derstanden von den dotten . sein iungern die gedach
ten das er hett gesept dise ding : vnd gelaubten der
schrifft : vnd dem wort dz in ihesus hett gesait. Wañ
do er was zů irl'm an dem messtag ze ostern : manig
glaubten an seinen namen sy sachen sein zaichen die
er det. Wann erselb ihesus gelaubt nit sich selber in
dorumb do ers alle derkant : vnd das im nicht was
durfft . das iemant gebe gezeůge von dem menschen
Wañ erselb west was dings were an dem menschẽ

Wann ein man wz von den phariseern iii
bey namen nicodemus : ein fůrst der iuden
Dirr kam in der nacht zů ihesus : vñ sprach
zů im . Rabi wir wissen das du bist kumen von
gott ein maister. Wañ keiner mag getůn die zaichẽ
die du thůst : nur gott der sei mit im. Jhesus ant:
wurt : vnd sprach zů im. Gewerlich gewerlich sage
ichs dir : der nit anderwaid wirt geborn : der mag
nit gesechen das reich gotz . Nicodemus sprach zů
im . Jn welcherweys mag der mensch werdẽ geborn
so er ist alt ? Mag er denn aber eingeen in den leib
seiner můtter vñ anderwaid werden geborn ? Jhe:
sus antwurt. Gewerlich gewerlich sag ich dirs : der
nit anderwaid wirt geborn vom wasser vnd vom
heiligen geist : der mag nit eingen in das reich gotz
Das võ fleisch ist geborn fleisch ist es : vnd dz vom
geist ist geborn geist ist es : nichten wunder dich dz
ich dir sage : euch gezimt anderwaid werden geborn
Wo der geist wil do weet er : vnd du hörst sein stym
wann du waist nit von wann er kumpt oder wo er
geet. Alsust ist ein ieglicher der vom geist ist ge:
born. Nicodemus antwurt : vnd sprach zů im. Jn
welcherweys mügẽ werden gethan dise ding ? Jhe
sus antwurt : vnd sprach zů im. Du bist ein mai:
ster in irl'm vnd misskennst dise ding ? Gewerlich
gewerlich sag ich dirs : wann das wir wissen dz re:
den wir . vnd daz wir sehen das bezeugen wir : vnd
ir enpfacht nit vnser gezeůg . Ob ich euch sait die
irdischen ding vñ ir nit gelaubt : inwelcherweys ir
glaubt die himelischen ob ichs euch sait Vñ keiner

Mentelin-Bibel, die erste gedruckte Bibel in deutscher Sprache.

Auf den folgenden Seiten:
Deutsche Bibel, gedruckt von Günther Zainer 1475/76 in Augsburg.

Anfang der von Anton Koberger 1483 in Nürnberg gedruckten deutschen Bibel.

In dem an/
fang besch
űff got hy
mel vnnd
die erd· ab
die erd wz
lere vnnd
eytel· vnd
die veinstē
nuß warē
auf dē ant
lütz des ab
grunts vñ
d' geist got
tes warde
getragen auff die wasser. Vnd got d' spr/
ach. Es werde das liecht. Vnd das liecht
ward gemachet· vnd got der sach das lie/
cht das es gůtt ward· vnnd er teylet das
liecht von d' veynster· vnd das liecht hieß
er den tag· vnd die veinster die nacht· V
es ward abent vnd morgen eyn tag. Vnd
got der sprach· Es werde das firmament ī
mitte der wasser vnd tayle die wasser von
den wassern· Vnd got machet das firma
ment vnd teylet die wasser die do waren

¶ Hie hebt sich an. Genesis das erst buch der fünff bucher moysi. ¶ Das erst Capitel ist vō der schöppfung der werlt vnd aller creaturen. vnd von den wercken der sechs tag.

IN dem anfang hat got beschaffen hymel vnd erden. aber dye erde was eytel vnd lere. vnd die vinsternus warn auff dē antlitz des abgrunds. vnd der geist gots swebet oder ward getragen auff dē wassern. Vñ got der sprach. Es werde dz liecht Vñ das liecht ist worden. vñ got sahe dz liecht das es gutt was. vnd er teylet das liecht vō der vinsternus. vnd das liecht hyeß er den tag. vnd die vinsternus die nacht. Vñ es ward abent vñ morgen eyn tag. Vnd got der sprach. Es werde das firmament in dem mittel der wasser. vñ tayle die wasser vō dē wassern. Vñ got machet das firmament. vnd teylet die wasser. dy do waren vnder dem firmament. von dē dy do waren ob dem firmament. vnd es ist also geschehen vnd got hieß das firmament den hymel vnd es ist der abent vñ der morgē der ander tag wordē vñ got sprach aber. Es sullē gesamelt werdē dy wasser. die vnder dem hymel seynd. an eyn statt. vñ erscheyne die durre. vnd es ist also geschehē Vñ got hieß die dürre dz ertreich. Vñ dy samnungen der wasser. hieß er die mere. vnd got sahe das es was gut. vnd sprach. Die erde gepere grunendt krawt. das do bringe den samen. vnd dy öpfelbawm. dz holtz. dz do bringe dy frucht nach seym geschlecht. des same sey in ym selbs auff der erde. vnd es ist also geschehen. vnd die erd bracht grunend kraut. vnd bringenden sa-

schafft Mentelin in Straßburg die erste gedruckte Bibel in deutscher Sprache, die zudem noch sowohl im Umfang als auch im Preis weit unter den ersten Ausgaben Gutenbergs bleibt. Mentelin druckt mit relativ kleinen Typen und bringt auf jeder Seite 61 Zeilen unter. Zum erstenmal kann jetzt die ganze Bibel in einem Band zusammengefaßt werden. Ihr Preis beträgt »nur« noch 12 Gulden. Wenig später entsteht, ebenfalls in Straßburg, eine zweite deutsche Bibelausgabe, diesmal von dem Drucker Heinrich Eggestein. In Augsburg drucken Günther Zainer und Jodocus Pflanzmann, der übrigens die erste illustrierte Bibel herausgibt. In Nürnberg folgen Johann Sensenschmidt, Andreas Frisner und vor allem Anton Koberger, in Köln Heinrich Quentel, in Hamburg Steffen Arndes.

Überall in Deutschland wachsen Druckereien, mühen sich kundige Handwerksmeister um immer neue, immer billigere Bibeldrucke. Die lateinische Vulgata wird verbreitet, mit und ohne Kommentar, mit und ohne Bilder. Daneben entstehen die deutschen Übersetzungen ins Oberdeutsche und ins Niederdeutsche. In Holland wird das Alte Testament niederländisch gedruckt, die sogenannte Delfter Bibel, und in Frankreich erscheinen bis zum Jahre 1500 mindestens sieben verschiedene Ausgaben. In Italien beginnen Drucker die Herausgabe der berühmten Übersetzung des Nicolo Malermi, in Spanien erscheint die Katalanische Bibel von Bonifacio Ferrer. Tschechische, polnische, russische, ja, sogar äthiopische Ausgaben folgen. Noch im 15. Jahrhundert erobert die gedruckte Bibel die Welt. Hand in Hand arbeiten die Übersetzer mit den Druckern, von den schmalen Heften mit einzelnen Bibelteilen bis zur vollständigen, mehrbändigen Ausgabe der Heiligen Schrift, von den kleinen, kostbar gebundenen Neuen Testamenten bis hin zu den dickleibigen Folianten der mehrsprachigen Polyglottenbibel von Alcalà, von der »bible en françoys« aus Paris bis zur »Biblja ruska« aus Prag, allenthalben schafft die geistige Elite zusammen mit den Besten des Handwerks an diesem Buch.

Bis zum Beginn der Reformation werden allein in den mitteleuropäischen Ländern rund 70 000 Bibeln gedruckt und verbreitet. Hinzu kommen etwa 120 000 Psalter beziehungsweise andere alttestamentliche Schriften und annähernd 100 000 Neue Testamente. Dabei dürfte die einzelne Auflage kaum einmal 300 Exemplare überschritten haben. Wieviel Mühe, wieviel Fleiß und wieviel unermüdlicher Eifer stehen hinter diesen nüchternen Zahlen!

»...dem Volk aufs Maul sehen«

Am Abend des 3. Mai 1521 reitet ein kleiner Trupp Bewaffneter in den Hof der Wartburg ein. Er führt einen Mönch mit sich, der vom Burgvogt, einem Herrn von Berlepsch, freundlich begrüßt wird. Er weist ihm zwei winzige Turmstübchen zu, die neben einem Bett nur noch Tisch und Stuhl enthalten. Die Stiege, die zum Turm hinaufführt, wird nachts eingezogen. Der Mönch heißt Martin Luther, die Burg ist im Besitz des Kurfürsten Friedrich des Weisen, der Luther in »Schutzhaft« genommen hat, als er vom Reichstag zu Worms die Heimreise nach Wittenberg antrat. Diese Schutzhaft erscheint ihm nötig, denn Luther ist in Acht und Bann, und der »Fall Luther« ist längst zu einer hochpolitischen und nationalen Sache geworden.

Begonnen hat diese Entwicklung vor vier Jahren, als der Augustinermönch, Doktor und Professor der Theologie Martinus Luther in Wittenberg 95 Thesen zum Ablaßunwesen veröffentlicht. Ob er sie wirklich an die Tür der Schloßkirche angeschlagen hat, ist umstritten. Wenn er es wirklich tat, folgte er damit nur dem allgemeinen Brauch, eine wissenschaftliche These zu publizieren und zur Disputation darüber aufzufordern. Er schickt diese Thesen gleichzeitig an seinen kirchlichen Oberen, den Erzbischof in Mainz, der sie schwerlich studiert hat. Dennoch werden sie bekannt, Drucker beeilen sich, sie zu vervielfältigen, und bald kennt man sie rings im Lande. Da liegt viel Zündstoff verborgen, denn obwohl Luther in erster Linie die Praktik des Ablaßhandels aufs Korn nimmt, steht dahinter die massive Kritik am Papsttum. Solche Gedanken fallen auf fruchtbaren Boden und werden begierig aufgenommen, denn längst gärt es im Lande, und die Unzufriedenheit mit der römischen Kirche wächst.

Luther wird zur Disputation aufgefordert, er vertritt seine Thesen. Man drängt ihn zum

Die Wartburg bei Eisenach. Erster Burghof

Widerruf, er lehnt ab. Statt dessen veröffentlicht er weitere Schriften: »An den christlichen Adel deutscher Nation«, »Von der babylonischen Gefangenschaft der Kirche«, »Von der Freiheit eines Christenmenschen«. Diese Schriften fachen die schwelende Glut heimlicher Empörung zu offener Flamme an. Über Nacht ist Luthers Name in aller Munde. Er hat den Menschen aus dem Herzen gesprochen, man beginnt, in ihm den geistigen Führer zu sehen, der Deutschland aus römischer Vormundschaft herausführen und die Kirche erneuern werde. »Wachet auf«, singt Hans Sachs, »es nahet gen der Tag!« Und er preist die »wittenbergische Nachtigall« als Erretter aus tiefer Dunkelheit. Bereits jetzt gewinnt Luthers Anliegen, das für ihn zumindest immer noch ein theologisches ist, politische Dimension.

Aus Rom kommt die Androhung des Banns. Am 10. Dezember 1520 wirft Luther die päpstliche Bulle öffentlich vor Professoren, Studenten und Bürgern Wittenbergs ins Feuer. Und was noch schwerer wiegt, mit der Bulle verbrennt er die Dekretalen, das gesamte in Jahrhunderten aufgebaute Gesetzeswerk der römischen Kirche. Praktisch hat er sich damit endgültig von Rom losgesagt. Aber seine Autorität hat mittlerweile ein Ausmaß erreicht, das ihn innerkirchlicher Disziplinierung entzieht.

Der päpstliche Bibliothekar und Nuntius Aleander, den man deswegen nach Deutschland geschickt hat, muß nach Rom berichten, daß fast neun Zehntel aller Deutschen dem Ketzer und Rebellen Luther anhängen. Selbst bei den höchsten kirchlichen Würdenträgern, den Erzbischöfen von Köln, Mainz und Trier, den Bischöfen von Würzburg und Bamberg sei er auf lebhafte Sympathie gegenüber diesem Luther gestoßen.

Luthers weltlicher Herr, der Kurfürst von Sachsen, hat seine Auslieferung abgelehnt und vorgeschlagen, die Sache vor den Reichstag zu bringen. Das geschieht im April des Jahres 1521 in Worms, wo Luther vor dem jungen Kaiser Karl V. steht und zum Widerruf aufgefordert wird. Luthers Antwort gleicht eher einer Bußpredigt als einer Verteidigung. Der Kaiser, im übrigen von seinen Räten abhängig, schwingt sich zu einer eigenen Entscheidung auf: Luther möge unter Wahrung des freien Geleits nach Wittenberg zurückkehren, seine Lehre sei zu verbieten, er selbst habe Predigtverbot. Der Reichstag verhängt über ihn die Acht.

Martin Luther.
Porträt von Lukas Cranach d. Ä.

Die Nachtigall im Reich der Vögel

Diese Tatsachen sind es, die den Kurfürsten bewegen, Luther für eine begrenzte Zeit »aus dem Verkehr zu ziehen«. Luther selbst weiß

Die Wartburg bei Eisenach

darum, den Ort, an den man ihn verbringen wird, kennt er nicht. Jetzt hockt er dort droben, »im Reich der Vögel«, wie er sagt, seinem Patmos, zur Namenlosigkeit verurteilt, während um ihn her das Land in Aufruhr ist. Er muß die Kutte ablegen, trägt ein Wams und ein Schwert und läßt seinen Bart wachsen. Aber untätig ist er durchaus nicht. Er schreibt und liest, geht wohl auch in Begleitung eines Burgknappen nach Eisenach auf den Markt, erwirbt Bücher, redet mit den Leuten. Dennoch scheint sein Aufenthaltsort nicht bekannt geworden zu sein. In dieser Umgebung und unter solch ungewöhnlichen Umständen entschließt sich Luther zur Übertragung des Neuen Testaments ins Deutsche.

In seinem Reisegepäck hatte Luther eine hebräische Bibel und ein griechisches Neues Testament in der Ausgabe des Erasmus von Rotterdam. Eine lateinische Übersetzung kommt hinzu, vielleicht auch noch ein oder zwei deutsche Ausgaben, die er jedoch so gut wie nicht benutzt. Sie sind nahezu unbrauchbar. Es gibt keine einheitliche deutsche Sprache. Der Bayer versteht den Sachsen nicht, der Hesse nicht den Schwaben. Luther weiß, daß er ganz von vorn beginnen muß. Wie der Gotenbischof Wulfila muß er zuvor seine eigene Sprache schaffen, und er weiß, daß solche Sprache nicht am Schreibtisch erfunden werden kann.

So geht er hinaus, der »Junker Jörg« mit seinem wallenden Vollbart in ritterlichem Wams, der fremde Gast des Kurfürsten. Er hört den Bauern und Marktfrauen zu, redet mit den Menschen, beobachtet sie bei ihrer Hantierung. Seine Erkenntnis faßt er zusammen im »Sendbrief vom Dolmetschen«. Er schreibt: »Man muß nicht die Buchstaben der lateinischen Sprache fragen, wie man solle deutsch reden, wie die Esel tun, sondern man muß die Mutter im Hause, die Kinder auf der Gasse, den gemeinen Mann auf dem Markte drum fragen und denselbigen aufs Maul sehen, wie sie reden, und darnach dolmetschen, so verstehen sie es denn und merken, daß man deutsch mit ihnen redet.«

Luthers Ziel ist nicht die »Übersetzung« der Bibel, die vor ihm schon so viele vollendet haben, was ihm vorschwebt, ist die »Verdeutschung«. »Wer deutsch reden will, der muß nicht die Weise der hebräischen Worte führen, sondern muß darauf sehen, daß er den Sinn versteht, und denken: Lieber, wie redet der deutsche Mann in solchem Falle?« schreibt Luther an einen Freund.

Martin Luther als Junger Jörg.
Lucas Cranach d. Ä.

Das Neue Testament Deutsch

So beginnt er im Dezember des Jahres 1521. Vier Monate später, im März 1522, ist die Übersetzung des gesamten Neuen Testamentes abgeschlossen. Eine unvorstellbare Leistung, erklärlich nur aus Luthers glühender Begeisterung, »seine deutsche Bibel« zu schaffen, und erklärlich nur aus der ungeheuren Energie und Willensstärke dieses Mannes, gepaart mit eisernem Fleiß, umfassendem Wissen und tiefer Gelehrsamkeit. Um den Druck und die Ausstattung will sich Luther nicht kümmern. »Ich fürwahr der Zeit nicht habe, daß ich möge sehen, was der Drucker für Bilder, Buchstaben, Tinte oder Papier nimmt«, schreibt er selbst. Die erste Ausgabe des Neuen Testamentes erscheint praktisch ohne seine weitere Mitarbeit. Später freilich soll es anders werden, und Luther läuft zwischen seiner Studierstube und der Setzerei hin und her wie ein eiliger Redakteur. Er hat erfahren, daß die Hand des Meisters auch am äußeren Gewande seines Werkes sichtbar werden muß.

»Das Newe Testament Deutzsch. Vuitenberg«, steht auf dem Titelblatt der ersten Ausgabe, die im September 1522 erscheint, ausgeschmückt mit 22 Holzschnitten aus der Werkstatt Lucas Cranachs. Gedruckt hat sie Melchior Lotter. Kein Verfassername, kein Hinweis auf die Person des Übersetzers. Dennoch weiß es bald ganz Deutschland: Das ist das Werk Doktor Martin Luthers! 3000 Exemplare druckt Lotter in der ersten Auflage. Innerhalb dreier Monate sind sie vergriffen! Stück für Stück kostet eineinhalb Gulden. Davon kann ein Student zwei Monate leben. 20 bis 30 Gulden sind das Jahresgehalt eines jüngeren Professors. Dessenungeachtet stürzt man sich auf diese Schrift, die bald den Namen »Septembertestament« bekommt. Die Wirkung ist ungeheuer.

Allenthalben wandert das deutsche Testament von Hand zu Hand, Gelehrte, Studenten, Bürger und Bauern sitzen darüber, soweit sie nur irgend die Kunst des Lesens beherrschen. Manche – so berichtet ein Zeitgenosse – tragen es fortwährend mit sich herum und lernen es auswendig. Wo man hinkommt, allerorten und in allen Schichten des Volkes, wird es »mit höchster Begier gelesen gleich als ein Brunnen aller Wahrheit«. Herzog Georg der Bärtige, einer der erbitterten Gegner Luthers, ahnt die umheimliche Macht dieses Buches und erläßt den strikten Befehl, bei Strafe den Kauf zu unterlassen und etwa schon erworbene Ausgaben unverzüglich bei der nächsten Amtsstelle abzugeben. Der Kaufpreis, so versichert er, werde zurückerstattet. Die ganze Aktion hat ihn nicht viel gekostet. In Leipzig, zum Beispiel, werden ganze vier Testamente abgeliefert. Übrigens muß derselbe Herzog die Übersetzungsleistung anerkennen. »Wenn doch der Mensch die Bibel vollends verdeutsche und hernach von dannen fahre, wohin er wolle«, brummt er.

Der Fall Babylons. Illustration zur Offenbarung Johannes aus dem Septembertestament, von Lucas Cranach d. Ä.

Das Newe Testament Deutzsch.

Vuittemberg.

Titelseite von Luthers Septembertestament, 1522.

Der fromme Wunsch Herzog Georgs mit dem Barte soll in Erfüllung gehen. Luther denkt nicht daran, sich mit dem Erreichten zufriedenzugeben. Kaum ist die erste Auflage erschienen, so bereitet er die zweite vor. An 576 Stellen nimmt er Verbesserungen vor, und dann druckt Lotter weiter. Im Dezember 1522 kommt die zweite, überarbeitete Auflage auf den Markt, und seither steht die Druckerpresse nicht mehr still. 17 Auflagen des Neuen Testamentes bearbeitet Luther im Laufe seines Lebens selbst. 83 Wittenberger Drucke sind es zu seinen Lebzeiten insgesamt. Mit allen Nachdrucken werden es im ganzen 336. Die Anzahl der verbreiteten Exemplare wächst von Jahr zu Jahr. 1522 erscheint der erste Druck, drei Jahre später sind bereits 128 000 Exemplare in alle Welt hinausgegangen!

Die ganze Bibel

Dann wendet sich Luther dem Alten Testament zu. Er will »seinen Deutschen« die ganze Bibel schenken. Im Exil auf der Wartburg freilich wagt er sich nicht an diese gewaltige Aufgabe heran: »Das Alte Testament werde ich nicht anrühren können, wenn ihr nicht dabei seid und mitarbeitet«, schreibt er an seine Freunde in Wittenberg. Nach seiner Rückkehr setzt er sich unverzüglich mit ihnen zusammen, und während noch das Septembertestament durch die Druckerpresse läuft, füllen sich in seiner Studierstube die Bogen mit der Übersetzung der fünf Bücher Moses. Melanchthon muß ihm dabei helfen, der geborene »Altphilologe«, und Matthäus Aurogallus, der Professor für hebräische Sprache.

Die Arbeit geht langsamer und mühseliger vonstatten als die Übertragung des Neuen Testamentes. Die Vorlagen sind mehr als dürftig; Luther besitzt lediglich ein Exemplar der Vulgata aus dem Jahre 1494 und eine hebräische Bibel von 1488. Über diesen Büchern sitzt er jahrelang. Er will zuweilen verzweifeln und glaubt manchesmal selbst nicht mehr, das Werk zu vollenden. Aber er gibt nicht nach, Buch für Buch übersetzt er, schrittweise oft, mit langen Unterbrechungen. Zwölf Jahre dauert diese Mühe.

Während wir nur wenige Zeugnisse über die Arbeit am Neuen Testament besitzen – nicht einmal die Manuskripte sind uns erhalten –, so finden sich in den Schriften und Briefen Luthers zahlreiche Äußerungen zur Übersetzung des Alten Testamentes. Die ungeheure Mühe, dieses fortgesetzte Ringen um das rechte Wort, die rechte Form, die treffendste Formulierung wird deutlich aus seinen eigenen Worten:

»Uns ist wohl begegnet, daß wir vierzehn Tage, drei, vier Wochen haben ein einziges Wort gesucht und gefragt, haben's dennoch zuweilen nicht gefunden. Im Hiob arbeiten wir also, Magister Philippus (Melanchthon), Aurogallus und ich, daß wir in vier Tagen zuweilen kaum drei Zeilen fertigten. Lieber,

Martin Luther bei der Arbeit,
in der Ausgabe des Neuen Testaments von 1530 als Evangelist Matthäus dargestellt.

Philipp Melanchthon,
einer der Mitarbeiter Luthers bei der Übersetzung des Alten Testaments.

·1546·

nun es verdeutscht und bereit ist, kanns ein Jeder lesen und meistern. Läuft einer jetzt mit den Augen durch drei, vier Blätter und stößt nicht einmal an, wird aber nicht gewahr, welche Wacken und Klötze da gelegen sind, da er jetzt über hingeht wie über ein gehobelt Brett, da wir haben müssen schwitzen und uns ängstigen, ehe denn wir solche Wacken und Klötze aus dem Wege räumten, auf daß man könnte so fein dahergehen.«

Das Ringen um den treffendsten, gewissermaßen »deutschesten« Ausdruck ist das Charakteristische an Luthers Übersetzungsarbeit. Im 3. Buch Mose stößt er auf zahlreiche Tiernamen. »Crocodylon« steht da im Text, oder »Mygalon, Camaeleon, Trageaphus, Pyargus, Oryx, Camelopardus«. Kein Mensch deutscher Zunge kann sich unter diesen Tieren etwas vorstellen, auch Luther nicht. Er ist kein Naturwissenschaftler – abgesehen davon, daß es eine Naturwissenschaft im heutigen Sinne damals nicht gibt. So wendet er sich an seine Freunde. An Spalatin schreibt er am 12. Dezember 1522:

»Gar sehr bitte ich Euch, vergönnt uns Eure Hilfe und beschreibt die folgenden Tiere nach Namen und Art. Raubvögel: Weih, Geyr, Habicht, Sperber, Sprinz – und was es sonst der Art noch gibt. Jagdwild: Reh, Gempsen, Steinbock, Waldbock oder silvestris hircus. Kriechende Tiere: Ist stellio richtig als »ein Molch« wiedergegeben? Lacerta limaria = ein Unke?

Im Hebräischen, Lateinischen und Griechischen geht es derartig durcheinander, daß wir sie aus Geschlecht und Art erraten müssen. Darum möchte ich, wenn möglich, Namen und Art und Wesen aller Raubvögel, aller Jagdtiere und aller Giftschlangen kennenlernen.«

Oftmals ist er unzufrieden mit sich und dem Fortgang seiner Arbeit. Zeitmangel ist bereits damals eine weitverbreitete Krankheit, und er klagt: »Es ist nicht zu glauben, wie sehr mich Briefe, Geschäfte und Geselligkeiten und vieles andere bisher abgehalten haben. Aber nun habe ich mir vorgenommen, mich zu Hause einzuschließen und zu eilen, daß im Januar (gemeint ist Januar 1523) die Bücher Mose unter die Presse gelangen. Diese will ich für sich herausgeben, darauf die Geschichtsbücher und endlich die Propheten. Zu einer solchen Teilung fühle ich mich veranlaßt, wenn ich Größe und Wert der Bücher bedenke.«

Heute erscheint uns diese Klage unbegründet, denn die Verdeutschung der ersten Bücher des Alten Testamentes wird von Luther in erstaunlich kurzer Zeit bewältigt. Tatsächlich erscheinen die Fünf Bücher Mose bereits 1523. Im Jahre darauf folgt der zweite Teil: die Geschichtsbücher. Langsamer geht die Übersetzung der Propheten, die Luther besondere Mühe machen. Sie werden in Abständen von 1526 bis 1532 veröffentlicht, und im Jahre 1534 druckt Hans Lufft in Wittenberg zum ersten Male die vollständige Bibel in der Übertragung D. Martin Luthers: ein Folioband mit 1816 Seiten!

Lutherdeutsch

Das Echo auf die Gesamtausgabe der Bibel ist nicht geringer als seinerzeit auf das erste deutsche Neue Testament Luthers. Wer diese Bibel aufschlägt und an beliebiger Stelle mit dem vergleicht, was bisher geschrieben und gedruckt worden war, der erkennt auf einen Blick, welch ein abgerundetes Meisterwerk der Sprache hier geschaffen wurde. Die deutsche Bibel Luthers ist nicht nur das bedeutendste literarische Denkmal, das je in deutscher Sprache verfaßt wurde, sie ist zugleich der Beginn einer einheitlichen deutschen Schriftsprache. Diese Tat Luthers ist von allen Gelehrten anerkannt worden, gleichgültig, welcher Konfession sie zugehörten. »Nur Luther war es«, schreibt der Katholik Ignaz Döllinger, »der wie der deutschen Sprache, so dem deutschen Geiste das unvergängliche Siegel seines Geistes aufgedrückt hat, und selbst diejenigen unter den Deutschen, die ihn von Grund der Seele verabscheuen als den gewaltigen Irrlehrer und Verführer der Nation, können nicht anders: Sie müssen reden mit seinen Worten, müssen denken mit seinen Gedanken.«

Titelblatt der ersten vollständigen Ausgabe von Luthers Bibelübersetzung, 1534.

Gottes wort
bleibt ewig.

Biblia/das ist/ die
gantze Heilige Sch=
rifft Deudsch.
Mart. Luth.
Wittemberg.
Begnadet mit Kür=
furstlicher zu Sachsen
freiheit.
Gedruckt durch Hans Lufft.

M. D. XXXIIII.

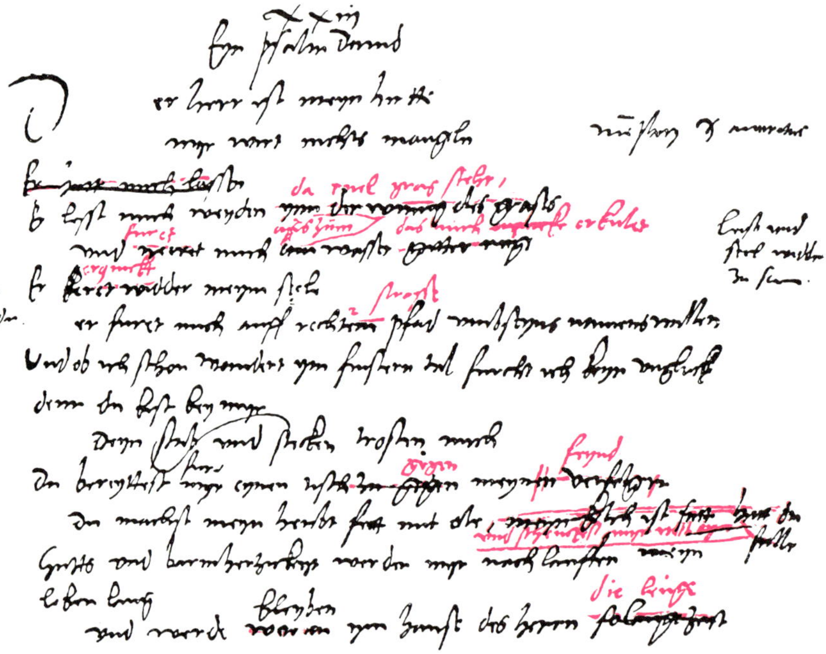

Luthers Manuskript der Psalmenübersetzung von 1524, mit roter Tinte korrigierte Erstfassung von Psalm 23.

Ein einziges kurzes Beispiel läßt die ganze Kraft Lutherscher Sprache erkennen: In der ersten gedruckten deutschen Bibel von Mentelin beginnt der 23. Psalm mit folgenden Worten: »Der Herr, der richt mich, und mir gebrast nit, und an der Statt der Weide, do setzt er mich. Er führte mich ob dem Wasser der Wiederbringung...« An derselben Stelle sagt Luther: »Der Herr ist mein Hirte, mir wird nichts mangeln. Er weidet mich auf einer grünen Aue und führet mich zum frischen Wasser...« Das ist nicht mehr Übersetzung, das ist Nachschöpfung, klar und treffsicher, kraftvoll und eindringlich.

Dennoch findet Luthers Bibelverdeutschung bald ihre Feinde. Man stößt sich an der stellenweise scheinbar allzu freien Übersetzung. »Das ist nicht mehr die Bibel, das ist ein Schrift ketzerischer und unchristlicher Art, darin Gott und der Papst frech verhöhnet werden...«, heißt es in einem Flugblatt wider den »Lutherischen Narren«. Dies Argument wiegt nicht schwer. Es fehlt ihm Begründung und Beweis. Schwerer trifft der Vorwurf: »Luther hat geschrieben, was nicht im Urtext steht, nur weil es seiner Lehre angemessen und dienlich schien!« – »Gloria, in Excelsis Deo«, heißt es im Weihnachtsevangelium in der Sprache der Vulgata, »et in terra pax hominibus bonae voluntatis«. Das heißt auf deutsch: »Ehre sei Gott in der Höhe, und auf Erden Friede den Menschen, die guten Willens sind.« Aber Luther schreibt: »... Friede auf Erden, und den Menschen ein Wohlgefallen!«

Oder im Römerbrief, Kapitel 3, Vers 28, an jener berühmten Stelle, auf die Luther seine ganze Lehre von der Rechtfertigung allein aus dem Glauben gründet, heißt es im Urtext, daß »der Mensch gerecht werde ohne des Gesetzes Werke aus dem Glauben«. Luther aber setzte das Wörtlein »allein« hinzu, und damit setzt er zugleich einen starken Akzent. »Daß der Mensch gerecht werde ohne des Gesetzes Werke allein aus dem Glauben«, schreibt er. Man greift ihn deswegen hart an. Er verteidigt sich: »Gewiß, ›allein‹ steht nicht da, aber das ist die Art unsrer deutschen Sprache, wenn man von zwei Dingen eines be-

Titelblatt der letzten zu Lebzeiten Luthers fertiggestellten Ausgabe seiner Übersetzung des Neuen Testaments, 1545/46.

jaht, das andere verneint, gebraucht man das Wort ›allein‹ neben dem Worte ›nicht‹ oder ›kein‹ .« Schließlich wirft man ihm vor, das alte, geheiligte »Ave Maria« verfälscht zu haben. »Ave Maria«, lautet der »englische Gruß«, »Gegrüßet seist du, Maria, voll der Gnaden, der Herr ist mit dir...« Aber Luther hat geschrieben: »Gegrüßet seist du, Holdselige...« Und er antwortet den Kritikern, den »Buchstabilisten«, wie er sie nennt: »Da der Engel Maria grüßet und spricht: ›Gegrüßet seist du, Maria, voll Gnaden, der Herr ist mit dir‹ , wohlan, so ist's bisher schlecht nach dem Buchstaben verdeutscht. Sage mir aber, ob solchs auch gut deutsch sei? Wo redet der deutsche Mann also: Du bist voll Gnaden? Er muß denken an ein Faß voll Bier oder Beutels voll Geld. Darum hab ich's verdeutscht ›du Holdselige‹ , damit doch ein Deutscher desto mehr hinzu kann denken, was der Engel meint mit seinem Gruß. Aber hier wollen die Papisten toll werden über mich, daß ich den englischen Gruß verderbet habe. Wiewohl ich dennoch damit nicht das beste Deutsch hab troffen. Und hätte ich das beste Deutsch hier sollen nehmen, und den Gruß also verdeutschen: ›Gott grüße dich, du liebe Maria!‹ (denn soviel will der Engel sagen und so würde er geredet haben, wenn er hätte wollen sie deutsch grüßen).«

Als ihm sein Freund Doltzigk Vorwürfe macht, er habe unkorrekterweise vulgäre Kürzungen gebraucht, und das sei nicht recht, da antwortet er: »Ich habe guten Grund, das eine Mal ›darumb‹ und das andere Mal ›drumb‹ zu schreiben. Denn warum sollen wir Deutschen nicht dem Griechischen, Lateinischen und Hebräischen die Zusammenziehungen und Kürzungen nachbilden, wenn überhaupt eine Sprache reicher sein kann als die deutsche. Mit Kürzung sagen wir ›du sollst mir tun‹, während man mit Doltzigkscher Strenge sagen müßte: ›du solltest es mir tun‹ –. Da seht Ihr, wie anmutig die Kürzung und wie widerlich die Regel ist.«

Luther will die Bibel »verdeutschen«, also deutsch reden, und nicht jenes Lateinisch-Deutsch oder Griechisch-Deutsch wie die Übersetzer vor ihm, die am Buchstaben klebten und dafür Arbeiten lieferten, die dem Deutschen unverständlich bleiben mußten. Wenn Luther statt eines Camaeleon ein Wiesel setzt, dann ist das im Sinne wortwörtlicher Übersetzung allerdings falsch, aber der schlichte deutsche Leser vermag sich das Tier vorzustellen, während für den Bauern des 16. Jahrhunderts ein Camaeleon ebensogut eine Art Elefant wie eine giftige Schlange gewesen sein konnte. Der Sinn des Textes vollends, also das eigentliche Anliegen der Schrift, wird dadurch nicht im mindesten berührt. In all den Fällen, in denen es um grundsätzliche, entscheidende Aussagen geht, »klebt« auch Luther am Urtext, und er sagt selbst, daß er in solchen Fällen „lieber der deutschen Sprache Abbruch tun wolle, als von dem Wortlaut weichen«.

Luther hat die Bibel weder verfälscht noch nach seinem Gutdünken umgebogen, aber er hat den Urtext mit einer Souveränität sondergleichen behandelt und seine eigene Sprache wie ein vielstimmiges, tausend Register umfassendes Instrument gebraucht. Er selbst weiß darum, und seinen Gegnern, all jenen »Buchstabilisten« und Nörglern ruft er zu: »Ich weiß wohl, und sie wissen's weniger als des Müllers Tier, was für Kunst, Fleiß, Vernunft und Verstand zum guten Dolmetschen gehört; denn sie haben's nicht versucht... hätten sie auch nur die beiden ersten Wörter im Matthäus-Evangelium verdeutschen sollen, so hätte ihr keiner gewußt ›Gack‹ dazu zu sagen.« – »Wer es nicht haben will, der laß mir's stehen und halt sein Meisterschaft für sich... ist niemand verboten, es besser zu machen!«

Bis an sein Lebensende hat sich Luther immer wieder um die Verbesserung und Überarbeitung seiner Bibel bemüht. 13 Neuauflagen erlebt die Heilige Schrift zu seinen Lebzeiten, und noch an der letzten im Jahre 1546 hat Luther mit eigener Hand fortwährend gebessert. Neben der Fülle seiner Aufgaben wird er nicht müde, beständig an seiner Bibelverdeutschung zu feilen. Er hält theologische Vorlesungen, bisweilen hat er über 400 Hörer, er erteilt selbst Abendmahlsunterricht, er predigt, er lehrt, er schreibt, er disputiert. Er verfaßt seinen Katechismus, Flugschriften, Abhandlungen, er dichtet Kirchenlieder, er schreibt Briefe. Aber immer wieder kehrt er zurück in jenen Kreis von Mitarbeitern, die auf sein Geheiß ständig mit der Überarbeitung der Bibel beschäftigt sind. Es ist ein ständiger Redaktionsausschuß, und der federführende Magister Georg Rörer hat von jeder solcher Sitzungen ein sorgfältiges Protokoll gefertigt. Vor gar nicht langer Zeit erst wurden diese Protokolle aufgefunden. Sie geben Einblick in jene ans Fanatische grenzende Arbeit, in diesen Eifer und diese unermüdliche Sorge, die deutsche Bibel zur

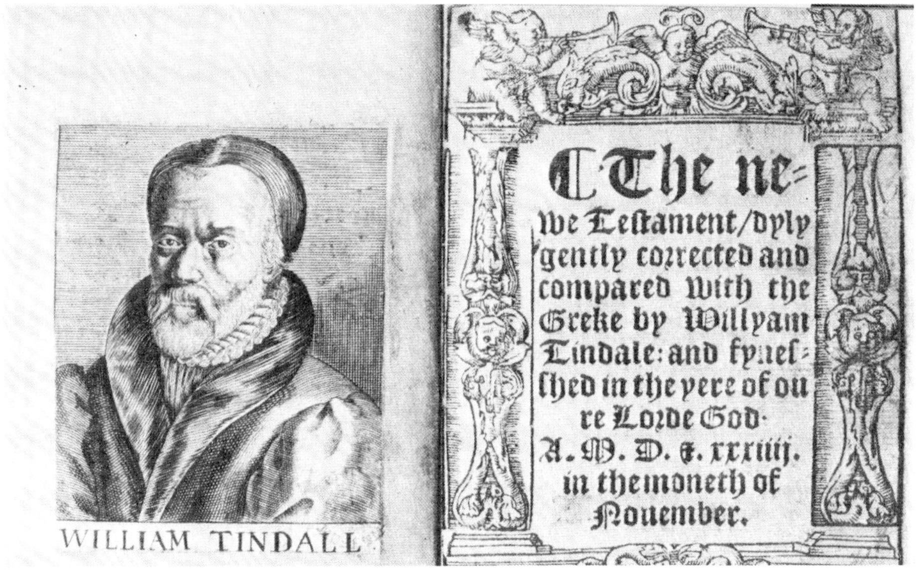

Tyndales Revision seiner Übersetzung des Neuen Testaments wurde 1594 in Antwerpen gedruckt und mußte – wie schon die erste Auflage – nach England geschmuggelt werden.

treuesten und besten Wiedergabe der uralten Schriften zu machen. Wer einen Blick in diese Protokolle wirft, der erkennt die Abwegigkeit jener Kritiker, die Luther »Irrtümer und Lügen« am laufenden Band nachzuweisen trachten. Hier wird um das echte und rechte Wort gerungen wie nie zuvor. Und da, wo man bewußt vom Urtext abweicht, da geschieht es in der klaren Erkenntnis und Überzeugung, daß – wie Calvin es später ausdrückt – der Kern der Schrift Jesus sei, der Buchstabe nur die Schale.
Als Luther am 18. Februar 1546 stirbt, da hinterläßt er dem deutschen Volke das größte Geschenk, das je ein Deutscher seiner Nation gab: Er schenkt dem deutschen Volk seine Sprache und seine Bibel. Und dieses letzte Geschenk soll zugleich eine Gabe an die ganze Welt sein.

Vorlage und Vorbild

Bereits zu seinen Lebzeiten erscheinen Nachdrucke seiner Bibel in fast allen Ländern Europas. Es gibt in jener Zeit weder ein Presse-Gesetz noch einen Autorenschutz, der Abdruck oder Nachdruck fremder Veröffentlichungen steht jedermann frei. Luther selbst macht sich darüber keine Gedanken. Er hat nie ein Honorar für seine Übersetzungen bekommen, und er hat nie einen Pfennig dafür haben wollen. Wenn nun andere Drucker mit seiner Arbeit Tausende verdienen, so schert ihn das wenig. Dafür freut er sich aber über die Tatsache, daß die Bibel um so mehr Verbreitung findet, je häufiger sie abgedruckt wird. Nur da, wo man von ihm abschreibt und ihn hernach noch beschimpft, wird er böse. Hieronymus Emser, jener Mann, der mit solchem Eifer Luther als »Fälscher« darzustellen versucht, gehört beispielsweise zu jenen Plagiatoren. Der Umstand, daß er die Luthersche Übertragung in Grund und Boden verdammt, kann ihn nicht hindern, sie schließlich Wort für Wort abzuschreiben, wofür ihn Luther mit einigen freundlichen Kostproben aus seinem reichhaltigen Arsenal an Schimpfwörtern bedenkt. In Deutschland bleiben all diese Versuche der Nachahmung von geringer Bedeutung.
Anders im Ausland. Hier nutzt die Luther-

Bibel nichts, solange sie nicht in die Landessprache übertragen wird, und so gehen allenthalben die Gelehrten an die Arbeit.

In der Schweiz erscheint zwar schon 1522 ein Abdruck des Septembertestamentes, doch stellt sich bald heraus, daß nicht alle von Luther verwendeten Ausdrücke und Redewendungen verstanden werden. Darum verfällt der Drucker und Herausgeber, ein Mann namens Adam Petri in Basel, auf die Idee, der zweiten Auflage ein kleines Wörterbuch beizugeben, in dem die in Süddeutschland und der Schweiz unverständlichen Ausdrücke erklärt werden, und das ein höchst ergötzliches Vokabular enthält. Der Zürcher Drucker Froschauer, der zwei Jahre später ein Neues Testament für die Schweiz herausgibt, hat die fremdartigen Redewendungen schon vorher »übersetzt« und eingefügt.

Zwingli, Jud und andere Schweizer Theologen vervollständigen diese Bücher, und so entsteht die sogenannte Zürcher Bibel, die schon 1531, drei Jahre vor der Lutherbibel, erscheint und bis auf den heutigen Tag, fortlaufend überarbeitet, ein eigenständiges Dasein behaupten kann.

Im Jahre 1523 erscheint die erste holländische Übersetzung des Neuen Testamentes, die ganz auf Luther fußt, im selben Jahre übersetzt Tyndale das Neue Testament ins Englische, und wenig später folgen Übertragungen ins Dänische, Schwedische und Ungarische. Sie alle legen den Luther-Text zugrunde. Odd Gottskalkson, der die Bibel ins Isländische übersetzt, ist ein persönlicher Schüler Luthers, und König Christian III. von Dänemark verlangt für die vollständige Bibelausgabe ausdrücklich den engsten Anschluß an die Luther'sche Fassung. Nach Luther übersetzen Bartholomäus Willent und Johannes Bretken die ganze Bibel ins Litauische, und dem Luther-Text folgt auch Johann Sioklucki, als er die Bibel in die polnische Sprache überträgt. In Ungarn, in Rumänien, in Böhmen und Slovenien, bei den Siebenbürger Sachsen so gut wie in der Walachei, überall findet der Luther-Text Eingang, und in manchen dieser Völker wird mit der Bibel in der Landessprache zugleich das eigenständige literarische Schaffen begründet. Die Verwendung der betreffenden Landessprache für die Wahrheiten des göttlichen Wortes macht diese Sprache erst literaturfähig.

Während in ganz Nordeuropa eine förmliche Bibelrenaissance beginnt, allein bestimmt durch die Übersetzung Martin Luthers, kommt es in Italien, Spanien und Frankreich zu eigenständigen Übertragungen und Bibelneuausgaben. Luther ist hier nicht unmittelbares Vorbild, aber doch mittelbarer Anlaß. In Italien gibt schon im Jahre 1530 der Humanist Brucioli in Venedig ein Neues Testament in Italienisch heraus. Der Mönch Zaccheria folgt ihm mit einer zweiten Ausgabe wenige Jahre später, und sein Ordensbruder Santi Marmochino besorgt die erste italienische Ausgabe der Vollbibel im Jahre 1538. Die Übersetzungen sind nicht eben schlecht, aber sie lassen sich in keiner Weise mit der Martin Luthers vergleichen. Dem Luthertext beinahe ebenbürtig sind jedoch die italienischen Übertragungen von Massimo Teofilo in Lyon im Jahre 1451 und von Giovanni Diodati aus Lucca rund fünfzig Jahre später. Es sind sprachlich wie philologisch Glanzleistungen. Allein der Umstand, daß im katholischen Italien die Kirchensprache Lateinisch ist und bleibt, läßt diese Bibeln nicht zu ähnlicher Bedeutung für das ganze Volk kommen wie die Luther-Bibel in Deutschland.

In Spanien ist es Franz de Enzinas, der 1543 das Neue Testament in die Landessprache übersetzt, und Cassiodoro de Reina gibt bereits 1569 die erste spanische Bibel heraus. In Portugal freilich müssen noch hundert Jahre vergehen, ehe das erste Neue Testament in Portugiesisch erscheint, und die ganze Bibel wird erst 1719 verkauft. Ein Kuriosum stellt ein Neues Testament in baskischer Sprache

Der Schweizer Huldrych Zwingli übersetzt gemeinsam mit Leo Jud und anderen Theologen noch in Luthers Übersetzung fehlende Teile, so daß bereits 1531 eine vollständige, die später sogenannte Zürcher Bibel erscheinen kann. Gemälde von Hans Asper, 1531/32.

OCCVBVIT ANNO ÆTATIS XLVII·
1531
·HA·

Though I ſpake with the tonges of men and aungels, and haue no loue, I am euen as ſoundyng braſſe: or as a tynklynge cymball. And though I coulde propheſy, and underſtande al ſecretes, and all knowledge: yea, yf I had a*all fayth, ſo that I could moue mou̅tayns out of their places, and yet had no loue, I were nothynge. And though I beſtowe all my goodes (to fede the poore) and though I gyue my body euen that I burned, and yet haue no loue, it profeteth me nothynge.

+ The piſtle on the ſondap called Quinquageſima.

Math. vij. c. Luke. xiiij. c.

Though I ſpeake with the tongues of men & of Angels, and haue not charity I am become as ſounding braſſe or a tinkling cymbal.
2 And though I haue the gift of propheſie, and vnderſtand all myſteries and all knowledge: and though I haue all faith, ſo that I could remooue mountaines, and haue no charitie, I am nothing.

Der Anfang von 1. Korinther 13 in der Übersetzung Tyndales (1525) und der King-James-Bibel (1611), die für Jahrhunderte als die maßgebende Übersetzung der englischsprechenden Welt galt.

Eine Huldigung besonderer Art brachten die Übersetzer der King-James-Bibel dem englischen Dramatiker William Shakespeare (1564–1616) zu seinem 46. Geburtstag dar: Sie wählten bei der Wiedergabe des Psalms 46 als sechsundvierzigstes Wort: von vorne gezählt „shake", von hinten „spear(e)".

PSALM XLVI.

1 *The confidence which the church hath in God.* 8 *An exhortation to behold it.*

To the chief Musician for the sons of Korah, A Song upon Alamoth.

GOD *is* our refuge and strength, a very present help in trouble.[c]

2 Therefore will not we fear, though the earth be removed, and though the mountains be carried into [1]the midst of the sea;

3 *Though* the waters thereof roar *and* be troubled, *though* the mountains shake with the swelling thereof. Selah.[d]

4 *There is* a river, the streams whereof shall make glad the city of God, the holy *place* of the tabernacles of the most High.[e]

5 God *is* in the midst of her; she shall not be moved: God shall help her, [2]*and that* right early.[f]

6 The heathen raged, the kingdoms were moved: he uttered his voice, the earth melted.[g]

7 The Lord of hosts *is* with us; the God of Jacob *is* our refuge. Selah.[h]

8 Come, behold the works of the Lord, what desolations he hath made in the earth.[i]

9 He maketh wars to cease unto the end of the earth; he breaketh the bow, and cutteth the spear in sunder; he burneth the chariot in the fire.[j]

10 Be still, and know that I *am* God: I will be exalted among the heathen, I will be exalted in the earth.[k]

11 The Lord of hosts *is* with us; the God of Jacob *is* our refuge.

dar. Es wird bereits 1571 übersetzt, aber erst im Jahre 1900 erscheint der erste Druck.

Eine gewisse Ausnahme macht Frankreich. Hier kommt es bis auf den heutigen Tag zu keiner allgemein gültigen Bibelausgabe. Versuche einer Übersetzung ins Französische gibt es in Mengen. 1523 eröffnet der Katholik Le Fèvre die Reihe der Übersetzer. Ihm folgen die Protestanten Olivetanus, Bertram, Diodati und Desmarets und die Katholiken Besse, Frizon, Véron, Benoist, Corbin, Marolles, Godau und wie sie alle heißen mögen. Angesichts dieser Fülle französischer Ausgaben ist es nie zu einer Entscheidung für ein verbindliches Exemplar gekommen.

Aus der unübersehbaren Zahl der Bibelübersetzungen und Bibelausgaben in allen Ländern Europas als unmittelbare Folge der Reformation und der Wiederentdeckung und Verdeutschung der Heiligen Schrift durch die Reformatoren ragen einige wenige Werke heraus. Sie gelangen gleichsam zu Weltruhm. An der Spitze steht hier die sogenannte King-James-Bibel, die in England im Jahre 1611 erscheint als »The Authorized Version«, als die einzige und rechtmäßige Übersetzung der Heiligen Schrift. Bis zum Ende des 19. Jahrhunderts bleibt sie die maßgebende Bibelfassung für die gesamte englisch sprechende Welt. Wie ihr Name sagt, entsteht sie auf Veranlassung des damaligen Königs Jakob I., nachdem eine ganze Reihe anderer Ausgaben, darunter die sogenannte Great Bible von 1539 oder die »Bischofsbibel« von 1568, in Gebrauch waren. Die Entwicklung dieser Bibelübersetzung zeigt den umgekehrten Weg wie die der Luther-Bibel. Luther wird mit seiner deutschen Bibel zum Sprachschöpfer. In England stellt das 17. Jahrhundert die Hochblüte der Dichtkunst dar. In jenen Jahren schaffen der größte Dramatiker der Welt: William Shakespeare und der bedeutendste Dichter Englands: John Milton. So ist die King-James-Bibel nicht, wie in Deutschland, Ursprung der Sprache, sondern ihr Produkt. Ihre größte Ausbreitung erlebt sie, als die Pilgerväter im Jahre 1620 das englische Inselreich verlassen, um sich in Amerika anzusiedeln. Jeder von ihnen trägt die Bibel im Gepäck, und dazu führen sie eine Druckpresse mit sich. Sie sind es, die jene ersten spärlichen Samenkörner in die Neue Welt hineintragen, in der sie millionenfach aufgehn sollen.

Der Übersetzer hoch zu Roß

Zu ganz besonderer Bedeutung kommt eigentümlicherweise eine französische Bibelausgabe, die an sich eine höchst nachlässige Schluderarbeit darstellt. Dennoch gelangt sie zu Weltruhm: Es ist die Sedez-Ausgabe des französischen Verlegers und Bibeldruckers Robert Stephanus, die den griechischen Text neben dem Vulgatatext und einer lateinischen Übersetzung des Erasmus bringt. Und das Besondere an ihr: Sie weist zum erstenmal die Einteilung in Verse auf. Noch Luther kannte lediglich die Kapiteleinteilung, eine Erfindung des Erzbischofs von Canterbury, Stephan Langton, im 13. Jahrhundert, und alle Lutherbibeln enthalten den fortlaufenden Text. Die Verseinteilung soll jedoch einmal von aller Welt übernommen werden.

Gegner dieser Verseinteilung hat es immer gegeben, und von ihnen stammt vermutlich jene etwas alberne und mittlerweile auch reichlich abgedroschene Anekdote, die es genau wissen will, wie es seinerzeit zur Verseinteilung kam: Stephanus – so heißt es – habe auf einem Esel gesessen und dabei in der Heiligen Schrift gelesen, und jedesmal, wenn der Esel auf der mit Schlaglöchern übersäten Straße stolperte, habe er einen Strich gemacht, und das seien dann die Versabschnitte geworden. Wie gesagt – sonderlich geistvoll ist diese Anekdote nicht, das Spaßige an ihr ist jedoch, daß Stephanus seine Vorarbeiten zu dieser Bibelausgabe tatsächlich auf einer Reise von Paris nach Lyon hoch zu Roß begonnen hat.

1568 wird die Verseinteilung zum erstenmal auf den Luther-Text angewandt, und zwar in der Heidelberger Quartbibel, und seither ist diese Textaufgliederung zur klassischen Form der evangelischen Bibel geworden. Das fortlaufende Lesen der Bibel wird zweifellos durch die Versabschnitte erschwert, und in der Gegenwart erscheinen immer mehr Ausgaben, die den fortlaufenden, ununterbrochenen Text aufweisen, für die wissenschaftliche Arbeit jedoch ist die Verseinteilung eine beachtliche Hilfe. Wenngleich die einzelnen Abschnitte durchaus nicht immer sinngemäß gerechtfertigt erscheinen, so erleichtern sie das Aufsuchen und Vergleichen einzelner Schriftstellen und lassen die genaue Bestimmung einer jeden Bibelstelle zu.

Für die katholische Kirche bringt das 16. Jahrhundert endlich die verbindliche Bibelfassung. All die Jahrhunderte hindurch hatte es keine Bibelausgabe gegeben, der man allgemeine Gültigkeit zusprach. Im wesentlichen fußte man zwar auf der Vulgata, doch war durch fortwährendes Abschreiben eine große Anzahl voneinander abweichender Texte entstanden. Dieser Mangel war bisher nicht sehr schmerzlich empfunden worden, die katholische Kirche ist nicht, wie die protestantische, eine Kirche des Wortes, sondern eine Kirche der Sakramente. Die relativ wenigen Bibelstellen, die im Verlauf der Messe zitiert werden, sind bis ins 16. Jahrhundert hinein oft genug die einzigen Worte der Heiligen Schrift, mit denen eine breite Masse in Berührung kommt. Erst die ungeheure Verbreitung der Bibel als Folge der Reformation macht auch in der katholischen Kirche die eindeutige Stellungnahme erforderlich.

1546 entscheidet sich das Konzil von Trient für die Vulgata. 1590 sorgt Papst Sixtus V. für die Ausgabe einer kritisch revidierten Bibel nach dem Vulgata-Text, aber er wird aufs heftigste von den Jesuiten angegriffen, die mit tausend Einwänden kommen. Der Druck wird so groß, daß er schließlich seine Bibel wieder zurückziehen muß. Sein Nachfolger, Clemens VIII., läßt die Sixtinische Ausgabe nochmals überarbeiten und schafft damit endlich die allein zulässige Ausgabe der lateinischen Kirchenbibel. Auch die Jesuiten erklären sich einverstanden, und der Jesuit Robert Bellarmin schreibt selbst das Vorwort. Bis in die Gegenwart blieb diese „Sixtino-Clementina“ verbindliche Vorlage für katholische Bibeln in anderen Sprachen. Neuere katholische Übersetzungen legen aber durchweg den hebräischen und griechischen Text zugrunde, so die »Einheitsübersetzung« aller deutschsprachigen Diözesen von 1980.

In Deutschland druckt man unentwegt die Luther-Ausgabe. Hier und da kommen ein paar »Polyglotten-Bibeln« hinzu, Werke, in denen der biblische Text in den verschiedensten Fassungen beziehungsweise Sprachen nebeneinandergestellt ist. In Wittenberg, der Hochburg des Bibeldruckes, erscheint eine Ausgabe mit hebräischem, chaldäischem und lateinischem Text, in Nürnberg sogar eine, die das Neue Testament in zwölf verschiedenen Sprachen enthält. Irgendwelche Breitenwirkung kommt diesen Bibeln nicht zu, ihre Auflage ist und bleibt gering, gelesen und studiert werden können sie nur von Gelehrten. Das Volk liest die Luther-Bibel.

Das heißt: Es gibt einige wenige Ausnahmen. Darunter ist die sogenannte Piscator-Bibel, das Werk zweier protestantischer Gelehrter, Olivianus und Piscator. Sie setzen sich im Jahre 1597 in Herborn in Hessen zusammen und beginnen eine neue Übersetzung der Heiligen Schrift, die möglichst wortgetreu an den Urtext angelehnt wird. Ihr Ziel ist weder Schönheit noch Vollkommenheit der Sprache, sondern allein die Treue gegenüber den Quellen. 1603 ist das Werk vollendet, und diese Piscator-Bibel wird zur eigentlichen Schrift der Reformierten. Im Schweizer Kanton Bern gilt sie sogar bis 1790 als offizielle, von der Kirche allein anerkannte Fassung der Heiligen Schrift.

30 Jahre Krieg

Da braut sich das furchtbare Unwetter über Deutschland zusammen und entlädt sich im

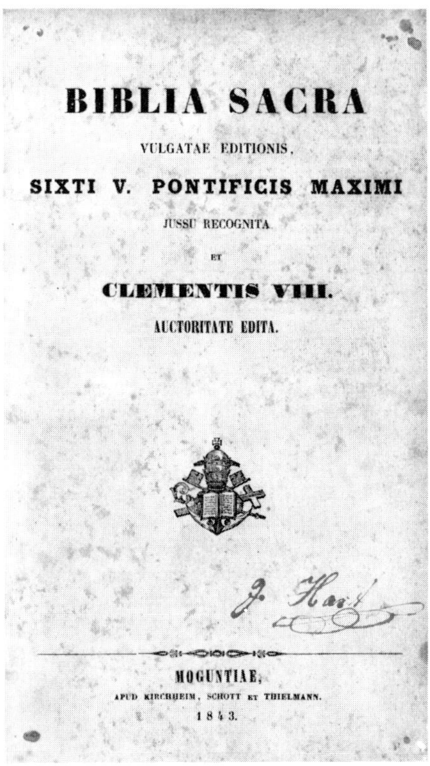
BIBLIA SACRA
VULGATAE EDITIONIS,
SIXTI V. PONTIFICIS MAXIMI
JUSSU RECOGNITA
ET
CLEMENTIS VIII.
AUCTORITATE EDITA.
MOGUNTIAE,
APUD KIRCHHEIM, SCHOTT ET THIELMANN.
1843.

Titelblatt einer Ausgabe der bis in unsere Zeit offiziellen lateinischen Übersetzung der Katholischen Kirche, der Vulgata, in der Sixtino-Clementinischen Fassung.

Eine möglichst wortgetreue Wiedergabe des Grundtextes versucht die Piscator-Bibel von 1603.

Sturmwind des Dreißigjährigen Krieges. Die Horden des Tilly ziehen sengend und brennend durch das Land, die Wallenstein'schen Reiter fallen in die Dörfer ein, erschlagen den Bauern, vergewaltigen die Magd, foltern den Knecht. Ganz Deutschland ist zum Tummelplatz wüster Horden, raubender Marodeure, zügelloser Banden geworden. Die ehemals blühenden Fluren und fruchtschweren Äcker liegen zerstampft und zertreten, reiche Dörfer sinken in Schutt und Asche, stolze Städte werden zu wüsten Trümmerfeldern, Klöster und Kirchen zu rauchenden Ruinen.

Die Bauern fliehen vor den Rotten der plündernden und mordenden Soldateska in die Wälder, glauben das Ende der Welt gekommen. Wieder spielen sich jene Szenen ab wie in den Zeiten der Christenverfolgungen: Da und dort sammelt sich ein kleines Häuflein ängstlicher, verfolgter Menschen auf der Flucht vor Feind und Freund, kauert sich zusammen in einer Höhle, einer Waldschlucht, einer verborgenen Felsspalte, zitternd vor Furcht und Grauen. Aber in ihrem kargen Gepäck, unter ihrer spärlichen Habe, ist nicht selten das Buch der Bücher der einzige Trost in diesen dunklen Stunden.

Tausende, Zehntausende von Bibeln werden ein Raub der Flammen. In den Kirchen und Pfarreien liegen sie unter schwelenden Balken, in den Häusern unter rauchendem Schutt, zerfetzt, verkohlt, geschändet. Die spanischen Söldner im kaiserlichen Heer machen systematisch Jagd auf die Bibel. Dem lutherischen Buch gilt ihre Wut, aber ebensowenig verschonen sie die katholischen Bibeln, die alten, wertvollen Handschriften, die kostbaren Codices. Sie, die zum großen Teil weder lesen noch schreiben können, machen keinen Unterschied. Sie tragen die heiligen Schriften zu Bergen zusammen und werfen die Fackel hinein, sie füttern damit

Anspruchslose Bildchen frommer Protestanten in Österreich halten lange das Bewußtsein vom Wert des Bibellesens wach, besonders im Blick auf die Zeit der Gegenreformation, als eine Bibel zu besitzen und zu lesen verboten und lebensgefährlich war.

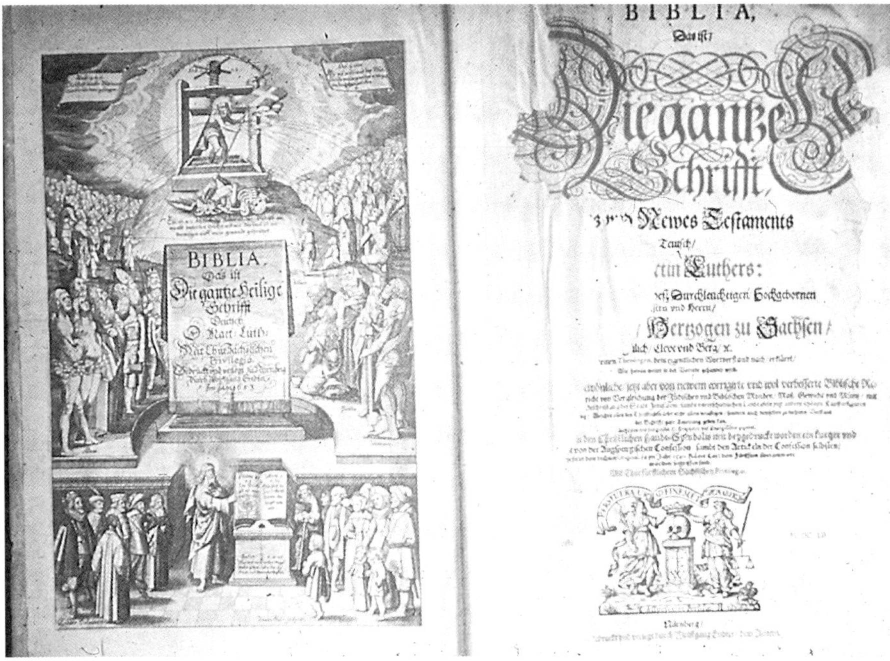

„Kurfürstenbibel" aus dem Jahr 1652

ihre Lagerfeuer, sie treiben damit ihren Spott. Das eben ist das Erschütternde und zugleich Beschämende, daß in diesem Krieg, der – angeblich wenigstens – ein Krieg um des reinen Gotteswortes willen sein soll, nichts mehr geschändet, entehrt, entheiligt wird als das Wort Gottes.

Die gute Tat des Herzogs Ernst

Die Bibel, einst das weitestverbreitete Buch in Deutschland, wird zur Mangelware. Da faßt ein Mann, noch während Verwüstung und Verheerung des Krieges andauern, einen grandiosen Plan: Herzog Ernst der Fromme von Sachsen-Weimar. Er sieht die Not allenthalben, und er weiß von der tröstenden Kraft des göttlichen Wortes in der Heiligen Schrift. Ihn bewegt der Wunsch, seinem Lande gleichsam eine Volksbibel zu schenken. Eine Bibel, die in großer Zahl verbreitet werden kann und die um einen geringen Preis zu haben ist. So ruft er dreißig führende Theologen seiner Zeit zusammen und betraut sie mit der Redaktion. Dann sucht er einen leistungsfähigen Drucker und findet ihn in dem Nürnberger Endter, der ein beachtliches Werk im Folio-Format herausbringt. Stück für Stück kostet sechs Taler.

Diese Kurfürstenbibel erfährt immer neue Auflagen und eine gewaltige Verbreitung. Das Land ist ausgehungert und verlangt nach dem Wort der Heiligen Schrift. Sechs Taler ist immer noch viel Geld, dennoch ist damit der bisher niedrigste Preis erreicht, den jemals eine Vollbibel gekostet hat. Der Druck der Kurfürstenbibel war eine Tat, die Tat eines Mannes, der im rechten Augenblick das Rechte zu tun wußte. Das sollte dem frommen Herzog Ernst, dessen Name heute weithin unbekannt ist, eigentlich nicht vergessen werden.

Die Bibel für die ganze Welt

Die Geschichte der kleinen Mary

Um das Jahr 1790 wohnt in einem winzigen Dorf des englischen Fürstentums Wales die kleine Mary Jones, ungefähr acht Jahre alt, Kind von Webersleuten, deren Armut zu jener Zeit sprichwörtlich ist. Diese Mary Jones bringt es sozusagen zu Weltruhm. Sie wird der Anlaß zur Gründung der ersten großen Bibelgesellschaft. Ihre Geschichte füllt ein Jahrhundert lang die Spalten christlicher Traktatliteratur, und diese Geschichte ist folgende:

Unter den größten Entbehrungen hat die kleine Mary das Lesen erlernt, und nun ist es ihr größter Wunsch, eine Bibel zu besitzen. Aber eine Bibel ist für eine Weberfamilie ein unerschwinglicher Schatz, und so beginnt die Kleine mit eiserner Energie zu sparen. Pfennig für Pfennig – durch Botengänge und Handreichungen verdient – legt sie beiseite. Nach einem Jahr hat sie den Betrag von etwa einer Mark zusammengespart. Eine lächerlich geringe Summe, gemessen am Preis einer ganzen Bibel in englischer Sprache. Der Vater wird arbeitslos, die Mutter krank, die Mark wird ausgegeben – für Medizin. Mary beginnt von vorn mit einer Zähigkeit, die niemand dem kleinen Mädchen zugetraut hätte. Nach Jahren endlich sind ihre Ersparnisse so weit angewachsen, daß sie annimmt, dafür eine Bibel zu bekommen. Aber wo? Der Ortspfarrer besitzt selbst kein Exemplar der Heiligen Schrift in der Landessprache, aber er weiß einen Amtsbruder in Bala, einen gewissen Pastor Charles. Bala liegt rund 40 Kilometer weit entfernt, und so macht sich Mary auf den Weg, zu Fuß, nur mit kärglichem Mundvorrat versehen.

Nach zwei Tagen kommt sie in Bala an und trägt jenem Pastor Charles ihren Wunsch vor. Doch der schüttelt bedauernd den Kopf. Eine Bibel – ja er besitzt ein Exemplar, doch das hat er bereits einem anderen versprochen. Und die geringe Geldsumme, die ihm Mary bieten kann, reicht bei weitem nicht aus. Angesichts dieser furchtbaren Enttäuschung nach jahrelangen Entbehrungen und Hoffnungen bricht das Kind zusammen. Und Pastor Charles tut das, was in solchem Augenblick wohl jeder an seiner Stelle getan hätte, er setzt sich über Abmachung und Versprechen hinweg und schenkt dem kleinen Mädchen seine Bibel.

Pastor Charles erzählt diese Begebenheit auf der Versammlung der »Religiösen Traktatgesellschaft« in London. Nicht zur Erbauung der Zuhörer, sondern um damit auf die grenzenlose Not in Wales hinzuweisen, die der breiten Masse der Bevölkerung den Kauf einer Bibel unmöglich macht. »Wir müssen Mittel und Wege finden, Bibeln auch für das arme Volk von Wales zu drucken!« Das ist sein Anliegen. Und in demselben Augenblick springt der Baptistenprediger Hughes auf und ruft: »Warum nur für Wales? Warum nicht für das Königreich? Warum nicht für die ganze Welt?«

Die Anregung wird aufgegriffen. Zwei Jahre

später erfolgt die Gründung der Britischen und Ausländischen Bibelgesellschaft.

Der Grundgedanke solcher Bibelgesellschaften ist nicht neu. Der erste, der ihn faßt, ist der Ritter Anemont de Coct in Basel, der zur Zeit der Gegenreformation als Protestant aus Frankreich fliehen muß und nun in der Schweiz sein ganzes Vermögen opfert, um billige Bibelausgaben drucken zu lassen, die er auf abenteuerlichen Wegen nach Frankreich einschmuggelt und dort von Hausierern verteilen läßt. Ähnliches tut der alte Generalkapitän der österreichischen Erblande Hans Ungnad Freiherr von Sonnegk, der im Jahre 1550 in Württemberg ebenfalls auf eigene Rechnung Bibeln ins Kroatische und Slowenische übersetzen und drucken läßt, um sie auf dem Balkan zu verteilen, »damit dem Herrn Christo unter den Kroaten und Slowenen, ja auch den Türken eine Kirche gesammelt werde ...«

Herr Elers macht eine Erfindung

Das sind Vorläufer. Profilierter ist das Werk August Hermann Franckes, des Stifters der Halleschen Anstalten, der in seinem Waisenhaus eine Druckerei einrichtet, um dort Bibeln zu drucken. Aber der Preis ist immer noch beträchtlich. Da kommt sein Druckereileiter, ein Mann namens Elers, auf die Idee, den vollständigen Satz für die ganze Bibel herzustellen und nacheinander von dem Satz seitenweise Messingplatten auszugießen. Dieses Verfahren mit sogenannten Stereotyp-Platten erfordert zwar ein großes Anfangskapital, erspart jedoch erhebliche Kosten, wenn immer wieder neue Bibelausgaben nachgedruckt werden. Tausende von Druckplatten stehen dann zur Verfügung. Das notwendige Kapital dazu gibt der Freiherr von Canstein, ein Freund Franckes, und als das Stereotyp-Verfahren in Gang gekommen ist, bringt August Hermann Francke große, unglaublich billige Auflagen heraus. Von 1712 bis 1722 erscheinen 28 Ausgaben des Neuen Testamentes und 16 Ausgaben der Vollbibel, insgesamt 180 000 Stück. In den folgenden Jahren wandern von Halle aus weit über 3 Millionen Bibeln und Bibelteile in

Besitzvermerk der Mary Jones in ihrer Bibel

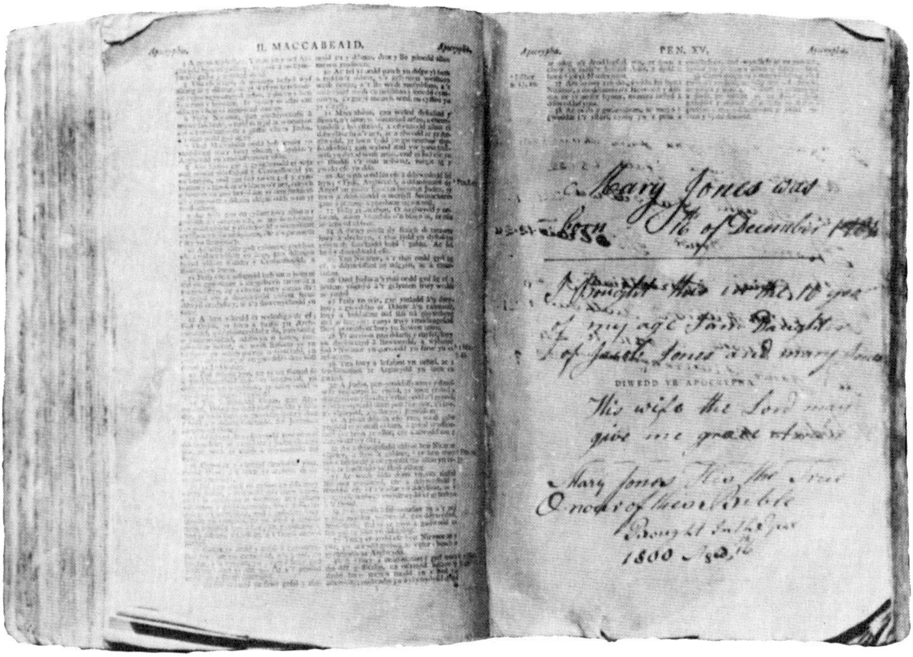

August Hermann Francke, Gründer der Halleschen Anstalten und Mitbegründer der Cansteinschen Bibelgesellschaft.

alle Welt. Das Neue Testament kostet Stück für Stück 2 Groschen, die ganze Bibel 9 Groschen.

Die Aufnahmefähigkeit für die Heilige Schrift ist ungeheuer. Die Bibeln versickern gleichsam wie Wasser in ausgedörrtem Erdboden. Immer neue, immer größere Auflagen sind erforderlich. Dennoch kann es zu Beginn des 19. Jahrhunderts zu Begebenheiten wie jener Geschichte der Mary Jones kommen. Obwohl Millionen von Bibeln gedruckt und verbreitet werden, gibt es weite Landstriche, in denen kaum eine einzige zu finden ist.

Stand die Reformationszeit ganz im Zeichen der Bibelverdeutschung, so steht das 19. Jahrhundert im Zeichen der Bibelverbreitung. Das spontane Wort des Baptisten Hughes wird Motto für die Kirchen in ganz Europa: »Warum nicht die Bibel für die ganze Welt?« Allenthalben entstehen neue Bibelgesellschaften; 1804 in Basel, 1808 in Philadelphia, 1812 in Schottland, 1814 in Berlin, Elberfeld, Dresden und Amsterdam, und

Carl Hildebrand Freiherr von Canstein macht 1710 einen „Ohnmaßgeblichen Vorschlag, wie Gottes Wort den Armen zur Erbauung zum geringen Preiß in die Hände zu bringen“ sei, nämlich durch die Gründung einer Bibelgesellschaft.

weiter in Nürnberg, Oslo, New York und vor allem in Stuttgart. Diese sogenannte Württembergische Bibelanstalt entwickelt eine außerordentlich rege Tätigkeit. Sie ist seit den Tagen ihrer Gründung 1812 bis zur Gegenwart eine der bedeutendsten Verbreitungsquellen für die Bibel schlechthin. Allein in Deutschland werden von 1812 bis 1956 von Stuttgart aus 40 Millionen Bibeln vertrieben.

In einem Fall kommt es sogar zu einer evangelisch-katholischen Bibelgesellschaft, die gemeinsam das Werk der Schriftenverbreitung in Angriff nimmt. Gegründet wird sie 1815 in Heiligenstadt im Eichsfeld, aber sie existiert nur wenige Jahre, dann geht sie ganz in evangelische Hände über. Das gleiche Schicksal hat eine rein katholische Gesellschaft, die 1805 in Regensburg ins Leben gerufen wird. Durch päpstlichen Erlaß wird sie schon zwölf Jahre später aufgehoben. Überhaupt ist die katholische Kirche in der damaligen Zeit dem Gedanken der Bibelgesellschaft nicht eben freundlich gesonnen. Papst Pius IX. rechnet noch 1864 die Bibelgesellschaften unter die »Seuchen der Zeit«, eine Haltung, die später allerdings revidiert wird.

Grundsatz für die Arbeit der Bibelgesellschaften ist die Herstellung großer Bibelauflagen ohne jeden Eigengewinn. Freiwillige Spenden, Stiftungen, Kollekten der Kirchen erbringen beachtliche Zuschüsse, die in ihrer gesamten Höhe dem Neudruck zugute kommen. So ist es möglich, von 1897 bis zum Ersten Weltkriege das sogenannte 10-Pfennig-Testament und die 1-Mark-Bibel herauszubringen, auch angesichts der damals noch »goldenen Zeiten«, in denen das Ei vier Pfennig kostet, ein konkurrenzlos niedriger Preis für ein Buch, das immerhin 320 beziehungsweise über 1000 Seiten umfaßt.

Damit ist die Bibel zugleich das einzige Buch, das außerhalb aller verlegerischen und buchhändlerischen Vereinbarungen und Bestimmungen steht. Verleger und Buchhändler sind nicht nur Geschäftsleute, gewiß, aber sie sind es auch, müssen es auch sein. Sie selbst und Tausende von Angestellten leben vom Buch. Der Verlag, der unter Umgehung des Buchhandels seine Publikationen durch Hausierer an den Türen anbieten läßt, gilt als unkollegial, und unseriös handelt der Buchhändler, der seine Bücher unter dem Preis verschleudert, vielleicht, um den Konkurrenten auszuschalten. Für die Bibel allein gilt all dies nicht.

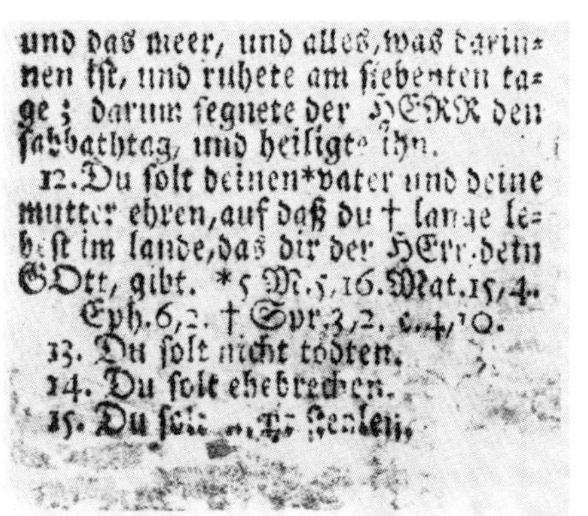
und das meer, und alles, was darinnen ist, und ruhete am siebenten tage; darum segnete der HERR den sabbathtag, und heiligt' ihn.
12. Du solt deinen*vater und deine mutter ehren, auf daß du † lange lebest im lande, das dir der HErr dein GOtt, gibt. *5 M.5,16. Mat.15,4. Eph.6,2. † Spr.3,2. c.4,10.
13. Du solt nicht tödten.
14. Du solt ehebrechen.
15. Du solt [illegible] stehlen.

Kein Verlag, kein Buchhändler nimmt Anstoß an der Praxis der Bibelgesellschaften, die unter Umgehung aller üblichen Gepflogenheiten auf immer neue Wege sinnen, ihr Buch an den Mann zu bringen. Sie werfen es zu Schleuderpreisen auf den Markt, sie lassen es durch Kolporteure an den Haustüren anbieten, sie verschenken es zu Tausenden und Abertausenden. Das ist ihr Sonderrecht. Es geht nicht um ein Buch wie jedes andere, es geht um die Heilige Schrift, das Wort Gottes, bei dem nicht Geschäft oder Verdienst den Ausschlag gibt, wenn die Auflagen ins Ungeheure gesteigert werden. Allein dies gibt den Ausschlag: noch mehr Bibeln in noch mehr Hände zu legen.

»Bibelboten« ziehen bis in unsere Tage durch die Dörfer und bieten ihr Buch den Leuten feil. Man verteilt die Bibel in den Lagern der Gefangenen und Vertriebenen, man gibt sie dem Schulkind in die Hand und dem Greis im Altersheim. Man legt sie in Warteräumen aus, in Hotelzimmern, in Krankenhäusern. Man verschenkt sie an Soldaten und Seeleute, und der schwerste Verbrecher in der Zelle, dem jede andere Vergünstigung versagt ist, hat bis zuletzt ein unangetastetes, verbrieftes Recht, das ihm kein Staatsanwalt und kein Gefängnisdirektor nehmen kann: das Recht auf die Bibel.

Hand in Hand mit diesem unermüdlichen Kampf um die Bibelverbreitung geht zwangsläufig die ebenso unermüdliche Arbeit an immer neuen Übersetzungen. Die Bibel ist so lange für ein Land, ein Volk, eine Gruppe von Menschen nutzlos, wie sie nicht in deren Sprache geschrieben ist. Mit dem Beginn der großen Missionsbewegungen setzt automatisch die große Übersetzungswelle der Bibel ein. Längst existiert sie in allen bedeutenden Kultursprachen der Erde. Aber was nutzt das dem Missionar, der in die unendliche Weite

Trotz sorgfältiger Korrekturen enthielt die im Stehsatz gedruckte 34. Auflage (1731) der von der Cansteinschen Bibelgesellschaft in Halle herausgegebenen Bibel in 2. Mose 20, Vers 14 einen Druckfehler, dem sie ihren Namen verdankt: „Ehebrecherbibel“.

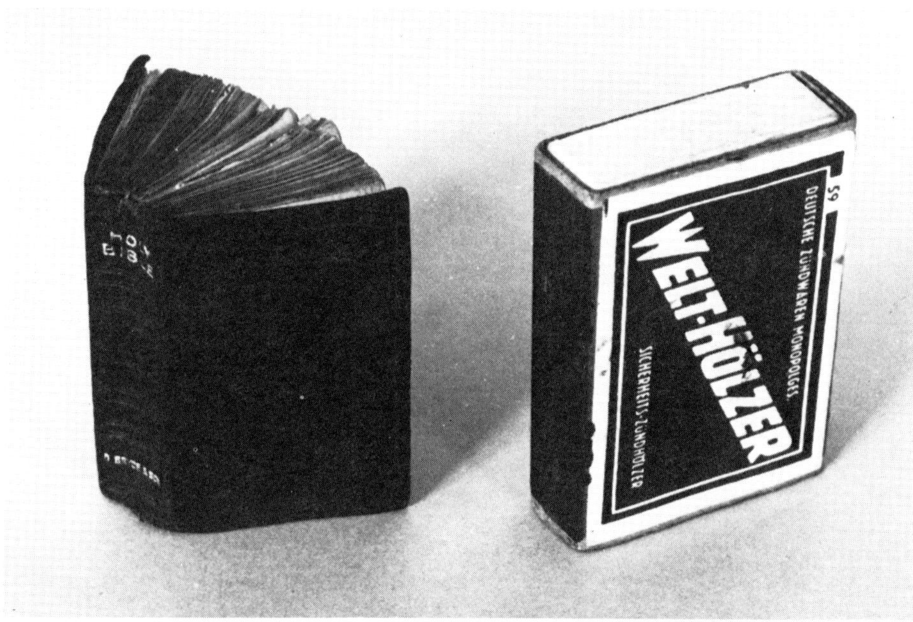

Nicht größer als eine Streichholzschachtel ist die kleinste gedruckte Bibel der Welt, die doch den vollständigen Text enthält. Gedruckt wurde sie im Jahre 1840 von dem Engländer Bryce.

Tibets zieht, der in die Urwälder Südamerikas eindringt, der die afrikanische Steppe durchwandert oder die Inseln des Stillen Ozeans für seinen Gott erobern will? Auf das Buch gründet er seine Lehre von jenem Gott, nach dem Buch werden ihn jene Menschen fragen, sobald sie nur irgend die Kunst des Lesens beherrschen, und das Buch wird er ihnen eines Tages in die Hand geben müssen. So geht er daran, studiert die Sprache der Eingeborenen, unter denen er lebt, und übersetzt seine Bibel in die Sprache derer, für die er da ist.

Als sich Luther an seine Bibelverdeutschung macht, gibt es rund 15 Übersetzungen der Heiligen Schrift aus den Ursprachen. Im Jahre 1600 sind es 40, im Jahre 1700 erst 52. Da wird im Jahre 1701 die erste Missionsgesellschaft gegründet, die englische »Society for the Propagation of the Gospel in Foreign Parts«. Diese Gesellschaft mit dem umständlichen Namen geht aus anglikanisch-hochkirchlichen Kreisen hervor und arbeitet nach dem gleichen Prinzip wie später alle Bibelgesellschaften: Die private Initiative von Männern und Frauen, deren Frömmigkeit nicht geringer ist als ihr Eifer, findet Mittel und Wege zur Ausbreitung des Evangeliums in alle Welt. Diese »Ausbreitungsgesellschaft«, wie man sie im Deutschen bezeichnet, geht mit großem Elan ans Werk. Missionsgebiet ist das gesamte britische Kolonialreich, also die halbe Welt. Später kommen noch Japan und China, Korea, Palästina und Madagaskar hinzu.

Von England übernehmen die Nationen auf dem Kontinent den Gedanken der Missionsgesellschaften. 1732 wird in Deutschland die erste Gesellschaft der Brüder-Unität gegründet, deren Missionare nach Südwest- und Südostafrika gehen, nach Nyassa, Suriname und Samoa. Dieser ersten deutschen Missionsgesellschaft folgt bald die Niederländische Aussendungsgenossenschaft von 1797, die »Church Missionary Society for Africa and the East« in England im Jahre 1799, und dann kommt es zu immer neuen Gründungen in fast allen europäischen Staaten.

Mit der Zahl der Missionare in aller Welt

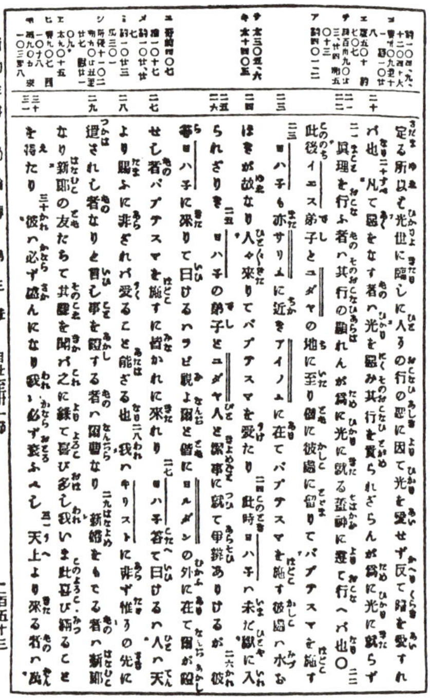

Aus einer japanischen Bibel

wächst auch die Anzahl der Missionsbibeln. John Elliot ist der erste. Im Jahre 1661 beginnt er die Übertragung des Neuen Testamentes in die Sprache seines Missionsvolkes, in die Nipmuk-Mundart der Massachusettsindianer. Zwei Jahre später hat er die ganze Bibel übersetzt. Gleichzeitig sitzt der Holländer Daniel Gravius am entgegengesetzten Ende der Welt auf Formosa und überträgt die Bibel in die Sing-Kang-Mundart. In den ersten Jahren des 18. Jahrhunderts schafft Hiob Ludolf den äthiopischen Psalter. 1728 folgt die Bibel in Tamil, einer indischen Sprache, 1739 in Singhalesisch, 1744 in der Sprache der Eskimos auf Grönland. Und so geht es weiter. Die Reihe der Übersetzer scheint endlos.

Ein Dorfschuster wird Professor

Beispiellos ist die Tat eines Mannes namens William Carey, eines Sprachgenies und glühenden Missionars, der es vom einfachen Dorfschuster bis zum Baptistenprediger und später zum Professor am Fort William College in Kalkutta bringt. Unter dem Protektorat der dänischen Regierung gründet er ein Übersetzungsseminar, aus dem innerhalb von 20 Jahren Bibeln und Bibelteile in 40 verschiedene Sprachen hervorgehen. Persisch ist darunter, Chinesisch, Sanskrit und Hindi, Marwari, Pandschabi, Kaschmir und Kanares.

Immer neue Übersetzungen kommen hinzu. Sie entstehen in den Seminaren der Missionsgesellschaften, in stillen Studierstuben, in schilfgedeckten Eingeborenenhütten irgendwo auf einem der zahllosen Missionsfelder. Kein Mensch auf der ganzen Welt kennt all die Sprachen auch nur ihrem Namen nach, in denen die Bibel erscheint: Nsenga und Mpoto, Bachama und Omyènè, Bruj-Bhasa, Kachchhi, Panaieti, Ponérihouen ... wer

William Carey

kennt jene Sprachen, jene Völker, jene Länder ...?
Im Jahre 1800 zählt man rund 75 Übersetzungen, 1900 sind es bereits 567, und in der Gegenwart ist die Zahl 2000 bald erreicht.
Aber die Zahlen sagen nichts von der unendlichen Mühe, die hinter jeder einzelnen Übersetzung steht, verraten nichts von ihrem Schicksal und vom Schicksal ihrer Übersetzer. Und es sind erschütternde Schicksale darunter.
Der Missionar Schön, der die Bibel in die Sprache der afrikanischen Haussa-Stämme, in den Mampua-Dialekt, ins Mende und in die Ibo-Sprache überträgt, muß seine Buchstaben selbst gießen, weil es auf der ganzen Welt keine Lettern dieser ausgefallenen Schrift gibt. Der Berliner Missionssuperintendent Kropf schafft unentwegt, 19 Jahre lang, an der Kaffern-Bibel. An der japanischen Bibel arbeiten 46 Missionare 15 Jahre hindurch, bis sie 1888 fertiggestellt ist. Der Neuschottländer Gordon überträgt Teile der Bibel in die Sprache der Eromanga-Stämme. Nach jahrelangen Mühen hat er sein Werk vollendet, und als er es endlich zum Druck geben will, wird er von den Eingeborenen erschlagen. Sein Bruder setzt das Werk fort, und als er eben am 7. Kapitel der Apostelgeschichte sitzt, wo von den ersten christlichen Blutzeugen die Rede ist, da trifft auch ihn ein Pfeil in den Rücken. Aber die Missionare geben nicht auf. Mit unglaublicher Zähigkeit verfolgen sie ihr Ziel, jenes Ziel des Baptisten Hughes: »Die Bibel für die ganze Welt!«
Dabei stehen gerade den Übertragungen der Heiligen Schrift in die primitiven Sprachen der Naturvölker ungeahnte Schwierigkeiten entgegen. Die deutsche Sprache, die neben der russischen und chinesischen zu den reichsten und modulationsfähigsten der Welt gehört, vermag mit Leichtigkeit den ganzen Gedankenreichtum der Urtexte wiederzugeben – vorausgesetzt, daß ein Mann ans Werk geht, der seine Sprache selbst bis zum letzten auszuschöpfen versteht, wie etwa Luther. Die ganze gedankliche Tiefe der Heiligen Schrift in der Sprache eines primitiven Volksstammes, der vielleicht nur über ein paar hundert Wörter verfügt, auszudrücken, ist hingegen

TAMIL அப்போஸ்தலர் 2:1-11

பெந்தெகொஸ்தே என்னும் நாள் வந்தபோது,
அவர்களெல்லாரும் ஒரு மனப்பட்டு ஓரிடத்திலே
வந்திருந்தார்கள். 2 அப்பொழுது பலத்த காற்று அடிக்
கிற முழக்கம்போல, வானத்திலிருந்து சடிதியாய் ஒரு
முழக்கமுண்டாகி, அவர்கள் உட்கார்ந்திருந்த வீடு
முழுவதையும் நிரப்பிற்று. 3 அல்லாமலும் அக்கினி
மயமான நாவுகள்போலப் பிரிந்திருக்கும் நாவுகள்
அவர்களுக்குக் காணப்பட்டு, அவர்கள் ஒவ்வொருவர்
மேலும் வந்து அமர்ந்தது. 4 அவர்களெல்லாரும்
பரிசுத்த ஆவியினாலே நிரப்பப்பட்டு, ஆவியானவர் தங்
களுக்குத் தந்தருளின வரத்தின்படியே வெவ்வேறு
பாஷைகளிலே பேசத்தொடங்கினார்கள்.

5 வானத்தின்கீழிருக்கிற சகல தேசத்தாரிலுமிருந்து
வந்த தேவபக்தியுள்ள யூதர்கள் அப்பொழுது எருச
லேமிலே வாசம்பண்ணினார்கள். 6 அந்தச் சத்தம் உண்
டானபோது, திரளான ஜனங்கள் கூடிவந்து, தங்கள்
தங்கள் பாஷையிலே அவர்கள் பேசுகிறதை அவரவர்கள்
கேட்டபடியினாலே கலக்கமடைந்தார்கள். 7 எல்லாரும்
பிரமித்து ஆச்சரியப்பட்டு, ஒருவரையொருவர் பார்த்து:
இதோ, பேசுகிற இவர்களெல்லாரும் கலிலேயரல்லவா?
8 அப்படியிருக்க, நம்மில் அவரவர்களுடைய ஜென்ம
பாஷைகளிலே இவர்கள் பேசக் கேட்கிறோமே,
இதெப்படி? 9 பார்த்தரும், மேதரும், எலாமீத்தரும்,
மெசொப்பொத்தாமியா, யூதேயா, கப்பத்தோக்கியா,
பொந்து, ஆசியா, பிரிகியா, 10 பம்பிலியா, எகிப்து
என்னும் தேசத்தார்களும், சிரேனேபட்டணத்தைச்
சுற்றியிருக்கிற லீபியாவின் திசைகளிலே குடியிருக்கிற
வர்களும், இங்கே சஞ்சரிக்கிற ரோமாபுரியாரும்,
யூதரும், யூதமார்க்கத்தமைந்தவர்களும், 11 கிரேத்
தரும், அரபியருமாகிய நாம் நம்முடைய பாஷைகளிலே
இவர்கள் தேவனுடைய மகத்துவங்களைப் பேசக்கேட்
கிறோமே என்றார்கள்.

Der Pfingstbericht aus der Apostelgeschichte (2, 1–11) in Tamil.

schlechterdings unmöglich. So bleiben alle Missionsbibeln, die in primitiven Sprachen geschrieben und gedruckt sind, zwangsläufig unzureichend. Ja, viele von ihnen tragen alle Zeichen der Unvollständigkeit und Mangelhaftigkeit. Es geht nicht anders. Die Missionare selbst wissen darum, sie mühen sich ab, suchen und fragen, wandern in Luthers Spuren, indem sie ihrem Volk »aufs Maul sehen«. Ein Negerstamm gibt seinem Missionar den treffenden Namen: »Der-weiße-Mann-der-ein-Buch-bei-sich-hat-und-uns-mit-Fragen-plagt«. Es bedarf keiner weiteren Erklärung, jener Missionar suchte die Sprache seines Missionsvolkes zu ergründen. Er schrieb an der Bibelübertragung.
So wird der Missionar zum Forscher, zum Sprachdetektiv. Aber er muß noch mehr sein. Er muß Sprachschöpfer werden, wie es Wulfila war oder Martin Luther. Die wenigen hundert Worte seines Stammes reichen nicht

ARABISCH أَعْمَالُ ٱلرُّسُلِ ٢ ١ – ١١

وَلَمَّا حَضَرَ يَوْمُ ٱلْخَمْسِينَ كَانَ ٱلْجَمِيعُ مَعًا بِنَفْسٍ
وَاحِدَةٍ. ٢ وَصَارَ بَغْتَةً مِنَ ٱلسَّمَاءِ صَوْتٌ كَمَا مِنْ
هُبُوبِ رِيحٍ عَاصِفَةٍ وَمَلَأَ كُلَّ ٱلْبَيْتِ حَيْثُ كَانُوا
جَالِسِينَ. ٣ وَظَهَرَتْ لَهُمْ أَلْسِنَةٌ كَأَنَّهَا مِنْ نَارٍ
وَٱسْتَقَرَّتْ عَلَى كُلِّ وَاحِدٍ مِنْهُمْ. ٤ وَٱمْتَلَأَ ٱلْجَمِيعُ
مِنَ ٱلرُّوحِ ٱلْقُدُسِ وَٱبْتَدَأُوا يَتَكَلَّمُونَ بِأَلْسِنَةٍ أُخْرَى
كَمَا أَعْطَاهُمُ ٱلرُّوحُ أَنْ يَنْطِقُوا
٥ وَكَانَ يَهُودٌ رِجَالٌ أَتْقِيَاءُ مِنْ كُلِّ أُمَّةٍ تَحْتَ
ٱلسَّمَاءِ سَاكِنِينَ فِي أُورُشَلِيمَ. ٦ فَلَمَّا صَارَ هٰذَا ٱلصَّوْتُ
ٱجْتَمَعَ ٱلْجُمْهُورُ وَتَحَيَّرُوا لِأَنَّ كُلَّ وَاحِدٍ كَانَ
يَسْمَعُهُمْ يَتَكَلَّمُونَ بِلُغَتِهِ. ٧ فَبُهِتَ ٱلْجَمِيعُ
وَتَعَجَّبُوا قَائِلِينَ بَعْضُهُمْ لِبَعْضٍ أَتُرَى لَيْسَ جَمِيعُ
هٰؤُلَاءِ ٱلْمُتَكَلِّمِينَ جَلِيلِيِّينَ. ٨ فَكَيْفَ نَسْمَعُ نَحْنُ
كُلُّ وَاحِدٍ مِنَّا لُغَتَهُ ٱلَّتِي وُلِدَ فِيهَا. ٩ فَرْتِيُّونَ
وَمَادِيُّونَ وَعِيلَامِيُّونَ وَٱلسَّاكِنُونَ مَا بَيْنَ ٱلنَّهْرَيْنِ
وَٱلْيَهُودِيَّةَ وَكَبَّدُوكِيَّةَ وَبُنْتُسَ وَأَسِيَّا ١٠ وَفَرِيجِيَّةَ
وَبَمْفِيلِيَّةَ وَمِصْرَ وَنَوَاحِيَ لِيبِيَّةَ ٱلَّتِي نَحْوَ ٱلْقَيْرَوَانِ
وَٱلرُّومَانِيُّونَ ٱلْمُسْتَوْطِنُونَ يَهُودٌ وَدُخَلَاءُ ١١ كَرِيتِيُّونَ
وَعَرَبٌ نَسْمَعُهُمْ يَتَكَلَّمُونَ بِأَلْسِنَتِنَا بِعَظَائِمِ ٱللهِ.

Apostelgeschichte 2, 1–11 in Arabisch

hin für sein Vorhaben. Er muß neue Worte erfinden, selbst schaffen, selbständig prägen. Es dürfen keine Phantasie-Wörter sein, sondern sie müssen aus dem Geist des betreffenden Volkes erwachsen, müssen ihm verständlich werden, müssen in den Alltagsgebrauch eingehen. In der Tat haben zahllose Übersetzungen der Heiligen Schrift in primitive Eingeborenensprachen eben diese Sprachen erst zu dem gemacht, was sie heute sind. Sie haben sie nicht nur bereichert, sondern sie haben sie gegliedert und geordnet. Immer wieder kommt es bei der Übersetzung der Missionsbibeln zu Fehlern, Irrtümern, Verwechslungen und spaßigen Mißverständnissen. Da müht sich, wie der Weltreisende Hans A. de Boer erzählt, ein Missionar ab, das Vaterunser in die Sprache eines zentralafrikanischen Stammes zu übertragen. Er schreibt es auf, seine Schäflein lernen es treu und brav und beten es, Sonntag für Sonntag, im Gottesdienst. Und als ein paar Jahre später ein perfekter Kenner dieser Eingeborenensprache in dasselbe Gebiet kommt, da vernimmt er staunend, wie die Schwarzen beten »...und erwisch uns nicht, wenn wir sündigen«. Der Missionar hatte es etwas anders gemeint, es sollte heißen »und führe uns nicht in Versuchung, sondern erlöse uns von dem Bösen«. In einem indischen Dialekt geschieht eine nicht minder drollige Verwechslung. An allen Stellen, an denen vom »himmlischen Vater« die Rede ist, heißt es wörtlich »der himmelblaue Vater«. Und bei den Dagomba, einem Stamm in Nordtogo, erfährt man in der Weihnachtsgeschichte zur größen Überraschung, daß Maria und Josef im Hühnerstall übernachten. Es scheint auch so etwas wie einen »Übersetzungsteufel« zu geben.

Eskimos und Wüstensand

Aber in vielen Fällen fehlen einfach die Begriffe. Die Sprachen reichen nicht im mindesten für all das, was die Bibel zu sagen hat. »Mir kommt es so vor«, seufzt ein Missionar der Eskimo-Mission, »als müßte ich die Neunte Symphonie von Beethoven auf der Mundharmonika blasen! Mir fehlen an allen Ecken und Enden die Worte, und was noch schlimmer ist, den Eskimos fehlen die Begriffe. Wie soll ich ihnen sengende Hitze, quälenden Durst, Wüstensand und Heuschrecken, wie geschichtliche Ereignisse und historische Persönlichkeiten, wie Löwen, Krokodile, Palmen und Granatäpfel erklären, von den Gedanken des gelehrten Paulus, von Vergebung, Gnade, Erlösung ganz zu schweigen! Ja, ich kann nicht einmal von Christus als dem ›Lamm Gottes‹ sprechen, denn sie kennen keine Lämmer!« Nun, in diesem Falle wußte sich besagter Missionar zu helfen: Er schrieb von dem »kleinen Seehund Gottes«.

Warum hat Mose Hörner?

Der Tourist, der auf seiner Italienreise die Stadt Rom besucht und mit dem Reiseführer in der Hand durch die Straßen wandert, um die Kunstschätze der Ewigen Stadt zu bewun-

CHINESISCH

使徒行傳
第二章
一至十一節

五旬節到了，門徒都聚集在一處。忽然從天上有響聲下來，好像一陣大風吹過，充滿了他們所坐的屋子。又有舌頭如火焰顯現出來，分開落在他們各人頭上。他們就都被聖靈充滿，按着聖靈所賜的口才，說起別國的話來。那時有虔誠的猶太人，從天下各國來，住在耶路撒冷。這聲音一響，衆人都來聚集，各人聽見門徒用衆人的鄉談說話，就甚納悶。都驚訝希奇說，看哪，這說話的不都是加利利人麼。我們各人，怎麼聽見他們說我們生來所用的鄉談呢。我們帕提亞人，瑪代人，以攔人，和住在米所波大米，猶太，加帕多家，本都，亞西亞，弗呂家，旁非利亞，埃及的人，並靠近古利奈的呂彼亞一帶地方的人，從羅馬來的客旅中，或是猶太人，或是進猶太教的人，革哩底和亞拉伯人，都聽見他們用我們的鄉談，講說 神的大作爲。

Apostelgeschichte 2, 1–11 in Chinesisch

AMHARISCH

የሐዋርያት ሥራ

ምዕራፍ ፪ ።

በዓለ ኀምሳም የተባለው ቀን በደረሰ ጊዜ ፥ ሁሉም በአንድ ልብ ሆነው አብረው ሳሉ ፥ ድንገት እንደሚነጥቅ ዓውሎ ነፋስ ከሰማይ ድምፅ መጣ ፥ ተቀምጠው የነበሩበትንም ቤት ሁሉ ሞላው ። እንደ እሳትም የተከፋፈሉ ልሳኖች ታዩአቸው ፤ በያንዳንዳቸውም ላይ ተቀመጡባቸው ። በሁሉም መንፈስ ቅዱስ ሞላባቸው ፥ መንፈስም ይናገሩ ዘንድ እንደ ሰጣቸው በሌላ ልሳኖች ይናገሩ ጀመር ።

ከሰማይም በታች ካሉ ሕዝብ ሁሉ በጸሎት የተጉ አይሁድ በኢየሩሳሌም ይኖሩ ነበር ፤ ይህም ድምፅ በሆነ ጊዜ ሕዝብ ሁሉ ተሰበሰቡ ፥ እያንዳንዱም በገዛ ቋንቋው ሲናገሩ ይሰማ ስለ ነበር የሚሉትን አጡ ። ተገርመውም ተደንቀውም እንዲህ አሉ ፦ እነሆ ፥ እነዚህ የሚናገሩት ሁሉ የገሊላ ሰዎች አይደሉምን? እኛም እያንዳንዳችን የተወለድንበትን የገዛ ቋንቋችንን እንዴት እንሰማለን? የጳርቴና የሜድ የኢላሜጤም ሰዎች ፡ በሁለት ወንዝም መካከል በይሁዳም በቀጳዶቅያም በጳንጦስም በእስያም ፡ በፍርግያም በጵንፍልያም በግብፅም በቀሬናም በኩል ባሉት በሊቢያ ወረዳዎች የምንኖር ፥ በሮሜም የምንቀመጥ ፥ አይሁድም ወደ ይሁዲነትም የገባን ፥ የቀርጤስና የዓረብ ሰዎች ፥ የእግዚአብሔርን ታላቅ ሥራ በልሳኖቻችን ሲናገሩ እንሰማቸዋለን ።

Apostelgeschichte 2, 1–11 in Amharisch

dern, wird auf diesem Wege auch in die Kirche St. Pietro in Vincoli treten und dort andächtig vor dem Grabmal Papst Julius II. stehenbleiben. Dort erhebt sich die mächtige Marmorstatue des Mose, geschaffen von Michelangelo Buonarotti. Da sitzt der Prophet in wallendem Gewand, seine Rechte greift in den wehenden Bart, das Haupt hat er trotzig erhoben, und die markanten Züge erzählen eine ganze Geschichte von Leid und Not eines Volkes, von der kühnen Tat eines Mannes, vom Ringen eines Menschen mit seinem Gott.

Wenn der Betrachter ein wenig näher tritt und genauer hinschaut, dann sieht er, wie aus der Stirn des Mose zwei Hörner wachsen. Sie stören keineswegs den Gesamteindruck, der von der Statue ausgeht, sie scheinen vielmehr dazu zu gehören, wachsen aus der Wucht der Erscheinung wie etwas Selbstverständliches. Der Kunstkenner weiß, daß in der Malerei die Darstellungen des gehörnten Mose durchaus keine Seltenheit sind. Was wollten die Künstler damit sagen? Ein Symbol? Tiefe Bedeutung?

Nichts von alledem. Ein Irrtum! Im 2. Buch Mose, Kapitel 34, ist die Rede von der Begegnung Moses mit Gott, und da steht im hebräischen Urtext, der bekanntlich nur die Konsonanten, nicht aber die Vokale aufzeichnet, das Wort »krn«. So jedenfalls liest es sich, und als man später darangeht, den Text mit Vokalen zu versehen, da setzt man zwei »e« ein. Das Wort liest sich nunmehr »keren«, und das heißt »gehörnt«. Als Mose von dem Berg zurückkehrt, auf dem ihm der Herr begegnet, da ist sein Antlitz gehörnt. Diese Fassung erhält sich durch Jahrhun-

derte und wird auch von der Vulgata übernommen. Daher schöpfen die Maler und Bildhauer ihre Kenntnis: Mose erscheint mit gehörntem Antlitz.

Viel später, als man andere Texte zum Vergleich heranzieht, stößt man darauf, daß es nicht »keren« heißen darf, sondern »karan«, und das bedeutet »glänzend«. Plötzlich bekommt diese Bibelstelle einen anderen und zugleich auch verständlichen Sinn. Das Angesicht Moses glänzt, nachdem er Gott gesehen hat. Das ist einleuchtend und bedarf keiner Erklärung. Der gehörnte Mose des Michelangelo aber bleibt stehen als ein steingewordener Übersetzungsfehler.

Solche Fehler sind nicht selten und ebensowenig verwunderlich. Der unvokalisierte Text ist eine Fehlerquelle, die fortgesetzten Abschriften der Bibel bis ins 15. Jahrhundert hinein sind Fehlerquellen, die nachlässigen Abdrucke unkorrekter Verleger, die Irrtümer von Übersetzern und Redakteuren, überall schleichen sich Fehler ein und drohen den Urtext der Heiligen Schrift zu entstellen.

प्रेरितों के कार्य २:१–११ **HINDI**

जब पिंतेकुस्त का दिन आया तो वे सब एक स्थान पर एकत्रित थे ।
२ एकाएक आकाश से एक बड़ी आंधी की सी सनसनाहट का शब्द
हुआ ; और उससे सारा घर, जहां वे बैठे थे, गूंज गया । ३ उन्हें
आग के सदृश जीभें विभाजित होती हुई दीख पड़ीं जो उनमें से
प्रत्येक पर आ ठहरीं । ४ वे सब पवित्र आत्मा से परिपूर्ण हो गए,
एवं आत्मा ने जैसी उन्हें वाणी दी, विभिन्न भाषाएं बोलने लगे ।

५ आकाश के नीचे स्थित प्रत्येक देश के श्रद्धालु यहूदी यरूशलेम
में रहत थे । ६ जब यह शब्द हुआ तो भीड़ लग गई ; लोग घबरा
गए क्योंकि प्रत्येक ने उनको अपनी ही भाषा में बोलते सुना । ७ वे
सब चकित रह गए और विस्मित हो कहने लगे, 'देखो, ये जो बोल
रहे हैं, क्या सब गलीली नहीं हैं ? ८ तो फिर हममें से प्रत्येक अपनी
अपनी भाषा कैसे सुन रहा है ९ पारथी, मेदी, एलामी और
मेसोपोतामिया, यहूदिया, कप्पदूकिया, पोंतुस आसिया, १० फ्रूगिया,
पंफूलिया, मिस्र, कुरेने के निकटवर्त्ती लिबिया प्रांत के निवासी, रोम
के प्रवासी यहूदी तथा ११ नवयहूदी, क्रेत और अरब के निवासी–हम
अपनी अपनी भाषा में इनसे परमेश्वर के महान् कार्यों की चर्चा
सुन रहे हैं ।'

Apostelgeschichte 2, 1–11 in Hindi

Das Buch der 50000 Fehler

»50 000 Fehler in der Bibel festgestellt«, schreibt im Jahre 1952 ein Journalist in einer großen westdeutschen Zeitung. Er dachte offensichtlich, etwas völlig Neues zu bringen, etwas, das den Glauben an die Bibel aus den Angeln heben müsse, das die Grundlage des ganzen Christentums ins Wanken bringen würde. Hätte er nur einen flüchtigen Blick auf die Geschichte der Textforschung geworfen, so hätte er feststellen können, daß er mit seiner sensationellen Meldung etwas ganz Altes sagt. Bereits im Jahre 1701 gibt der Engländer John Mill ein Neues Testament heraus, das in einem umfangreichen textkritischen Apparat nicht weniger als 30000 Abweichungen in der Lesart einzelner Stellen anführt. Damals freilich schlägt diese Feststellung wie eine Bombe ein. Aber das war immerhin vor 250 Jahren!

Mit John Mill nimmt die sogenannte Textkritik ihren Anfang. Damit ist die dritte große Bewegung genannt, die neben Ausbreitung und Übersetzung in die Missionssprachen in der Geschichte der Bibel eine entscheidende Rolle spielt. Textkritik bedeutet allerdings nicht »Kritik an der Bibel«, sondern allein Kritik an der Zuverlässigkeit des überlieferten Textes, an der Richtigkeit der Übersetzungen, an der Präzision der Textwiedergabe.

Der Vorgang an sich ist höchst einfach, die Arbeit jedoch unglaublich mühselig. John Mill hat mit bewunderungswürdiger Ausdauer zunächst alle ihm irgendwie erreichbaren Texte des Neuen Testamentes zusammengetragen, gelesen und miteinander verglichen. Dieser Vergleich geschieht Zeile für Zeile, Wort für Wort, ja, Silbe für Silbe. 98 verschiedene Ausgaben hat Mill zur Hand, 98 mal liest er jedes einzelne Wort. Und dabei,

Der gehörnte Mose des Michelangelo. Er steht in der Kirche St. Pietro in Vincoli in Rom und ist ein steingewordener Übersetzungsfehler.

JORUBA

IṢE AWỌN APOSTELI 2, 1-11

Nigbati ọjọ Pentekosti si de, gbogbo nwọn fi ọkàn
kan wà nibikan. 2 Lojijì iró si ti ọrun wá, gẹgẹ bi iró
ẹfufu lile, o si kún gbogbo ile nibiti nwọn gbé joko.
3 Ẹla ahọn bi ti iná si yọ si wọn, o pin ara rẹ̀ o si bà
le olukuluku wọn. 4 Gbogbo nwọn si kún fun Ẹmí
Mimọ́, nwọn si bẹ̀rẹ si ifi ède miran sọrọ, gẹgẹ bi
Ẹmí ti fun wọn li ohùn.

5 Awọn Ju olufọkànsin lati orilẹ-ede gbogbo labẹ
ọrun si ngbe Jerusalemu. 6 Nigbati nwọn si gbọ iró
yi, ọ̀pọlọpọ enia pejọ, nwọn si damu, nitoriti
olukuluku gbọ́ nwọn nsọ̀rọ li ède rẹ̀. 7 Hà si ṣe
gbogbo wọn, ẹnu si yà wọn, nwọn nwi fun ara wọn
pe, Wo o, ara Galili ki gbogbo awọn ti nsọ̀rọ wọnyi
iṣe ? 8 Ẽha si ti ṣe ti awa fi ngbọ́ olukuluku li ede wa
ninu eyiti a bí wa ? 9 Awọn ará Partia, ati Media,
ati Elamu, ati awọn ti ngbé Mesopotamia, Judea, ati
Kappadokia, Pontu, ati Asia, 10 Frigia, ati Pamfilia,
Egipti, ati ẹkùn Libia niha Kirene, ati awọn atipo
Romu, awọn Ju ati awọn alawọṣe Ju, 11 Awọn ara
Krete ati Arabia, awa gbọ́ nwọn nsọ̀rọ iṣẹ iyanu nla
Ọlọrun li ède wa.

Apostelgeschichte 2, 1–11 in Joruba

bei dieser mühseligen Kleinarbeit, die am einzelnen Wort, an der einzelnen Silbe und am einzelnen Buchstaben haftet, ermittelt er seine insgesamt 30 000 textlichen Verschiedenheiten.

Fehler sind das nicht. Ein Fehler wäre der gehörnte Mose, und ein Fehler könnte das berühmte Kamel sein, das nicht durch ein Nadelöhr geht. Diese Stelle findet sich im Matthäus-Evangelium, Kapitel 19, Vers 24, und im Lukas-Evangelium, Kapitel 18, Vers 25. Da steht das Christus-Wort: »Es ist leichter, daß ein Kamel durch ein Nadelöhr geht, als daß ein Reicher ins Reich Gottes eingeht.« Man hat viel um diese Stelle diskutiert. Das »Nadelöhr«, so lautet eine Ausdeutung, sei die Bezeichnung für ein Tor in der Stadtmauer von Jerusalem, und dieses Tor sei so eng gewesen, daß ein Kamel Mühe hatte, hindurchzukommen. Die Auslegung läßt sich hören, erscheint aber etwas gesucht. Da findet man in späteren Handschriften statt des Wortes »kamälos« den Ausdruck »kamilos«, und kamilos bedeutet Schiffstau. Das fragliche Jesus-Wort bekommt damit einen näherliegenden Sinn. In den Luthertexten freilich ist man bis zum heutigen Tage beim Kamel geblieben, während man in einer neuen deutschen Übersetzung mit dem Titel »Hoffnung für alle« liest: »Eher läßt sich ein dickes Seil in ein Nadelöhr einfädeln...«

Aber auch derartige Übersetzungsvarianten berühren in keinem einzigen Falle die Aussagen der Bibel im Grundsätzlichen. Weder der Kreuzestod Christi noch die Botschaft von der Erlösungstat, weder die Abendmahlserzählung noch der Bericht der Leidensgeschichte können aufgrund von Textvarianten angefochten werden. Es gibt in allen heute bekannten Quellen, deren Echtheit einwandfrei bewiesen ist, nicht eine einzige Stelle, die irgendeine grundsätzliche

Apostelgeschichte 2, 1–11 in Russisch

RUSSISCH

ДЕЯНИЯ АПОСТОЛОВ 2, 1-11

И когда подходил к концу день Пятидесятницы,
были они все вместе. 2 И вдруг раздался с неба
шум, как бы от несущегося сильного ветра, и
наполнил весь дом, где они находились, 3 и
явились им разделяющиеся языки, как бы огненные, и почили по одному на каждом из них.
4 И исполнились все Духа Святого и начали
говорить иными языками, как Дух давал им
вещать.

5 Жили в Иерусалиме Иудеи, благоговейные
люди из всякого народа под небом. 6 Когда же
прошел об этом слух, собралось много людей и
пришли в смятение, потому что каждый из них
слышал, как они говорили на его собственном
наречии. 7 Изумлялись все и дивились, говоря:
вот все эти говорящие, разве они не Галилеяне?
8 Как же мы их слышим каждый на своем собственном наречии, в котором мы родились: 9 Парфяне,
и Мидяне, и Эламиты, и живущие в Месопотамии,
в Иудее и Каппадокии, Понте и Асии, 10 Фригии
и Памфилии, в Египте и в частях Ливии, примыкающих к Киринее, и пришедшие из Рима, как
Иудеи, так и прозелиты, 11 Критяне и Арабы —
слышим, как они говорят на наших языках о
великих делах Божиих?

⸂ΚΑΤΑ ΙΩΑΝΝΗΝ⸃

1 III **1** Ἐν ἀρχῇ ἦν ὁ λόγος, καὶ ὁ λόγος ἦν πρὸς τὸν θεόν, 1J 1,1s; 2,13 Gn 1,1 · Ap 19,13 ·
καὶ θεὸς ἦν ὁ λόγος. **2** οὗτος ἦν ἐν ἀρχῇ πρὸς τὸν θεόν. 17,5 | Prv 8,22s
3 πάντα δι' αὐτοῦ ἐγένετο, καὶ χωρὶς αὐτοῦ ἐγένετο ⸂οὐδὲ Sap 9,1 Ps 33,6 1K 8,6 Kol 1,
ἕν⸃⁚. ὃ γέγονεν⁚¹ **4** ἐν αὐτῷ ζωὴ ⸀ἦν, καὶ ἡ ζωὴ ἦν τὸ φῶς 16s H 1,2 Ap 3,14 | 5,26 1J 1,
⸋τῶν ἀνθρώπων⸌· **5** καὶ τὸ φῶς ἐν τῇ σκοτίᾳ φαίνει, καὶ 2 · 8,12! | 3,19; 12,35 Is
ἡ σκοτία αὐτὸ οὐ κατέλαβεν. 9,1
2 III **6** Ἐγένετο ἄνθρωπος, ἀπεσταλμένος παρὰ ⸀θεοῦ, ⸆ Mc 1,4p
ὄνομα αὐτῷ Ἰωάννης· **7** οὗτος ἦλθεν εἰς μαρτυρίαν ἵνα 5,33
μαρτυρήσῃ περὶ τοῦ φωτός, ἵνα πάντες πιστεύσωσιν δι' Act 19,4.
αὐτοῦ. **8** οὐκ ἦν ἐκεῖνος τὸ φῶς, ἀλλ' ἵνα μαρτυρήσῃ περὶ 20; 5,35
τοῦ φωτός.
3 III **9** Ἦν τὸ φῶς τὸ ἀληθινόν, ὃ φωτίζει πάντα ἄνθρω- 8,12! Mt 4,16 1J 2,8 · 3,19; 11,27!
πον, ἐρχόμενον εἰς τὸν κόσμον. **10** ἐν τῷ κόσμῳ ἦν, καὶ 3-5; 14,17 1K
ὁ κόσμος δι' αὐτοῦ ἐγένετο, καὶ ὁ κόσμος αὐτὸν οὐκ ἔγνω. 2,8 1J 3,1
4 X **11** εἰς τὰ ἴδια ἦλθεν, καὶ οἱ ἴδιοι αὐτὸν οὐ παρέλαβον. 5,43
12 ὅσοι δὲ ἔλαβον αὐτόν, ἔδωκεν αὐτοῖς ἐξουσίαν τέκνα G 3,26 E 1,5
θεοῦ γενέσθαι, τοῖς πιστεύουσιν εἰς τὸ ὄνομα αὐτοῦ, 1J 3,1 · 20,31 1J 5,13!
13 ⸂οἳ οὐκ⸃ ἐξ αἱμάτων οὐδὲ ἐκ θελήματος σαρκὸς ⸋οὐδὲ 3,5s 1P 1,23
ἐκ θελήματος ἀνδρὸς⸌ ἀλλ' ἐκ θεοῦ ⸀ἐγεννήθησαν. 1J 4,7! Jc 1,18
5 III **14** Καὶ ὁ λόγος σὰρξ ἐγένετο καὶ ἐσκήνωσεν ἐν ἡμῖν, 1T 3,16 Kol 1, 22! · PsSal 7,6
καὶ ἐθεασάμεθα τὴν δόξαν αὐτοῦ, δόξαν ὡς μονογενοῦς Ez 37,27 Ap 21, 3 · 2P 1,16s
6 I παρὰ πατρός, πλήρης χάριτος καὶ ἀληθείας. **15** Ἰωάννης 1J 1,1 · 2,11! L 9,
μαρτυρεῖ περὶ αὐτοῦ καὶ κέκραγεν λέγων· ⸂οὗτος ἦν ὃν 32 · 3,16! · 17!
εἶπον·⸃ ὁ ὀπίσω μου ἐρχόμενος ⸆ ἔμπροσθέν μου γέγονεν, 27.30 Mt 3,11!

Inscriptio: ⸂ευαγγελιον κ. Ι. 𝔓66.75 (A) C D L Ws Θ Ψ f1 𝔐 ¦ αγιον ευ. κ. Ι. (28) *al* ¦ *txt* (א B)

¶ **1,3** ⸂ουδεν 𝔓66 א* D f1 *pc*; Ir | ⁚ † – *et* ⁚1. אc (Θ) Ψ 050c 𝔐 syp.h bo ¦ *txt* 𝔓75c C D L Ws 050* *pc* b vgs syc sa; Ir Tert Cl Or (*sine interp. vl incert.* 𝔓66.75* א* A B 063 *al*) • **4** ⸀εστιν א D it sa?; Clpt ¦ – Ws | ⸋B* • **6** ⸀κυριου D* | ⸆ην א* D* Ws syc • **13** ⸂ουκ *et* ⸀εγεννηθ- D* ¦ qui (– Tert) non *et* natus est b; Irlat Tert ¦ *txt* 𝔓66 א B2 C Dc L Ws Ψ 063 f1.13 𝔐 (*sed* εγενηθ- 𝔓75 A B* Δ Θ 28 *pc*) | ⸋B* • **15** ⸂ουτ. ην ο ειπων· א1 B* C*; Or ¦ ουτ. ην א* | ⸆ος א* Ws c

Anfang des Johannesevangeliums. Probeseite aus dem Novum Testamentum Graece, der von Eberhard Nestle begonnenen und in 26. Auflage (1979) unter Leitung von Kurt Aland völlig neu erarbeiteten wissenschaftlichen Ausgabe des griechischen Neuen Testaments, in der alle bekannten und relevanten Textvarianten genau verzeichnet sind.

Am von Professor Kurt Aland gegründeten Institut für Textforschung des Neuen Testaments in Münster sind 95% aller Handschriften des Neuen Testaments auf Mikrofilm festgehalten – Grundlage für die wissenschaftliche Textrekonstruktion.

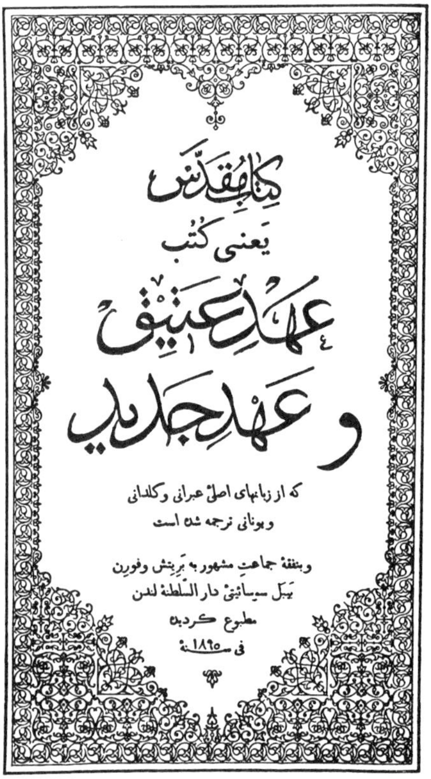
کتاب مقدس
یعنی کتب
عهد عتیق
و عهد جدید
که از زبانهای اصلی عبرانی و کلدانی
و یونانی ترجمه شده است
و بنفقهٔ جماعت مشهور به برتش وفورن
بیبل سوسائیتی دار السلطنهٔ لندن
مطبوع گردید
فی سنهٔ ۱۸۹۵

Titelblatt einer persischen Bibel

Aussage der Heiligen Schrift in Frage stellt. Textkritik heißt Arbeit im Kleinen und Kleinsten, das Kleben am einzelnen Wort, am einzelnen Buchstaben, immer neues Vergleichen, immer neue Schlüsse.

Es ist das ureigene Gebiet der Theologen, Philologen, Paläographen. Was der Gemeinde der Bibelleser sichtbar wird, sind die oft genug geringfügigen Auswirkungen einer unendlich sorgfältigen und langwierigen Forschungsarbeit. Männer wie John Mill, Kennycott, Holmes, Parsons oder Westcott in England, Wettstein, Bengel, Lachmann, Konstantin von Tischendorf, Wellhausen, Eberhard Nestle und Kurt Aland in Deutschland sind die vornehmsten Vertreter einer echten Gelehrtengeneration, die sich in unermüdlicher Kleinarbeit, gleichsam im Hintergrund, um die größtmögliche Treue und Sauberkeit des biblischen Textes bemühen. Die Tatsache, daß sie Textabweichungen finden, daß sie Fehler und Irrtümer aufdecken, ist nicht Beweis für die Unsicherheit biblischer Überlieferung, sondern im Gegenteil Garantie für größtmögliche Präzision. Der Leser der Gegenwart, der seine Bibel aufschlägt, weiß, daß hinter dem Text jahrhundertelange Forschung steht, die nicht einen einzigen Buchstaben übersehen hat. Die lange Reihe der großen Textforscher ist gleichsam der Garantieschein für die Zuverlässigkeit biblischer Überlieferung.

Ein Mann sucht ein Manuskript

Nichts für normale Augen

Zu den faszinierendsten Gelehrtengestalten des vorigen Jahrhunderts zählt ohne Zweifel der Leipziger Professor für evangelische Theologie Konstantin Tischendorf. Dabei entspricht er so gar nicht dem herkömmlichen Bild von einem Theologieprofessor. Sein Leben ist reich an wissenschaftlichen Erfolgen, aber ebenso reich an Abenteuern. Weite Reisen durch den Orient gehören dazu, damals durchaus lebensgefährliche Unternehmen, mit nächtlichen Ritten »hoch zu Kamel« durch das Gebiet aufständischer Beduinen, mit Schießereien und halsbrecherischen Kletterpartien. Dennoch ist er kein Abenteurer, und solche für einen Theologen von Rang immerhin ungewöhnliche Situationen gehören gleichsam zu seinem wissenschaftlichen Konzept; denn er hat es sich zur Aufgabe gemacht, alte Handschriften aufzuspüren, um sie später, in der Stille seines Arbeitszimmers, zu untersuchen. Wer ist dieser Mann?

Tischendorf wird 1815 im Vogtland geboren. Mit 19 Jahren bezieht er die Universität Leipzig, um dort aus Neigung und im Bewußtsein echter Berufung Theologie zu studieren. Bereits vom Gymnasium in Plauen her bringt er eine ungewöhnlich gründliche Kenntnis der klassischen Sprachen mit, die er während seines Studiums noch vervollkommnet. Schon sechs Jahre später erwirbt er die Berechtigung, Vorlesungen zu halten. Sein Spezialgebiet ist neutestamentliche Schriftauslegung, seine Bemühungen gelten dem Echtheitsnachweis der neutestamentlichen Überlieferungen. Mit 27 Jahren veröffentlicht er seine erste Ausgabe des griechischen Neuen Testamentes, die ihm volle Anerkennung der damals führenden Theologen einbringt. In jenem Jahr schreibt er: »Vor mir steht eine heilige Lebensaufgabe, das Ringen um die ursprüngliche Gestalt des Neuen Testamentes.«

Der jugendliche Forscher Konstantin Tischendorf.

Damit beginnt sein eigentlicher Lebensweg. Er beherrscht lückenlos das Lateinische, Griechische und Hebräische. Ebensogut sind seine Kenntnisse im Aramäischen, in vielen Dialekten des Altertums kennt er sich aus, im Samaritanischen, im Koptischen. Er besitzt in hohem Mäße Energie und Ausdauer, zähen Fleiß und ungeheure Schaffenskraft, er besitzt persönlichen Mut und diplomatisches Geschick. Ihm ist jene nachtwandlerische Sicherheit des Entdeckergenies eigen, das mit unfehlbarer Gewißheit unter tausend verschiedenen Möglichkeiten die einzig richtige ansteuert. Und schließlich: Er verfügt über ein vorzügliches, weit über dem Durchschnitt stehendes Sehvermögen. All diese Dinge sind Voraussetzungen dafür, daß Tischendorf in seinem Leben mehr und bedeutendere Handschriften findet als ganze Gelehrtengenerationen nach ihm.

Tischendorf geht systematisch auf die Suche. Seine Lebensaufgabe, »das Ringen um die ursprüngliche Gestalt des Neuen Testamentes«, kann er nur dann verwirklichen, wenn er möglichst dicht an die Quellen herankommt. Er muß nach den ältesten Überlieferungen forschen, und er fragt zunächst nach dem, was bereits bekannt ist.

Da ist zunächst der berühmte Codex Vaticanus, eine vollständige, dreispaltige Bibel in griechischer Sprache, die den Text der Septuaginta wiedergibt. Lediglich am Anfang und am Schluß sind einige Pergamentblätter verlorengegangen. Man nimmt an, daß sie etwa um das Jahr 350 nach Christus niedergeschrieben wurde, und seit dem Jahre 1481 läßt sich die Handschrift in der Bibliothek des Vatikans nachweisen. Dieser Codex Vaticanus gilt damals als das älteste und zuverlässigste Textzeugnis schlechthin.

Ein zweiter großer Pergamentkodex gehört dem Britischen Museum: der Codex Alexandrinus. Er kommt 1627 als Geschenk des Patriarchen von Konstantinopel an König Karl I. nach England. Auch er ist griechisch geschrieben und stammt etwa aus der ersten Hälfte des 5. Jahrhunderts.

Und schließlich wird in der Pariser Nationalbibliothek seit den Tagen der Königin Katharina von Medici der sogenannte Codex Ephraemi aufbewahrt, der ein recht eigenartiges Schicksal hinter sich hat. Geschrieben wird er ebenfalls im 5. Jahrhundert in griechischer Sprache, und zwar einspaltig auf Pergament. Im 12. Jahrhundert fällt er einem schreibwütigen Mönch in die Hände, dessen Kloster offenbar knapp bei Kasse ist und sich keine neuen Pergamentblätter leisten kann. Also radiert jener eifrige Mönch säuberlich den alten Text aus und schreibt unbekümmert darüber die gelehrten Abhandlungen des alten syrischen Kirchenlehrers Ephraem, der bereits im Jahre 373 gestorben ist. Und er schreibt noch dazu zweispaltig mit wesentlich größeren Zeilenabständen als sein Vorgänger. Dieses Pergament wird durch die Königin Katharina nach Paris gebracht, aber erst gegen Ende des 17. Jahrhunderts entdeckt man, daß sich unter den Ephraemschen Weisheiten ein anderer, ungleich älterer Text verbirgt. Man hat ein doppelt beschriebenes Manuskript, ein Palimpsest, gefunden! Die Gelehrten versuchen krampfhaft, den Urtext zu entziffern, sie sitzen Tage und Wochen über den Pergamentblättern. Ein paar Zeilen bekommen sie heraus, dann müssen sie aufgeben. Jener Mönch hat zu gründlich radiert, es scheint hoffnungslos, den alten Text jemals zu entziffern.

Von diesen drei bekannten Codices weiß Tischendorf. Er weiß auch, daß man immer wieder hier und da einige Bruchstücke alter Manuskripte aufgefunden hat. Im 16. Jahrhundert etwa fallen dem Theologen Johann Jakob Grynaeus ein griechisches und zwei lateinische Fragmente des Alten Testamentes in die Hand, die seither in der Baseler Bibliothek aufbewahrt werden. 1778 kommt ein Antiquitätenhändler zu ägyptischen Bauern und sieht dort, wie man gerade dabei ist, einige alte Papyrusfetzen ins Feuer zu werfen. Entsetzt reißt er sie ihnen aus der Hand und muß erfahren, daß man bereits an die 50 solcher Rollen verbrannt hat, weil sie einen so angenehmen Duft verbreiten. Es handelt sich dabei zwar nicht um biblische Texte, wohl aber um Urkunden, deren Kenntnis für die Erforschung der Welt des Alten Testamentes von höchstem Wert sein mußte. Es gelingt jenem Antiquitätenhändler, wenigstens den

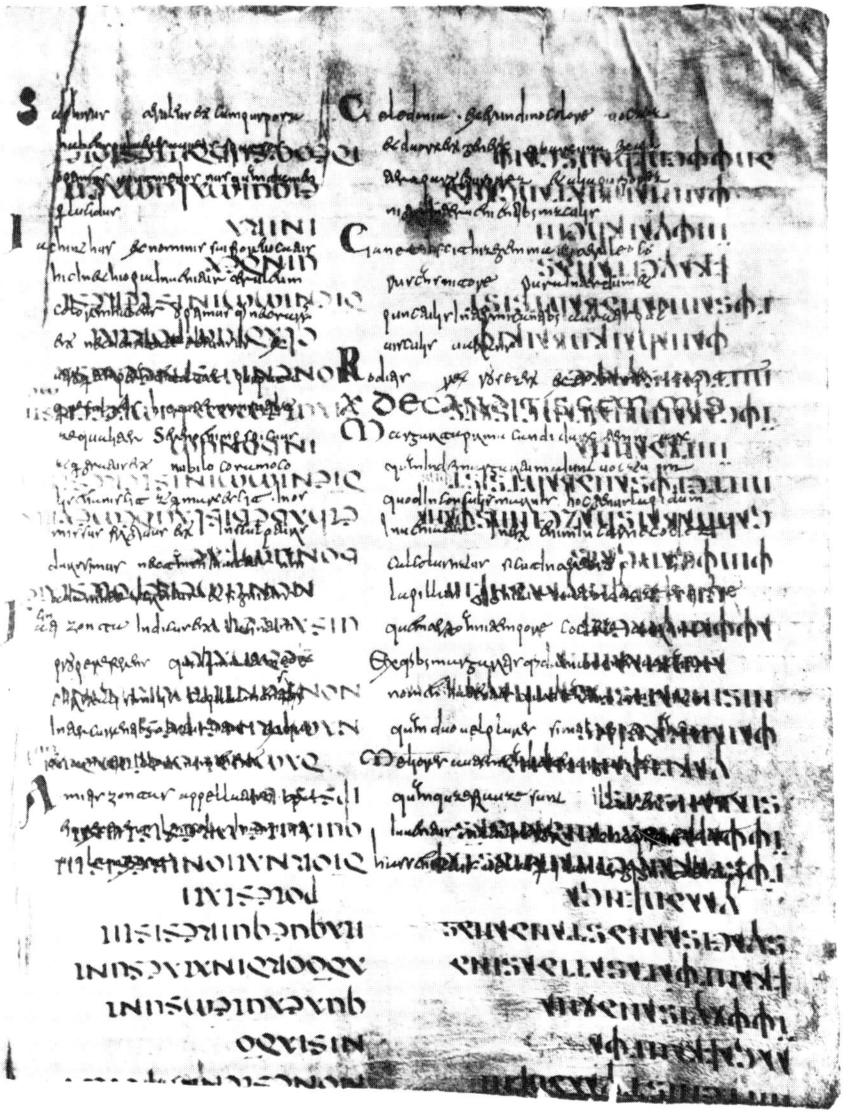

Ein Palimpsest wie der von Tischendorf entzifferte Codex Ephraemi ist auch der hier abgebildete Codex Carolinus aus dem 6. Jahrhundert. Er enthält den Text der Gotenbibel Wulfilas und wurde im 8. Jahrhundert mit einer lateinischen Arbeit des Isidor Hispalensis „überschrieben".

Rest zu retten und nach Europa zu bringen. 1839 endlich kann der Engländer Tattam im Kloster St. Maria Deipara in der Nitrischen Wüste Unterägyptens Hunderte von Handschriften erwerben und nach England schaffen. Es handelt sich dabei um westsyrische Pergamenthandschriften mit dem Text der Peschitta, die zum Teil sehr wertvoll sind. Wie gesagt, Tischendorf weiß von diesen erhaltenen und aufgefundenen Dokumenten.

Er kennt das Muratorische Fragment, er kennt die mittelalterlichen Handschriften aus den Klöstern Fulda, St. Gallen, Quedlinburg, und wie jene altehrwürdigen Zeugnisse alle heißen mögen, aber keines aller jener Dokumente zieht ihn mit ähnlicher Macht an wie der Codex Ephraemi in Paris. Mit 26 Jahren macht er sich auf und fährt nach Frankreich. Das Geld hat er sich geliehen. In Paris führt ihn der erste Weg in die Nationalbibliothek. Er verlangt den Codex zu sehen, und man zeigt ihn bereitwillig. Aber als er äußert, sich an die Arbeit der Entzifferung wagen zu wollen, da lächelt man mitleidig. Tischendorf erfährt, daß bei diesem Unternehmen die bedeutendsten Fachleute gescheitert sind, er erfährt, daß man erst vor kurzem den ganzen Codex chemisch bearbeitet hat, um die alten Schriftzeichen deutlicher hervortreten zu lassen, und daß auch dies vergeblich geblieben war. Trotzdem besteht er auf seinem Ansinnen.

Tag für Tag kommt er in den Arbeitsraum der Bibliothek, Tag für Tag wird ihm der Codex vorgelegt, und dann sehen die Bibliothekare, wie der junge Deutsche Blatt auf Blatt seines Manuskriptes füllt. Er schreibt den Codex ab. Er scheint noch da klare Schriftzüge zu erkennen, wo für das normale Auge nur schwache Schatten sichtbar werden. Er scheint mit Röntgenaugen durch das Pergament zu blicken und mühelos die dünnen, schwachen griechischen Schriftzeichen zu entziffern.

Zwei Jahre sitzt Tischendorf vor dem Codex Ephraemi. Eine unglaubliche Mühe! Dann hat er es geschafft. Die gesamte Handschrift ist einwandfrei entziffert und abgeschrieben. Tischendorf hat das schwierigste Manuskript der Welt bezwungen.

Im Vorbeigehen gleichsam, und weil er eben an Ort und Stelle ist, läßt er sich noch den sogenannten Codex Claramontanus vorlegen, der die Briefe des Paulus enthält und ebenfalls in Paris aufbewahrt wird. Er entziffert ihn gleichfalls und bereitet seine Herausgabe im Druck vor.

Mit einem Schlage ist der Name Tischendorf in der Gelehrtenwelt ein fester Begriff geworden. Man sieht in ihm eine Leuchte der Wissenschaft, einen Stern auf dem Gebiete der Paläographie. Willig öffnen sich ihm die Tore aller Bibliotheken, in denen er nach alten Manuskripten forscht, und willig stellt man ihm alle erforderlichen Mittel zur Verfügung.

Tischendorf reist nach Utrecht, London, Oxford und Cambridge, nach Basel, Venedig, Mailand, Turin, nach Modena, Florenz und Neapel. Und eines Tages ist er in Rom und klopft beim Papst an. Gregor XVI. empfängt ihn huldvoll und scheint geneigt, ihm den Codex Vaticanus zur Einsicht zu überlassen. Aber Cardinal Mai macht einen Strich durch die Rechnung. Er arbeitet selbst an der Neuausgabe des Codex und will sich nicht den Rang ablaufen lassen. Nur wenige Stunden darf Tischendorf das uralte Dokument einsehen, dann schließen sich für ihn die Pforten des Vatikans, und er muß unverrichteter Dinge nach Hause fahren.

Allerdings: Was es in Europa an bekannten und berühmten Handschriften gibt, das hat Tischendorf gesehen, studiert, zum großen Teil völlig durchgearbeitet und im Druck herausgegeben. Und diese Riesenarbeit hat insgesamt nicht mehr als vier Jahre in Anspruch genommen. Jetzt richtet er seinen Blick nach Osten.

Seine Überlegung ist denkbar einfach: Sämtliche alten Codices, die in den großen Bibliotheken Europas aufbewahrt werden, sind irgendwann einmal aus dem Morgenland, aus Alexandrien, Ägypten, Palästina gekommen. Dort waren früher die Zentren der Wissenschaft, dort waren die berühmten Büchereien, die Akademien, die Bischofssitze und Klöster. Die Büchereien sind zerstört, die Bischofssitze großenteils verfallen, doch die alten Klöster stehen noch. Es sind nicht viele, aber hier und da erheben sich noch die jahrtausendealten Mauern, in denen Mönche eine uralte Tradition pflegen und bewahren. Warum, so folgert Tischendorf, sollen sich dort nicht noch Handschriften von ungleich höherem Wert als alle bisher bekannten finden?

1844 bricht er auf. Das Kultusministerium hat ihm großzügig die notwendigen Mittel bewilligt. Er fährt nach Italien und nimmt in

Der Codex Vaticanus.
Er enthält fast vollständig die Schriften des Alten und Neuen Testaments und wurde um 350 in griechischer Sprache auf Pergament geschrieben. Konstantin Tischendorf durfte ihn nur wenige Stunden in Händen halten.

Livorno ein Schiff nach Kairo. Er hat einen festumrissenen Plan. Sein Ziel ist der Sinai. Dort steht ein 1400 Jahre altes Kloster koptischer Mönche, und der Grund, warum Tischendorf gerade diesem Kloster vor allen anderen den Vorzug gibt, ist der kleine Umstand, daß sich mitten auf dem Klosterdach eine mohammedanische Moschee erhebt. Damit hat es folgende Bewandtnis: Während des Siegeszuges der mohammedanischen Eroberer fallen die meisten christlichen Klöster den türkischen und arabischen Kriegern zum Opfer. Es gibt jedoch ein religiöses Gebot Mohammeds, das die Zerstörung einer Moschee unter die schwerste Höllenstrafe stellt, und das nutzen in jenen Jahren die schlauen Mönche vom Sinai aus. Sie erbauen in aller Eile auf dem Klosterdach eine Moschee, und der Halbmond erhebt sich hoch über den Mauern des christlichen Klosters. Wo die Söhne Mohammeds auftauchen und den Halbmond sehen, da machen sie einen großen Bogen. So kommt es, daß jenes Kloster am Fuße des Sinai alle Zerstörungen der Kriege und Raubzüge übersteht. Wenn irgendwo, dann müssen hier uralte Schätze zu finden sein.

Abfall, Schmutz und faule Mönche

Im Frühjahr 1844 kommt Tischendorf in Kairo an. Die Reise war gefahrvoll und beschwerlich, der Suezkanal ist noch nicht erbaut, und Kairo ist eine verhältnismäßig unbedeutende Stadt, in der es nur wenige Europäer gibt. Tischendorf fragt als erstes nach den Klöstern. Er wird allgemein freundlich empfangen, aber auf seine Frage nach der Bibliothek und nach Handschriften begegnet er verständnislosem Kopfschütteln. Er gibt nicht nach, verlangt herumgeführt zu werden, bittet, alte Schränke und Truhen aufzuschließen, wühlt in Papierkörben, Staub und Müll. Und er erkennt bald: Nicht die Zerstörungen vergangener Jahrhunderte, nicht der Zahn der Zeit sind der ärgste Feind jener alten Dokumente, sondern die unglaubliche Trägheit und Dummheit vertrottelter Mönche.

In den meisten Fällen weiß man nicht einmal, wo der Schlüssel zur Bibliothek steckt, und wenn er endlich gefunden ist, dann sieht Tischendorf ein heilloses Durcheinander von Büchern, Schriften, Fragmenten und Papierfetzen, bedeckt von fingerdicker Staubschicht. Seit Jahrzehnten hat hier keine Hand mehr Ordnung geschaffen. Schätze liegen im Abfall, unersetzliche Werte sind verkommen. Er läßt sich beim Patriarchen der koptischen Kirche melden und fragt ihn nach jener geheimnisvollen Handschriftensammlung, von der man ihm erzählt hat. Der Patriarch ist voller Mißtrauen. »Kannst du überhaupt Griechisch?« fragt er. Tischendorf lacht. Aber der Patriarch glaubt ihm nicht. Er läßt ein griechisches Buch holen. Der fremde Gast soll ihm daraus vorlesen, und Tischendorf liest in bestem klassischen Schulgriechisch. Der würdige Patriarch, der die Neunzig bereits überschritten hat, ist entsetzt. Er selbst versteht überhaupt kein klassisches Griechisch, sondern er spricht nur Neugriechisch. Er bricht die Unterredung ab und erklärt, die fragliche Bibliothek sei überhaupt vermauert. Tischendorf ist entlassen. Er mietet Kamele, Treiber, Führer und Dolmetscher und rüstet eine Karawane in die Libysche Wüste aus. Dort locken ihn die einsamen Mönchsklausen. Aber wo er hinkommt, er findet nur Berge von Schutt, Staub und Abfall. Irgendwo, in einer völlig verwahrlosten Ecke der kleinen Wüstenklöster, liegen – unkenntlich vor Schmutz – ein paar Fetzen alter Handschriften, bunt durcheinandergewürfelt, ohne jede Ordnung. Kein Mensch im ganzen Kloster vermag Auskunft zu geben, worum es sich dabei handelt. Meist sind es arabische Manuskripte, die Tischendorf nicht lesen kann, und man weigert sich, sie ihm zu überlassen. Nur in einem Fall darf er ein paar fast zerstörte Pergamentblätter mitnehmen, die er später als koptische Handschriften aus dem 7. Jahrhundert erkennt. In einem der Klöster stößt er auf offenes Mißtrauen, ja, Feindschaft. Hier war vor Jahren der Engländer Tattam gewesen und hatte für wenig Geld eine große Zahl alter Manuskripte erworben. Nachdem die Mönche von deren wahrem Wert erfuhren, spien sie Gift und Galle. Das muß jetzt Tischendorf ausbaden.

Er besteigt wieder sein Reittier und zieht weiter, von Kloster zu Kloster, unentwegt, unermüdlich. Er schlägt sich mit störrischen Kameltreibern herum, liegt irgendwo im Wüstensand unter einer Decke, während der Sandsturm über ihn dahinfährt, er kommt ins Handgemenge mit räuberischen Beduinen. Er muß vor der Wut empörter Araber fliehen, die in ihm den unerwünschten, schnüffelnden Eindringling sehen. Aber das schlimmste ist immer wieder das Unverständnis und Mißtrauen der Mönche, die nichts von den Schätzen ahnen, deren Hüter sie sein sollen.

Konstantin Tischendorf hat in wenigen Wochen die gesamte Umgebung Kairos ab-

Ein Mönch aus dem Katharinenkloster am Sinai mit einer alten, besonders wertvollen Bibel.

gegrast und buchstäblich kaum einen Winkel in all den kleinen, verfallenen Wüstenklausen unbeachtet gelassen. Er hat Verzeichnisse der Bibliotheken angelegt, hat Listen über die Klöster und deren Besitz angefertigt, hat notiert, registriert und systematisiert. Aber keinen Augenblick hat er sein großes Ziel aus den Augen verloren: den Sinai. Dort erwartet er mehr. Was er bisher gefunden hat, ist interessant, aber nicht überwältigend. Von jenem uralten Kloster am Fuße des Sinai erhofft er sich mit dem untrüglichen Spürsinn, der ihm eigen ist, etwas Besonderes, einen Fund, der alles Bisherige in den Schatten stellt, eine Offenbarung.

Das merkwürdigste Kloster der Welt

Am 12. Mai 1844 bricht er auf. In seiner Begleitung sind der Dragoman, der Dolmetscher, und drei Beduinen. Verkehrsmittel ist das Kamel. Bei glühender Hitze führt der Weg durch die Einsamkeit der Wüste, durch eine Furt des Roten Meeres, durch üppig wuchernde Oasen und durch die wildromantische Felsenwelt der Ausläufer des Sinai. Nach zehn Tagen hat er das Ziel erreicht: das Kloster St. Katharinen am Fuße des Sinai, erbaut im Jahre 530 unter Kaiser Justinian. Inmitten schroffer Felsenklippen erhebt sich das Kloster wie eine Trutzburg, rundum von einer mächtigen Quadermauer umschlossen. Im Innern ein regelloses Durcheinander von Kapellen, Wirtschaftsgebäuden, Wohnhäusern, Terrassen, Gängen, Treppen und Höfen. In tausend Jahren hat man hier gebaut, wie es einem in den Sinn kam. Heute gleicht das ganze Kloster einem Irrgarten. Und hoch droben, von einem der Dächer, leuchtet der Halbmond Mohammeds.

Nur eines gibt es nicht: einen Eingang. Vergebens reitet Tischendorf um die Mauer. Endlich entdeckt er in gut zehn Meter Höhe eine Luke. Von dort wird ein Seil herabgelassen, Tischendorf muß auf einem darangebundenen Querbalken Platz nehmen und schwebt, von irgendeinem verborgenen Mönch emporgewunden, in die Höhe.

So seltsam wie die Methode des Einlasses, so seltsam ist das ganze Kloster. Ernst blickende Mönche in schwarzen Kutten mit langen Bärten begrüßen den Gast. Man setzt ihm Kaffee und Palmschnaps vor, weist ihm eine Unterkunft an und gibt ihm einen ständigen Begleiter zu seiner Bedienung. Das erste, was ihn dieser noch junge Mann fragt, ist, ob er, Tischendorf, auch schon auf dem Mond gewesen sei. Seufzend muß Tischendorf erkennen, daß man ihm einen Narren als Begleiter gegeben hat.

Tischendorf läßt sich beim Prior melden. Er hat Empfehlungen und Begleitschreiben. Der Prior nickt zu allem freundlich. Warum soll sein Gast nicht die Bibliothek sehen? Aber zuvor muß er das ganze Kloster besichtigen. Man zeigt ihm die »Kirche der Verklärung« mit ihren tausend Heiligenbildern, goldenen und silbernen Lampen und Gefäßen, kostbaren Schnitzereien, Marmor und Mosaiken. Hinter dem Altarraum liegt die Kapelle der heiligen Katharina mit drei gewaltigen Sarkophagen, in denen Reliquien der Heiligen bewahrt werden. Ein weiter Gang führt in die »Kapelle zum brennenden Busch«, vor der Tischendorf seine Schuhe ausziehen muß, und im Chorraum findet er eines der berühmtesten Goldmosaiken altbyzantinischer Kunst. Unvergleichliche Kunstwerte und grauenvoller Kitsch füllen in einträchtigem Nebeneinander die Kapellen- und Klosterräume. 22 Kapellen zählt Tischendorf insgesamt, dazu die islamische Moschee auf dem Dach, die übrigens von den Mohammedanern, die im Dienste des Klosters stehen, als Gotteshaus benutzt werden darf.

Endlich wird er in die Bibliothek geführt. Kyrillos heißt der freundliche Bruder Bibliothekar, der dem Gast zeigt, was er zu sehen wünscht, aber immer, wenn Tischendorf auf alte Handschriften zu sprechen kommt, schüttelt Kyrillos bedauernd den Kopf. Ja, es hat wohl einige gegeben, aber kein Mensch weiß, wo derlei zu finden wäre. Er weiß sogar von einem Evangeliar des Kaisers Theodosius zu berichten, aber wo es ist, weiß er nicht. Überall stößt Tischendorf ins Leere. Immerhin, er entdeckt rund 1500 Titel, nahezu ein Drittel davon sind Handschriften, zumeist griechische, aber auch syrische, arabische, georgische. Bedeutendes ist nicht darunter.

Tischendorf macht sich seine Notizen, legt Verzeichnisse an und geht mit derselben systematischen Sorgfalt zu Werke wie in all den kleinen Wüstenklöstern zuvor. Aber die Gleichgültigkeit, die Trägheit und Dummheit der Mönche bringen ihn langsam zur Verzweiflung.

»Seit acht Tagen bin ich nun im Katharinenkloster«, schreibt er in sein Tagebuch, »aber diese Bande von Mönchen! Hätte ich militärische Kraft und Gewalt, ich würde ein heiliges Werk tun, würfe ich dieses Gesindel über die Mauern!«

Soviel ist für ihn sicher: Sollten sich in diesem Kloster tatsächlich noch wahrhaft wertvolle Dokumente befinden, kein einziger der ganzen Mönchsgesellschaft würde sich je darum kümmern.

Aber er sucht unverzagt weiter. Er gräbt sich durch Stapel modernder Bücher hindurch, stößt auf dicke Folianten, die von Maden wimmeln, findet halb verfaulte Pergamente, atmet Staub und Schmutz. Und endlich dreht er in irgendeinem Abstellraum einen riesigen Papierkorb um.

Das ist der Augenblick, in dem die bedeutendste biblische Urkunde der Welt gefunden wird.

Hier, achtlos fortgeworfen, im Abfall, zerknüllt und zerrissen, zum Verbrennen bestimmt, liegen 129 Pergamentblätter, beschrieben mit griechischen Buchstaben: eine Handschrift der Septuaginta aus dem Jahre 350 nach Christus. Die älteste bis dahin bekanntgewordene Bibelhandschrift.

Jetzt sind die Mönche plötzlich wie ausgewechselt. Nun wollen sie auf einmal den unermeßlichen Wert dieser Pergamente längst erkannt haben und weigern sich standhaft, sie Tischendorf zu überlassen. Ein endloses Feilschen beginnt. Endlich läßt man sich dazu herbei, ihm wenigstens ein Drittel zu übergeben. 43 Blätter darf Tischendorf mitnehmen, die übrigen kann er zwar abschreiben, aber er muß sie zurücklassen.

1845 ist er wieder in Leipzig, reich beladen mit den Schätzen, die er unter unglaublichen Mühen aus den Klöstern in der Wüste Libyens und des Sinai gehoben hat. Unverzüglich macht er sich an die Sichtung des reichhaltigen Materials, an die Untersuchungen der gefundenen Handschriften, an Datierung und Herausgabe. Die wissenschaftliche Welt horcht auf. Was dieser Mann in wenigen Monaten an unschätzbaren Werten dem Dunkel der Vergessenheit entrissen hat, übersteigt alles bisher Dagewesene. Die Universität Leipzig ernennt ihn zum ordentlichen Professor, sein Ruhm fliegt in alle Welt.

Das Katharinenkloster. Einer Festung gleich liegt es am Fuße des „Dschebel Musa“, des Moseberges auf der Halbinsel Sinai. David Roberts, ein Zeitgenosse Tischendorfs, hat dieses Bild auf einer Reise 1838/39 angefertigt.

Die kostbaren 43 Pergamentblätter werden der Leipziger Universitätsbibliothek einverleibt und erhalten zu Ehren des damaligen Königs von Sachsen den Namen Codex Friderico-Augustanus. Tischendorf hat eine äußerst penible lithographische Wiedergabe der Handschrift veranlaßt, die sämtliche Korrekturen und Zusätze vermerkt und den Fund für wissenschaftliche Forschung weiteren Kreisen zugänglich macht. Nur eines verrät er nicht: den Fundort. Kein Mensch weiß, woher er diese 43 Blätter hat. Er fürchtet, daß sich andere Forscher vor ihm aufmachen und die restlichen Pergamentbogen für sich erwerben könnten. Das aber ist sein Wunschtraum. Er glaubt sich noch längst nicht am Ziel. Solange er die 86 Blätter »seiner« Handschrift im Sinaikloster weiß, findet er keine Ruhe. Er muß auch sie besitzen! Und dann lebt in ihm immer noch jener sehnlichste aller Wünsche nach einer vollständigen Handschrift des Neuen Testamentes. Was er bisher gefunden hat, sind durchweg alttestamentliche Dokumente. Aber irgendwo muß er sich doch finden lassen: der unumstößliche, untrügliche Beweis für die Echtheit des Neuen Testamentes in der bisherigen Überlieferung. Irgendwo muß jenes Dokument ruhen, vielleicht unter Schutt und Staub wie alle die anderen, jenes Dokument, von dem er schon als Student geträumt hat: die uralte Quelle für das Neue Testament.

Am Sinai steht die Zeit still

1854 bricht er zu seiner zweiten Reise zum Sinai auf. Um Neujahr verläßt er Europa, und schon im Februar steht er wieder vor den Mauern des Katharinenklosters. Nichts hat sich hier verändert. Hier, in der Einöde einer urtümlichen Bergwelt, steht die Zeit still.

Tischendorf läßt sich kaum Zeit, seine alten Bekannten zu begrüßen, die erste Frage gilt dem Codex, jenen 86 Pergamentblättern, die er vor neun Jahren hatte zurücklassen müssen.

Pergamentblätter? Richtig, man erinnert sich. Aber wo sie sein mögen, das vermag niemand zu sagen. Tischendorf beschwört den alten Bibliothekar Kyrillos, in seinem Gedächtnis zu forschen, er stellt das ganze Kloster auf den Kopf – vergebens. Nichts, keine Spur von jenem Dokument. Manchmal fürchtet Tischendorf, ein anderer könne inzwischen dagewesen sein und den Codex erworben haben, aber dann müßten die Mönche Meister der Heuchelei gewesen sein, und das traut er vor allem dem gutmütigen Bruder Bibliothekar nicht zu. Also bleibt ihm nichts anderes übrig, als unverrichteter Sache wieder umzukehren.

Immerhin, er besucht bei dieser Gelegenheit eine ganze Reihe anderer Klöster und Büchereien, und es ist, als wäre die ganze Welt voller alter Handschriften. Wo Tischendorf hingreift, da fällt ihm Wertvolles in die Hände. In Kairo, Alexandrien, Smyrna, Jerusalem und in Laodicaea findet er griechische, koptische, syrische, arabische und hieroglyphische Pergamente und Papyri. Er entdeckt insgesamt 16 Palimpseste und eine Sammlung karaitischer Urkunden. Als er, schon im Sommer, wieder in Leipzig ankommt, da kann er sagen, daß seine Reise nicht vergeblich gewesen ist, auch dann, wenn er sein eigentliches Ziel nicht erreicht hat.

Wieder folgt eine Periode wissenschaftlicher Arbeit, ausgefüllt mit der Untersuchung und Herausgabe der Fundstücke. Und nach fünf Jahren liegt endlich auch die siebente Bearbeitung seines griechischen Neuen Testamentes auf dem Tisch. Ein umfangreiches Werk in zwei Bänden, das von überragendem wissenschaftlichem Können zeugt.

Tischendorf ist inzwischen überzeugt, daß jene 86 Pergamentblätter vom Sinai von einem anderen Forscher aufgefunden und geborgen worden sind. Täglich erwartet er die Nachricht von ihrer Veröffentlichung. Doch diese Nachricht bleibt aus. Er selbst läßt einen Versuchsballon steigen und gibt seinerseits den Fundort bekannt. Kein Echo, aus keinem Teil der Welt kommt die Antwort. Da wird er stutzig. Sollten die restlichen Dokumente doch noch im Katharinenkloster liegen?

Schließlich hält er die Ungewißheit nicht mehr aus. Er bereitet seine dritte Forschungsreise zum Sinai vor. Aber diesmal will er bes-

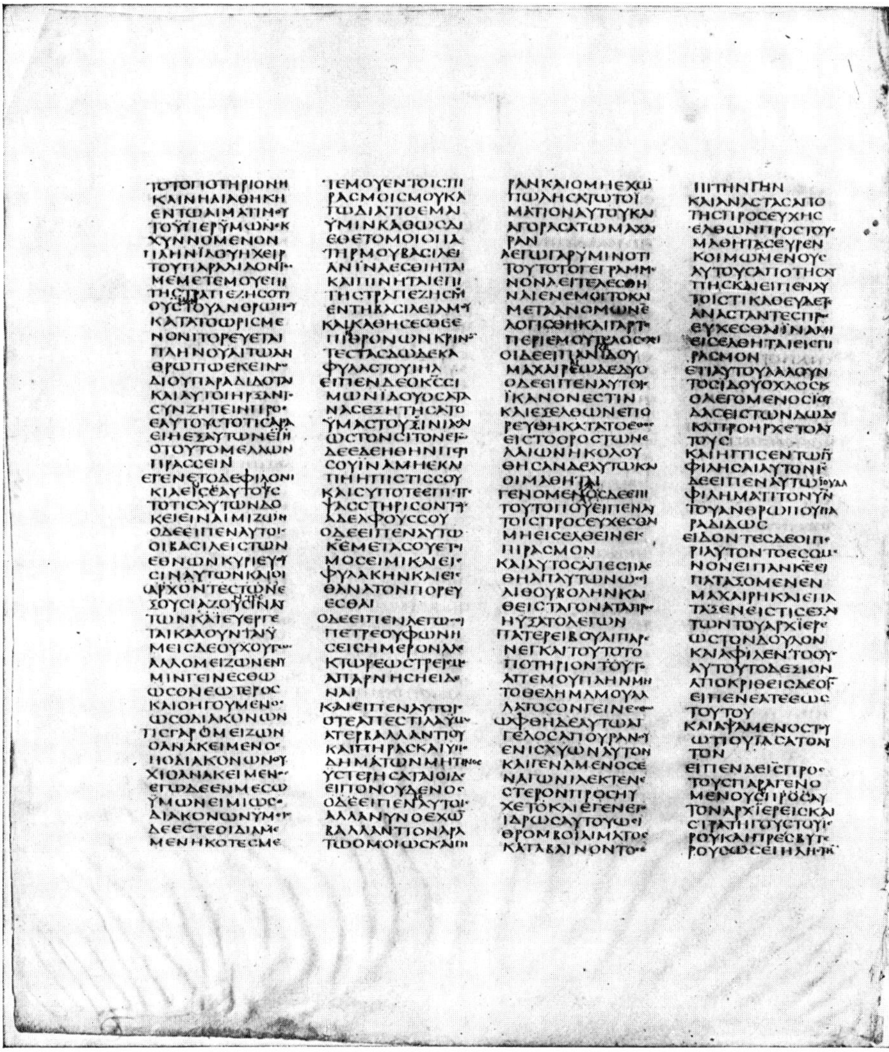

Der Codex Sinaiticus. Eines der wertvollsten Textzeugnisse der gesamten Heiligen Schrift. Konstantin Tischendorf findet ihn im Katharinenkloster am Sinai. 1859 bringt ihn Tischendorf nach Rußland, 1933 wird er für zwei Millionen Schilling an das Britische Museum in London verkauft.

ser gerüstet sein. Er kennt die Verehrung der koptischen Priester für den Zaren. Über den sächsischen Kultusminister knüpft er Verbindungen zum russischen Gesandten in Dresden an und läßt durchblicken, daß er geneigt wäre, seine ferneren Funde dem Zaren zum Geschenk zu machen. Dafür erhoffe er jedoch Förderung und Unterstützung der russischen Krone. Der Gesandte, ein Mann namens Noroff, hat ein offenes Ohr für Tischendorfs Vorschläge. Er kommt sogar selbst nach Leipzig, um die Dinge zu besprechen. Dann steckt er sich hinter den Großfürsten Konstantin, den Bruder des Zaren, der seinerseits wieder die Kaiserin und die Kaiserin-Mutter ins Vertrauen zieht.

Diese hübsche kleine Intrige hat Erfolg. Der Zar wird von verschiedenen Seiten beschossen, und er ist plötzlich Feuer und Flamme für Tischendorfs Pläne. Dann geht alles sehr schnell. Tischendorf erhält eines Tages eine runde Summe und die zarte Erinnerung dazu, daß nun wohl alles bei den ursprünglichen Vereinbarungen bliebe. Immerhin ist man so nobel, nicht einmal eine Quittung von ihm zu verlangen.

Ohne Verzug bricht Tischendorf zum drittenmal auf. Man schreibt das Jahr 1859. Diesmal reist er ohne jede Unterbrechung geradenwegs zum Sinai, und diesmal wird er schon am Eingang mit lauten Rufen empfangen. Er ist mittlerweile ein guter alter Bekannter geworden, und der Prior, der den klangvollen Titel Archimandrit führt, begrüßt ihn mit den Worten: »Ich wünsche und hoffe, daß es dir gelingen möge, neues Licht und neue Stützen für die göttliche Wahrheit aufzufinden.«

Also beginnt die alte Arbeit wieder von vorn: Regal um Regal, Schrank um Schrank, Raum und Raum, Ecken, Winkel, Abfallhaufen. Wieder findet er einiges, das er bisher übersehen hat, aber jene 86 Pergamentblätter findet er nicht.

Nach einer Woche ist Tischendorf wieder am Ende. Da ist kein noch so unscheinbarer Fetzen Papier, den er nicht dreimal umgedreht hätte. Die Handschrift scheint verloren. Er rüstet zur Abreise. Für den 7. Februar bestellt er seine Beduinen mit ihren Kamelen. Zum Abschied wandert er noch einmal durch alle Räume, die ihm so vertraut geworden sind. Er spricht diesen oder jenen Mönch an, unterhält sich ein wenig, geht dann weiter. Dabei trifft er den jungen Hausverwalter, mit dem er bisher wenig zu schaffen hatte, einen Athener. Beide wandern hinaus zur Ebene Seba'ije, auf der sich der Mosesberg erhebt, wo nach Ansicht der Mönche den Israeliten die Zehn Gebote verkündigt wurden. Es ist ein langer Marsch, und nach ihrer Rückkehr lädt der Verwalter Tischendorf auf seine Zelle zu einer kleinen Erfrischung ein. Während Tischendorf an dem rohen Holztisch sitzt und zu den Früchten greift, die ihm der Athener vorsetzt, fällt

Innenhof aus dem Sinai-Kloster

jenem ein: »Ich habe auch noch ein griechischen Altes Testament. Hier auf meiner Zelle. Du suchst doch nach Handschriften. Vielleicht interessiert es dich...« Er steht auf und holt aus einer dunklen Ecke ein großes Bündel, eingeschnürt in ein rotes Tuch. »Hier«, er knüpft die Umhüllung auf, und vor Tischendorf liegen die vermißten Pergamentblätter. 86 Blätter – nein, es sind mehr, ein gewaltiger Stapel.

Mit fliegenden Händen blättert Tischendorf die Pergamente durch. Ja, da sind die restlichen Bogen, die er seinerzeit in der Bibliothek gefunden hat und nicht mitnehmen durfte, und dann, dann muß er die Augen schließen: Dann liegt vor ihm in sauberer griechischer Schrift das gesamte, vollständige Neue Testament. Von der gleichen Hand geschrieben wie die übrigen Blätter, aus dem Jahre 350 nach Christus. Tischendorf hält das bei weitem älteste neutestamentliche Zeugnis der Welt in der Hand. Insgesamt 346 Blätter – jedes ein Vermögen wert.

In dieser Nacht schläft Tischendorf nicht. Er

sitzt beim trüben Schein seiner Kerze über seinem Fund, läßt Blatt für Blatt durch die Finger gleiten und beginnt immer wieder zu lesen. Er muß diesen Codex haben! Hier ist die älteste Quelle für die Schriften des Neuen Bundes, hier liegt der Schlüssel zur Klärung von tausend Fragen, und hier liegt die Absage an das Heer der Zweifler, der wissenschaftlichen wie der unwissenschaftlichen.

Am nächsten Morgen beginnt er zu verhandeln. Er bietet Gold, die Mönche lehnen ab. Er führt die Autorität des Zaren ins Feld, sie schütteln den Kopf. Er bittet schließlich, den Codex mit nach Kairo nehmen zu dürfen, um ihn dort wenigstens abzuschreiben. Hier, im Kloster, fehlt es an Papier und Tinte. Auch das lassen die Mönche nicht zu. Sie verschanzen sich hinter dem Archimandriten, der vor einigen Tagen nach Kairo gereist ist. Er allein soll entscheiden.

Tischendorf zögert nicht lange. Als er hört, daß seine Beduinen mit den Kamelen angekommen sind, macht er sich sofort auf den Weg nach Kairo. Tatsächlich trifft er den Prior des Katharinenklosters auf einer Versammlung der Archimandriten im Kairoer Mutterkloster. Er trägt sein Anliegen der Versammlung vor, und die würdigen Väter, besonders ihr Ältester, Agathangelos, erteilen ihre Genehmigung. Das kostbare Manuskript soll ins Mutterkloster nach Kairo verbracht werden, und hier darf sich Tischendorf täglich acht Blätter abholen, um sie abzuschreiben. Ein Beduinenscheich bekommt den Auftrag, mit einem Rennkamel den Codex abzuholen, und der Mann, der übrigens Nasser heißt, beeilt sich. Keine vierzehn Tage vergehen, bis Tischendorf zum erstenmal seine acht Pergamentbogen abholen darf.

Tischendorf hat sich zum Abschreiben zwei Helfer geholt, eine Arzt und einen Apotheker, beide Kenner der griechischen Sprache. Die Arbeit ist enorm. Insgesamt sind 110000 Zeilen zu übertragen, und zwar mit allen Korrekturen, Änderungen und späteren Zusätzen. Von solchen Korrekturen zählt Tischendorf an die 12000.

Inzwischen bemüht er sich weiter um eine endgültige Abtretung des Manuskriptes seitens der Mönche. Er hat seinen Plan noch lange nicht aufgegeben. Er will den Codex so, wie er ihm im Katharinenkloster in die Hände fiel, dem Zaren auf den Tisch legen. War seine Tätigkeit bis jetzt echte Gelehrtenarbeit und Forschertat, so beginnt er nun ein Spiel der Diplomatie, das auf den ersten Blick für einen Wissenschaftler und Professor der Theologie befremdlich erscheint. Es gilt für ihn, die Mönche umzustimmen und die Herausgabe des Schatzes durchzusetzen.

Der Codex Sinaiticus, wie ihn Tischendorf fand: ein Bündel lose zusammengehefteter Bogen ohne Einband.

Zar, Großfürst, Patriarch und eine Handvoll Diplomatie

Dabei kommt ihm ein merkwürdiger Umstand zu Hilfe: Die Versammlung der Archimandriten, der »heilige Synod«, ist aus ganz besonderem Grunde zusammengetreten. Es geht um die Neuwahl des Oberhirten, des Erzbischofs der Sinaiten. Die Wahl ist auf einen Mann namens Kyrillos gefallen, aber derjenige, der als einziger die Weihe vornehmen kann, ist der Patriarch von Jerusalem, und der hat irgend etwas gegen Kyrillos einzuwenden. Er erteilt seine Zustimmung nicht, und die Mönche sehen sich in der allergrößten Verwirrung. Solange kein Ordensoberster gewählt ist, kann auch keine Entscheidung über den Codex gefällt werden. Das weiß Tischendorf, und er nutzt die Situation mit diplomatischer Raffinesse.

Er nimmt mit Kyrillos Fühlung und verspricht ihm, sich für dessen Wahl beim Zaren einzusetzen. Dafür verlangt er, daß Kyrillos seine Zustimmung zur Abtretung des Codex an Rußland erteile. Es ist übrigens zu diesem Zeitpunkt nicht mehr von Verkauf, sondern nur noch von einer Schenkung die Rede, und auch das hat einen Zufall zum Grund. Eines Tages tauchen nämlich englische Forscher auf, die eine ungeheure Summe für das Manuskript bieten. Die Mönche aber erklären ihnen, daß sie den Schatz lieber dem Zaren, dem verehrten allerchristlichsten Kaiser, schenken, als ihn an England zu verkaufen. All diese Dinge werden von Tischendorf geschickt ausgespielt.

Ein Zufall will es auch, daß Großfürst Konstantin in diesen Tagen Jerusalem einen Besuch abstattet. Tischendorf reist ihm entgegen und trägt ihm die Angelegenheit vor. Der Großfürst verspricht, daß sich die russische Regierung ins Mittel legen und auf die türkische Regierung Druck ausüben wolle, damit diese ihrerseits den Patriarchen von Jerusalem ins Gebet nehme. Dieser werde dann ohne Zweifel die Wahl des neuen Erzbischofs bestätigen, und der Erzbischof müsse dann wohl oder übel den Codex dem allerchristlichsten Zaren übergeben.

Ganz so einfach geht die Sache jedoch nicht. Zwar beginnt das Spiel der Diplomaten, doch bei der türkischen Regierung in Konstantinopel läßt man sich Zeit. Das Ergebnis ist Verwirrung auf der ganzen Linie. Die Mönche der Sinaiten wissen nicht, wer ihr oberster Hirte ist, die Wahl des Erzbischofs bleibt weiter unklar und das Schicksal des Codex ebenfalls. Da fährt Tischendorf selbst nach Konstantinopel. Die türkische Regierung macht Ausflüchte. Der russische Gesandte, in dessen Haus Tischendorf wohnt, versucht, den Druck zu verstärken. Vergebens. Die Türken fließen vor Liebenswürdigkeit über, aber sie denken gar nicht daran, etwas zu unternehmen. Es vergehen Tage und Wochen. Da entschließt sich der russische Botschafter, auf eigene Faust zu handeln. Er richtet im Namen des Zaren ein offizielles Schreiben an das Sinaikloster und gibt darin die feierliche Versicherung, die russische Regierung werde sich in dem Streit um die Bischofswahl nunmehr energisch einschalten und zugunsten der Sinaiten entscheiden. Dem Kloster selbst solle alle nur denkliche Förderung zuteil werden. Dafür schlage er vor, den Codex zunächst teilweise nach Petersburg zu geben. Sollte eine spätere Übereignung nicht zustande kommen, so verbürge er sich mit dem Namen des Zaren für die ordnungsgemäße Rückgabe.

Mit diesem Schreiben kehrt Tischendorf im Herbst nach Kairo zurück. Der einberufene Klosterkonvent bestimmt, daß man dem Vorschlage folgen solle, und am 28. September wird Tischendorf der gesamte Codex übergeben.

Auf dem Heimweg macht Tischendorf Station in Wien, wo Kaiser Franz Josef den Fund besichtigt. Der nächste, der die kostbaren Pergamente zu sehen bekommt, ist König Johann von Sachsen, und dann reist Tischendorf nach Zarskoje Selo, wo der Zar im Chinesischen Saal seiner Sommerresidenz die Eroberung des deutschen Gelehrten in Empfang nimmt.

Im Britischen Museum wurde der Codex Sinaiticus sorgsam Seite für Seite geglättet und dann gebunden.

Orden und Adel

Tischendorf ist am Ziel seiner Wünsche. Was er sich als junger Theologe als »heilige Lebensaufgabe« setzte, »das Ringen um die ursprüngliche Gestalt des Neuen Testamentes«, hat er im Alter von 45 Jahren vollendet. Er hat die beste und älteste vollständige Quelle für die neutestamentlichen Schriften gefunden. Selten hat ein an sich rein wissenschaftliches Ergebnis der theologischen Forschung eine ähnlich große Wirkung hervorgerufen. Die Welt horcht auf. Und die Staatsoberhäupter der Nationen danken Tischendorf die Tat auf ihre Weise. Es regnet – Orden. Der Zar verleiht ihm den erblichen Adel.

Die endgültige und formelle Schenkung des Codex ist durch das Sinaikloster nie erfolgt. Anfragen blieben unbeantwortet. Man hat das dahingehend ausgelegt, daß jene Mönche kein Interesse mehr an der ganzen Sache hätten, und man hat stillschweigend angenommen, daß die Schenkung vollzogen sei. Jedenfalls handelt Rußland im Jahre 1933 als juristisch vollmächtiger Besitzer, es verkauft den Codex an das Britische Museum in London zum Preis von zwei Millionen Schilling. Aber man könnte hinsichtlich der Besitzverhältnisse auch anderer Meinung sein...

Wie dem auch sei, eines steht fest: Die Auffindung des Codex Sinaiticus, den Konstantin von Tischendorf im Jahre 1862 im Druck herausbringt und der Gelehrtenwelt zugänglich macht, ist für die Wissenschaft der Textforschung ein Meilenstein von Bedeutung, die nicht ihresgleichen hat. Kein anderes Dokument kann für sich dieselbe Autorität in Anspruch nehmen wie dieser Codex. Die Erkenntnisse, die man daraus zog, die Antworten auf all die zahllosen Fragen, das schier unübersehbare Material zur Textkorrektur, dies alles ist zur Grundlage für alle folgenden Bibelrevisionen geworden. Der Codex Sinaiticus ist auch heute noch die stärkste Garantie für die Treue der biblischen Texte, Garantie auch für den modernen Leser, der die neueste Bibelausgabe aufschlägt.

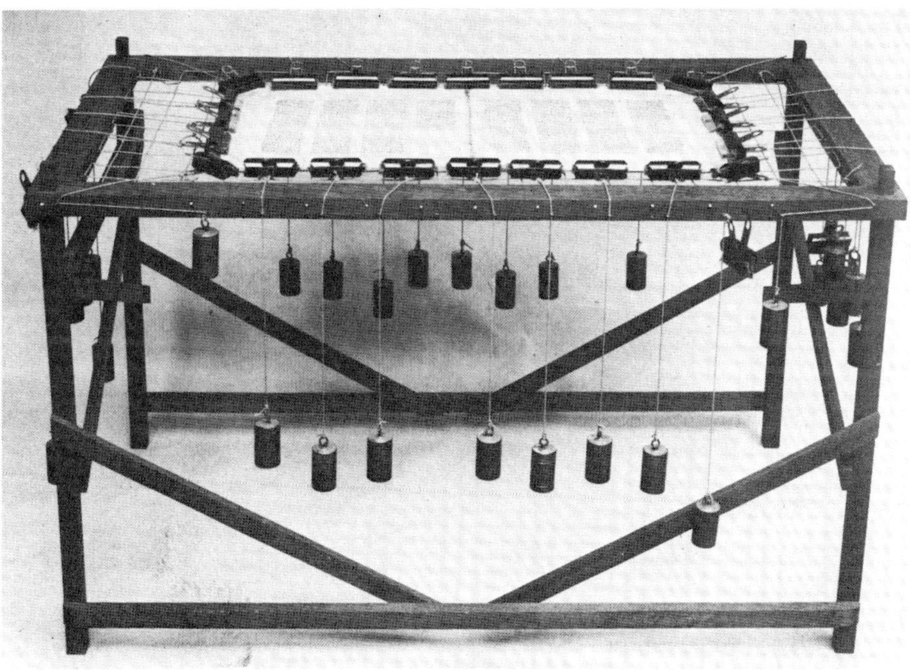

Die Fülle der Funde

Ein Missionar findet einen Stein

Es ist, als habe Tischendorf mit seiner Entdeckung das Tor zu einem Lande aufgestoßen, das es wieder zu erobern gilt. Er hat bewiesen: Es gibt noch verborgene Schätze. Noch schlummern hinter Klostermauern im Orient, unter Schutthalden, in Trümmern und Ruinen Kostbarkeiten, wie man sie kaum zu erträumen wagt. Eine Fülle von Funden biblischer Urkunden bringt bereits die zweite Hälfte des 19. Jahrhunderts. Mit einem Schlage weitet sich das Gesichtsfeld der Wissenschaftler, werden historische Kenntnisse großen Ausmaßes gewonnen, entsteht ein neues Bild des Altertums und ein neues Bild von der Welt der Bibel. Die Funde bringen nicht nur neue Quellen zu den Heiligen Schriften, sie bringen auch Licht in das Leben des alttestamentlichen Menschen. Das, was man bisher gleichsam nur aus der Theorie kannte, wird durch die Ergebnisse einer neu entstehenden Wissenschaft, der christlichen Archäologie, anschaulich gemacht, erläutert und ergänzt. Und wieder zeigt sich jenes Phänomen, das bereits den Codex Sinaiticus zu seiner Bedeutung führte: Die neuen Funde widerlegen nichts von den uralten Wahrheiten der Bibel, sie bestätigen vielmehr jene Überlieferungen.

Der erste Fund nach der Entdeckung Tischendorfs, der beträchtliches Aufsehen erregt, ist kein Pergament und keine Papyrusrolle, sondern ein Stein.

Im Jahre 1868 bereist der deutsche Missionar Klein das Heilige Land, um die biblischen Stätten zu besuchen. Sein Weg führt ihn dabei durch das Gebiet östlich des Jordan bis nach Moab. Dort nimmt er Quartier und macht in kurzen Tagesritten Abstecher in die Umgebung. Auf einem solchen Ritt fällt ihm in der Nähe der Stadt Diban, dem biblischen Dibon oder Dimon, ein schwarzer, behauener Stein auf, der, zur Hälfte im Sand vergraben, umgestürzt am Wege liegt.

Er steigt vom Pferd und richtet den Stein mühsam auf. Es ist ein schwarzer Basalt von Form und Größe eines Grabdenkmals, etwa ein Meter hoch und gut 60 Zentimeter breit. Auf der geglätteten Vorderseite scheinen Schriftzeichen eingegraben, und der Missionar beginnt mit Hilfe seines Taschenmessers den Sand aus den Rillen zu kratzen. Was zum Vorschein kommt, versetzt ihn augenblicklich in höchste Erregung: ein geschlossener Text von 34 Zeilen in einer Schrift, der man ihr ungeheures Alter auf den ersten Blick ansieht. Klein erkennt sie als Althebräisch, aber die einzelnen Buchstaben sind von einer Form, wie er sie nie zuvor gesehen hat. Dieser Stein muß älter sein als alle anderen hebräischen Schriftdenkmäler.

Während der Missionar noch in staunende

Die Siloah-Inschrift. König Hiskia hatte einen Tunnel anlegen lassen, um die Wasserversorgung während der Belagerung Jerusalems durch die Assyrer sicherzustellen.

Betrachtung vertieft ist, schrecken ihn plötzlich Hufgetrappel und laute Rufe auf. Im Nu ist er von einer Rotte berittener Beduinen umringt, die drohend ihre Waffen schwingen. Sie lassen keinen Zweifel daran, daß sie den Stein als ihr Eigentum betrachten und argwöhnen, der Fremde könnte ihn entwenden. Es ist unwahrscheinlich, daß die Wüstensöhne dem Basaltblock irgendeine Bedeutung zuschreiben, viel wahrscheinlicher ist es, daß sie die Überraschung des Reisenden bemerkt und sogleich ein Geschäft gewittert haben. Klein spürt das und fragt die Araber nach dem Preis, den sie für den Findling fordern. Sie nennen eine enorme Summe. Klein weiß, daß er dieses Geld nur mit Hilfe großzügiger Helfer aufbringen kann, und beschränkt sich vorerst darauf, eine genaue Skizze von dem Fundort anzufertigen. Dann kehrt er in sein Quartier zurück und packt seine Sachen. Auf geradem Wege fährt er nach Deutschland zurück und beginnt hier, nach Geldgebern zu suchen, die den Ankauf des bedeutsamen Steines ermöglichen sollen. Ehe er zu einem Erfolg gelangt, kommt ihm ein anderer zuvor.

Der französische Handschriftenspezialist Clermont-Ganneau hat von der Entdeckung des Deutschen gehört. Er macht sich auf die Suche und findet das Monument ebenfalls. Auch er kann es nicht aus eigenen Mitteln erwerben, aber es gelingt ihm, einen Papierabklatsch in der Form eines Klischees von den Schriftzeichen zu machen. Mit diesem Dokument kehrt er nach Frankreich zurück und legt der staunenden Gelehrtenwelt nach kurzer Zeit die Übersetzung vor. Die Inschrift auf dem Basaltstein berichtet von dem Sieg des Königs Mescha von Moab über Israel. Im zweiten Buch der Könige ist im dritten Kapitel von diesen Vorgängen die Rede. Sie ereigneten sich um das Jahr 850 vor Christus. Der Stein ist rund 2700 Jahre alt! Das älteste Schriftzeugnis auf dem Boden Kanaans!

Sofort stellt die französische Regierung die erforderlichen Mittel zum Ankauf zur Verfügung, aber als Clermont-Ganneau nach einer Blitzreise an den Ort seines Fundes zurückkommt, ist der Platz leer. Beduinen haben den Stein in Stücke gesprengt, um die einzelnen Teile desto teurer verkaufen zu können. Tatsächlich bleibt dem Franzosen nichts anderes übrig, als nach jedem Fragment einzeln zu forschen und jedes Stückchen für teures Geld einzukaufen. 20 Bruchstücke trägt er auf diese Weise mit Zähigkeit und Ausdauer zusammen, der Rest bleibt für immer verschollen. Immerhin gelingt es aufgrund des vorhandenen Klischees, das Monument zusammenzusetzen und die fehlenden Teile zu rekonstruieren. Im Museum des Louvre in Paris, im Erdgeschoß, unfern der Crypte Sully, findet er Aufstellung.

Dieser »Moabiter-Stein«, wie er genannt wird, ist nicht nur das älteste Schriftzeugnis,

das in unmittelbarem Zusammenhang zur Bibel steht, er bringt auch neues Licht in die Entwicklung der Schrift überhaupt. Die Buchstaben gehören einer bisher unbekannten phönizisch-althebräischen Schrift an, und man gibt ihnen den Namen »Mescha-Schrift«. Dieser steinerne Zeuge aus den Anfängen der Geschichte Israels ist in seiner Bedeutung von den umfangreichen Manuskripten etwa eines Codex Sinaiticus grundsätzlich verschieden, aber er ist darum nicht minder wertvoll. Wie all die andern Funde der biblischen Archäologie füllt er wieder eine Lücke in dem gewaltigen Mosaik, das sich langsam immer mehr rundet und das gleichsam ein Panorama von der Welt der Bibel darstellt.

Ganz ähnliche Bedeutung kommt einer Inschrift zu, die in einem unterirdischen Felsenkanal in Jerusalem von spielenden Jungen entdeckt wird. Der Kanal selbst, der die Gihonquelle mit dem Siloahteich verbindet, wird bereits 1838 durch Zufall gefunden, aber erst 1880 wird diese kleine Siloah-Inschrift bemerkt, entziffert und photographiert. Sie berichtet nichts weiter als die glückliche Vollendung des Tunnelbaues, aber auch hier ist das Aufsehenerregende ihr Alter: Sie stammt etwa aus dem Jahre 700 vor Christus, und wieder vermag die Wissenschaft aus der Form der Buchstaben wichtige Rückschlüsse auf die Entwicklung der hebräischen Schrift zu ziehen.

Die theologische Textforschung allerdings wendet ihr Hauptinteresse nach wie vor dem Manuskript zu, sei es die alte Papyrushandschrift, sei es der Pergamentkodex oder die Lederrolle. Und solche Dokumente werden eines Tages in Kairo gefunden, in einem Umfang, der alle bisherigen und späteren Funde weit in den Schatten stellt: Es ist die Entdeckung in der Kairo-Geniza, die an die 200 000 Handschriftenteile zutage fördert. Auch dieser Fund hat seine Geschichte.

Die vergessene Rumpelkammer

In der Altstadt von Kairo erhebt sich im 9. Jahrhundert nach Christus eine koptische Kirche, die dem heiligen Michael geweiht ist. Im Jahre 882 fordert die Regierung von der christlichen Kirche der Kopten eine Steuerzahlung in Höhe von 20 000 Dinaren, und um diese Summe aufzubringen, entschließt sich der Patriarch, der zufällig auch Michael heißt, eine Reihe von christlichen Kirchen an die Juden zu verkaufen. Darunter ist eben jene Michaelskirche von Alt-Kairo. Die Juden bauen sie zu einer Synagoge um und richten in nächster Nähe die sogenannte Geniza ein, eine Art Rumpelkammer, die zu jeder Synagoge gehört. Ihr Zweck ist folgender:

Da der fromme Jude seinen heiligen Schriften, also vornehmlich dem Gesetz der Thora, die höchste Verehrung entgegenbringt, ist er bestrebt, diese Schriften vor dem Zugriff Unbefugter zu schützen. Sie enthalten den

Der Moabiterstein. Das älteste Schriftzeugnis auf dem Boden Kanaans. Es enthält auf schwarzem Basalt eine Inschrift zum Sieg König Meschachs von Moab (um 840). 1868 wird der Stein von dem deutschen Missionar Klein entdeckt.

Professor Salomo Schechter bei der Sichtung der Funde aus der Kairoer Geniza.
Von dort stammt auch das auf Seite 42 abgebildete Fragment.

geheiligten Namen Gottes, und sie sollen nicht durch die Berührung von Ungläubigen entweiht und geschändet werden. Ist eine Thora-Rolle durch langen Gebrauch schadhaft geworden und soll sie durch eine neue ersetzt werden, so darf sie nicht ohne weiteres fortgeworfen werden. Sie wird vielmehr in eine Nische der Synagoge gelegt und von hier nach einer gewissen Zeit in die Geniza gebracht. Das Einbringen alter Thora-Rollen, die übrigens nach jüdischem Gesetz stets mit der Hand auf Pergament geschrieben sein müssen, geschieht im Rahmen einer Feier, bei der die ganze jüdische Gemeinde unter Gesängen die heiligen Schriften aus der Synagoge zur Geniza begleitet. Dort nun ruhen sie längere Zeit, bis sie endlich in geweihtem Boden beigesetzt werden.

Die Geniza der Synagoge in der Kairoer Altstadt aber hat ihr besonderes Schicksal: Sie wird vergessen. Man mauert sie in offenbarer Unkenntnis ihrer wahren Bestimmung zu, und damit wird sie zu einer Gruft für ihren überreichen Inhalt: Tausende von uralten heiligen Schriften, Handschriften und gedruckten Codices, Briefen und historischen Dokumenten.

Dennoch scheint sich die Kunde von der Gruft mit ihrem wertvollen Inhalt hier und da erhalten zu haben. Wir erfahren jedenfalls, daß bereits im Jahre 1864 der jüdische Kaufmann Jacob Saphir davon Kenntnis hatte und vom zuständigen Rabbi die Erlaubnis erwirkte, in den tür- und fensterlosen Raum hinabzusteigen. Zwei Tage lang wühlt er hier in einer dicken Schicht von Staub und Schutt, aber er findet nicht mehr als wenige einzelne

Blätter, die von verschiedenen Manuskripten stammen und die er als eine Art Andenken mitnehmen darf. Offenbar glauben die jüdischen Rabbiner nicht an die Sage von der verschütteten Geniza.

Der nächste, der sich Eingang zu verschaffen weiß, ist der karaitische Jude Abraham Firkowitsch, der als Sammler von Handschriften einen großen Namen hat und der die größte Sammlung hebräischer Manuskripte schlechthin besitzt. Was Firkowitsch in der Kairo-Geniza findet, dringt nicht an die Öffentlichkeit. Es gibt jedoch Anzeichen dafür, daß er eine erhebliche Anzahl alter Dokumente zutage fördert und seiner Sammlung einverleibt.

1890 wird die Synagoge renoviert. Die Geniza selbst läßt man zwar in ihrem alten Zustand bestehen, doch scheinen die Rabbiner endlich selbst ein gewisses Interesse an ihrem Inhalt gefunden zu haben. Jedenfalls tauchen von jetzt ab zahlreiche Manuskripte auf, die von Priestern den Touristen zum Kauf angeboten werden. Es entwickelt sich mit der Zeit ein schwungvoller Handel, und eines Tages gelangen einige Fragmente aus der Kairo-Geniza in die Hand des Professors Salomon Schechter, der an der Universität Cambridge über den Talmud liest. Zwei schottische Ladies haben sie als Souvenir aus Ägypten mitgebracht und wollen von dem Gelehrten wissen, worum es sich bei ihrer Eroberung eigentlich handelt. Schechter erkennt sofort: Ein Pergamentblatt ist der Ausschnitt aus einem uralten palästinischen Talmud, ein zweites Blatt enthält Teile des hebräischen Textes zu Jesus Sirach. Und dieses Blatt stammt aus dem 2. Jahrhundert nach Christus. Der Text von Jesus Sirach war bisher nur aus der Septuaginta und einigen anderen Übersetzungen bekannt. Die hebräische Fassung galt als verloren.

Die Entdeckung Schechters erregt unter den Fachwissenschaftlern an der Cambridge-Universität beträchtliches Aufsehen. In aller Eile und zugleich in aller Stille wird Schechter für seine Expedition nach Kairo ausgerüstet. Sein Auftrag lautet knapp und klar: Steigen Sie in die Geniza und erwerben Sie für uns alles, was Sie nur irgend finden können! Ein Schreiben der Universität an den Präsidenten der jüdischen Gemeinde in Kairo soll ihm den Weg ebnen.

Unverzüglich bricht Schechter auf und erreicht Kairo im Dezember 1896. Dort gelingt es ihm, mit dem Oberrabbiner von Kairo, Rafael ben Shim'on, Verbindung aufzunehmen, und der Rabbiner selbst begleitet ihn in die Geniza. Mehrere Wochen arbeitet Schechter hier im dunklen Raum, der meterhoch angefüllt ist mit dem Schutt der Jahrhunderte. Bei jedem Handgriff wirbelt eine Staubwolke auf, die sich lähmend auf die Lungen legt und ihm den Atem benimmt. Aber er geht mit einem Enthusiasmus ohnegleichen ans Werk. Verstaubt und beschmutzt, mit verschmiertem, verklebtem Gesicht und mit keuchenden Lungen wühlt er sich rastlos durch den Trümmerschutt. Seine Ausbeute ist riesenhaft: Ganze Säcke füllt er mit Manuskriptteilen, dazu an die dreißig große Kartons. Die britische Botschaft in Kairo sorgt innerhalb kürzester Zeit für die Ausfuhrgenehmigung, und als Schechter endlich wieder in England ankommt, da findet er seinen Fund bereits sorgsam aufgestapelt in der Bibliothek der Cambridge-Universität.

Nach zehn Jahren veröffentlicht die Universität ein Verzeichnis der Fundstücke, wie es sich aus der ersten, groben Sichtung ergibt. Über 100 000 Fragmente hat Schechter aus dem Schutt der Kairo-Geniza geborgen. Nochmals die gleiche Anzahl vermutet man verstreut über die ganze Welt, in den Sammlungen Firkowitschs, in den Händen einzelner Sammler und Gelehrter, in den Bibliotheken und Instituten von Paris, Frankfurt, Straßburg und Kairo. Die endgültige, letzte Auswertung all dieser Fundstücke dürfte bis auf den Tag noch nicht abgeschlossen sein.

Unter den Manuskripten, die Schechter zusammengetragen hat und die man in Cambridge in 164 Schatullen untergebracht hat, sind biblische Bücher, Apokryphen und Pseudepigraphen in Niederschriften der Masoreten. Sie füllen 37 Behältnisse. Weitere 20 Behälter bergen biblische Targume, also Übersetzungen ins Aramäische. Hinzu kom-

Der Codex Cairensis (9. Jahrhundert n. Chr.) aus der Geniza in Kairo.

men zwei- und dreisprachige Bibeltexte in Hebräisch, Aramäisch und Arabisch. 17 Kästen enthalten talmudische, 18 Kästen liturgische Schriften. Und weiter: Briefe und Kalender, Wörterbücher und Sprachlehren, astrologische, medizinische und mathematische Lehrbücher, historische Dokumente und poetische Schriften, philosophische Abhandlungen und magische Geheimlehren, jüdische, karaitische, mohammedanische Manuskripte... die Fülle ist erdrückend.

Vieles ist nur von historischem, völkerkundlichem oder sprachwissenschaftlichem Interesse, aber ebensoviel steht in unmittelbarer Beziehung zur Welt des Alten Testamentes, zur Welt der Bibel und der Masoreten. An der Spitze steht jener hebräische Text von Jesus Sirach, von dem Schechter zuerst eine Probe in die Hand gefallen war. Die genaue Prüfung ergibt, daß er tatsächlich aus dem 2., wenn nicht gar aus dem 1. Jahrhundert nach Christi Geburt stammt. Aber nicht minder wertvoll sind all die biblischen Texte in der Niederschrift der Masoreten, von denen der älteste bis ins 5. Jahrhundert zurückreicht und die neues Licht auf die Tätigkeit jener »Nachzähler« werfen. Die Entwicklung der masoretischen Arbeit in ihrer Gesamtheit, das Werden der »Punktation« kann erst jetzt lückenlos erfaßt und dargestellt werden. Kurz: Die Kairo-Geniza, jenes verschüttete Grab alter Handschriften, ist zu einer schier unerschöpflichen Fundgrube für die Wissenschaft geworden.

Zwei Gelehrte graben einen Schutthaufen um

Während die Welt noch nichts von den Schätzen ahnt, die in der Rumpelkammer der Alt-Kairoer Synagoge verborgen liegen, sind im Innern des Landes zwei Forscher am Werk, die sich ein sonderbares Gewerbe erkoren haben: Sie graben einen Schutthaufen um. Ihre Namen sind Bernhard P. Grenfell und Arthur S. Hunt, Professoren der Universität Oxford und Träger zahlreicher Ehrentitel.

In der Nähe arabischer Ansiedlungen finden sich häufig Bodenerhebungen, die, bald wie kleine Hügel, bald wie langgestreckte Sanddünen, bis zu 20 Metern aufsteigen. Es sind nichts anderes als gewaltige Müllhaufen,

Berge von Kehricht, die im Laufe von Jahrhunderten von den Bewohnern des Dorfes oder der Stadt aufgetürmt worden sind. Je älter eine Siedlung, desto höher der Abfallhaufen, vielfach überwuchert, verschüttet, von Flugsand bedeckt.

Als in der zweiten Hälfte des 19. Jahrhunderts der Anbau von Baumwolle in Ägypten seinen plötzlichen Aufschwung nimmt, da findet man zugleich, daß die Schutthalden einen vorzüglichen Dünger für die Plantagen liefern, und man beginnt, sie systematisch abzuräumen und auf die Felder zu verstreuen. Bei solchen Abraumarbeiten stoßen die Fellachen, arabische Kleinbauern, die sich auf Plantagen verdingen, immer wieder auf kleine Fundstücke: zerbrochene Gefäße, Tonscherben, Metallgerät, kleine beschädigte Statuen. Kurz, man findet all das wieder, was man vor Zeiten einmal fortgeworfen hat, sofern es der Witterung und dem Sand getrotzt hat. Dabei tauchen hier und da auch einzelne Fetzen von Papyrus und Pergament auf, die in einer den Bauern unbekannten Sprache beschrieben sind. Vieles geht verloren, aber nicht selten werden die Fundstücke von gewitzten Fellachen eingesteckt und an Händler veräußert. Von hier aus findet manches den Weg nach Europa und gelangt in die Hände von Forschern und Sammlern. Bald wird man auf die Funde, die sich allmählich häufen, aufmerksam und geht ihnen sorgfältig nach. Die Fäden laufen zumeist an einem Ort zusammen: in Medinet el-Fajum, einer Stadt westlich des Nils, etwa 100 Kilometer landeinwärts von Kairo. Das Fajum ist ein ausgedehntes Oasengebiet und bekannt als uralter Siedlungsraum. Der Ort Medinet el-Fajum selbst war zur Zeit der Pharaonen eine bedeutende Großstadt mit etwa 100 000 Einwohnern.

Um das Jahr 1890 kommen die ersten Abgeordneten von Forschungsinstituten und Museen im Fajum an, um sich an Ort und Stelle die seltsamen Schutthügel näher anzuschauen. Das Berliner Museum zum Beispiel beginnt mit systematischen Grabungen, doch der Haupterfolg bleibt Grenfell und Hunt beschieden, die im Jahre 1895 den Spaten ansetzen.

Es sind keine aufsehenerregende Funde, die hier am Rande der blühenden Oase des Fajum gemacht werden. Man hebt weder atemberaubende Schätze von Gold und Edelsteinen, noch ehrfurchtgebietende Kunstwerke ans Licht wie aus den Königsgräbern von Ur oder den Pyramiden von Gizeh, sondern man sammelt mit großer Geduld all jene kleinen Dinge, die vor tausend und zweitausend Jahren von den Menschen achtlos fortgeworfen wurden: Tongefäße, Werkzeuge, Geräte, alte Rechnungen und Notizzettel, zerrissene Briefe und Schulhefte, Warenlisten und Fetzen von Schriftrollen, die Reste einer längst verschollenen Literatur. Auf diesen Kleinigkeiten entsteht ein Bild des Alltags jener versunkenen Geschlechter am Nil. Und dieses Bild ist so lebensfrisch und unmittelbar, daß man meinen könnte, es wäre gestern geschehen, was die oft so unscheinbaren Funde erzählen.

Nicht ohne Bewegung lesen wir heute Briefe, die vor zweitausend Jahren geschrieben wurden, nehmen wir Einblick in die Sorgen und Freuden von Menschen, deren Gebeine längst zu Staub zerfallen sind. Plötzlich beginnen sie zu reden.

Da schreibt der ägyptische Soldat Apion, der in römischen Sold gegangen ist, aus dem Kriegshafen Misenum an seinen Vater Epimachus in dem kleinen ägyptischen Dorf Philadelphia:

»Apion an Epimachus, seinen Vater und Herrn, viele Grüße! Vor allem wünsche ich, daß Du gesund bist und daß es Dir gut und wohl geht mitsamt meiner Schwester und ihrer Tochter und meinem Bruder. Ich danke dem Gott Serapis, der mich sofort errettet hat, als ich in Seenot war. Als ich nach Misenum kam, erhielt ich den Sold des Kaisers: drei Goldstücke. Sonst geht es mir gut. Ich bitte Dich nun, mein Vater, schreibe mir ein Briefchen, erstens über Dein Wohlergehen, zweitens über das Ergehen meiner Geschwister, drittens, damit ich voll Verehrung Deine Hand sehe, weil Du mich so gut erzogen hast, so daß ich nun hoffen kann, bald befördert zu werden, wenn die Götter wollen... ich sende Dir auch ein Bildchen von mir mit...«

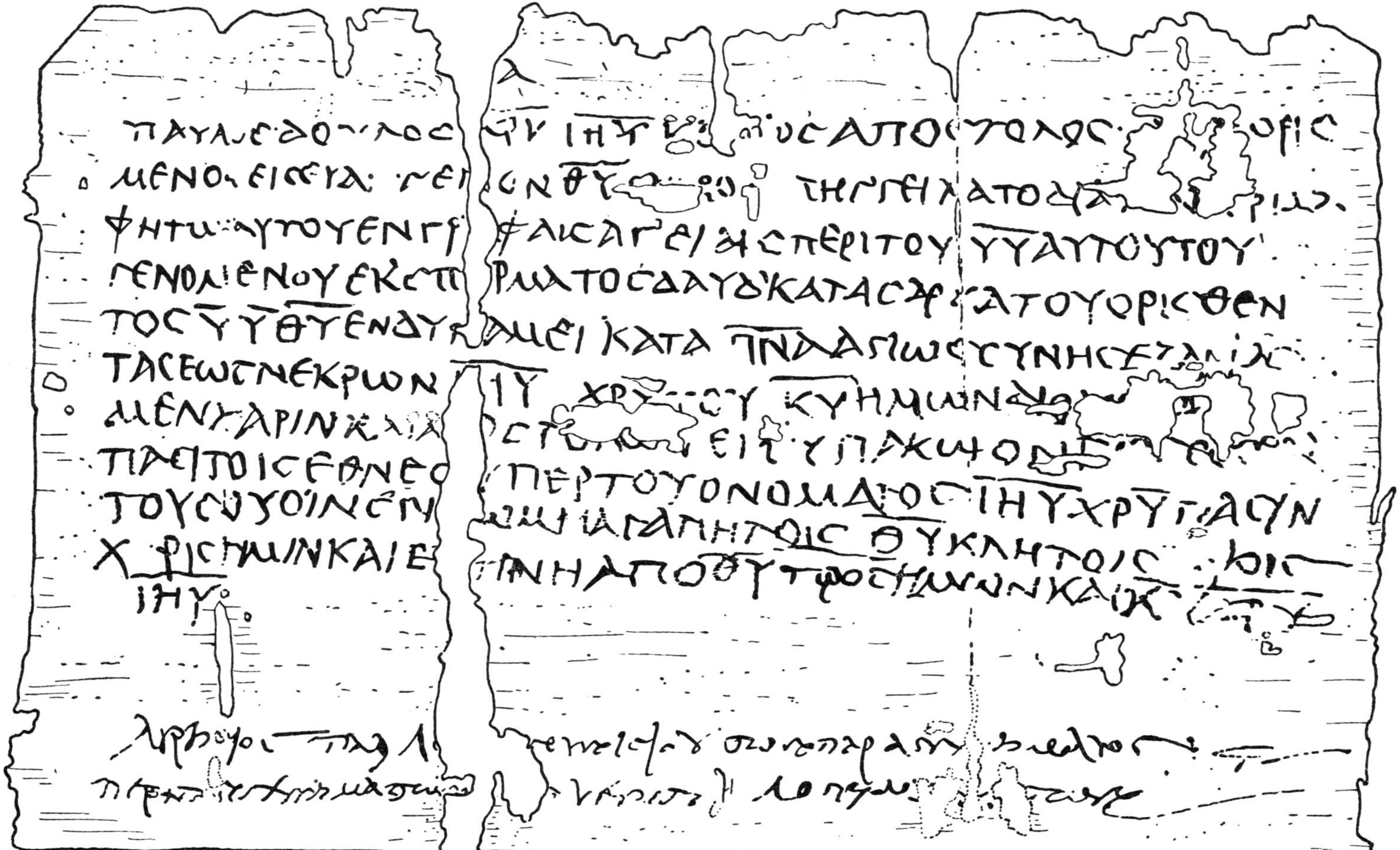

Paulus-Brief aus den Oxyrhynchos-Papyri

Ein Brief, wie er in unserem Jahrhundert hätte geschrieben werden können. Der Gruß eines Soldaten aus der Garnison. Und auch das Bild, vermutlich in der »Ausgehuniform«, fehlt nicht. Plötzlich gewinnt ein Mensch Leben, von dem sonst keine Kunde auf uns gekommen wäre.

Unter den zahlreichen Belegen einer uralten Korrespondenz findet sich auch der älteste Brief von der Hand eines Christen. Er wird zwischen 264 und 282 in Rom geschrieben und ist an einen Glaubensgenossen im arsinoitischen Gau, im Fajum, gerichtet. Es ist freilich kein dogmatisches Schreiben, sondern vielmehr ein reiner Geschäftsbrief, aber er gewährt tiefen Einblick in das Leben jener Christen, die im Alltag ihrem Gewerbe nachgehen. Es geht im wesentlichen um die Abwicklung eines Geschäftes, aber dazwischen tauchen Namen und Situationsschilderungen von höchstem Wert auf.

Da heißt es an einer Stelle: »Ihr werdet also gut tun, liebe Brüder, das Leinen zu kaufen. Dann sollen einige von Euch... mit dem Leinen abreisen zu Maximos, dem Papst. Und in Alexandrien verkauft jenes Leinen und bezahlt das Geld dem Preimeiteinos oder Maximos, dem Papste, aus, worüber Ihr eine Quittung in Empfang nehmt. Er aber soll den Mehrbetrag, den Preis des von Euch verkauften Brotes und das Leinengeld in Verwahrung nehmen zu Händen des Theonas, damit, wenn ich – mit Gott – nach Alexandrien gekommen sein werde, ich es für meine Ausgaben vorfinde.«

Aber so reizvoll und aufschlußreich diese Funde sind, die uns Einblick in das Familienleben, in die Rechtsverhältnisse und das Geschäftsleben jener Zeit geben, ungleich wertvoller sind die Reste biblischer Schriften, die Grenfell und Hunt in insgesamt zehnjähriger, mühseliger Arbeit aus dem jahrhundertealten Schutt bergen. Bei Medinet el-Fajum werden bereits einige solcher Schriftreste gefunden, aber die große Überraschung erleben die beiden Forscher, als sie die Schutthalden von Oxyrhynchos anstechen. Dieser Ort am Rande der Libyschen Wüste war unter den Pharaonen Gauhauptstadt, und hier, in Mittelägypten, das der eigentlichen Heimat des Urchristentums so fern liegt, werden einige der wichtigsten Zeugnisse des Urchristentums entdeckt.

Es sind durchweg Papyrusblätter, die zum größten Teil aus dem 3. Jahrhundert nach Christus stammen und ein Bild von den christlichen Gemeinden des Niltales vermitteln. Da sind Teile aus den Evangelien, aus der Apostelgeschichte und aus den Briefen des Paulus. Da sind ferner apokryphe Evangelien und eine Reihe von Jesus-Worten, die sich in den kanonischen Evangelien nicht finden und die von einigen Wissenschaftlern als möglicherweise echt bezeichnet werden. Insgesamt 64 Papyri mit neutestamentlichen Texten sind die Ausbeute neben jenen außerbiblischen Zeugnissen, die hoch in die Tausende gehen. Stück für Stück gewonnen in mühsamer Kleinarbeit. Grenfell und Hunt lassen durch eine Schar angeheuerter Fellachen die Schutthalden langsam und allmählich abtragen. Mit Spitzhacke und Spaten wird vorsichtig Handbreit für Handbreit des festgesackten Bodens gelöst, abgestochen und mit der Hand durchgesiebt. Kein noch so unscheinbarer Fund wird außer acht gelassen. Oft vergehen Wochen angestrengter Arbeit, die nicht ein einziges winziges Teilchen von archäologischem Wert bringen. Zu vieles ist vermodert und zerfallen, und manches wandert im geheimen in die Tasche eines ungetreuen Arbeiters. Aber aufs ganze gesehen liefern die Arbeiten von Fajum und Oxyrhynchos, die bis 1906 weitergeführt werden, einen bedeutenden Beitrag zur Erforschung der Welt des Altertums und der Urchristenheit.

So sonderbar die Methode anmutet, die Grenfell und Hunt zu ihren Erfolgen führt, noch sonderbarer sind die Begleitumstände, unter denen ein anderer Forscher wertvolle Papyri entdeckt. Dieser Mann heißt William Matthew Flinders Petrie. 1880 kommt er als Siebenundzwanzigjähriger aus England nach Ägypten. 46 Jahre lang, mit nur kurzen Unterbrechungen, gräbt er im Land am Nil. Er ist es, der den Ramses-Tempel von Nebesche ausgräbt, der die berühmten »Memnonssäulen« der Griechen, die Kolossalstatuen König Amenophis III., wiederentdeckt, er durchforscht die Pyramiden, legt das Grab des Pharao Amenemhet frei und birgt eine bedeutende Anzahl alter Mumien.

Makulatur von höchstem Wert

Der Totenkult der alten Ägypter gebietet, den Körper so lange als irgend möglich in seiner äußeren Gestalt zu erhalten. Die Leiber der Großen vornehmlich, der Könige, der Reichen, werden in umständlichen und langwierigen Verfahren nach allen Regeln der Kunst konserviert. Der Leichnam wird einbalsamiert, in pechgetränkte Tücher gehüllt und mit ähnlich getränkten Binden fest umwickelt. Oftmals aufs verschwenderischste mit Gold und Edelsteinen geschmückt, wird die derartig vorbereitete Mumie in einen Holzsarg gelegt, der die Form des Körpers aufweist. Der Holzsarg wiederum wird in einen zweiten, steinernen Sarg eingepaßt, und auch dieser zeigt zumeist noch die Konturen des Körpers. Oft genug wird der steinerne Sarg noch von einem dritten Sarkophag umschlossen. Die Kostspieligkeit dieses Verfahrens liegt auf der Hand. Nur die Wohlhabendsten vermochten ihren Toten den Vorzug einer derartigen Bestattung einzuräumen. Der weniger Vermögende war auf den einfachen Sarg aus Pappe angewiesen.

Aus starken Papyruslagen wird der Sarg nach den Umrissen des vorbereiteten und umwickelten Leichnams gepreßt und durch mehrere Lagen aufkaschierter Papyrusblätter verstärkt. Aber auch Papyrus ist teuer, und so wählt man den Ausweg, an Stelle neuer Papyri beschriebene Blätter zu nehmen. Altes, nicht mehr benötigtes Schreibmaterial wird als Makulatur zur Kartonage von Mumiensärgen verwendet.

Flinders Petrie ist es, der im Winter 1898/99 zum erstenmal solche Mumienkartonagen ablöst und sorgfältig präpariert. Er findet sie in einem Ptolemäer-Grab in Gurob im Fajum, und sie lassen sich als Geschäftskorrespondenz aus irgendeinem Kaufmannsbüro entziffern. In einem anderen Falle werden an die 200 Urkunden gefunden, die aus einem Rechtsanwaltbüro in Alexandrien stammen. Geschrieben wurden sie im 1. Jahrhundert nach Christus. Aus einer Mumienkartonage stammt auch ein griechisches Fragment des 5. Buches Mose, das aus der Mitte des 2. Jahrhunderts vor Christi Geburt herrührt. Selbst die ägyptischen Grabstätten haben über ihren archäologischen Wert hinaus für die Textforschung Bedeutung gewonnen.

Überall da, wo in Ägypten Handschriften gefunden werden, sind es in erster Linie Privatbriefe, geschäftliche Notizen oder juristische Aufzeichnungen. Rein biblische Texte tauchen gleichsam nur in Spuren, in homöopathischer Dosierung, auf. Für den Textforscher gilt es, Beziehungen zu finden und aus den nichtbiblischen Texten Rückschlüsse zu ziehen, Verbindungen zur Heiligen Schrift zu suchen oder doch wenigstens das Bild von der Welt der Bibel zu vervollständigen. Das gilt für die Funde im Fajum, in Oxyrhynchos, in den Gräbern, und das gilt auch von den Funden, die in den Jahren von 1906 bis 1908 in den Ruinen der Stadt Elephantine gemacht werden.

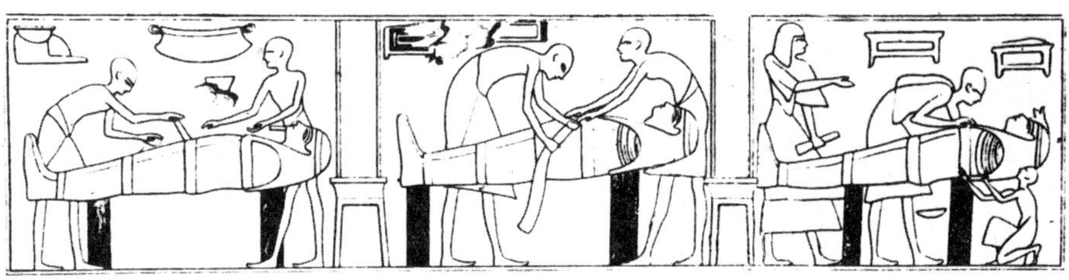

Die Ägypter pflegten ihre Toten einzubalsamieren und in Mumiensärgen zu verwahren. Dabei wurden gelegentlich schon zuvor als Schreibmaterial verwendete Papyrusstreifen benutzt – zur Freude heutiger Forscher.

Mitten im Nil, gegenüber der Stadt Assuan, liegt eine langgestreckte, mit Palmen bewachsene Insel, auf deren Südspitze sich unter den Pharaonen die »Elephantenstadt« erhob. »Jêb« hieß sie bei den Ägyptern. Die Griechen nannten sie Elephantine. Hier entstand im 7. Jahrhundert vor Christus eine Kolonie von Juden, die unter Psammetich I. (664–609) als Söldner nach Ägypten gekommen waren und später nach der Zerstörung Jerusalems neuen Zustrom von geflohenen Soldaten erhielt. Diese Juden bauten in Elephantine ihrem Gott Jahwe einen Tempel und erhielten von der Regierung die Erlaubnis, ihren religiösen Kult zu pflegen. Das stellte ein einmaliges Ereignis dar; denn nach jüdischem Gesetz darf nur in Jerusalem der Tempel Jahwes stehen, während sich alle anderen Städte mit dem Bethaus, der Synagoge, begnügen müssen. Diese jüdische Kultgemeinde auf ägyptischem Boden, die nicht nur ihre eigene Religion, sondern auch ihre eigene Verwaltung hat und sich streng von den Ägyptern abschließt, sammelt verständlicherweise auch ihre eigenen Schriften. Und gerade diese Schriften, die durchweg aus der Perserzeit, also etwa dem 4. Jahrhundert vor Christus stammen, werden unter den Trümmern der Stadt Elephantine gefunden. Ja, die Häufung von Urkunden an einem einzigen Platz legt die Vermutung nahe, daß man das Archiv der jüdischen Gemeinde selbst entdeckt hat.

Diese Entdeckung fällt in das Jahr 1907. Ein Jahr zuvor hat hier der jüdische Gelehrte Dr. Rubensohn die älteste griechische Handschrift der Welt ausgegraben, einen Ehevertrag aus dem Jahre 311 vor Christus. Jetzt entdeckt derselbe Forscher zahlreiche aramäische Papyri, zum Teil vollständig erhalten, die allesamt bis ins 5. Jahrhundert vor Christus zurückreichen und zu einer der ältesten Quellen werden, die über die Geschichte der Juden Auskunft geben.

Nur ein winziger Fetzen Papyrus...

Zu Weltruhm soll es ein winzig kleines Stück Papyrus bringen, kaum 13 Zentimeter lang und 5 Zentimeter breit, beschrieben mit

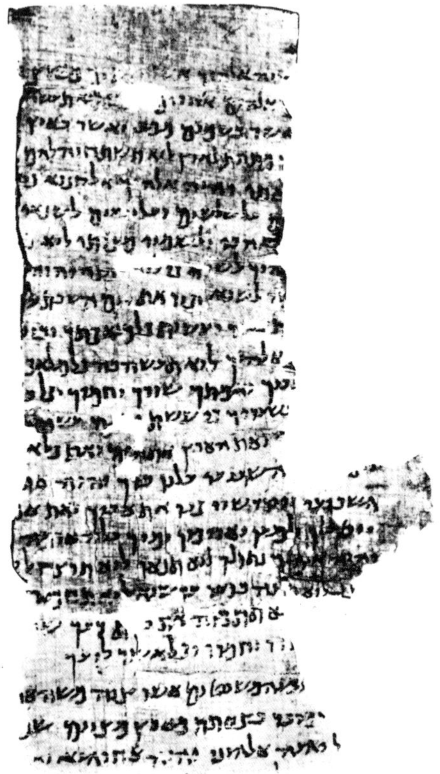

Der Papyrus Nash.
Er galt bis 1947 als ältestes Textzeugnis des Alten Testaments. Das Papyrus-Fragment stammt aus dem 2. Jahrhundert v. Chr. und enthält die Zehn Gebote und das „Schema Jisrael" („Höre, Israel") aus dem 5. Buch Mose, Kapitel 6, Vers 4 und 5.

24 Zeilen in hebräischer Schrift: Es ist der sogenannte Papyrus Nash, das wohl älteste bekannte Blatt eines Bibeltextes. Es wird nicht unter dramatischen Umständen gefunden, sondern im Jahre 1902 von dem Engländer William L. Nash in Ägypten erworben. Möglicherweise stammt auch dieser Papyrus aus einem der mittelägyptischen Fundgebiete. Vielleicht wurde er von einem Fellachen unter Grenfell und Hunt gefunden und unter der Hand weiterverkauft, wir wissen es nicht. Nash macht seine Erwerbung der Cambridge-Universität zum Geschenk, und dort wird sie zunächst von den ersten Bearbeitern

in das 1. oder 2. Jahrhundert nach Christus datiert. Erst der berühmte Handschriftenexperte William Foxwell Albright erkennt ihr wahres Alter. Im Jahre 1937 veröffentlicht er im »Journal of Biblical Literature« einen Aufsatz: »Ein biblisches Fragment aus der Zeit der Makkabäer: Der Papyrus Nash.« Eindeutig weist er nach: Dieses Blatt stammt aus dem 2. Jahrhundert vor Christi Geburt. Die 24 Textzeilen, die unter anderem die Zehn Gebote wiedergeben, stellen das älteste biblische Dokument dar, das bis zu jenem Zeitpunkt bekannt war. Erst im Jahre 1947 werden durch die Funde am Toten Meer weitere Quellen erschlossen, die bis in die gleiche Zeit zurückführen.

Von diesen Funden vom Toten Meer abgesehen, gibt es nur noch ein einziges Fragment, das dem Papyrus Nash an Alter gleichkommt, das ist der sogenannte Papyrus Fouad, so genannt nach der Sammlung Fouad in Kairo, in der er aufbewahrt wird. Wieder handelt es sich nur um das Bruchstück eines Papyrusblattes von etwa 20 Zentimeter Höhe und geringer Breite, an beiden Ränder stark versehrt. Es enthält vier Verse aus dem 31. Kapitel des 5. Buches Mose.

Äußerlich noch unscheinbarer, noch bruchstückhafter und versehrter ist der zweitälteste Beleg für das Neue Testament: ein Fetzen Papyrus, der nicht mehr als sieben Schriftzeilen enthält, jede Zeile zu nur wenigen Buchstaben. Und doch – ein ehrwürdiges Dokument, das man nur mit stiller Andacht betrachten kann. Es ist ein Ausschnitt aus dem Evangelium des Johannes. Auf der Vorderseite stehen einige Sätze aus dem 18. Kapitel, Vers 31–33, auf der Rückseite aus Vers 37 und 38, also aus der Leidensgeschichte Jesu.

Diese neutestamentliche Quelle wird bereits von Grenfell zusammen mit anderen Fragmenten erworben. Möglicherweise stammt auch sie aus den Schutthalden von Medinet el-Fajum und wurde von einem Arbeiter beiseitegeschafft und später verkauft. Grenfell selbst hat ihr wahres Alter nicht mehr erforschen können. Er stirbt im Jahre 1926, noch bevor er die genaue Durchsicht seiner Erwerbungen vornehmen kann. Erst sein Nachfolger C. H. Roberts erkennt bei Durchforschung des Nachlasses im Jahre 1934 den tatsächlichen Wert des unscheinbaren Stückchens Papyrus. Es gelingt ihm, das Alter mit großer Sicherheit zu bestimmen. Danach stammt es aus den Jahren vor 125 nach Christus.

Diese Feststellung ist von höchster Bedeutung. Plötzlich fällt neues Licht auf die Herkunft des Johannes-Evangeliums. Immer wieder haben Gelehrte behauptet, dieser Bericht könne keinesfalls vom Jünger Jesu selbst verfaßt worden sein, sondern er stamme von einem späteren Träger gleichen Namens. Seine Entstehung wird ins zweite Jahrhundert, teilweise sogar in dessen zweite Hälfte verwiesen. Der unscheinbare Papyrusfetzen aus Ägypten bringt die Wahrheit an den Tag: Das Evangelium ist bereits um 125 im Lande am Nil bekannt, es ist mit Wahrscheinlichkeit noch vor dem Jahre 100 niedergeschrieben, und nichts steht mehr der

Nur wenige Buchstaben und doch für Fachleute relativ leicht zu identifizieren, der auf Seite 82 abgebildete Papyrus, der älteste Beleg aus dem Neuen Testament, hier in seinem Kontext im Johannesevangelium Kapitel 18 als Rekonstruktion wiedergegeben.

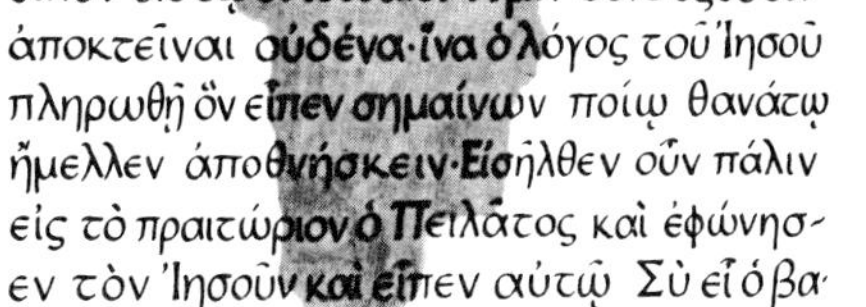

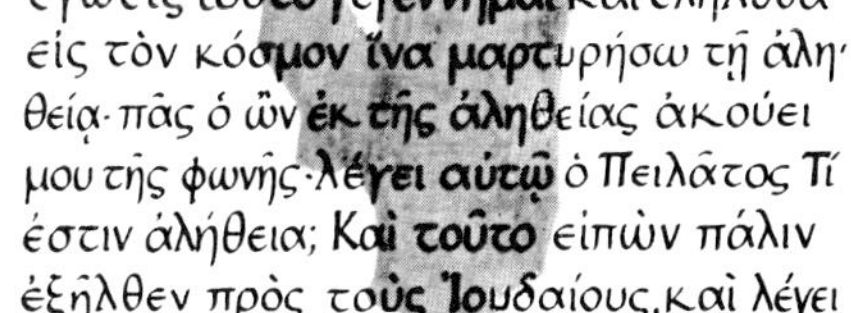

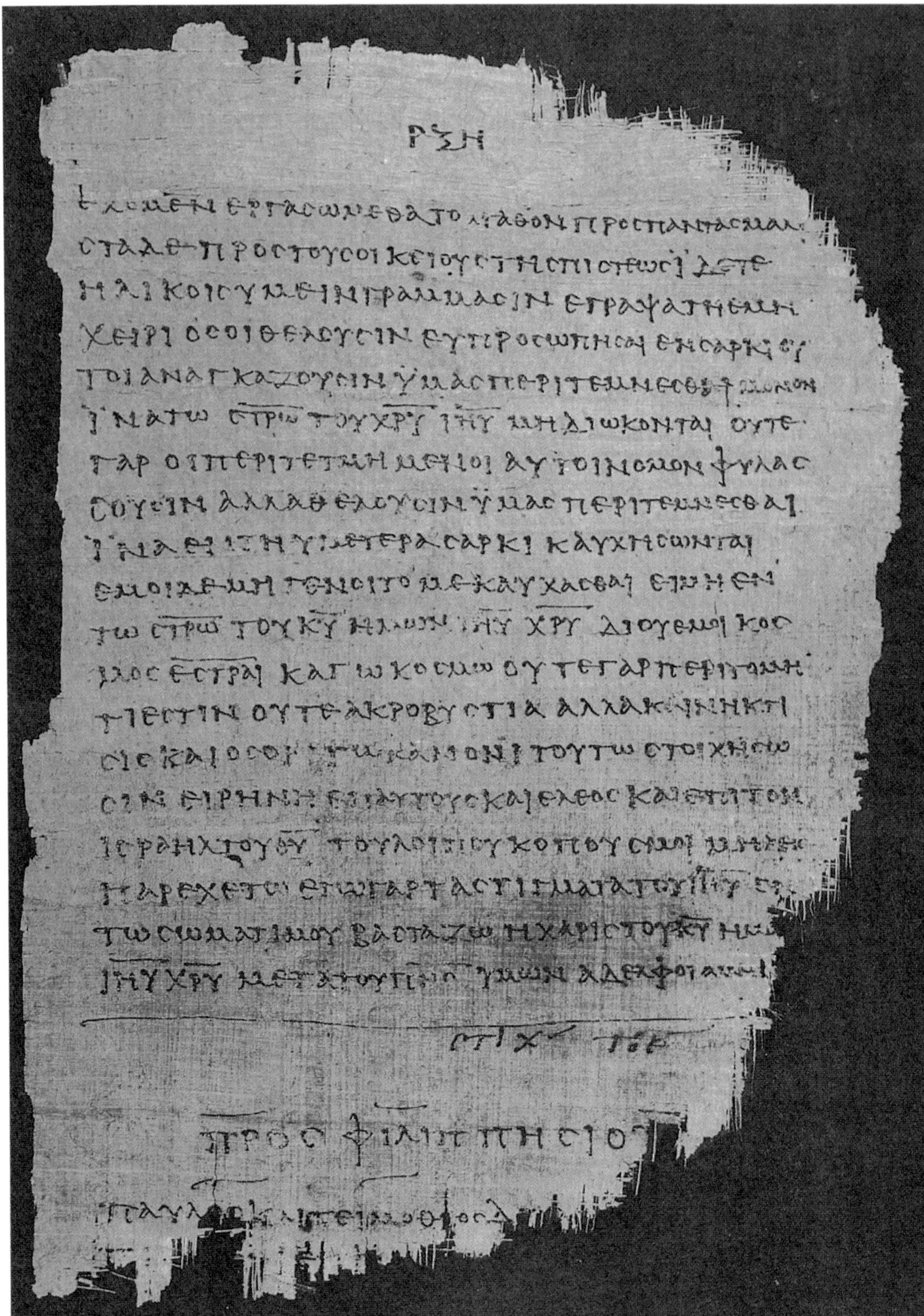

Annahme im Wege, daß es der Jünger Jesu selbst war, der die Geschichte des Herrn aus eigenem Erleben aufgezeichnet hat.

Ein winziges Stückchen Papyrus, nicht viel größer als ein Straßenbahnfahrschein, wird zum wichtigsten Zeugen für die Herkunft eines ganzen Evangeliums. An kaum einer anderen Stelle wird der Wert alter Handschriftenfunde so deutlich wie hier. Und das sind die Worte in der ältesten uns bekannten Niederschrift des Neuen Testamentes: »Du sagst, daß ich ein König bin. Ich bin dazu geboren und dazu in die Welt gekommen, daß ich für die Wahrheit zeuge.« Ein Vergleich mit den übrigen überlieferten Texten zeigt: Sie stimmen überein.

Noch zweimal lassen im Verlauf der dreißiger Jahre unseres Jahrhunderts Handschriftenfunde die Gelehrtenwelt aufhorchen. Im Jahre 1930 bieten Antiquitätenhändler in Kairo plötzlich eine Reihe biblischer Papyri des Alten Testamentes an, die in griechischer Sprache geschrieben sind. Sofort ist das Interesse der großen Museen und Institute wach, aber die Händler verlangen derartig unverschämte Preise, daß an den Erwerb zunächst nicht zu denken ist. Endlich schaltet sich ein in London lebender amerikanischer Millionär ein: Chester Beatty. Er kauft, gleichsam mit einer Handbewegung, alles, was ihm erreichbar ist. Die berühmten Handschriftenforscher F. G. Kenyon und H. A. Sanders sichten die Erwerbungen und sorgen nicht nur für die genaue Erforschung der Fundstücke, sondern auch für eine möglichst naturgetreue Veröffentlichung in farbigem Druck. Insgesamt sind es elf Codices, die Chester Beatty erworben hat, keine vollständigen Bücher zwar, aber doch umfangreiche Teile mit zusammen 190 einzelnen Blättern. 50 Blätter allein enthalten Teile aus dem 4. und 5. Buch Mose, geschrieben zu Beginn des 2. Jahrhunderts nach Christus. Weitere 27 Blätter geben die letzten Kapitel des 1. Mose-Buches wieder. Sie sind etwas jünger als der andere Fund, aber von ganz besonderem Wert; denn eben diese Teile fehlen im Codex Sinaiticus fast vollständig. Ferner entziffern Kenyon und Sanders Teile aus den Propheten, aus Hesekiel, Daniel und dem Buche Esther. Aus dem Neuen Testament enthalten die Chester-Beatty-Papyri, wie man sie bald nennt, große Teile der Paulusbriefe und Ausschnitte aus allen Evangelien, der Apostelgeschichte und der Offenbarung. Sämtliche Handschriften stammen aus dem 2. und 3. Jahrhundert.

Das Ende des Galaterbriefes und der Anfang des Philipperbriefes des Paulus aus den Chester-Beatty-Papyri.

Fünf Jahre später kommt nochmals die Kunde von einem bedeutenden Fund, diesmal aus Palästina, aus Tell ed-Duweir, dem biblischen Lachis, an der Südgrenze des Stammes Juda. Hier werden in den Ruinen umfangreiche Ausgrabungen durchgeführt, und eines Tages stößt man in der Nähe der früheren Toranlagen der Stadt Lachis auf einen tiefliegenden Raum, der zur Hälfte mit Brandschutt gefüllt ist. Der Leiter der Forschungsgruppe, der Engländer Starkey, vermutet eine alte Wachstube und läßt vorsichtig den Schutt abtragen. Dabei fallen ihm 18 Tonscherben in die Hand, jede in sauberer hebräischer Schrift mit einer Feder von Schilfrohr beschrieben: sogenannte Ostraka, das beliebte Schreibmaterial des Altertums, wenn es galt, den kostbaren Papyrus oder das noch kostbarere Pergament zu sparen. Beides kostet Geld, Scherben aber gibt es umsonst die Fülle.

Die Art und Weise der Lagerung dieser Tonscherben unter dem Schutt läßt vermuten, daß sie aus jenen Tagen stammen, in denen die Wachstube ein Raub der Flammen wurde. Und das war der Fall, als die Stadt Lachis im Jahre 588/87 vor Christi Geburt zerstört wurde. Die Ostraka sind also nahezu 2500 Jahre alt. Ihr Inhalt bestätigt die erste Vermutung. Es sind Briefe, von dem Kommandanten eines Außenpostens an den Kommandeur der judäischen Streitkräfte in Lachis. Da heißt es in einer dieser militärischen Meldungen:

»Und lasse ich meinen Herrn wissen, daß wir nach den Signalen von Lachis Ausschau halten, gemäß den Anweisungen, die mein Herr gegeben hat, denn wir können die Signale von Aseka nicht sehen.« Es sind erschütternde

Letzte Meldungen des Außenpostens Hosajahu an den Kommandeur Jaus in Lachis (Lachis-Brief IV).

,,Möge der Herr meinen Herrn an diesem Tage gute Botschaft hören lassen! Und nun, nach allem, was mein Herr geschrieben hat, hat dein Diener getan; ich habe an die Tür geschrieben all dem entsprechend, was mein Herr mir geschrieben hat. Und was das betrifft, was mein Herr über die Angelegenheit Beth-haraphid geschrieben hat: es ist niemand da.
Und was Samachja betrifft: Semaja hat ihn genommen und hat ihn in die Stadt hinaufgebracht. Und was deinen Diener betrifft: ich sende niemand dorthin heute (?), aber ich werde senden morgen früh.
Und lasse ich meinen Herrn wissen, daß wir nach den Signalen von Lachi Ausschau halten, gemäß den Anweisungen, die mein Herr gegeben hat, denn wir können die Signale von Aseka nicht sehen."

Zeugnisse. Die letzten Nachrichten von Soldaten aus einem Kriege, der mit der völligen Vernichtung der jüdischen Armee endet. Die Angst, das Durcheinander, die Verwirrung, aber auch soldatischer Heldenmut spiegeln sich in diesen kurzen Meldungen. Doch über diese menschlich anrührende Seite hinaus haben die Lachis-Briefe sehr großen Wert zur Erforschung der hebräischen Schrift und Sprache; denn sie stellen die einzige Gruppe von Dokumenten aus jener Zeit in klassischem Hebräisch dar. Und schließlich werfen auch sie Licht auf die Schilderungen der Bibel, die vom Untergang Judas erzählen, wie etwa bei Jeremia im 34. Kapitel, Vers 7. Das ist ein kleiner Ausschnitt aus der Fülle der Funde, die zwischen den beiden größten Entdeckungen des Codex Sinaiticus und der Schriftrollen vom Toten Meer liegen. Ihre Bedeutung ist vielschichtig. Es sind Dokumente, die historische Kenntnis vermitteln und Licht in die Sprach- und Schriftforschung bringen, es sind Zeugen uralter Vergangenheit, die ein Stück Kultur- und Menschheitsgeschichte lebendig werden lassen, und es sind neue Quellen für die biblischen Urkunden.

Die Sensation von Qumran

Muhammad findet eine Höhle
Es wird immer im Dunkeln bleiben, warum der Araberbursche Muhammad adh-Dhib vom Stamme der Ta'amira-Beduinen an jenem Frühlingstage des Jahres 1947 auf dem Steilhange an der Westküste des Toten Meeres herumkletterte. Er selbst hat später auf Befragen erklärt, er sei dabei gewesen, Ziegen zu hüten, und eines der Tiere habe sich auf dem Abhang verirrt. Diese Erklärung klingt nicht unglaubwürdig, sie wird es jedoch in hohem Maße, wenn man weiß, daß jene Beduinen damals auf großen Umwegen aus Transjordanien kamen, um nach Palästina weiterzureisen. Diese Umwege konnten nur den Grund haben, die offiziellen Grenzübergänge zu umgehen, und auch dafür gibt es nur einen Grund: Jene Männer trieben Schmuggel.
Aber der Anlaß ist unwichtig. Wichtig allein ist die Tatsache, daß Muhammad bei seiner Kletterei eine Entdeckung macht, die ungeahnte Folgen nach sich ziehen soll. Wie er berichtet, hat er aus unerfindlichen Gründen

einen Stein in die Gegend geworfen, der plötzlich in einer Felsspalte verschwand, worauf ein deutliches Klirren vernehmbar wurde. Er zwängt sich daraufhin selbst durch die Öffnung und gelangt in eine Höhle, wo er mehrere Steinkrüge findet. Einen von ihnen hat der Stein zertrümmert und den Inhalt freigegeben: ein schmutzig-schwarzes Bündel verklebter Lederstreifen.

Muhammad nimmt das Bündel, das übrigens höchst unangenehm riecht, und zeigt des dem Anführer der Beduinenschar. Darauf untersuchen die Männer die Höhle gründlich und finden insgesamt 40 solcher Tonkrüge, die sämtlich uralte, verklebte und verschmutzte und dazu greulich stinkende Pergamentrollen enthalten. Sie nehmen einen Teil davon mit und zeigen sie einem Scheich in Bethlehem, der die Rollen für syrische Manuskripte hält. So einfältig ist kein Beduine, daß er nicht wüßte, welch großen Wert europäische Forscher und jüdische Wissenschaftler auf alte Handschriften legen. In der ihnen angeborenen Geschäftstüchtigkeit wittern die Beduinen einen höchst einträglichen Nebenverdienst und fragen den Scheich nach einem Händler, der

Ungeöffnete Rolle, von oben gesehen, in Originalgröße.

solcherlei Dinge anzukaufen bereit wäre. Der Scheich nennt ihnen den Namen Chalil Eskander, einen Kaufmann, der zur syrisch-orthodoxen Gemeinde von Bethlehem gehört.

Skeptische Forscher

Nun nehmen die Dinge ihren Lauf. Der Stein des jungen Muhammad hat gleichsam eine Lawine ins Rollen gebracht, die immer gewaltiger anschwillt. Eskander sieht und prüft die Manuskripte, die freilich so verfilzt sind, daß er sie nicht aufzurollen vermag. Aber die wenigen Schriftzeichen, die er erkennen kann, hält auch er für Syrisch. Er setzt sich mit einem Geschäftsfreund, dem Kaufmann George Isaiah in Jerusalem, in Verbindung, und der benachrichtigt seinerseits den syrisch-orthodoxen Erzbischof Athanasius Yeschue Samuel.

Bischof Samuel hat seinen Amtssitz im Kloster St. Markus im Kern der Jerusalemer Altstadt. Er wirft nur einen flüchtigen Blick auf die Manuskripte und erkennt sofort, daß sie nicht in syrischer, sondern in hebräischer Schrift abgefaßt sind. Er bricht ein Stückchen vom Rand der Rollen ab und verbrennt es. Am Geruch merkt er, daß es sich um Pergament oder Leder handeln muß, und er erklärt dem Händler, er wolle die Rollen kau-

Tonkrug zur Aufbewahrung von Schriftrollen, aus Qumran.

fen. Das erweist sich jedoch als nicht ganz einfach. Die Beduinen sind längst wieder fortgezogen, und Eskander hat die Manuskripte nur treuhänderisch in Verwahrung. Er verspricht jedoch, nach den Wüstensöhnen Ausschau zu halten und mit ihnen einen diskutablen Preis auszuhandeln. Spätestens in einigen Wochen, nämlich im Juli, würden die Beduinen zum Markt nach Bethlehem kommen. Bis dahin werde sich der Erzbischof gedulden müssen.

Tatsächlich kommen die Araber zu dem genannten Termin wieder zu Eskander, es sind jedoch nicht drei Männer, wie beim erstenmal, sondern nur zwei. Der dritte, so heißt es, habe seinen Anteil am Fund bereits einem Moslemscheich in Bethlehem verkauft. Der Preis, den man zu diesem Zeitpunkt fordert, ist nicht allzu hoch. Angeblich verlangen die Beduinen für eine Rolle 20 Pfund, also etwa 200 Mark.

Sofort ruft Eskander den Erzbischof in Jerusalem an und schickt die beiden Beduinen zunächst zu seinem Kollegen Isaiah. Der begleitet sie zum Kloster St. Markus, aber unglücklicherweise ist der Bischof nicht im Hause. Der Bruder Pförtner, der die nicht eben vertrauenerweckend ausschauenden Wüstensöhne mit Mißtrauen betrachtet, schickt sie wieder fort. Abermals vergehen zwei Wochen, bis sie sich nochmals melden, und diesmal treffen sie den Bischof persönlich. In ihrem Besitz sind noch vier Rollen, und Athanasius kauft sie sofort.

Lederfragment aus der Höhle 1 von Qumran

Er geht sogleich an die Untersuchung und stellt fest, daß es sich bei den Manuskripten offenbar um zwei alttestamentliche Schriften und eine aramäische Rolle handelt. Mit der vierten Rolle weiß er zunächst nichts Rechtes anzufangen. Erst später stellt sich heraus, daß es eine Art »Dienstanweisung« für die Brüder einer uralten, vorchristlichen Sekte ist. Der amerikanische Gelehrte Millar Burrows gibt ihr den Namen »Handbuch der Unterweisung«. Aber noch weiß der Erzbischof nicht mit Sicherheit, was er eigentlich angekauft hat. Er kennt weder das Alter noch den genauen Inhalt der Manuskripte, zumal die aramäische Rolle so verklebt ist, daß sie sich nicht öffnen läßt. So schaut er sich nach Fachleuten um, die ihm bei der endgültigen Identifizierung helfen sollen. Er wendet sich zunächst an Stephan Hannah Stephan, einen bekannten Orientalisten der syrisch-orthodoxen Kirche, der im Amt für Altertümer Palästinas arbeitet. Der erklärt ihm rundheraus, die Rollen seien absolut wertlos. Immerhin empfiehlt er, die Urteile anderer Fachgelehrter einzuholen, und der Bischof befragt den Dominikanerpater J. P. M. van der Ploeg, einen hervorragenden Bibelspezialisten aus Holland, der zufällig in Jerusalem weilt. Dieser erkennt sofort, daß es sich zumindest bei der einen Rolle um eine sehr alte Jesaja-Handschrift handelt. Genaues vermag auch er nicht zu sagen.

Unermüdlich wandert der Erzbischof mit seinen Rollen weiter. Er befragt jüdische und amerikanische Gelehrte. Die meisten sind voller Skepsis. Man vermutet Fälschungen, mittelalterliche Handschriften von geringem

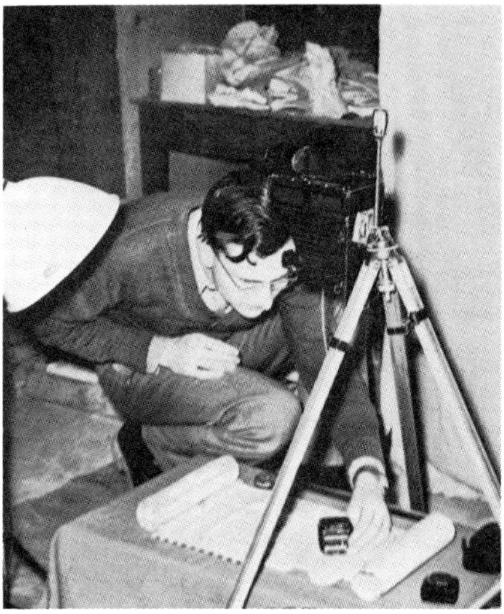

Dr. John C. Trever beim Fotografieren einer Schriftrolle.

Wert oder aber zwar alte, aber wenig zuverlässige Manuskripte.

Der Handschriftenkrieg

Endlich, im Februar 1948, ein Jahr nach Auffindung der Rollen, bekommen die beiden jungen amerikanischen Gelehrten Dr. William H. Brownlee und Dr. John C. Trever von der American School of Oriental Research in Jerusalem die Fundstücke in die Hand. Sie unterwerfen sie einer kurzen Prüfung und geraten in die allergrößte Erregung: Vor ihnen liegen uralte Handschriften mit biblischen Texten. So alt, wie bisher kein einziges aller überlieferten Manuskripte. Mit zunächst höchst primitiven Mitteln fertigen sie Fotografien der Rollen an und schicken davon einige Abzüge an den wohl berühmtesten aller Handschriftenforscher, Professor William F. Albright, an der Johns-Hopkins-Universität in den Vereinigten Staaten. Albright schreibt umgehend zurück: »Das ist der größte Handschriftenfund der Neuzeit, die Manuskripte stammen aus dem 1. Jahrh. v. Chr., wenn sie nicht sogar noch älter sind.« Damit ist der Auftakt gegeben zu dem, was man später den »ersten Handschriftenkrieg« genannt hat, dem dann noch ein »zweiter Krieg« folgen soll. Die Äußerung Albrights, der immerhin als Kapazität ersten Ranges gilt, wird bekannt. Brownlee und Trever halten in Jerusalem eine Pressekonferenz ab, Burrows schreibt selbst eine ausführliche Fassung für die Zeitungen. Die Meldungen eilen um die ganze Welt, füllen die Spalten der großen Tageszeitungen, der Zeitschriften und vor allem der Fachblätter: »Am Toten Meer sind biblische Handschriften gefunden worden, die aus vorchristlicher Zeit stammen.«

Das ist unerhört. Es bedeutet, daß man nunmehr Manuskripte besitzt, die in unmittelbare Nähe der Quellen führen, älter als alles, was man vordem kannte. Älter als der Codex Sinaiticus, älter als der Codex Vaticanus und möglicherweise älter als der Papyrus Nash.

Wie es bei dergleichen Publikationen nicht ausbleiben kann: Es melden sich die Gegner. Professor Godfrey Driver in Oxford versucht den Nachweis, daß die Schriften höchstens aus dem 6. oder 7. Jahrhundert nach Christus stammen können, Professor Hooke unterstützt ihn dabei, die Professoren Wechsler und Zeitlin melden andere Bedenken an, polemisieren dagegen, stellen eigene Theorien auf, kurz, der »Krieg« ist in bestem Gange.

Während so die Gelehrten in aller Welt mit der Feder gegeneinander zu Felde ziehen, haben die Forscher an Ort und Stelle andere Sorgen. Längst sind sie überzeugt, daß da, wo die Beduinen jene ersten Rollen gefunden haben, noch weitere Schätze verborgen sein müssen. Man müßte die ganze Gegend am Toten Meer, den Küstenstreifen herauf und hinab, systematisch durchsuchen. Man müßte Quadratmeter um Quadratmeter durchkämmen, jede Höhlung, jede Felsspalte durchforschen. Aber wie soll das geschehen?

Ganz Palästina ist ja in Aufruhr! Die alten, seit Jahren schwelenden Unruhen sind zum offenen Krieg entflammt. Israelische Truppen stehen transjordanischen Verbänden gegenüber. Die Geburtswehen des jungen Staates Israel haben die uralte Feindschaft zwischen Juden und Arabern erneut auflodern lassen. Bombenangriffe, Infanterie-

gefechte, Attentate sind an der Tagesordnung. Das Kloster St. Markus wird durch Artilleriefeuer schwer getroffen, es gibt Tote und Verwundete. An geordnete wissenschaftliche Arbeit ist nicht zu denken. Versuche, trotz aller Schwierigkeiten und Gefahren eine Expedition zum Toten Meer zu starten, scheitern. Kein Jude kann sich auf arabischem Boden blicken lassen. Es wäre augenblicklich sein Tod. Selbst die Europäer, die in den Jerusalemer Instituten arbeiten, wagen kaum mehr, den Fuß vor die Haustür zu setzen. Niemand ist seines Lebens sicher.
Erzbischof Athanasius flieht mit seinen kostbaren Rollen nach Amerika, einmal, um sie in Sicherheit zu wissen, zum andern, um dort vielleicht einen Käufer zu finden. Aber obwohl die Rollen mit Ausnahme des vorläufig noch nicht zu entziffernden aramäischen Manuskriptes von amerikanischen Gelehrten gelesen und veröffentlicht werden, findet sich niemand, der zum Ankauf bereit wäre. Erst fünf Jahre später soll er Erfolg haben, und das auf recht ungewöhnliche Weise:
In der großen Finanzzeitung »Wall Street Journal« erscheint 1954 ein sehr merkwürdiges Inserat. »Biblische Handschriften zu verkaufen«, heißt es darin, und weiter: »Zumindest 200 v. Christus datiert. Ein ideales Geschenk für erzieherische und religiöse Institutionen.« Das ist ohne Zweifel eine der seltamsten Anzeigen, die je in ganz Amerika erschienen sind. Aber sie fällt in die Hände des richtigen Mannes, General Yigaêl Yadîn, der Sohn des jüdischen Professors für Archäologie, Sukenik, liest sie und kauft die Rollen für eine Viertelmillion Dollar. Damit hat der Erzbischof ein gutes Geschäft gemacht. Was er vor sechs Jahren für ein paar Pfund erstanden hat, bringt ihm nun fast das Tausendfache ein! Befriedigt kehrt er nach Jerusalem zurück, und auch die Schriftrollen finden den Weg zurück nach Jerusalem. General Yadîn läßt sie nach Israel bringen, wo sie vom damaligen Ministerpräsidenten Moschêh Scharêth persönlich in Empfang genommen werden. Das geschieht im Frühjahr 1955. Aber vorerst ahnen die Gelehrten in Israel nichts davon. Noch tobt der Krieg und droht, alle Forschung lahmzulegen. Trotzdem finden sich immer wieder Männer, die allen Gefahren zum Trotz mit einer Zähigkeit sondergleichen die Spuren der ersten Funde verfolgen.
In diesen Monaten des Aufruhrs hört Professor Sukenik, jüdischer Reichsantiquar in Jerusalem, von der Erwerbung des Erzbischofs. Unverzüglich reist er in das Kampfgebiet und dringt bis Bethlehem vor. Er findet bei irgendeinem Händler drei Rollen, die nach Alter, Aussehen und Inhalt unmittelbar zu den übrigen vier Rollen des Erzbischofs zu gehören scheinen. So unwahrscheinlich es klingt, es dürften jene Pergamente sein, die seinerzeit Muhammad gefunden und die der dritte Beduine an den bethlehemitischen Scheich verkauft hat. Wo anders sollten die

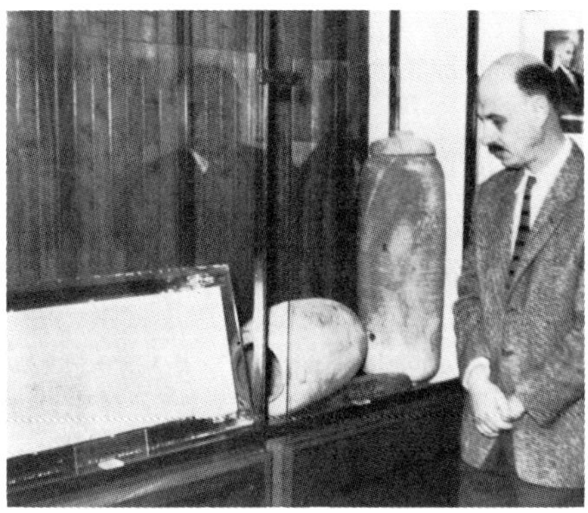

Dr. Yigaêl Yadîn vor der Jesaja-Rolle A in der Hebräischen Universität in Jerusalem.

Rollen, von denen zwei ziemlich vollständig und die dritte bruchstückhaft erhalten sind, herkommen, wenn nicht aus der Gegend am Toten Meer? Dort, wo die Wasser tiefe Höhlen in den Kalkstein der Steilufer gegraben haben, sind die idealen Verstecke für dergleichen Kostbarkeiten.
Mit Beginn des Jahres 1949 ist der Krieg offiziell beendet. Die Ruhe im Lande ist freilich noch längst nicht hergestellt, aber man kann riskieren, die ersten Expeditionen auszurüsten. Der Mann, der wesentlich zur Auffindung der fraglichen Höhle beiträgt, ist der Beauftragte der Vereinten Nationen, Haupt-

mann Philippe Lippens, ein Belgier. Er mobilisiert den Leiter des Päpstlichen Bibelinstituts in Jerusalem, er steckt sich hinter das amerikanische Institut, er interessiert endlich den Kommandeur der britischen 3. Brigade der Arabischen Legion und Lankester Harding, den höchsten Beamten im Amt für Altertümer bei der transjordanischen Regierung.

Wettlauf mit den Räubern

Nun kommen die Dinge in Fluß. Unter Polizeischutz und mit Hilfe von Leuten der Arabischen Legion reisen mehrere Offiziere und Gelehrte zu wiederholten Malen zum Toten Meer, um an Ort und Stelle ihre Nachforschungen zu beginnen. Pater de Vaux vom Französischen Archäologischen Institut in Jerusalem, einer der verdienstvollsten Männer bei der Erforschung der Manuskripte vom Toten Meer, ist dabei, Oberst Ashton und schließlich Harding selbst.

Nach einigem Suchen finden sie die Höhle, aus der jene ersten Schriftrollen stammen müssen. Sie liegt in der Nähe der alten Klosterruine von Qumran, etwa zwei Kilometer vom Ufer des Toten Meeres entfernt. Mit klopfendem Herzen dringen sie ein. Die Höhle scheint leer. Ausgeraubt! Einige Topfscherben liegen umher, einige Bruchstücke von Pergament oder Leder und zerfetzte Leinenhüllen. Aber als man sich sorgfältig daran macht, mit der Pinzette Teilchen für Teilchen zusammenzutragen, immer aufs sorgfältigste bemüht, nicht einen Quadratzentimeter des kalkigen Bodens unbeachtet zu lassen, da zeigt sich, daß die Ausbeute größer ist, als man zu erhoffen wagte. Da sind Fragmente aus allen fünf Büchern des Mose, da sind Teile aus den Büchern der Richter, aus Samuel, aus den Propheten Jesaja und Hesekiel und aus den Psalmen. Da finden sich Stücke von Kommentaren, und da findet sich auch endlich das Titelblatt zu der Sektenrolle, die man das »Handbuch der Unterweisung« genannt hat. »Regel der Einung« steht darauf.

Die Forscher sind mit dem Erfolg nicht unzufrieden, aber sie sagen sich, daß da, wo eine

Ein Forscher beim Einstieg in eine der Höhlen von Qumran.

Höhle ist, ebensogut auch mehrere sein können. Der Kalkfelsen ist vielfach zerklüftet und vor langer Zeit vom Wasser ausgespült und unterhöhlt. So sucht man weiter, und tatsächlich entdeckt man neue Höhlen, drei, vier, zehn, zwanzig. Im ganzen werden 25 Höhlen untersucht. Sie häufen sich besonders in unmittelbarer Nähe jener Ruinen von Qumran, in denen man die Reste eines vorchristlichen Klosters einer jüdischen Sekte zu erkennen glaubt, wahrscheinlich der sogenannten Essener. Immer wieder stößt man dabei auf Tonscherben, auf winzige Manuskriptfetzen, und immer wieder stößt man auf die Spuren der Räuber.

Doch all diese Funde geben keine Antwort auf die tausend Fragen, die, einmal aufgetaucht, immer brennender werden: Warum hat man seinerzeit in diesen Höhlen überhaupt Schriftrollen verborgen? Warum schloß man die Pergamente in Tonkrüge ein? Aus welcher Zeit stammen die Töpferwaren? Man bringt die Funde zwar in Zusammenhang mit dem ehemaligen Sektenkloster, aber welcher Art sind diese Zusammenhänge?

Wieder bricht der Streit der Meinungen auf, wieder prallen die Hypothesen der Wissenschaftler aufeinander. Immer größer werden die Geheimnisse.

Während man kaum an die gründliche Untersuchung und Auswertung der Funde gehen kann, tauchen plötzlich weitere Fundstücke auf. Aber diese Manuskripte, genauer gesagt, diese Bruchstücke von Manuskripten, werden nicht in Höhlen gefunden. Sie kommen aus den dunklen Basaren in den zweifelhaften Händlervierteln von Bethlehem und Jerusalem. Hier kommen jene Schriftrollen ans Tageslicht, die von den räuberischen Beduinen beiseite geschafft wurden. Die Preise, die jetzt dafür gefordert werden, sind enorm. Man bietet zudem die Rollen zumeist nicht in einem Stück an, sondern man zerteilt sie vorher in möglichst viele kleine Fragmente, um dadurch den Preis in die Höhe zu treiben. Bezahlt wird nach der Größe. Ein Pfund für den Quadratzentimeter. Das ist der Kurs.

Es beginnt ein verzweifelter Wettlauf zwischen den Gelehrten auf der einen und den Höhlenräubern auf der anderen Seite. Was man nicht unmittelbar in einer jener Höhlen zu bergen vermag, das muß man hernach für teures Geld von den Beduinen zurückkaufen. Zeit ist Geld, in diesem Falle jedenfalls im wortwörtlichsten Sinne. Wer zuerst da ist, der hat verdient. Kommen die Gelehrten vor den Räubern, dann haben sie ihr Geld gespart, kommen die Räuber früher, dann haben diese das Geschäft gemacht.

Immer wieder kommt es vor, daß eine Meldung bei Pater de Vaux oder bei Lankester Harding eingeht: Dort und dort sind Beduinen am Werk. Die Wissenschaftler werfen sich in ihre Wagen und rasen hinaus, viele Stunden oft, und dann sehen sie plötzlich am Horizont die bekannte Staubwolke. Sie ist immer das Zeichen dafür, daß dort in der knochentrockenen Erde gegraben und gewühlt wird. Oftmals kommen sie zu spät und können nur noch Nachlese halten. Aber in einigen Fällen gelingt es, die Räuber zu verjagen, bevor sie ihren Fund in Sicherheit bringen können. Hier und da lauert man ihnen auf und faßt einige der Höhlenräuber. Aber was hilft das? Man erfährt von ihnen nichts, man erhält keine Hinweise und Erklärungen. Es bleibt sich gleich, ob man sie einsperrt oder wieder laufen läßt, im Gegenteil, oft genug ist es besser, sie möglichst rasch wieder freizulassen; denn man weiß nicht, ob nicht gerade dieser oder jener der Gefaßten ein besonders wertvolles Fundstück irgendwo verborgen hält. Regierung und Wissenschaftler sind sich darüber einig: Wenn man überhaupt jene unersetzlichen Werte retten will, dann muß man ein Auge zudrücken und über Raub und Schmuggel hinwegsehen. Ginge man mit aller Schärfe gegen die Beduinen vor, dann würde man von den Handschriften nicht eine Spur mehr sehen.

Es ist eine groteske Situation, in der sich die offiziellen Stellen, die Behörden, die Institute befinden. Sie müssen zwangsläufig mit denen paktieren, die sie laufend bestehlen. Sie müssen sich ihr Eigentum – denn die

Kupferrollen aus Höhle 3

Arabische Händler in der Altstadt von Bethlehem.

Fundstücke sind rechtmäßiger Besitz der Regierung – von den Räubern zurückkaufen und ihnen noch gute Worte geben, damit sie »bei Stimmung« bleiben. Was Regierung und Gelehrte treiben, ist, genau genommen, blühender Schwarzhandel, aber was bliebe ihnen anderes übrig? Jahre hindurch geht dieser Wettlauf, ja, er ist bis auf den heutigen Tag nicht zu Ende.

Eine fromme Bruderschaft

Im Jahre 1952 gelingt es einem französischen und einem amerikanischen Institut, die beide ihren Sitz in Jerusalem haben, in gemeinsamer Anstrengung einen etwa acht Kilometer langen Küstenstreifen längs des Toten Meeres abzuriegeln und systematisch aufs sorgfältigste zu durchsuchen. Insgesamt 200 Höhlen werden dabei entdeckt und durchforscht. Die Ausbeute ist, aufs ganze gesehen, spärlich. Da gelingt am 14. März ein aufsehenerregender Fund:

In einer ziemlich großen, vom Flutwasser aus dem Kalkgestein herausgespülten Höhlung in unmittelbarer Nähe der Klosterruinen von Qumran stößt man auf zwei eng zusammengerollte Kupferstreifen von etwa 30 cm Länge, die inmitten von verstreuten Leder- und Pergamentresten und Tonscherben unter dem Schutt einer herabgebrochenen Felswand liegen. Das Metall der beiden Rollen ist völlig oxydiert und bröckelt bei der leisesten Berührung. Aber soviel kann man erkennen: In das Kupfer sind Schriftzeichen eingeprägt. Nie zuvor hat man davon gehört, daß neben Pergament, Leder und Papyrus auch Kupfer als Schreibmaterial verwendet worden wäre. Die Kupferrollen von Qumran sind und bleiben einmalig.

Mit äußerster Vorsicht werden sie geborgen, im Institut zur Konservierung mit einer Wachsschicht überzogen, und zur weiteren Untersuchung kommen sie später nach England. Eines hat man dabei schon im Institut in Jerusalem erkannt: Es handelt sich nicht um biblische Texte, sondern um Aufzeichnungen jener Bruderschaft, die ihren Sitz im benachbarten Kloster hatte.

Immer wieder führen alle Wege in jenes Kloster, und man beginnt endlich, in den Ruinen ausgedehnte Grabungen einzuleiten. Was man findet, bringt einiges Licht in die Geheimnisse von Qumran, obwohl endgültige Klärung aller Einzelheiten aus dem Leben der uralten Sekte auch heute noch nicht erreicht werden kann. Soviel aber weiß man:

Um die Mitte des zweiten Jahrhunderts vor Christus schließen sich fromme Juden zur Bruderschaft der »Chassidim« zusammen, aus denen die »Essener« hervorgehen. »Essener«, das bedeutet soviel wie »Heilige«, und die Anhänger dieser Bruderschaft, oder auch, wenn man will, dieser Sekte, streben ein »heiliges Leben« an. Sie ziehen sich von der Welt zurück, verzichten auf allen Privatbesitz und leben in klösterlicher Gemeinschaft unter strengen Regeln. Oberstes Gebot ist die Liebe zu Gott und zu den Menschen und ein Dasein in Tugend, Gerechtigkeit und Frömmigkeit. Allgemein genießen die Essener große Achtung, und man nimmt heute an, daß sie im Laufe der Jahrzehnte bis zu 4000 Mitglieder umfaßten.

Die Ausgrabungen in Qumran fördern weitläufige Klosteranlagen zutage. Auf einem

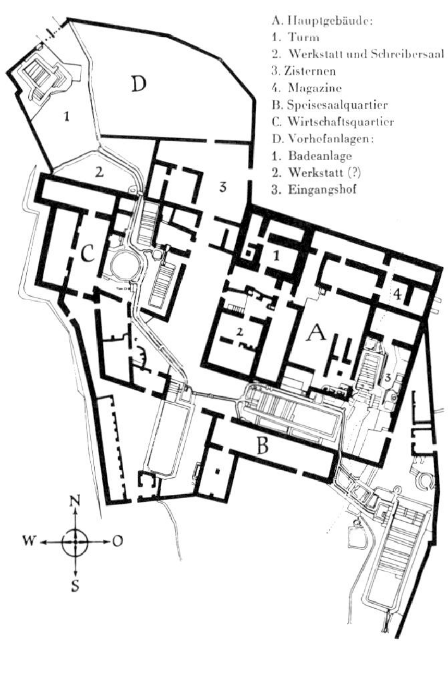

Grundriß der Gebäude von Qumran

freiliegenden Plateau mit dem Blick auf das Meer muß sich hier vor rund 2000 Jahren ein stattliches Bauwerk erhoben haben. Große Gemeinschaftsräume, Versammlungssäle, Wirtschaftsgebäude, Wohnräume und endlich Schreibzimmer und Bibliotheken. Aus allen Funden schließt man darauf, daß hier eine Ordensgemeinschaft jener Essener sich angesiedelt hat oder zumindest eine Bruderschaft ihren Sitz hatte, die den Essenern ganz ähnlich gewesen ist.

Nur eines findet man nicht in den Ruinen: Bücher oder Schriftrollen. Man entdeckt zwar in der Bibliothek Tintenfässer, in denen noch Reste eingetrockneter Tinte haften, man findet Schreibgriffel und anderes Gerät, aber man sucht vergebens nach der geringsten Spur einer einzigen Handschrift.

Man beginnt zu kombinieren: Im Kloster saßen Mönche von frommer Lebensart und großer Gelehrsamkeit. Daß sie Bücher hatten, steht außer Zweifel, daß sie selbst Manuskripte schrieben, geht aus der Anwesenheit der Schreibgeräte hervor. Im Kloster selbst ist nicht ein Pergamentfetzen zu sehen, dafür wimmelt es in den umliegenden Höhlen und Felsspalten von Handschriften und Fragmenten alter Aufzeichnungen. Eine chemische Untersuchung der Tinte in den Tintenfässern und auf den Schriftrollen beweist sogar, daß diese Rollen im Kloster beschrieben wurden. Folglich kann es gar keinen anderen Schluß geben: Die Mönche haben in Zeiten der Bedrohung und Gefahr ihre wertvolle Bibliothek ausgelagert und vor dem Zugriff feindlicher Beutegier und Zerstörungswut in Sicherheit gebracht. Solche akute Gefahr für ein Kloster am Ufer des Toten Meeres aber bestand in den Jahrzehnten um Christus nur einmal: nach dem Aufstand der Juden gegen die Römer im Jahre 66 nach Christi Geburt. Als Vergeltung entsandte Rom eine Strafexpedition nach Palästina, in deren Verlauf schließlich im Jahre 70 Jerusalem endgültig von den Römern zerstört und künftig für Juden verboten wurde. Dem Römersturm fiel nicht nur die Hauptstadt der Juden zum Opfer, er fegte auch die Klöster im Lande hinweg, und jene frommen Brüder von Qumran versuchten in ihrer Not, wenigstens ihre kostbarsten Werte, ihre Schriften, in Sicherheit zu bringen. Sie selbst haben die Greuel der Verwüstung durch die römischen Legionen nicht überlebt. Es war keiner, der später die verborgenen Schätze wieder hätte ans Licht heben können. Das

Eine der Schriftrollen im ersten Stadium der Aufrollung. Das Entrollen der uralten, verklebten Pergamente muß mit äußerster Sorgfalt geschehen.

Wissen darum ging verloren. Erst zweitausend Jahre später treten moderne Forscher das Erbe jener längst vergessenen und versunkenen Sekte an.

Aber mit diesem Erbe verbindet sich unglaubliche Mühsal. Noch ist das Ende der Funde nicht abzusehen, noch tauchen hier und da immer wieder neue Bruchstücke auf. Im Herbst 1952, kaum nachdem man die beiden Kupferrollen geborgen hat, melden sich wieder die Händler. Irgendwo in einem finsteren Basar in der Altstadt von Jerusalem werden unter der Hand umfangreiche Manuskripte angeboten. Im Frühjahr 1955 stöbern Archäologen in unmittelbarer Nähe von

Qumran weitere Höhlen auf, die trotz sorgfältigster Untersuchungen den Forschern bisher entgangen waren, und in den ersten Monaten des Jahres 1956 kommen wieder die Beduinen, die ebenfalls neue, bisher unbekannte Fundgruben entdeckt haben. In der bewährten Weise bieten sie ihre Schätze in kleinen Bruchstücken an, und das alte Spiel beginnt wieder von vorn.

Puzzle-Spiele

Im Palästina-Museum in Jerusalem werden die einzelnen Fundstücke zusammengetragen. In einem abseits gelegenen Raum hat man lange Reihen schmaler Tische aufgestellt. Hier werden die einzelnen Pergamentfetzen mosaikartig zusammengesetzt und mit einer Glasplatte bedeckt. Es ist eine Art Puzzle-Spiel, das die Wissenschaftler Wochen, Monate und Jahre beschäftigt. Selten nur läßt sich aus den kleinen Stückchen ein größerer Schriftabschnitt vollständig rekonstruieren. Überall klaffen Lücken, immer wieder fehlt ein Stück. Es ist eine mühselige Arbeit, die neben größter Sachkenntnis unendliche Geduld verlangt. Die einzelnen Fetzen sind zuweilen so klein, daß sie nur ein einziges Wort, oft nur wenige Buchstaben aufweisen. Dennoch muß aus diesen dürftigen Anhaltspunkten genau bestimmt werden, zu welcher Rolle das Fragment gehört und an welcher Stelle es eingeordnet werden muß.

Jedesmal wenn eine neue »Sendung« ankommt, sei es durch neue Funde oder durch weitere Ankäufe, dann stürzen sich die Forscher auf die größeren oder kleineren Päckchen mit den winzigen Pergamentstückchen, und dann beginnt das Suchen und Fragen: Sind diesmal jene fehlenden Teile darunter, mit denen wir alte Lücken schließen können?

Unendlich mühsam, wie bei einem Puzzle-Spiel, müssen oft die Schriftseiten aus winzigen Bruchstücken zusammengesetzt werden. Die Fragmente enthalten Teile der zweiten Jesaja-Rolle.

Die vorzüglich erhaltene Jesaja-Rolle A, um 150 v. Chr. geschrieben.

Zu welcher Schriftrolle gehören sie, wo lassen sie sich einpassen, sind es überhaupt Teile einer schon bekannten Rolle, oder sind es Fragmente eines gänzlich neuen Manuskriptes? Die Schriftzüge müssen verglichen werden, die Form der Buchstaben, die Zusammensetzung der Tinte, Struktur, Farbe und Stärke des Pergamentes. Es kann geschehen, daß einer der Wissenschaftler mit einem Manuskriptstückchen von der Größe eines Fingernagels tagelang herumläuft, die Tische auf und ab, bis er die Lücke gefunden hat, in die es sich richtig einfügt.

Wird eine jener zwar vollständigen, aber völlig ineinander verfilzten und verklebten Rollen gefunden, dann beginnt zunächst die nicht minder mühselige Arbeit des Aufrollens. Millimeter um Millimeter müssen die aufeinanderhaftenden Seiten gelöst werden. Zumeist brechen sie bei der ersten Berührung in einzelne Stücke, und dann beginnt auch hier wieder das Puzzle-Spiel, das Zusammensetzen der Fragmente.

Aber das wichtigste für die Institute und Gelehrten, die an der Jagd nach den Schriftrollen teilhaben, ist Geld... Geld... Geld. Der fortwährende Ankauf der einzelnen Bruchstücke verschlingt Hunderttausende. Zwar ist der »Kurs« im Laufe der Jahre etwas gesunken. Der Quadratzentimeter bringt den Beduinen oder ihren Zwischenhändlern nur noch etwa sechs Mark ein. Oft werden große Stücke angeboten, zu Dutzenden, zu Hunderten. Und die Forschungsinstitute müssen in die Tasche greifen. Sie können es sich nicht leisten, auch nur einen Fetzen verloren zu geben. Vielleicht ist gerade dieser Fetzen von höchster Bedeutung.

Größte Anerkennung verdient hier die jordanische Regierung. Obwohl ihre Mittel aufs äußerste beschränkt sind, stellt der Staat, der übrigens kein christlicher, sondern ein Moslem-Staat ist, über 150000 DM zum Ankauf von Manuskripten zur Verfügung. Doch die Summe reicht bei weitem nicht hin. Lankester Harding hält verzweifelt Ausschau nach neuen Geldgebern, er nimmt Kredite auf und erbittet Anleihen.

Einiges kommt zusammen, aber auch das ist rascher wieder ausgegeben als aufgetrieben. Dabei sitzen die großen Geldleute im Aus-

land. Es wäre für Amerika ein Leichtes, einige Millionen aufzubringen, aber dem steht ein jordanisches Gesetz entgegen, das die Ausfuhr von Altertümern verbietet.
Endlich gelingt es Harding, mit der Regierung ein Abkommen zu treffen. Er darf Manuskripte ans Ausland verkaufen unter der Bedingung, daß sie so lange in Jordanien bleiben, bis sie völlig ausgewertet, photographiert, übersetzt, untersucht sind. Dann erst darf der eigentliche Besitzer seinen Kauf in Empfang nehmen. Die Methode hat Erfolg. Plötzlich fließen die Geldquellen aus aller Welt. Aus Kanada kommen 15000 Dollar, der Vatikan gibt über 100000 DM, ein englischer Privatgelehrter stiftet rund 10000 DM, die Universität Manchester gibt das Doppelte, und die Bundesregierung bringt, auf Betreiben von Prof. G. Kuhn in Heidelberg, den Betrag von 50000 DM auf. All das Geld wandert in die Taschen der Beduinen vom Stamme der Ta'amira, in die Taschen geldgieriger Räuber. Aber dafür werden unschätzbare Kostbarkeiten eingehandelt: Handschriften, die in ihrer Bedeutung für die Wissenschaft, für die Kenntnis der Geschichte des Heiligen Landes und nicht zuletzt für das Studium biblischer Quellen nicht hoch genug gewertet werden können.

Ist das Christentum widerlegt?

Der »erste Handschriftenkrieg« ist mit dem Augenblick zu Ende gegangen, in dem Professor Libby am Institut für Kernforschung in Chikago mit Hilfe des sogenannten Carbon-14-Tests eine genaue Altersbestimmung der Schriftrollen durchführt. Das Ergebnis lautet: Die Rollen stammen aus dem Jahre 33 nach Christus mit einem Spielraum von plus minus 200 Jahren. Das heißt, sie entstanden zwischen 167 vor und 233 nach Christi Geburt. Allen denen, die von einer Fälschung oder von mittelalterlicher Herkunft der Funde sprachen, ist damit aufgrund exakter naturwissenschaftlicher Untersuchungen die Absage erteilt.
Vergleicht man mit dieser physikalischen Untersuchung die gut fundierte Vermutung, daß die Rollen vor dem Jahre 70 verborgen wurden, also auch vor dem Jahre 70 bereits geschrieben sein mußten, so kommt man zu dem Ergebnis, daß die Handschriftenfunde von Qumran sämtlich aus der Zeit Christi, mit großer Wahrscheinlichkeit aber zum Teil aus noch früheren Zeiten stammen. Tatsächlich schließen sich die meisten Wissenschaftler dieser Auffassung an.

Wissenschaftler bei der Arbeit. Modernste Methoden werden angewandt, um die uralten Handschriften zu restaurieren, lesbar zu machen und zu erhalten.

Doch schon entbrennt der »zweite Handschriftenkrieg«. Diesmal geht es nicht um das Alter der Funde, sondern um Inhalt und Bedeutung. Dieser Krieg wird weit erbitterter ausgetragen als der erste. Ungeheuerliches wird behauptet: »Die Handschriftenfunde vom Toten Meer haben das Christentum seiner Grundlagen beraubt!« – »War Jesus ein Essener?« – »Ist das Christentum widerlegt?« – Solche und noch unerhörtere Überschriften füllen die Schlagzeilen großer Zeitungen. Die Erregung nimmt in weiten Kreisen die Form einer Psychose an. Die Flut der Veröffentlichungen wächst ins Ungemessene. 1500 Bücher und Broschüren zum Thema »Schriftrollen« zählt man bereits im Jahre 1957. Woche für Woche erscheinen durchschnittlich drei Publikationen seit jenem ersten Fund, die vielfachen Artikeln in Zeitungen, Illustrierten, Nachrichtenmagazinen nicht gerechnet.
Was ist es um den Inhalt jener geheimnisvollen Rollen, die eine ganze Welt in Aufruhr gebracht haben?

Gehen wir die Reihe der Fundstücke, soweit man sie bisher untersucht und bestimmt hat, durch:

Da ist zunächst die Jesaja-Rolle, die Erzbischof Samuel von den Beduinen erworben hat, ein Manuskript in aramäischer Quadratschrift auf zusammengenähte Lederstreifen geschrieben. Die ganze Rolle ist etwa 7,20 Meter lang, jedoch nur rund 30 Zentimeter breit. Nach übereinstimmender Annahme der meisten Forscher dürfte sie noch vor dem Jahre 100 vor Christus geschrieben worden sein. Auffallend gut erhalten, gibt sie nahezu lückenlos den Text des Propheten Jesaja wieder.

Mit großen Erwartungen haben sich die Gelehrten an die Entzifferung dieser weitaus ältesten alttestamentlichen Urkunde gemacht. Wird dieser Text dem gleichen, was bisher bekannt war? Wird er bedeutende Abweichungen bringen? Wird er ein neues Bild von Jesaja vermitteln? Die Jesaja-Rolle wurde gleichsam zum Gradmesser für die gesamte Überlieferung der biblischen Schriften. Wenn sich bei ihr herausstellen sollte, daß sie völlig anders lautet als das, was uns bisher im Buche Jesaja überkommen ist, dann würde das bedeuten, daß alle Überlieferung fragwürdig wäre. Denn, so sagten sich die Gelehrten, zeigt es sich, daß der Text des Jesaja ungenau oder entstellt überliefert ist, dann ist anzunehmen, daß andere Schriften des Alten Testamentes genauso entstellt sind.

Eine Spalte aus der zweiten Jesaja-Rolle. Sie ist in hebräischer Sprache geschrieben und stammt aus dem 1. oder 2. Jahrhundert v. Chr.

Die Spannung der Wissenschaftler in aller Welt wurde in dem Augenblick gelöst, in dem die Texte der Jesaja-Rolle bekannt wurden. Sie ergaben in fast allen Teilen genaue Übereinstimmung mit dem bisher bekannten Text. Die Sensation blieb aus. Abweichungen in Einzelheiten freilich zeigen sich in großer Menge. Einige Beispiele für die Art solcher Abweichungen:

Jesaja 15, Vers 9, sagt der Text der Lutherbibel: »Denn die Wasser zu Dimon sind voll Bluts. Dazu will ich über Dimon noch mehr kommen lassen...« In der Rolle heißt es an dieser Stelle: »Denn die Wasser von Dibon sind voll Blut, und doch will ich noch mehr über Dibon kommen lassen.« Die einzige Abweichung ist also der Name der Stadt, die in den bisher bekannten Texten »Dimon«, in der weitaus älteren Rolle hingegen »Dibon« heißt.

Im 45. Kapitel, im 2. Vers übersetzt Luther: »Ich will vor dir hergehen und die Höcker eben machen...« In der Schriftrolle liest man: »Ich will vor euch hergehen und die Berge eben machen...« »Euch« statt »dir«, und »Berge« statt »Höcker«. Und im gleichen Kapitel im 8. Vers sagt Luther: »Träufelt, ihr Himmel, von oben, und die Wolken regnen Gerechtigkeit...«, und im neu entdeckten Text heißt diese Stelle: »Tauet Himmel von oben und lasset die Wolken herabregnen Gerechtigkeit...«

Das dürfte genügen. Diese Textvarianten sind typisch für sämtliche Abweichungen, die sich aus dem Studium der Rolle vom Toten Meer ergeben. Im wesentlichen sprachliche Verschiedenheiten. Sonst nichts. Dennoch sind die Gelehrten nicht müde geworden, jeder dieser Verschiedenheiten aufs sorgfältigste nachzugehen, und die Untersuchungen über den Namen der Stadt »Dimon« beziehungsweise »Dibon« sind Gegenstand von umfangreichen wissenschaftlichen Arbeiten, etwa von H. M. Orlinski, geworden. Das eigentliche Anliegen Jesajas, der tiefe Sinn seiner Schriften und seiner Worte sind in keinem einzigen Punkt auch nur angerührt. Die Jesaja-Rolle vom Toten Meer wurde genau dasselbe, was bisher alle Handschriftenfunde wurden, vom Codex Sinaiticus bis zu den Oxyrhynchos-Papyri: glänzende Bestätigung des überlieferten Textes in seiner bisherigen Gestalt. Erneuter Beweis für die fast pedantische Treue, mit der sich die biblischen Texte durch die Jahrhunderte hindurch rein und sauber erhalten haben.

Weiter: Neben der Jesaja-Rolle des Bischofs Samuel wurde ein zweites Manuskript mit dem Jesaja-Text gefunden, vermutlich in derselben Höhle. Aufgekauft wurde es von Professor Sukenik. Ganz anders als die erste Rolle, wies diese schwere Beschädigungen auf. Sie war so stark zusammengeklebt, daß man sie nur unter größten Schwierigkeiten entrollen konnte. Der Text ist außerordentlich lückenhaft. Aber das, was man – großenteils nur mit Hilfe der Infrarot-Photographie – entzifferte, ergab das gleiche Ergebnis wie bei der ersten Rolle. Die Textabweichungen sind sogar noch wesentlich geringer. Auch hier weder Sensation noch aufregende Neuigkeiten, sondern Bestätigung des Alten, längst Bekannten.

Eine dritte Rolle, 13 Zentimeter breit und nur eineinhalb Meter lang, zudem jünger als die Jesaja-Rollen, enthält im wesentlichen einen Kommentar zum Propheten Habakuk. Der Schreiber geht in der Weise vor, daß er zunächst einige Worte des Habakuktextes zitiert und dann seine Erklärung anfügt. Die Zitate bringen, ähnlich wie bei Jesaja, nichts Neues.

Der ganze Habakuk-Kommentar weist auf die Qumran-Sekte. Überall finden sich Anspielungen auf jene Bruderschaft, und die Aussagen des Propheten werden immer wieder auf die Angehörigen dieser Bruderschaft ausgedeutet. Man machte es damals nicht anders als auch heute noch in manchen Sekten: Man bezieht das Wort der Bibel speziell und ganz allein auf sich, anstatt objektiv die ganze Menschheit im Auge zu behalten. Kurzum, der Kommentar ist zwar interessant und aufschlußreich, aber dies ausschließlich für den Fachgelehrten. Für den Bibelleser sowohl als auch für die Geschichte der Bibel im engen Sinne bleibt er von geringer Bedeutung. Eine Sensation vollends ist er nicht. Auch er rechtfertigt nicht eine einzige jener Schlagzeilen.

Ganz ähnlich steht es mit einer vierten Handschrift: dem Bericht vom »Kampf der Söhne des Lichts gegen die Söhne der Finsternis«. Es handelt sich dabei um eine ganz spezifische Schrift der Qumran-Sekte, in der den »Söhnen Levi, Juda und Benjamin« Anweisungen gegeben werden zum Kampf gegen die »Söhne des Japhet, gegen die Kittim, die

Größeres Fragment des Genesis-Apokryphon, etwa ½ der Originalgröße.

Die ausgegrabenen Ruinen am Toten Meer. Hier lebte die Sekte von Qumran in einer Art klösterlicher Gemeinschaft.

Könige des Nordens, die Söhne der Finsternis«.

An fünfter Stelle ist eine Reihe von Fragmenten zu nennen, die seinerzeit ebenfalls von Professor Sukenik erworben wurden, und die zwanzig psalmenartige Gesänge enthalten. Diese Gesänge, Danklieder, die etwa zur Zeit Christi entstanden sind, zeigen zwar nicht mehr die Schönheit und Kraft der Sprache wie etwa die Psalmen Davids, aber sie beweisen doch, daß im jüdischen Volk die Kunst der Hymnendichtung immer noch gepflegt wird. Darüber hinaus sind sie noch weit weniger aufregend als die übrigen Schriften.

Eine weitere Anzahl einzelner Bruchstücke, die nach und nach von Händlern erworben und mühsam zusammengesetzt wurden, enthält Teile aus dem Buch Daniel, stellenweise in zwei verschiedenen Sprachen. Diese Fragmente sind jedoch so lückenhaft, daß ihnen nur geringe Bedeutung im Blick auf eine umfassende Textforschung zu Daniel zukommt.

Dann ist da die sogenannte Lamech-Rolle, die viele Jahre lang jedem Versuch, sie aufzurollen, hartnäckig widerstand. Sie war derart zusammengepreßt und in sich verklebt, dazu hart und brüchig, daß man lange zweifelte, ob man sie jemals würde entziffern können. Im Jahre 1956 erst führten die Bemühungen von Professor Bieberkraut von der jüdischen Universität in Jerusalem zu einem Erfolg. Wie nun bekannt wird, enthält die Rolle nicht die Lamech-Apokalypse, wie man vermutete, sondern eine Umschreibung der ersten fünfzehn Kapitel des 1. Mose-Buches, darin eine liebevoll ausgemalte Darstellung der berückenden Schönheit Saras. »Genesis Apokryphon« nennt man sie heute.

Die Kupferrollen

Und schließlich die beiden Kupferrollen. Sie stellten die Wissenschaftler bereits ihrer äußeren Gestalt wegen vor völlig neue Probleme. Wie sollte man die Metallstreifen entrollen, wenn das oxydierte Kupfer bereits bei Berührung in Staub zu verfallen drohte? Es wurden umfangreiche chemische Bearbeitungsprozesse notwendig, die sich in Jerusalem nicht durchführen ließen. Man ließ sie zunächst drei Jahre lang im Palästina-Museum liegen und holte in dieser Zeit Gutachten verschiedener Universitäten ein. Besonders aus Baltimore, von der Johns-Hopkins-Universität, kamen aufschlußreiche Hinweise. Dort bemühten sich Physiker seit langem um die Wiederherstellung verrotteter Metalle. Aber das Ergebnis war wenig ermutigend: Die Biegsamkeit des Kupferbleches wiederherzustellen, erwies sich als unmöglich, und es blieb nur der Ausweg, die Rollen in einzelne Streifen zu zerschneiden und diese Streifen dann auf fester Unterlage aneinanderzusetzen. Im College of Technology in Manchester wurde diese überaus schwierige Arbeit in Angriff genommen. Der Leiter des Institutes, Dr. B. V. Bowden, ließ eigens eine Schneidevorrichtung mit einer winzig kleinen Kreissäge, deren Blatt eine Stärke von 0,15 mm hatte, bauen. Professor Baker bediente sie. Am 30. September 1955 begann er seine mühselige Arbeit. Unter allen nur möglichen Vorsichtsmaßregeln schnitt er Streifen um Streifen von der Rolle, so wie man die Häute einer Zwiebel loslöst. Ein anderes, extra gefertigtes Instrument besorgte die behutsame Reinigung des Kupfers von dem anhaftenden Staub, und dann beugte sich der erste Wissenschaftler, John Marco Allegro, ein Spezialist für hebräische Dialekte, über den freigelegten Text. Er traute seinen Augen nicht. Was er hier las, war so phantastisch, so abenteuerlich, daß er es nicht glauben wollte: Die Rolle enthielt ein sorgfältiges Verzeichnis von ungeheuren Schätzen, die im Besitz des Klosters gewesen waren und die von den Mönchen beim Herannahen der Römer an verschiedenen Orten vergraben worden waren. Die Orte waren in allen Einzelheiten aufs genaueste beschrieben. Allegro war sich sofort darüber im klaren, daß er strengstes Stillschweigen zu bewahren habe. Würde der Text in seinem Wortlaut öffentlich bekannt, dann würde augenblicklich eine allgemeine Jagd auf jene verborgenen Schätze beginnen.

Allegro schwieg. Doch inzwischen haben Nachforschungen ergeben, daß an den genannten Stellen nichts mehr zu finden ist. Der beste Kenner des Essenertums, Bargit Pixner, hat detailliert nachgewiesen, daß es sich um genaue Ortsangaben handelt, die noch heute im einzelnen überprüft werden können.

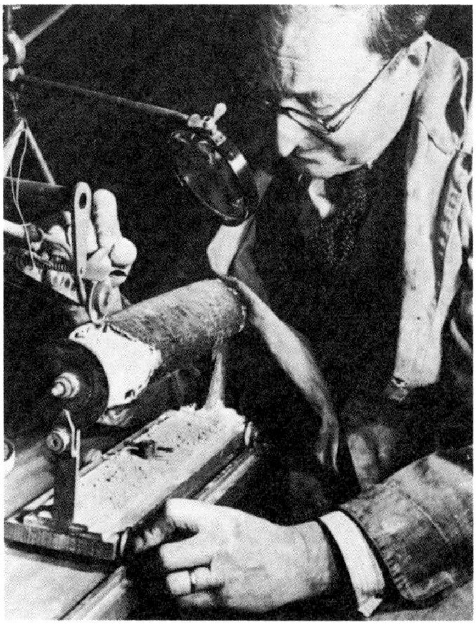

Ein fast unlösbares Problem stellte das Öffnen der Kupferrollen dar. Professor H. Wright Baker trennte sie mit Hilfe einer kleinen Kreissäge Schicht für Schicht auf.

Schon die Essener selbst dürften die Schätze später zurückgeholt haben. Und hier und da waren andere Schatzgräber am Werk, Beduinen vielleicht oder auch schon Römer, die durch Zufall die Verstecke entdeckten und die Kostbarkeiten, im wesentlichen wohl Gold, gemünzt und ungemünzt, an sich nahmen. Vielleicht werden die nächsten Jahre mehr Licht in diese Dinge bringen.

Die Kupferrolle ist ein einzigartiges Dokument des strategischen Denkens einer bedrohten Gemeinschaft zur Zeit der ersten Christen.

Die Urkunde, an der sich die Phantasie der Reporter, Journalisten, Schriftsteller und auch Wissenschaftler entzündete, ist weder die Kupferrolle noch der Jesaja-Text, nicht der Habakuk-Kommentar und nicht der Bericht vom Kampf der »Söhne des Lichtes«, es ist vielmehr jenes »Handbuch der Unterweisung«, das von anderen Gelehrten auch als »Sektenrolle« bezeichnet wird und das sich unter den ersten Erwerbungen des Bischofs Samuel im Kloster St. Markus in Jerusalem befand.

Dieses »Handbuch« besteht aus zwei Teilen, die ursprünglich aneinander hingen und zusammen etwa 1,80 Meter lang sind. Hier und da sind die Ränder der Rollen von weißen Ameisen angefressen und einige Zeilen zerstört. Ebenso fehlt der Anfang der Rolle, die aus ziemlich hellfarbigem, rauhem Leder besteht. Im großen ganzen aber ist der Text auffallend gut und lesbar erhalten.

Und was da zu lesen steht, ist allerdings überraschend. Es ist eine Sammlung von Gesetzen und Anweisungen für die Mitglieder der Qumran-Sekte. Da sind die Bedingungen genannt, die beim Eintritt in die Klostergemeinschaft zu erfüllen sind, da ist die Rede von liturgischen Gebräuchen, von den Ordnungen des täglichen Lebens und von den strengen Strafen, die bei irgendwelchen Verfehlungen zu verhängen sind. Und schließlich gibt das Manuskript Aufschluß über Glaubensinhalt und Bekenntnis jener Bruderschaft von Qumran.

Das alles wäre, bei aller Bedeutsamkeit für die Wissenschaft, an sich noch nichts Aufregendes. Aufregend wird es erst, wenn man den Text sehr aufmerksam studiert und gewisse Parallelen zieht: Parallelen zu den ersten Christengemeinden.

Folgendes zeigt sich da: Die Essener (bleiben wir der Einfachheit halber bei dieser nicht ganz bewiesenen Bezeichnung) nennen sich selbst die »Gemeinde der Vielen«, aber sie sprechen zugleich von »zwölf Männern... vollkommen in allem...«. Sie kennen ferner die Taufe, die sie allerdings nicht als einmaligen Akt vollziehen, sondern öfter wiederholen, und sie verlangen das Sündenbekenntnis und den Entschluß zur Reue. Sie erwarten die »Gesalbten Aarons und Israels«, also Messias-Gestalten, und sie feiern eine Art Abendmahl, bei dem sie glauben, daß die Gesalbten in mystischer Weise unter ihnen sind. Oberstes Gebot ist für sie die Liebe zu Gott und die Liebe zum Nächsten. Sie verlangen von ihren Gliedern Armut, Demut, Gehorsam, Keuschheit, Rechtschaffenheit. Sie haben strenge Gütergemeinschaft, also eine rein kommunistische Gesellschaftsordnung, genau wie die ersten Christen. Und genau wie die ersten Christen bestrafen auch sie jedes Vergehen gegen diese Ordnung mit strengen Bußen. Eine Sensation ist auch das nicht.

Es bleibt die Kunde von einer frommen Sekte, von einer Bruderschaft und Mönchsgemeinde, die jüdisches Glaubensgut mit streng asketischen Forderungen verbindet. Man will Ernst machen. Genauso, wie Jesus Christus oder vor ihm Johannes Ernst gemacht haben. Das ist die prägnanteste Parallele, und von daher allein sind zahllose Gemeinsamkeiten zu verstehen. Es ist nicht zu leugnen, daß etwa im Habakuk-Kommentar gewisse christliche Gedanken vorweggenommen scheinen. Aber was heißt in diesem Falle vorwegnehmen? Das Christentum und die Lehre Christi hängen ebensowenig in der Luft, wie die Bekenntnisse der Essener in der Luft hängen. Beide gründen sich letztlich auf die uralten alttestamentlichen Offenbarungen. Die Essener versuchten ihrerseits eine Ausdeutung dieser Offenbarungen. Das Evangelium von Christus aber kam als die Erfüllung jener Offenbarung. Der Kern christlichen Glaubensgutes und Bekenntnisses, die Lehre von der Auferstehung und Erlösungstat Christi, ist den Essenern unbekannt. Und hier scheiden sich die Geister, hier fehlt jede Parallele, hier zeigt sich, daß Essenertum und Christentum zwei völlig verschiedene Dinge sind, so verschieden wie Grashalm und Eiche. Beide ziehen ihre Nahrung aus demselben Boden, aber das eine wird ein Hälmlein, das andere ein starker, hochaufragender Stamm.

Wenn man unter allen Umständen aus den Handschriften vom Toten Meer etwas Erregendes, völlig Neues herauslesen will, wenn man unbedingt eine Sensation haben will, so läßt sich vielleicht noch am ersten jene Jesaja-Handschrift als das Außerordentliche bezeichnen. Sie ist in der Tat das erste voll-

ständige Textzeugnis einer alttestamentlichen Schrift, das in die Zeit vor Christus zurückreicht, und gerade sie bringt nichts anderes als eine Bestätigung. Eine Bestätigung der Treue und Gewissenhaftigkeit, mit der durch Jahrtausende die biblischen Zeugnisse bewahrt und vererbt wurden. Qumran ist ein Zeugnis für, nicht gegen die Textüberlieferung.

Mit den Funden von Qumran ist das Kapitel Handschriftenfunde naturgemäß nicht für alle Zeiten beendet. Immer neue Manuskripte gelangen auf den Markt, so 1957 dieser zu zwei Dritteln erhaltene Codex des Johannesevangeliums (p66), den die Bodmer-Bibliothek Genf erwarb. Immer wieder bestätigte sich die große Zuverlässigkeit der Textüberlieferung biblischer Zeugnisse.

Ein Kapitel für sich

Weit weniger aufregend als die Geschichte der Handschriftenfunde liest sich die Geschichte der Bibelübersetzungen und Revisionen. Ungeachtet dessen sind sie für den heutigen Bibelleser von der allergrößten Bedeutung. In der Vergangenheit lassen sich sehr deutlich verschiedene Kategorien von Übersetzungen unterscheiden: Da sind zunächst die überragenden Werke genialer Persönlichkeiten wie Wulfila mit seiner Gotenbibel, John Wycliff, der im 14. Jahrhundert die Bibel ins Englische überträgt und allen voran Martin Luther. Daneben gibt es schon sehr früh die sorgsam geplanten und danach besonders autorisierten Fassungen wie die der Septuaginta, der Vulgata oder der englischen King-James-Bibel. An dritter Stelle stehen die zahlreichen Übertragungen in die Landessprachen kleiner oder doch unbedeutender Länder bis hin zu ausgefallenen Dialekten in den Ländern der heute so genannten Dritten Welt. Große Würfe sind selten darunter, es überwiegen Übersetzungen, die von einem einzelnen Missionar oder einer kleinen Gruppe von Sprachkundigen oft mehr schlecht als recht erarbeitet werden. Auch handelt es sich dabei zumeist nur um einzelne Bibelteile. Solche Arbeiten entstehen einfach aus der Not des Augenblicks und können nicht Anspruch auf Endgültigkeit erheben. Fast möchte man sie als Zufallsprodukte bezeichnen.

Das hat sich in der Gegenwart grundlegend geändert. Seit einigen Jahrzehnten wird das Geschäft der Bibelübersetzung in aller Welt systematisch betrieben, wie es ein William Carey vor mehr als 150 Jahren in Indien tat, und man folgt dabei aufs strengste den Ergebnissen wissenschaftlicher Erhebungen.

Übersetzungsstrategie

Das betrifft sowohl die Planung, also die Feststellung von Prioritäten oder, auf gut deutsch, die Entscheidung, welche Sprache als nächste »an der Reihe« ist, als auch die Grundsätze der Übersetzungsstrategie, die unter Hinzuziehung der verschiedensten Wissenschaftler sorgfältig erarbeitet wird.

Es liegt am Tage, daß eine so umfangreiche Aufgabe nicht von einer einzigen Kirche oder Bibelgesellschaft in Angriff genommen werden kann. Es bedarf dazu vielmehr einer weltweiten Zusammenarbeit. Die begann, als sich im Jahre 1946 Vertreter von Bibelgesellschaften aus dreizehn verschiedenen Ländern trafen und sich zur künftigen Kooperation entschlossen. Das sollte sowohl für die Übersetzung wie auch die Verbreitung von Bibeln gelten. Damit begann ein neuer Abschnitt in der Geschichte der Bibelübersetzungen.

Dieser »Weltbund der Bibelgesellschaften« wurde von seinen Mitgliedern mit ausreichenden Mitteln ausgestattet und sollte nun stellvertretend für sie die Übersetzungsarbeit tun. Doch bevor er damit beginnen konnte, wurde ein sehr gründliches Konzept entworfen, aus dem eine völlig neue Theorie der Übersetzung hervorging. Das klingt trocken und akademisch, ist aber im Grunde recht interessant, und es lohnt sich, dem ein wenig nachzuspüren.

Der Laie ist geneigt, eine Übersetzung für eine Übersetzung zu halten und keine Unterschiede zu machen außer dem einen, nämlich der Richtigkeit. Eine Übersetzung muß korrekt sein, sonst ist sie nicht »richtig«. Aber da erhebt sich schon die erste Frage: »Korrekt für wen?« Die Übersetzer sind für gewöhnlich Akademiker, deren Sprachniveau hoch über dem einfacher Leute liegt. Sie werden immer wieder in Gefahr geraten, über die Köpfe derer hinweg zu reden oder zu schreiben, für die sie reden oder schreiben sollen. Im Bestreben, möglichst »korrekt« zu sein, werden sie sich zudem bemühen, ihre Übersetzung so eng wie möglich an die Vorlage anzugleichen, also zum Beispiel ein Hauptwort mit einem Hauptwort, ein Zeitwort mit einem Zeitwort wiederzugeben. In der Praxis kann das völlig daneben gehen, wenn nämlich das betreffende Hauptwort in der einen Sprache einen ganz anderen Stellenwert hat, als das entsprechende in der anderen Sprache. Jede Sprache folgt ja eigenen Gesetzen.

Vollends unscharf wird der Begriff der Korrektheit, wo es um den weiten Bereich der sogenannten Phraseologie geht. Jede Sprache bedient sich bestimmter Redensarten, die meistens bildhafte Vergleiche enthalten. Nur: unterschiedliche Sprachen bedienen sich auch unterschiedlicher Vergleiche. In Deutschland regnet es »Bindfäden«, in England hingegen »cats and dogs«, also »Katzen und Hunde«. Und wo der Engländer sagt »That's not my cup of tea«, da sagt der Deutsche »Das ist nicht mein Bier.« Zur Erklärung kann man nicht einfach sagen: »Nun gut, die Engländer trinken eben Tee, und die Deutschen trinken Bier«. Ganz abgesehen davon, daß mittlerweile beide beides trinken, stimmt eine solche Erklärung nicht. Redewendungen lassen sich zumeist nur begrenzt »erklären«. Teilweise sind sie so alt, daß selbst diejenigen, die sie in ihrer Muttersprache verwenden, nicht mehr wissen, woher sie kommen. Wer weiß denn heute noch, was eigentlich gemeint ist, wenn er etwas »aus dem Stegreif« tut? Der Stegreif ist der Steigbügel, und etwas aus dem Steigbügel tun, heißt eben, etwas spontan, ohne lange Überlegung tun, ohne erst groß vom Pferd zu steigen. Die Wendung stammt aus der Ritterzeit, als man wirklich noch zu Pferde saß. Heute sitzen nur noch sehr wenige hoch zu Roß, aber wir alle tun noch mancherlei »aus dem Stegreif«.

Übrigens gibt es das Wort »Stegreif« auch im Holländischen. Da heißt es »stijgbeugel«. Aber wer übersetzen würde »iets uit de stijgbeugel doen«, der würde bei jedem Holländer auf Unverständnis stoßen, denn der tut nichts aus dem Steigbügel, der tut's »voor de vuist«. Warum das so ist, wird niemand beantworten können. Es ist halt so. Aber der Übersetzer muß das wissen.

Was nun speziell die Bibelübertragungen angeht, so haben sich in der Vergangenheit die Übersetzer zumeist um eine besonders würdige Sprache bemüht. Das ist verständlich. Die Bibel als das Wort Gottes sollte nicht in einer gewöhnlichen, vielleicht gar ordinären Sprache erscheinen. Hier war gehobener Stil am Platz. Sie übersahen dabei freilich, daß die Verfasser der biblischen Bücher durchaus nicht immer Männer von künstlerischem Rang und ästhetischen Ansprüchen waren, sondern zuweilen sehr schlichte Menschen, denen etwas auf der Seele brannte, das sie weitergeben mußten. Das gilt besonders für die Schriften des Neuen Testamentes, die mit ganz geringen Ausnahmen in der Umgangssprache der griechisch sprechenden Bevölkerung des Mittelmeerraums, der sogenannten Koine, abgefaßt sind. Das ist die Sprache des einfachen Volkes, nicht die der hellenistischen Rhetoren und Dichter. Wer diese Sprache in einen erhabenen, gehobenen Stil umsetzt, verfälscht sie im Grunde.

Kurzum: Es ist fast sinnlos, nach der »Korrektheit« einer Übersetzung zu fragen. Es gibt beim Übersetzen kein absolutes »richtig«. Es bedarf der Einfühlung in die andere Sprache, bedarf der genauesten Kenntnis der Mentalität des Volkes, für das ich übersetze, es bedarf schließlich der möglichst voll-

Übersetzerteam in Peru bei der Arbeit am Alten Testament in die Sprache des Quechewa.

kommenen Information über alle Gesetzmäßigkeiten, denen die betreffende Sprache unterliegt. So erkannte man denn beim Weltbund der Bibelgesellschaften sehr bald, daß es nicht damit getan war, Dolmetscher zu beschäftigen. Man brauchte dazu Philologen und Soziologen, Ethnologen und Archäologen, Semantiker und Rhetoriker. Alles, was sich zum weiten Bereich der Linguistik, der Sprachwissenschaft, rechnete, wurde hinzugezogen. Das Ergebnis war die Entwicklung der schon erwähnten Übersetzungsstrategie, die den gestellten Anforderungen nach bester Einsicht und besten Kräften gerecht wird. Worin diese Strategie besteht, läßt sich in Kürze nicht befriedigend darstellen. Aber man könnte vielleicht sagen: eine gute Übersetzung darf niemals wie eine Übersetzung aussehen. Sie muß den Leser in seinem Lebensbereich ansprechen, muß bei ihm die gleichen Reaktionen hervorrufen wie seinerzeit das Original bei seinen Empfängern, muß also – mit einem Wort – ganz selbstverständlich wirken. Das sagt sich leicht und ist nur schwer getan. Schließlich waren schon die Erstadressaten der biblischen Schriften sehr verschiedene Menschen und reagierten womöglich auch sehr unterschiedlich auf das, was sie lasen. Heute tritt erschwerend hinzu, daß die, für die man übersetzt, noch viel verschiedener geworden sind. Noch vor einem Jahrhundert mußte der Übersetzer seine Aufmerksamkeit vor allem den geographisch bedingten Dialekten einer Sprache zuwenden. Heute spielen die »vertikalen Dialekte«, die sich durch jede Sprache ziehen, eine viel größere Rolle. Die »vertikalen Dialekte« bezeichnen jeweils Sprachebenen verschiedener Berufsgruppen, Altersklassen, soziologisch bedingter Schichten. Der achtzigjährige Kirchenvorsteher auf einer nordfriesischen Insel, der fünfzigjährige Direktor eines Industriebetriebes im Ruhrgebiet, die zwanzigjährige Studentin in Berlin und der siebzehnjährige Hilfsarbeiter in Marktredwitz, sie sprechen jeweils eine andere Sprache, obwohl sie alle Deutsche sind. Wen will, wen soll der Übersetzer ansprechen? Gibt es da überhaupt noch den gemeinsamen Nenner?

Tatsächlich gibt es einen solchen gemeinsamen Nenner längst nicht mehr. Die Übersetzer im Weltbund der Bibelgesellschaften haben kein Reglement, nach dem sie sich von Anfang an ausrichten und dem sie sozusagen Schritt für Schritt folgen können. Vielmehr muß von Fall zu Fall neu entschieden werden, wie ein Übersetzungswerk anzugehen und weiterzuführen ist. Das läßt sich nur im Team bewältigen, in der Arbeitsgemeinschaft verschiedener Fachleute, von denen jeder sein spezielles Gebiet gründlich beherrscht.

Besondere Schwierigkeiten zeigen sich überall da, wo es um die Sprache eines Volkes oder Volksteils in den Ländern der Dritten Welt geht, wo sich innerhalb der letzten Jahrzehnte teilweise ganz unerhörte Wandlungen vollzogen haben, Wandlungen politischer, wirtschaftlicher, gesellschaftlicher und kultureller Natur, von denen der Europäer oft kaum eine Ahnung hat. All diese Momente müssen auch bei einer Übersetzungsarbeit berücksichtigt werden, denn sie betreffen ja den Gesichtskreis und das Selbstgefühl der potentiellen Leser. Wo der »Zungenschlag« nicht stimmt, hilft keine noch so gründliche und exakte Übersetzung. Sie wird nicht »ankommen«.

Hier zeigt sich übrigens ein grundsätzlicher Unterschied zwischen den europäischen Ländern und denen der Dritten Welt: Im sogenannten christlichen Abendland hat sich im Lauf der Jahrhunderte eine Art Kirchensprache entwickelt, die unmittelbar an der Bibel gewachsen ist. Sie ist den Menschen vertraut. Auch den unkirchlichen. Man kennt sie aus der Geschichte, der Literatur, der Musik. Die ausgesprochen konservativ-kirchlichen Kreise hängen an dieser Sprache. Sie ist ihnen lieb und wert, und sie wollen sie nicht missen. Wer also für solche Länder übersetzt, der hat eine Grundlage, einen Maßstab, an dem er sich ausrichten und auf den er im Zweifelsfall zurückgreifen kann.

Wo es hingegen noch keine Bibel in der Landessprache gibt, da gibt es naturgemäß auch noch keine Kirchensprache. Hier muß der Übersetzer danach trachten, die Umgangssprache möglichst präzise zu treffen, freilich unter Vermeidung allzu trivialer Wendungen. Das schafft neue Schwierigkeiten, die noch dadurch vermehrt werden, daß mit einer derartigen Neu-Übersetzung womöglich der Grund zu einer künftigen Kirchensprache gelegt wird. Das Wissen um solche Verantwortung erleichtert die Arbeit sicherlich nicht.

Der Weltbund der Bibelgesellschaften verfolgt aus diesen und manchen anderen Gründen das Prinzip, an jeder Übersetzung in eine neue Sprache die Vertreter des betreffenden Volkes zu beteiligen. Ja, sie sind die eigentlichen Übersetzer, während die europäischen Fachwissenschaftler ihnen beratend zur Seite stehen. So entgeht man der Gefahr, den künftigen Lesern eine Übersetzung gleichsam überzustülpen, wie das früher, als alle Übersetzungen von Europäern geschaffen wurden, mitunter geschehen konnte. Zudem werden auf diese Weise zwar verzeihliche aber nichtsdestoweniger unverantwortliche, weil sinnentstellende sprachliche Schnitzer vermieden. Und endlich darf man sicher sein, dem augenblicklichen Sprachempfinden und Selbstgefühl der Menschen, für die man schreibt, auch wirklich gerecht zu werden.

Mit diesen wenigen Beispielen ist der gesamte Problemkreis nur angedeutet. Auch dem Skeptiker dürfte deutlich geworden sein, daß die Übersetzung der Bibel in eine fremde Sprache heute mehr denn je eine Aufgabe ist, die mit großem Risiko einhergeht. Es ist zudem eine Aufgabe, die sich niemals nach einem festen Schema lösen läßt. Fragt man die Übersetzer der Bibelgesellschaften, nach welchen Grundsätzen sie vorgehen, dann wird man erfahren, daß es für sie oberster Grundsatz ist, eben nicht nach starren Grundsätzen zu verfahren. Vielmehr muß von Fall zu Fall immer wieder neu entschieden werden über Verfahrensweise, Konzept und Strategie.

Die Nächste bitte ...

Auch die Entscheidung darüber, welche Sprache als nächste für eine Übersetzung ansteht, wird längst nicht mehr dem Zufall überlassen. Ohne systematische Planung geht hier nichts mehr, und das aus guten Gründen. Der wichtigste ist übrigens der finanzielle Gesichtspunkt, so befremdlich das auf den ersten Blick auch scheinen mag. Wenn man aber weiß, daß jede Übersetzung enorme Kosten verursacht, dann wird man verstehen, warum das so sein muß. Für die Übertragung des Neuen Testamentes in eine Sprache der Dritten Welt rechnet man heute im Durchschnitt drei Jahre. Die Übersetzung des Alten Testamentes nimmt mindestens fünf Jahre in Anspruch. Auch der Laie wird ermessen, daß hier beträchtliche Kosten erwachsen. Tatsächlich gibt der Weltbund der Bibelgesellschaften Jahr für Jahr viele Millionen Dollar für Übersetzungsaufgaben aus. Solche Beträge dürfen nicht unüberlegt eingesetzt werden. Wo nicht genügend Leser für eine Übersetzung zu erwarten sind, da kann der hohe Einsatz an Zeit, Kraft und Geld nicht verantwortet werden.

So haben die Fachleute des Weltbundes ein Schema entwickelt, nach dem sie oberste, mittlere und niedrige Prioritäten unterscheiden können: sie gliedern die Sprachen in drei Klassen. Drittrangige Sprachen sind solche, die nur von relativ wenigen Menschen gesprochen werden, in denen es bisher keine Literatur gibt und die nirgends gelehrt werden. Menschen, die sich solcher Sprachen bedienen, sind zumeist Analphabeten. Von einer zweitrangigen Sprache wird erwartet, daß sie von mindestens 500 000 Menschen gesprochen wird, daß in ihr wenigstens ein paar Bücher erschienen sind und daß sie zumindest vereinzelt an Schulen gelehrt wird. Erstrangige Sprachen müssen durchweg an Schulen gelehrt werden, sie müssen eine eigene Literaur hervorgebracht haben und von mindestens einer Million Menschen gesprochen werden.

Über diesem Drei-Klassen-Schema, für das es noch ein paar Gesichtspunkte mehr gibt, als hier genannt, stehen dann die Nationalsprachen der Kulturvölker. Bezeichnenderweise sind aber gerade die für die Übersetzer der Bibelgesellschaften weitaus uninteressanter als die Sprachen der Dritten Welt. Hier ereignen sich in unseren Tagen ja die großen Umwälzungen. Hier entwickeln Völker, die noch vor wenigen Jahrzehnten den Charakter fast namenloser Stämme hatten, ein neues Nationalbewußtsein. Hier drängen junge Nationen, die es vor zwanzig, dreißig Jahren noch gar nicht gab, in die Weltpolitik. Und hier sind in unwahrscheinlich kurzer Zeit aus ehemaligen Missionsgemeinden eigenständige Kirchen geworden, die teilweise ein sehr ausgeprägtes Selbstbewußtsein entwickelt haben. Verständlich und berechtigt, daß hier der Wunsch nach der Bibel in der Landessprache besonders nachdrücklich vorgetragen wird. Diesen Kirchen muß der Weltbund seine Aufmerksamkeit vor anderen zuwenden. Hier verläuft gleichsam die Front moderner Bibelmission. Hier hat man Anspruch auf wissenschaftliche Beratung und finanzielle Unterstützung, wenn es darum geht, das Wort Gottes in die eigene Sprache zu übertragen. Wo immer die Gewähr gegeben ist, daß in diesen Kirchen genügend Menschen auf ihre Bibel warten und hernach bereit sein werden, das Wort weiter-

Voraussetzung jeder Bibelverbreitung ist das Lesenkönnen. Alphabetisierungskampagne in Äthiopien.

zutragen, wird sich der Weltbund energisch engagieren.
Das geschieht in der Tat. Im Jahre 1984 waren nicht weniger als 600 Übersetzungsprojekte in Arbeit. Über 2000 haupt- und nebenamtliche Übersetzer waren damit beschäftigt. Nie zuvor in der Geschichte der Bibel hat es Ähnliches gegeben.
Übrigens gibt es neben dem Weltbund der Bibelgesellschaften eine zweite Organisation, die sich demselben Ziel verschrieben hat, und das sind die Wycliff-Bibelübersetzer, die aus Amerika kommen, aber auch in Europa Unterstützung finden. Wie gesagt, ihr Ziel ist dasselbe, ihre Arbeitsweise jedoch ganz anders als bei den Bibelgesellschaften. Sie suchen nicht wie diese nach Übersetzern unter den Eingeborenen des betreffenden Landes, die dann nur beraten werden, sondern sie bilden selbst Übersetzer aus. Dabei arbeiten sie eng mit einem sprachwissenschaftlichen Institut zusammen, das zuvor die anvisierte Sprache wissenschaftlich erforscht. Dann gehen die Übersetzer für einige Zeit in das Land, um dessen Sprache es gerade geht, oft nur der enge Siedlungsraum eines kleinen Stammes, leben hier mit den Menschen zusammen und erlernen dabei deren Sprache

Lesehilfen, Wörterbücher und Bibelteile in Stammessprachen aus der Arbeit der Wycliff-Bibelübersetzer.

Die Bibelgesellschaften verbreiten Bibeln und Bibelteile in aller Welt, hier zum Beispiel an einer Schule in Akkra, Ghana.

von Grund auf. Daß ein solches Leben nicht selten ungemein entbehrungsreich ist, kann sie nicht abschrecken.

Die Wycliff-Bibelübersetzer arbeiten zudem bewußt unökonomisch. Beim Weltbund fragt man ja zuerst, ob auch genügend Menschen auf eine Bibelübersetzung warten, man fragt also gewissermaßen, ob sich der Aufwand »lohnt«. Das ist ein Gesichtspunkt, den man anerkennen muß, denn es geht schließlich um die verantwortungsvolle Verwaltung von Spendengeldern. Die Wycliff-Leute hingegen fragen genau anders herum: »Wo sind die bisher am stärksten vernachlässigten Menschen?« Dann gehen sie gerade dorthin und beginnen an dieser Stelle.

Auch dieses Prinzip ist aller Ehren wert, und da Weltbund und Wycliff-Übersetzer mittlerweile in vielen Ländern sehr eng zusammenarbeiten, ergänzen sie sich auf recht glückliche Weise. Das ist schon deshalb wichtig, weil die Wycliff-Leute sich auf Übersetzungen beschränken, während die Bibelgesellschaften auch die Herstellung und Verbreitung der Bibel betreiben.

Aus all dem wird deutlich, daß neue Übersetzungen in die traditionellen Kirchensprachen der europäischen Länder für Weltbund und Wycliff-Übersetzer kaum von Interesse sind. Diese Länder bringen selbst genügend fähige Wissenschaftler hervor, die sich solchen Aufgaben zuwenden können. Und auch an Geld mangelt es hier zumeist nicht. Hier gibt es heute ganz andere Probleme.

Problem Nummer eins ist dabei die wachsende Entkirchlichung, die sich auch auf die Verbreitung der Bibel im Abendland auswirkt. Zwar haben die meisten Haushalte hierzulande jedenfalls eine Bibel, doch wie oft die aufgeschlagen wird, ist eine andere Sache. Wenn man einmal erlebt hat, mit welcher Begierde Menschen in der Dritten Welt auf die Bibel in ihrer Sprache warten und mit welcher Inbrunst sie sich der Lektüre widmen, dann empfindet man als Europäer angesichts der verbreiteten Gleichgültigkeit so etwas wie Scham.

Verwirrende Vielfalt

Es gibt aber noch ein zweites Problem mit der Bibel, und das ist dem in der Dritten Welt genau entgegengesetzt: Gibt es dort zu wenig Übersetzungen, so haben wir zu viele. Wer das bezweifelt, der möge in eine gut sortierte

Buchhandlung gehen und nach einer Bibel fragen. Da kann es geschehen, daß man ihm ein gutes Dutzend der unterschiedlichsten Fassungen vorlegt, und wer da nicht sachkundig ist, wird sich ratlos fühlen.

Da gibt es die klassische Lutherübersetzung, freilich in mehreren revidierten Ausgaben, da gibt es sehr freie und sehr wörtliche Übertragungen, da finden sich Ausgaben mit reichlichen Kommentaren und andere, die nur jeweils eine Auswahl aus den Texten enthalten. Es gibt förmliche »Nachdichtungen« und Übersetzungen, deren Sprache fast vulgär anmutet, ja, sogar in Plattdeutsch kann man das Neue Testament erwerben. Von der äußeren Ausstattung soll gar nicht erst gesprochen werden. Da gibt es praktisch alles, vom Taschenbuch bis zum kostbarsten Lederband, und die Illustrationen reichen von Merian über Rembrandt bis zu modernen Farbfotos. Wer kennt sich da noch aus?

Streng wissenschaftliche Bibelübersetzungen bedeutender Theologen gab es schon im vorigen Jahrhundert. So bringt Weizsäcker 1875 sein Neues Testament in der Sprache seiner Zeit heraus. Übertragungen von Schlachter, Wiese und Weiß folgen kurz nach 1900. Der eigentliche Boom aber setzt erst nach dem 1. Weltkrieg ein. In den zwanziger und dreißiger Jahren legen Albrecht, Pfäfflin, Holzmann und Schlatter Übersetzungen des Neuen Testamentes vor, Hermann Menge eine der ganzen Bibel und die jüdischen Gelehrten Martin Buber und Franz Rosenzweig den Versuch einer genauen Nachbildung des hebräischen Textes der Heiligen Schrift (Altes Testament). Nach dem 2. Weltkrieg sind es Ludwig Thimme, Hans Bruns, Jörg Zink und Ulrich Wilckens. Unter anderen, denn ohne Mühe könnten wir sage und schreibe 50 Bibelübersetzungen auflisten, die alle in den letzten 180 Jahren in Deutschland erschienen sind, ohne Eintagsfliegen, die nur eine Auflage erlebten.

Auch die alte Zürcher Bibel, die von den reformierten Gemeinden vorgezogen wird und die auf Zwingli zurückgeht, gibt es noch, jetzt freilich in einer neuen Übersetzung von 1931. Und die Elberfelder Bibel, eine sehr wörtliche Wiedergabe des Grundtextes, 1855 zuerst erschienen, 1985 revidiert vorgelegt. Das genaue Gegenteil ist die deutsche Fassung der sogenannten Living-Bible, »Hoffnung für alle« genannt, die sehr frei übersetzt ist und eher einer Nacherzählung gleicht. Eine Fotobibel gibt es und eine gewichtige Einheitsübersetzung für alle römisch-katholischen Diözesen im deutschsprachigen Raum, die – soweit es die Psalmen und das Neue Testament betrifft – von einer ökumenischen Kommission auch für die Evangelische Kirche miterarbeitet wurde. Daneben zählt man auf katholischer Seite an die zwanzig weitere Übertragungen, darunter die ausgezeichnete Fassung von Rösch und die sprachlich sehr beachtliche von Riessler und Storr. Eine katholische Ausgabe mit vielen Erläuterungen ist die sogenannte Jerusalemer Bibel. Eine gemeinsame Ausgabe katholischer und evangelischer Bibelgesellschaften und Bibelwerke ist die nach modernen linguistischen Prinzipien übertragene »Bibel in heutigem Deutsch«, auch bekannt als »Die Gute Nachricht«. Seit dem Erscheinen der vollständigen Ausgabe im Jahr 1982 hat sie zeitweilig der guten alten Luther-Bibel den Rang als meistverkaufte deutsche Bibel streitig gemacht. Daß es schließlich auch noch Kinderbibeln gibt, Bibeln für junge Menschen und Bibeln für alte Menschen und am Ende auch noch die Bibel als Comic, sei nur am Rande vermerkt. Spielend kommt man auf zwei Dutzend verschiedener Ausgaben, die heutzutage angeboten werden, wobei freilich noch längst nicht alle Übersetzungen berücksichtigt sind, denn auch die Zeugen Jehovas haben ihre eigene Bibel, nicht anders als etwa die Theologen und Wissenschaftler, die ihre hebräischen und griechischen Originaltexte verlangen.

Solche Vielfalt könnte man durchaus als ein Zeichen besonderen Reichtums deuten. Aber es gibt namhafte Theologen, die das anders sehen, nämlich als Ausdruck einer babylonischen Sprachverwirrung. Das mag nun jeder für sich entscheiden. Soviel steht allerdings fest: vor solchem Hintergrund kommt der Luther-Bibel als der klassischen Bibel der Deutschen in unserer Zeit wieder ganz besondere Bedeutung zu.

Groß ist die Auswahl der heute angebotenen Bibelausgaben und Übersetzungen.

Freilich, der ursprüngliche Text, so wie er von Martin Luther niedergeschrieben wurde, wäre für uns kaum mehr verständlich. Luther spricht die Sprache seiner Zeit, des 16. Jahrhunderts also, wir leben im 20. Jahrhundert. Nicht nur einzelne Wendungen sind uns fremd geworden, nicht nur die Rechtschreibung hat sich grundlegend geändert, manche Wörter haben eine andere Bedeutung gewonnen, andere sind völlig außer Gebrauch gekommen. Wer weiß noch, daß »Schnur« soviel wie Schwiegertochter bedeutet, daß eine »Anfurt« ein Hafen ist und ein »eitler« Mensch nicht für eitel, sondern für töricht zu halten ist?

Bedenkt man, daß Luther selbst bis zu seinem Lebensende immer wieder an seinen Texten gefeilt hat, sie ständig verbesserte und revidierte, dann müßte man meinen, daß die fortwährende Revision der Luther-Bibel eine Selbstverständlichkeit wäre. Das Gegenteil ist der Fall. Gewiß, leichte sprachliche Veränderungen hat es immer wieder gegeben. Vor einer grundlegenden Revision aber schreckt man lange Zeit zurück.

Als im vorigen Jahrhundert bekannt wird, daß man sich zu einer solchen Revision entschlossen habe, brandet eine Welle der Entrüstung auf. »Jetzt ist es also soweit«, schreibt ein Theologe, »daß Luthers Bibel endgültig auf die mit Zeitungsdruckerschwärze beschmierte Rutsche gebracht wird.« Und andere ereifern sich, »daß die biblischen Aussagen dem gleichgültigen Leser so in Maul und Ohr geschmiert werden wie ein Artikel seiner Zeitung«. Einer spottet, es sei doch wohl unwahrscheinlich, daß sich »der Heilige Geist mit der methodischen Hausbackenheit eines Zeitgenossen ausdrücke«. Das Wunderliche ist, daß solche Proteste zumeist aus der Ecke der überzeugten Lutheraner kommen, die wohl vergessen haben, daß sich gerade Luther sehr oft und sehr bewußt mit der »methodischen Hausbackenheit seiner Zeitgenossen« ausgedrückt hat.

Scheffel oder Eimer?

Immerhin, die erste durchgreifende Bibelrevision ist 1883 abgeschlossen und setzt sich allmählich durch. Eine weitere Revision folgt 1912, eine dritte 1956. Dann freilich passiert etwas Sonderbares: Im Jahre 1975 erscheint ein abermals revidiertes Neues Testament, und da wird des Guten wirklich zuviel getan. Im Bestreben, in allen Formulierungen so modern wie möglich zu sein, übersieht man, daß viele der Lutherschen Wendungen längst allgemeines Sprachgut geworden sind, die gar keiner Revision bedürfen. Ein überzeugendes Beispiel dafür ist eine Stelle im Matthäus-Evangelium, wo im fünften Kapitel die sogenannte Bergpredigt Jesu wiedergegeben wird. Da heißt es im fünfzehnten Vers: »Man zündet auch nicht ein Licht an und setzt es unter einen Scheffel, sondern auf einen Leuchter; so leuchtet es denn allen, die im Hause sind…«

Einen Scheffel, so meinten die Revisoren von 1975, besitzt heute niemand mehr, es sei denn, er wäre ein Sammler von altem Hausrat. So wurde aus dem Scheffel flugs ein Eimer, denn, so sagte man sich, einen Eimer gibt es auch heute noch in jedem Haushalt. Das ist zweifellos richtig, aber man übersah, daß eben dieses Wort vom Licht unter'm Scheffel längst zu einem geflügelten Wort geworden war, das auch heute noch jedermann versteht. Im übrigen war die Änderung inkonsequent, denn nimmt man's genau, muß man das Licht mitsamt dem Leuchter überhaupt fortlassen, denn niemand beleuchtet heute sein Haus mit Hilfe von Kerzen. Man tippt auf den Schalter.

Und auch ernste theologische Bedenken wurden laut. Luther übersetzte zum Beispiel: »Alle Dinge sind möglich dem, der da glaubt«, altes Deutsch, ohne Frage, aber der Akzent liegt ebenso deutlich wie prägnant auf dem wichtigsten, dem letzten Wort: glauben – das heißt, Gott zutrauen, daß er möglich macht, was uns unmöglich ist. Gehen die Gedanken des Lesers nicht unwillkürlich in ganz andere Richtung, wenn es 1975 heißt: »Wer glaubt, kann alles?« Der Glaubende ein Alleskönner?

Hier wird die Grenze für sprachliche Revisionen deutlich. Natürlich gilt es, den Text zu aktualisieren, jedoch darf dabei die sprachliche Atmosphäre nicht verlorengehen. Zuerst merkte man das in der kleinen Landeskirche von Kurhessen-Waldeck, wo man sich weigerte, den revidierten Text von 1975 einzuführen. Die sehr viel größere Württembergische Kirche folgte, und nun nahmen es auch die übrigen deutschen Landeskirchen ernst. Eine Kommission wurde beauftragt, die Revision zu revidieren.

Bezeichnenderweise war diesmal der entschiedenste Protest nicht von Theologen gekommen, sondern von einem Sprachwissenschaftler. Der Tübinger Professor Dr. Walter Jens, der die Revision von 1975 als eine »Katastrophe« bezeichnet hatte, wies mit Recht darauf hin, daß dem Lutherschen Text ein gewisser Sprachrhythmus innewohnt, der nicht zerstört werden kann, ohne daß die Eindringlichkeit und Gewalt der Rede verlorengeht. Nicht umsonst – so Jens – hätten sich alle großen Musiker, die biblische Texte vertont haben, an den Text Luthers gehalten.

So kam es schließlich zur Revision von 1984, die eine deutliche Rückwendung zum Luthertext erkennen läßt. Und das sicherlich ohne Verzicht auf Deutlichkeit. Die nachfolgenden Beispiele aus dem Neuen Testament Martin Luthers von 1522 bis 1984 – ganz willkürlich herausgegriffen – können das ein wenig erläutern.

Mit der Übersetzung der Bibel ist freilich noch nicht viel getan. Sie soll ja gelesen werden. Also muß sie zuvor gedruckt sein. Auch darum kümmern sich die Bibelgesellschaften.

Und gerade auf diesem Gebiet haben sich die Zeiten gründlich geändert. Früher mußte ein Setzer, eine hochqualifizierte und auch hochbezahlte Fachkraft übrigens, Buchstaben für Buchstaben mit der Hand aneinanderreihen. Um die Jahrhundertwende kamen die ersten leistungsfähigen Setzmaschinen auf den Markt, die jeweils eine ganze Zeile in einem Arbeitsgang herstellen konnten. Rohstoff war in jedem Falle eine Legierung aus Blei und Zinn. Heute wird man in den Drucke-

1522

1. Darumb auch wir / dieweil wir ein solche Wolken der Zeugen umb uns haben / laßt uns ablegen alles, was uns druckt / und die anklebische Sunde / und laßt uns laufen durch die Geduld / den Kampf / der uns furgelegt ist / und aufsehen auf den Herzogen des Glaubens / und den Vollender Jesum / wilcher / da ihm furgelegt war die Freude / erduldet er das Kreuz mit verachtung der Schande / und hat sich gesetzt zur Rechten des Stuels Gottis / Bedenket den / der ein solches Widersprechen von den Sundern wider sich erduldet hat / daß ihr nicht ablasset in eurem Mut und matt werdet...

1545

2. Darumb auch wir / dieweil wir solchen Haufen Zeugen umb uns haben / Lasset uns ablegen die Sünde / so uns immer anklebt und träge macht / Und lasset uns laufen durch Geduld / in dem Kampf / der uns verordnet ist / Und aufsehen auf Jesum / den Anfänger und Vollender des Glaubens / Welcher / da er wol hätte mügen Freude haben / erduldet er das Kreuz / und achtet der Schande nicht / Und ist gesessen zur Rechten auf dem Stuel Gottes. Gedenket an den / der ein solchs Widersprechen von den Sündern wider sich erduldet hat / Daß ihr nicht in eurem Mut matt werdet / und ablasset...

1912

3. Darum auch wir, dieweil wir eine solche Wolke von Zeugen um uns haben, lasset uns ablegen die Sünde, so uns immer anklebt und träge macht, und lasset uns laufen durch Geduld in dem Kampf, der uns verordnet ist, und aufsehen auf Jesum, den Anfänger und Vollender des Glaubens; welcher, da er wohl hätte mögen Freude haben, erduldete das Kreuz und achtete der Schande nicht und hat sich gesetzt zur Rechten auf den Stuhl Gottes. Gedenket an den, der ein solches Widersprechen von den Sündern wider sich erduldet hat, daß ihr nicht in eurem Mut matt werdet und ablasset.

1956

4. Darum auch wir, weil wir eine solche Wolke von Zeugen um uns haben, lasset uns ablegen alles, was uns beschwert, und die Sünde, die uns ständig umstrickt, und lasset uns laufen mit Geduld in den Kampf, der uns verordnet ist, und aufsehen auf Jesus, den Anfänger und Vollender des Glaubens, welcher, da er wohl hätte können Freude haben, erduldete das Kreuz und achtete der Schande nicht und hat sich gesetzt zur Rechten des Thrones Gottes. Gedenket an den, der ein solches Widersprechen von der Sündern wider sich erduldet hat, auf daß ihr nicht matt werdet und nicht in eurem Mut ablasset.

1975

5. Weil wir eine solche Wolke von Zeugen um uns haben, laßt uns alles ablegen, was uns beschwert, auch die Sünde, die uns ständig umstrickt. Laßt uns mit Ausdauer in dem Wettkampf laufen, der uns bestimmt ist, und dabei auf Jesus sehen, den Begründer und Vollender des Glaubens. Dieser hat wegen der Freude, die ihn erwartete, die Schande nicht geachtet, das Kreuz erduldet und sich dann zur Rechten des Thrones Gottes gesetzt. Denkt an den, der soviel Widerspruch von den Sündern erduldet hat, damit ihr nicht müde werdet und den Mut nicht sinken laßt.

1984

6. Darum auch wir: Weil wir eine solche Wolke von Zeugen um uns haben, laßt uns ablegen alles, was uns beschwert, und die Sünde, die uns ständig umstrickt, und laßt uns laufen mit Geduld in dem Kampf, der uns bestimmt ist, und aufsehen zu Jesus, dem Anfänger und Vollender des Glaubens, der, obwohl er hätte Freude haben können, das Kreuz erduldete und die Schande gering achtete und sich gesetzt hat zur Rechten des Thrones Gottes. Gedenkt an den, der soviel Widerspruch gegen sich von den Sündern erduldet hat, damit ihr nicht matt werdet und den Mut nicht sinken laßt.

Die Revision der Lutherbibel, an Hebräer 12, 1–3 demonstriert

Amos Kimani Murangi von der Kenianischen Bibelgesellschaft sortiert Bücher im Inneren eines Bibelautos.

reien kein Blei mehr finden – sehr zum Bedauern der traditionsbewußten Anhänger Gutenbergs, aber zum Vorteil der Auftraggeber.

Man druckt heute kaum vom Bleisatz, sondern von Offsetplatten, die auf photomechanischem Wege von Filmen hergestellt werden. In der Praxis sieht das so aus, daß nicht mehr der Setzer die Typen aneinanderreiht, sondern daß angelernte Kräfte auf Geräten, die einer Schreibmaschine ähnlich sind, die Texte »erfassen«, daß heißt eingeben und auf Magnetband speichern. Jeder einmal gespeicherte Text läßt sich nun in beliebiger Form abrufen und in einen Film verwandeln.

Angenommen, eine Druckerei sollte vor hundert Jahren die Bibel in drei verschiedenen Größen herstellen, als Altarbibel in extrem großem Druck, als Normalbibel mit mittelgroßer Schrift und als Taschenausgabe in besonders kleiner Schrifttype, dann mußten wohl oder übel die Setzer den gesamten Text dreimal in jeweils verschieden großen Lettern absetzen. Das Verfahren nahm Monate in Anspruch. Heute genügt es, den Text einmal zu erfassen, um ihn hernach in jeder beliebigen Größe und Schriftart abrufen zu können. Die Qualität solcher Druckerzeugnisse mag mit der von Hand gesetzten nicht Schritt halten, aber das ist von untergeordneter Bedeutung. Die Bibel ist kein Liebhaberobjekt für Kunstfreunde und Ästheten – das kann sie auch sein, aber erst in allerletzter Linie – sie ist ein Gebrauchsbuch. Und das muß so preiswert und so rasch wie möglich hergestellt werden. Eben dies tun die Bibelgesellschaften.

»Tausche Huhn gegen Bibel«

Die »wohlfeile« Ausgabe, wie man früher so schön sagte, steht also im Vordergrund. Solche preisgünstigen Auflagen werden nicht selten durch große Kirchen oder durch die Gesellschaften selbst subventioniert, denn

Geldmangel soll niemals ein Hinderungsgrund für die Anschaffung einer Bibel sein. Darum werden in vielen Ländern, der Dritten Welt vor allem, mehr Bibeln beziehungsweise Bibelteile verschenkt als verkauft. Selbst als Tauschobjekt ist die Bibel willkommen. Das belegt auf rührende Weise ein Foto aus Südamerika, wo zwei kleine Mädchen auf dem Moju-Fluß mit ihrem schmalen Kahn an das Bibelschiff »Light of the Amazon« herangerudert sind und die Ältere sagt: »Pastor, ich möchte eine Bibel, aber Geld habe ich nicht. Ich habe nur dieses Huhn!« Also wechselt die Bibel für ein Huhn den Besitzer.

Die Zahlen der Jahr für Jahr in aller Welt verbreiteten biblischen Schriften sind fast unglaublich. 16,2 Millionen Vollbibeln und 12,2 Millionen Neue Testamente waren es im Jahre 1990. Hinzu kamen 43 Millionen kleinere Broschüren mit einzelnen Bibelteilen, Evangelien oder Psalmen, und nicht weniger als 567 Millionen, über eine halbe Milliarde also, Faltblätter mit biblischen Texten. Wer will ermessen, wieviel Engagement und Opferbereitschaft hinter solchen Zahlen stehen! Und immer wieder steht man vor neuen Problemen.

So schafft die Öffnung nach Westen in der UdSSR und den ehemaligen Ostblockstaaten als Folge der Perestroika gleichsam über Nacht eine völlig veränderte Lage. Hier, wo seit der russischen Revolution die Verbreitung der Bibel so gut wie unmöglich war – in Rußland kam es nach der Revolution erstmals 1955 zur Herstellung einer winzigkleinen Auflage – hier entstehen nun eigene Bibelgesellschaften: 1989 in Lettland, zwei Jahre später in der Ukraine. Auch erste Übertragungen in eine moderne Sprache gibt es, so in Armenien und Georgien, wo Malchas Songulashvili die ganze Bibel in modernes Georgisch überträgt, und das unter Mitwirkung der sowjetischen Akademie der Wissenschaften! Im Gespräch ist auch die Gründung einer eigenen Bibeldruckerei für den Gesamtbereich der UdSSR oder – wie man heute wohl sagen muß – der ehemaligen UdSSR. Unabhängig hiervon kamen in den Jahren 1989 und 1990 weit über zwei Millionen Bibeln als Spenden aus westlichen Ländern.

Daß uns ähnliche Nachrichten aus den übrigen Ländern des einstigen Ostblocks errei-

Die „Dayspring“ unterwegs

Ein Bibelbote, mit neuer Fracht versehen, in Zimbabwe.

chen, kann nicht verwundern, so gibt es jetzt beispielsweise auch in Bulgarien eine eigene ökumenisch zusammengesetzte Bibelgesellschaft. Daß aber in China kürzlich die millionste Bibel gedruckt worden ist, dürfte nur wenig bekannt sein.

Ein »Bibelfrühling« also? Für viele der ehedem kommunistisch-atheistisch geprägten Staaten ganz gewiß. Andererseits aber stellt der deutliche Rückgang der Bibelverbreitung in den traditionell christlich-abendländischen Staaten Europas die Bibelgesellschaften vor neue Aufgaben, die ihrerseits neue Wege fordern. Aber Einfallslosigkeit hat man den Bibelgesellschaften nie vorwerfen können.

Besonders originelle Beispiele lassen sich in jenen Ländern finden, in denen ein mit europäischen Verhältnissen vergleichbares Verkehrsnetz nicht besteht oder wegen der geographischen Gegebenheiten nicht bestehen kann. Das gilt für den Bereich der pazifischen Inseln, für die unwegsamen südamerikanischen Waldgebiete, für Länder im Herzen Afrikas. Vom Bibelboten, der zu Fuß durch indische Dörfer wandert, bis zu dem australischen Piloten, der mit einer gecharterten Cessna Bibeln über weite Entfernungen befördert, bleibt keine Möglichkeit ungenutzt.

Eine der ungewöhnlichsten, dabei aber effektivsten Einrichtungen stellen die Bibelschiffe dar, deren es mittlerweile eine ganze Reihe gibt. In Südamerika ist es die schon erwähnte »Light of the Amazon«, nun schon das zweite Schiff dieses Namens, und die »Logos«, zwei Fluß-Motorschiffe; im Pazifik ist es die »Dayspring«, ein schmucker Jollenkreuzer, vollbeladen mit Bibeln in den verschiedensten Sprachen und Dialekten, wie sie hier in dem riesigen Gebiet von der fünffachen Größe Europas gesprochen werden.

Genug davon. Es ließe sich noch viel, sehr viel berichten von den Methoden der Bibelübersetzer, den Praktiken der Bibelmissionare und den tausend und abertausend Einfällen, die findige Frauen und Männer gehabt haben, um die Bibel unter die Leute zu bringen. Auch hier zeigt sich die Sonderstellung, die dieses erstaunlichste Buch aller Zeiten für sich in Anspruch nehmen darf.

Was da vor tausenden von Jahren begonnen hat drunten im Land der großen Ströme, reicht hinein bis in unsere Gegenwart. Das Erbe all jener Männer und Frauen aus Mari und Ur, vom Euphrat und Tigris, von den Ufern des Nils, vom Land am Jordan, aus der Wüste des Negev, das Wort Gottes, aufgezeichnet von Hunderten, weitergegeben von Tausenden, gelesen von Millionen, greift herüber in unsere Gegenwart, in eine moderne, technisierte, leistungsorientierte Welt. Und dieses Wort hat seine Kraft in all den Jahrtausenden nicht verloren. Dieses Wort ist es auch, das uns hoffen läßt – heute und in alle Zukunft.

Zeittafel zur Bibel

Zeit der handschriftlichen Vervielfältigung

9. – 2. Jh. v. Chr.	Entstehung der Schriften des Alten Testaments (z. T. aus sehr viel älteren Schriften)
um 300 – 130 v. Chr.	Das hebräische Alte Testament wird in Ägypten ins Griechische übersetzt (Septuaginta)
2. – 1. Jh. v. Chr.	Älteste erhaltene hebräische Handschriften des Alten Testaments (u. a. Funde aus den Höhlen bei Qumran am Toten Meer). Älteste erhaltene Handschriften der griechischen Übersetzung
um 27 – 30	Jesu Wirken in Palästina
50 – 64 n. Chr.	Abfassung der Briefe des Apostels Paulus
2. Hälfte 1. Jh.	Niederschrift der vier Evangelien
ab Ende 1. Jh.	Zahlreiche Abschriften der biblischen Schriften auf Papyrus. Statt der traditionellen Schriftrollen bevorzugen Christen die Form des Kodex, eines Vorläufers der heutigen Buchform
um 125	Ältestes erhaltenes Bruchstück des Neuen Testaments (Papyrus P^{52})
um 144	Marcion in Rom stellt das Lukas-Evangelium und zehn Paulusbriefe in einer verkürzten Bearbeitung zusammen. Mit dieser sehr engen Auswahl gibt er der Kirche verstärkt Anlaß, das zahlreich gewordene christliche Schrifttum zu prüfen und einen »Kanon« der als verbindlich anerkannten Schriften abzugrenzen (Neues Testament)
Ende 1. Jh.	Jüdische Schriftgelehrte bestimmen den genauen Umfang der hebräischen Bibel. Einige Schriften werden seitdem nur noch in der griechischen Übersetzung überliefert (Deuterokanonische Schriften/Apokryphen)
um 200	Der Kanon des Neuen Testaments steht im wesentlichen fest
	Frühe Übersetzungen des Neuen Testaments ins Lateinische (Vetus Latina oder Itala)
3. Jh.	Wichtige Papyrushandschriften: Chester-Beatty-Papyri (große Teile des Alten und Neuen Testaments), Bodmer-Papyri (u. a. Lukas und Johannes)

240 – 245	Origenes (185 – 254) stellt sechs verschiedene Textfassungen des Alten Testaments nebeneinander (Hexapla)
Anfang 4. Jh.	Frühe Übersetzungen des Neuen Testaments ins Syrische (Vetus Syra), daraus geht in der 1. Hälfte des 5. Jh. die sog. Peschitta hervor
350 – 380	Wulfila übersetzt im heutigen Bulgarien die Bibel ins Gotische
382 – 420	Hieronymus bearbeitet die altlateinische Bibel. Er übersetzt das Alte Testament neu aus dem Hebräischen ins Lateinische und revidiert den altlateinischen Text des Neuen Testaments. So entsteht die später so genannte »Vulgata«
4. – 5. Jh.	Die großen Pergament-Kodizes werden geschrieben (Codex Vaticanus, Codex Sinaiticus, Codex Alexandrinus)
um 500	Der Codex Argenteus von Wulfilas gotischer Bibel wird geschrieben
8. – 10. Jh.	Tätigkeit der Masoreten in Tiberias und Babylonien am hebräischen Text des Alten Testaments (Ben Ascher)
um 800	Revision der lateinischen Bibel durch Alkuin auf Veranlassung Karls des Großen
	Übersetzung des Matthäus-Evangeliums ins Deutsche (Althochdeutsch): Mondseer Matthäus
8. – 11. Jh.	Prunkvolle Bibelhandschriften mit Miniaturmalereien entstehen
11. Jh.	Notker Labeo übersetzt den Psalter, Williram das Hohelied ins Deutsche
11. – 15. Jh.	Zahlreiche Übersetzungen biblischer Schriften und der ganzen Bibel ins Deutsche und in andere Volkssprachen. Entstehung der Bilderbibeln. Übergang vom Pergament zum Papier. Druck der Armenbibeln von geschnittenen Holztafeln als Vorstufe des Bibeldrucks

Zeit des Bibeldrucks

um 1440	Erfindung des Buchdrucks mit beweglichen Lettern durch Johannes Gutenberg in Mainz
1452 – 1455	Erster Druck der lateinischen Bibel durch Gutenberg (42zeilige Bibel)
1466	Mentelin in Straßburg druckt die erste deutsche Bibel. Es folgen Drucke von Bibelübersetzungen in anderen deutschen Städten und in zahlreichen anderen Sprachen
1477	Der Psalter in Oberitalien zum erstenmal hebräisch gedruckt
	(1488 das ganze Alte Testament)
1516	Das erste gedruckte griechische Neue Testament, bearbeitet von Erasmus von Rotterdam, erscheint in Basel
1522, September	Luthers deutsches Neues Testament erscheint in Wittenberg
1534	Luthers deutsche Bibel erscheint in Wittenberg
1710	Freiherr Carl Hildebrand von Canstein gründet in Halle die erste Bibelgesellschaft der Welt

1734	Ausgabe des griechischen Neuen Testaments durch Johann Albrecht Bengel
ab 1812	Gründung von deutschen Bibelgesellschaften z. B. Württembergische Bibelanstalt
1844 und 1859	Auffindung des Codex Sinaiticus durch Konstantin von Tischendorf im Katharinen-Kloster am Sinai
1892	Erste kirchenamtliche Revision der Lutherbibel abgeschlossen
1898	Eberhard Nestles Griechisches Neues Testament, das später laufend dem Stand der neutestamentlichen Forschung angepaßt wird, erscheint erstmals bei der Württembergischen Bibelanstalt
seit Ende 19. Jh.	Funde biblischer Papyri in Ägypten
1906	Herausgabe der Biblia Hebraica durch Rudolf Kittel
1912	Lutherbibel neu durchgesehen nach dem vom Deutschen Evangelischen Kirchenausschuß genehmigten Text
1921	Beginn der dritten, umfassenden Revision von Luthers Bibelübersetzung
1937	Die Biblia Hebraica durch Kittel, Eißfeldt, Alt und Kahle neu bearbeitet auf der Grundlage des Ben-Ascher-Textes, d. h. des Leningrader Codex von 1008 n. Chr.
ab 1947	Bei Qumran am Toten Meer werden Handschriften des hebräischen Alten Testaments gefunden (u. a. zwei Jesaja-Rollen, Habakuk)
1966	Gemeinsame Ausgabe des griechischen Neuen Testaments durch den Weltbund der Bibelgesellschaften (The Greek New Testament)
1968 – 1977	Neubearbeitung der Biblia Hebraica (Biblia Hebraica Stuttgartensia)
1979	Das Griechische Neue Testament von Nestle erscheint in 26., völlig neu bearbeiteter Auflage (Nestle-Aland)
1980	Die für die deutschsprachigen katholischen Diözesen in Auftrag gegebene »Einheitsübersetzung« erscheint. Neues Testament und Psalmen gelten als ökumenischer Text, nicht jedoch die anderen Teile des Alten Testaments
1982	»Die Bibel in heutigem Deutsch« (Die Gute Nachricht des Alten und Neuen Testaments)
1984	Abschluß der Revision der Lutherbibel mit der erneuten Überarbeitung des Neuen Testaments
1990	Die Bibel oder Teile der Bibel sind in 1946 Sprachen übersetzt

Bildquellennachweis

Ägyptisches Museum, Kairo S. 34, 41 L
Archiv für Kunst und Geschichte, Berlin S. 116 L, 120, 133

Barnaby's Picture Library S. 9
Biblioteca Apostolica Vaticana, Rom S. 95
Biblioteca Laurenziana, Florenz S. 65
Bibliothèque Nationale, Paris S. 119
Bijbels Museum, Amsterdam S. 49 (Foto: David Alexander, Tring)
Bildarchiv Foto Marburg S. 19, 88
Bildarchiv Preußischer Kulturbesitz S. 76, Umschlag
British and Foreign Bible Society, London S. 41 R, 160
British Library, London S. 101
British Museum, London S. 10, 13, 25, 39, 40, 51, 52, 54, 57, 61, 72 (Foto: David Alexander, Tring), 86, 183, 185, 187, 202
R. Brockhaus Verlag, Wuppertal S. 23, 27, 35, 36 R, 43, 47, 56, 181, 226
Burckhardthaus-Laetare, Offenbach/M. S. 26, 64 L, 89 aus: Bildwerk zur Bibel, Band 4 und Ergänzungsband
Buschke, Carsten, Leichlingen 2 S. 69, 97

Chester Beatty Library S. 71, 200

Deutsche Bibelgesellschaft, Stuttgart S. 66, 82, 102, 149, 163, 165, 166, 167, 169, 170 L R, 171 L, 175, 211, 212, 215 und Zeittafel S. 235
Deutsche Fotothek, Dresden S. 81

Eichenkreuz Verlag, Kassel S. 40 L
Encyclopedia Judaica S. 42, 105
Evangelische Zentralbildkammer, Bielefeld (Fotos: G. S. Wegener) S. 33, 53, 85, 112, 115, 116 R, 117, 121, 122, 157, 158

Fratelli Fabbri Editori, Mailand S. 168

Gardner, Ray S. 64 R

Museen der Stadt Gotha S. 145

Herder Verlag, Freiburg S. 141
Herzog August Bibliothek, Wolfenbüttel S. 136, 137, 140, 143 R, 144, 162

Hessische Landesbiliothek, Fulda S. 107
Hirmer Fotoarchiv, München S. 99

Irak Museum S. 17
Israel Office of Information S. 104

The Jerusalem Publishing House Ltd. S. 45
Jewish Theological Seminary Library S. 191

Katholische Nachrichtenagentur, Frankfurt S. 208
Kaufmann, Handbuch der christl. Archäologie S. 90
Klingele S. 203

Lion Publishing, Tring S. 28 (Foto: David Alexander)
Louvre, Paris S. 15, 48, 190

Museum of Ancient Orient, Istanbul S. 189

Oncken Verlag, Wuppertal und Kassel (Fotos: John C. Trever) S. 100, 204 R, 205, 206, 207, 216

Palphot Ltd. S. 217
Presser, Dr., Mainz S. 125

Revue Biblique 63, 1956 S. 210
Römer- und Pelizaeus-Museum, Hildesheim S. 37

Scala, Florenz S. 60, 68, 73
Schwarz, Alfred, Wuppertal S. 229
Societäts-Verlag, Frankfurt S. 87
Sonia Halliday S. 21, 24
Staatliche Museen zu Berlin (DDR) S. 109
Süddeutscher Verlag, München (Bildarchiv) S. 179, 209 R, 214

Tel Editions, Paris S. 18 L, 59
Teuffen, Hans Dietrich, Bielefeld S. 91, 98
Thames and Hudson Ltd., London S. 96 R, 151, 154 oben, 160, 218 (Foto: J. M. Allegro)
Traudisch, François, Neuendettelsau S. 80, 93, 108, 193, 204 L, 209 R, 213, 220

Unesco, Dr. Roger S. 225
United Bible Societies, Stuttgart S. 171 R, 177, 223, 227, 232 LR, 233, 234 L
Universitätsbibliothek Cambridge S. 198
Universitätsbibliothek Uppsala S. 113

Verlag Vandenhoeck & Ruprecht, Göttingen (aus: Evangelisches Kirchenlexikon) S. 114

Wegener, Günther S. S. 31, 43, 55, 83, 103, 118, 126, 130 R, 135, 164 L, 172, 184, 195
Weidmüller, Wilhelm S. 36 R, 38
Kunstmuseum Winterthur S. 153
The World Publishing Co. S. 234